谨以此书献给中国人民大学法学院周珂教授

自2002年开始在他的指导下从事环境资源法学
的学习和研究，使我受益终生

国家社科基金项目最终结项成果
首都经济贸易大学出版基金资助

京津冀大气污染联合防治法律机制研究

Joint Control of Air Pollution in Beijing, Tianjin and Hebei
Research on Legal Mechanism

高桂林 著

法律出版社 | LAW PRESS

目　录

第一编　京津冀大气污染联合防治的基础

第二编　京津冀大气污染防治联合立法机制

第三编 京津冀大气污染防治联合司法机制

第四编 京津冀大气污染防治联合行政管理与执法机制

第一编

京津冀大气污染联合防治的基础

第一章　京津冀大气污染状况及特点

第一节　北京地区大气污染

一、北京地区空气质量基本状况

（一）空气质量标准的定义

空气质量标准，是一个多语义词汇，在不同语境之下会有不同的含义。我们在生活中对空气质量标准的描述，通常会涉及卫生、环境、气象、法学等领域，因而各领域对空气质量标准也就有了不同的定义方式。

医疗卫生领域认为，空气质量标准是衡量空气质量的基准，是空气质量达到能够被社会民众所接受的一个基本标准。空气质量标准设置的核心目的就是要维护人民群众的呼吸健康，因而从这一角度来理解，空气质量标准实际上是一个卫生标准。① 世界卫生组织也要求各国根据自身的经济发展状况制定相应的空气质量标准。

---

① 参见郎铁柱主编：《雾霾、空气污染与人体健康》，天津大学出版社 2015 年版，第 53 页。

环境科学领域认为,空气质量标准是空气质量指数和大气污染物浓度限值都达到了环境标准所要求的数值。从这一定义来看,空气质量标准实际上可以看成是一种技术标准。

气象领域认为,空气质量标准是大气环境在空气流动性的作用之下,所能够达到的不影响社会人群正常生活和工作的一种气象标准。从这一角度来看,空气质量标准实际上是气象指数的一个组成部分。

法学领域认为,空气质量标准是空气所能够达到的对人体健康和对社会经济运行都不会产生不利影响的一种法定标准。从法律角度来理解,空气质量标准具有法定性的基本特性,是空气状况对人体和社会经济不产生不利影响的最低法定标准,如果达不到空气质量标准的要求,相关的责任主体就有可能会承担法律责任。

(二)北京地区雾霾天数的占比

近年来,北京地区的雾霾问题非常严重,北京市政府在市内采取了优化能源使用结构和产业结构调整等各项减排、治霾措施之后,北京的雾霾治理初见成效。2016 年 1 月,北京市生态环境局公布了 2015 年北京市全面雾霾天气的数据,2015 年北京 $PM_{2.5}$平均浓度为每立方米 80.6 微克,较 2014 年下降了 6.2%,超额完成全年下降 5% 的目标。此外,2015 年本市空气质量达标天数 186 天,比 2014 年增加了 14 天,占全年天数的 51%。① 并且还公布了 2013 年、2014 年、2015 年这三年北京市空气质量达标的分布情况。

---

① 参见王硕:《北京晒 2015 治霾成绩单 空气达标天超五成》,载《京华时报》2016 年 1 月 5 日,第 8 版。

从北京市生态环境局公布的数据来看，北京市 2015 年 $PM_{2.5}$重度污染的天数是 42 天，在全年之中占比为 12%，重污染日 $PM_{2.5}$平均浓度为每立方米 239 微克。2015 年年均 $PM_{2.5}$的平均浓度为每立方米 80.6 微克，虽然重度污染的天数仅有 42 天，但是 $PM_{2.5}$平均浓度在每立方米 80.6 微克中却占据了每立方米 27.4 微克，可见重度污染日 $PM_{2.5}$的年均贡献率却占到了 34%。① 从数据还可以看出，全年重度污染日主要集中于 11 月和 12 月两个月，为 22 天，占重度污染天数的一半以上。

（三）北京地区的平均空气质量水平

2016 年 1 月 1 日，环境保护部与国家质量监督检验检疫总局修订的新国标《环境空气质量标准》（GB3095－2012）开始实施，其中规定：直径小于 2.5 微米的颗粒物，一级的浓度限值为每立方米 15 微克，二级的浓度限值为每立方米 35 微克。由于国标是新修改的，至今北京市尚未出台严于国家标准的地方环境空气质量标准。以国家标准作为计算依据，北京市 2015 年 $PM_{2.5}$年均浓度为每立方米 80.6 微克，超出国家标准 1.3 倍。②

---

① 王尔德：《2015 年北京 $PM_{2.5}$年均浓度下降 6.2% 重污染天数 42 天》，载《21 世纪经济报道》2016 年 1 月 6 日，第 6 版。

② 王硕：《北京晒 2015 治霾成绩单　空气达标天超五成》，载《京华时报》2016 年 1 月 5 日，第 8 版。

二、北京地区主要的大气污染源

(一)机动车排放

国内第一份对$PM_{2.5}$污染源进行分析的研究报告对2010年$PM_{2.5}$污染源进行了研究分析。该报告显示,交通运输排放是北京$PM_{2.5}$的第二大污染源,所排放的氮氧化合物居北京市氮氧化合物排放的首位为52%,$PM_{2.5}$贡献量为24%。从数据来看,机动车排放对大气污染的贡献率不可小视。然而比机动车尾气排放对大气污染更加严重的是工业生产的排放,所产生的$PM_{2.5}$贡献率达到了41%。① 2010年之后,社会对雾霾的认识逐渐开始深化,对原来认为的气象阴天有了全新的认识,"雾霾"一词也成为天气预报的法定气象词汇。而北京市政府对大气污染的治理力度也在不断加强,开始裁撤工业在经济结构中的占比,取消了大量工业生产项目,并且相应地调整了经济结构和能源消费结构,因此,工业排放所造成的大气污染迅速降低,此时机动车排放在大气污染中的占比被凸显出来。北京市私人机动车拥有量2006年年底是181万辆,截止到2010年年底是374.4万辆,5年上涨了106.85%,平均年增幅21.37%。② 从2011年开始北京私人机动车开始摇号,截止到2015年年底北京私人机动车总量为437.2万辆,5

---

① 关大博、刘竹:《雾霾真相:京津冀地区$PM_{2.5}$污染解析及减排策略研究》,中国环境出版社2014年版,第20~21页。

② 北京市统计局、国家统计局北京调查总队编:《北京统计年鉴·2010》,中国统计出版社2011年版,第315页。

年增长了 16.77%，平均年增幅 3.35%。① 由此可以看出，北京市私人机动车从开始摇号之后增长速度得到了抑制，增长速度急速放缓，但是私人机动车的保有总量却在增加，由此机动车排放总量也在增加。截至 2015 年年底，机动车排放已经成为北京市大气污染的最大污染源，贡献率为 31.1%。② 这也与近年来北京市对私人机动车实施限购的政策息息相关，正是由于实施了摇号限购措施，才使北京市机动车的保有数量不再像 2006~2010 年这 5 年那样爆炸式增长，呈现缓慢增长的趋势，机动车总量由 374.4 万辆增长到 437.2 万辆，增幅为 16.77%。相应地，机动车尾气排放所造成的大气污染状况也由摇号限购前的24%上升到31.1%，增幅为29.58%。我们可以得出一个简单的关系，北京市机动车总量每增加 2.09 万辆，对大气环境中 $PM_{2.5}$贡献率增加 1%。

（二）燃煤

从北京市生态环境局所公布的数据来看，北京市 11 月与 12 月两个月重度雾霾天数占比为全年的一半以上，而根据北京市环境监测中心的分析，进入冬季供暖期以来，由于极端天气情况的影响，全市范围之内供暖系统加大了供暖力度，燃煤消耗量也有所增加，因而由于燃煤燃烧排放造成的大气污染较为集中，空气中污染物的浓度迅速上升。北京市燃煤仍然是冬季取暖的主要燃料，而燃煤的质量一直是政

① 北京市统计局、国家统计局北京调查总队编：《北京统计年鉴·2015》，中国统计出版社 2016 年版，第 340 页。

② 王硕：《北京晒 2015 治霾成绩单空气达标天超五成》，载《京华时报》2016 年 1 月 5 日，第 8 版。

府整顿的对象,以2015年为例,北京燃煤总量为1200万吨,其中包括300万吨至400万吨散煤。这些散煤没有经过任何处理,烟气直排,对大气污染严重。此后,北京聚焦"改农村散煤""治高排放车""整治城乡接合部"三大战役,加大农村优质煤替换力度,加强对销售劣质煤的打击力度,①逐步降低燃煤燃烧对空气环境造成的污染程度。而在2018年北京农村开始实施煤改气、煤改电、洁净煤,2019年推行力度逐步加强,燃煤造成的大气污染有所缓解。

三、北京地区大气污染基本特征

(一)机动车高排放问题突出

目前,北京市在机动车方面已经实施了限购和限行措施,这些措施对于北京市治理大气污染起到了一定的积极作用,仅从限购这一项措施来说,对于抑制机动车尾气排放造成的大气污染而言效果非常直观。然而,北京市存在部分老旧机动车,这些老旧机动车的尾气排放依然采取较为低端的标准,因而对空气环境造成的污染相当大。可以这样说,这些老旧机动车的数量虽然较少,但是在污染物排放总量上却占了非常大的比重。因此,老旧机动车超标排放问题是北京市目前大气污染治理的一个相当大的问题,必须给予认真的对待。具体而言,就是要综合运用法律、经济、技术和行政手段,高限处罚尾气超标排放车辆,继续实施淘汰补助,加快老旧车淘汰。聚焦重型柴油车,公交、环卫

---

① 王硕:《北京晒2015治霾成绩单空气达标天超五成》,载《京华时报》2016年1月5日,第8版。

等八大行业新增车辆全部加装捕集器，减少颗粒物排放；对国Ⅲ柴油车，简化尾气超标处罚程序，加大简易处罚、激光遥测力度。对不达标的外埠柴油车，一律高限处罚。落实国家有关政策，进一步加大新能源车推广力度。① 北京市小客车指标调控管理办公室公布了2016年小客车指标总量和配置比例。与2015年相比，新能源车指标扩大到6万个，较2015年增加了1倍，不需要摇号直接配置。② 机动车尾气排放所造成的大气污染虽然有所降低，但是依然占很大的比重。

（二）清洁能源运用率偏低

在取暖方面，北京地区一次能源燃煤使用量非常庞大，2013年全年能原煤生产总量为500.1万吨，2014年年原煤生产总量为457.5万吨，而按照行业划分，电力、热力、燃气、水生产和供应业对于燃煤需求相当大，以标准煤为计量单位，2013年全年消费总量为540.7万吨，2014年全年消费总量为518.5万吨。③ 从数据来看，虽然北京地区近年来对燃煤的使用总量呈现下降趋势，但是不可否认的是北京市对于燃煤的需求缺口还较大，虽然城六区已经实现了采暖的"非煤化"，但是在城郊和农村地区，燃煤取暖还没有被清洁能源彻底取代，电暖、燃气供热、燃气锅炉、热力管网的辐射覆盖等并不普及，因而清洁能源的运用率偏低、燃煤使用率过高是北京地区大气污染的

---

① 王硕：《北京晒2015治霾成绩单空气达标天超五成》，载《京华时报》2016年1月5日，第8版。

② 《新能源和可再生能源年鉴》编辑部编：《中国新能源与可再生能源年鉴·2015》，中国可再生能源学会2016年版，第327页。

③ 北京市统计局、国家统计局北京调查总队编：《北京统计年鉴·2015》，中国统计出版社2016年版，第93~95页。

一个基本特征。

（三）城乡结合部与农村的大气污染状况严峻

北京地区的城乡结合部和农村地区在大气污染方面情势已经非常严峻，主要表现为四个特征：一是大量使用劣质燃煤，由于取暖造成的大气污染已超越城市，此部分污染占农村大气污染的 25% 以上。二是老旧机动车基本上都活动在城乡结合部和农村地区，虽然数量不及城市机动车数量多，但是污染物排放总量却比城市高。三是工业企业绝大多数都坐落在农村，由工业排放造成的大气污染，农村地区“首当其冲”。① 四是城镇化建设的加快，在城郊和农村地区开展了大量工程建设，建筑扬尘成为大气污染的又一主要来源。从上述基本特征来看，北京市城郊和农村地区的大气污染情况已经非常严峻，成为北京市大气污染的一个重要组成部分。

第二节　天津地区大气污染

一、天津地区空气质量基本状况

（一）天津地区空气环境质量占比

从天津市生态环境局官方公布的数据来看，2015 年空气质量达

---

① 于钧泓、高桂林：《完善我国农村大气污染防治的法律思考》，载《环境保护》2016 年第 5 期。

标天数 220 天，占全年天数的 60.3%，较 2014 年增加 45 天，其中一级优的天数增加 36 天；2015 年重度以上污染共 26 天，较 2014 年减少 8 天。其中按照等级来划分环境质量的天数来看，2015 年达到优质的天数是 44 天，2014 年是 8 天，同比增加 36 天；达到良等级标准的天数是 176 天，2014 年是 167 天，同比增加 9 天；轻度污染 87 天，2014 年是 118 天，同比下降 31 天；中度污染 32 天，2014 年是 38 天，同比下降 6 天；重度污染 21 天，2014 年是 27 天，同比下降 6 天；严重污染 5 天，2014 年是 7 天，同比下降 2 天。2015 年全年 $PM_{2.5}$ 平均浓度为每立方米 70 微克，比 2014 年下降 15.7%，PM_{10} 平均浓度比 2014 年下降 12.8%。① 具体统计数据见表 1－1：

表 1－1　2015 年天津市空气环境质量天数对比

单位/天

环境质量级别	优	良	轻度污染	中度污染	重度污染	严重污染
2015 年度	44	176	87	32	21	5
2014 年度	8	167	118	38	27	7
对比	↑36	↑9	↓31	↓6	↓6	↓2

从数据来看，天津市治理大气污染取得了一定成绩，但是中度、重度和严重污染的天数下降比例并不乐观，空气环境质量还有很大的提升空间。

① 天津市环境保护局：《2015 年天津市环境状况公报》，天津市环境保护局 2016 年版，第 2～5 页。

（二）天津地区的平均空气质量水平

2016年6月，天津市生态环境局公布了2015年全年天津地区的平均空气质量水平的数据，其中二氧化硫（SO_2）年均浓度为每立方米29微克，低于国家年平均浓度标准每立方米60微克的标准；二氧化氮（NO_2）年均浓度为每立方米42微克，超过国家年平均浓度标准每立方米40微克5%；可吸入颗粒物（PM_{10}）年均浓度为每立方米116微克，超过国家年平均浓度标准每立方米70微克66%；细微颗粒物（$PM_{2.5}$）年均浓度为每立方米70微克，超过国家年平均浓度一级标准每立方米35微克100%；一氧化碳（CO）24小时平均浓度第95百分位数为每立方米3.1毫克，低于24小时平均浓度国家标准每立方米4毫克22.5%；臭氧（O_3）日最大8小时平均浓度第90百分位数为每立方米142微克，低于日最大8小时平均浓度国家标准每立方米160微克。自2013年国家实行《环境空气质量标准》（GB3095－2012）以来，主要污染物浓度均呈现下降趋势。与2013年相比，2015年全年二氧化硫（SO_2）、二氧化氮（NO_2）、可吸入颗粒物（PM_{10}）、细微颗粒物（$PM_{2.5}$）、一氧化碳（CO）、臭氧（O_3）分别比2014年下降50.8%、22.2%、22.7%、27.1%、16.2%、6.0%。全市大气降水PH值范围为5.30～8.68，酸雨频率为0.34%。① 具体可以见图1－1：

① 天津市环境保护局：《2015年天津市环境状况公报》，天津市环境保护局2016年版，第4页。

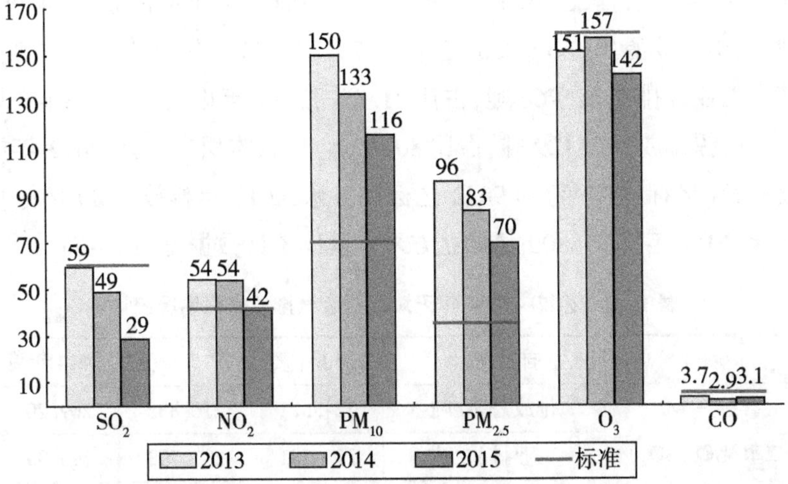

图1-1　2015年天津环境空气中六项污染物浓度变化趋势

资料来源:《2015年天津市环境状况公报》。

注:CO浓度为毫克/立方米,其他的浓度为微克/立方米。

二、天津地区的主要大气污染源

天津地区大气污染贡献率最多的就是工业废气排放,从官方公布的数据来看,2012~2014年大气污染物排放的主要情况为:二氧化硫(SO_2)2012年排放总量为224,521吨,其中工业源排放215,481吨,占比96.0%;2013年排放216,832吨,其中工业源排放207,793吨,占比95.8%;2014年排放209,200吨,其中工业源排放195,395吨,占比93.4%。氮氧化物2012年排放总量为334,225吨,其中工业源排放275,553吨,占比82.4%;2013年排放311,719吨,其中工业源排放250,646吨,占比80.4%;2014年排放282,300吨,其中工业源排放216,947吨，占比76.8%。烟(粉)尘2012年排放总量为84,061吨，其中工业源排放59,036吨，占比70.2%；2013年排放87,457吨，其中工业源排放62,766吨，占比71.8%；2014年排放139,453吨，其中工业源排放112,129吨，占比80.4%。单从体积来计算，2012年排放总量(亿标立方米)为9032亿标立方米，2013年排放8080亿标立方米，2014年排放8800亿标立方米。具体统计数据见表1-2：

表1-2 2012~2014年天津工业废气排放占比情况统计

污染物	排放统计	2012年度	2013年度	2014年度
二氧化硫(SO_2)	排放总量/吨	224,521	216,832	209,200
	工业排放/吨	215,481	207,793	195,395
	工业排放占比/%	96.0	95.8	93.4
氮氧化物	排放总量/吨	334,225	311,719	282,300
	工业排放/吨	275,553	250,646	216,947
	工业排放占比/%	82.4	80.4	76.8
烟(粉)尘	排放总量/吨	84,061	87,457	139,453
	工业排放/吨	59,036	62,766	112,129
	工业排放占比/%	70.2	71.8	80.4
工业废气	排放总量/亿标立方米	9032	8080	8800

通过统计数据不难看出，天津地区的污染物来源主要是工业排放，二氧化硫(SO_2)有九成以上来自工业排放，氮氧化物也有八成左右来自工业排放，烟(粉)尘也有八成来自工业排放，而工业排放的总量从体积来看相当惊人。由此可以明确的是，天津地区工业生产是造成大气污染的“罪魁祸首”，而其他行业的大气污染物排放量并不大，对大气污染的贡献率微乎其微。

三、天津地区大气污染基本特征

（一）工业污染程度严重

天津地区经济结构并不平衡，第二产业在经济结构中占比过高，截止到 2014 年年底占整个国民经济的 49.4%，工业对国民收入的贡献率为 49.8%，[①]可见，天津地区的国民生产总值中有一半来自工业，可见工业在天津地区的体量非常大。相应地，工业尤其是重工业的污染排放对天津地区造成的大气污染贡献率也最多。因为，天津的工业发展基本上以重工业为主，其中主要集中在黑色金属冶炼及加工业、电力热力的生产和供应业、化学原料及化学制品制造业、石油加工炼焦及核燃料加工业、石油和天然气开采业和非金属矿物制品业六个工业行业。[②] 这些行业领域都是污染物排放的大户，几乎是天津工业排污造成污染的全部来源。重工业如此发达，说明天津地区的经济结构布局并不合理，这是形成大气污染的一个基本原因。

（二）能源利用率较高

天津地区是一个能源消耗相对较高的地区，加之天津的经济结构布局并不合理，工业尤其是重工业占比过高，也就造就了天津地区必

---

① 天津市统计局、国家统计局天津调查总队编：《天津统计年鉴·2015》，中国统计出版社 2015 年版，第 61 页。

② 王会芝：《天津市雾霾污染评价及防治对策》，载《社科纵横》2016 年第 9 期。

然会走能源依赖的道路，能源消耗从1996年的2500.22万吨标准煤提升到2014年的8145.06万吨标准煤，其中工业能耗从1996年的1816.55万吨标准煤（占比为72.7%）提升到2014年的5768.23万吨标准煤（占比为70.8%）①工业一直是能源消费的主体，一直维持在七成以上，能源消耗率过高会排放大量二氧化碳、二氧化硫、氮氧化物、烟尘粉尘等大气污染物，这成为天津市工业$PM_{2.5}$的重要来源。②由此可见，天津地区能源消耗量过高是天津地区大气污染的基本原因，同时也是大气污染的基本特征。

（三）建筑扬尘对大气污染的贡献率也偏高

据《2014年天津市环境状况公报》公布的数据，2014年天津市建筑扬尘污染物对天津市大气污染的贡献率约为30%，③这一比例非常高。从2015年开始，天津市加大对建筑扬尘的治理力度，累积向建筑单位征收扬尘排污费9872万元，化学需氧量、氨氮、二氧化硫、氮氧化物排放总量分别比2014年下降了2.46%、2.63%、2.34%、3.55%。④从数据上看，天津地区虽然在治理扬尘时取得了一定的成绩，但是不可否认的是房地产热在全国范围内都有体现，一二线城市更加突出，

---

① 天津市统计局、国家统计局天津调查总队编：《天津统计年鉴·2015》，中国统计出版社2015年版，第168页。

② 王会芝：《天津市雾霾污染评价及防治对策》，载《社科纵横》2016年第9期。

③ 天津市环境保护局：《2014年天津市环境状况公报》，天津市环境保护局2015年版，第5页。

④ 天津市环境保护局：《2015年天津市环境状况公报》，天津市环境保护局2016年版，第4页。

天津属于直辖市,房地产行业发展迅速,以2014年为例,房屋施工面积达22,664.99万平方米,比2013年的21,524.51万平方米增长5.3%。[①] 房地产建设要使用大量的钢铁、水泥、砖等建筑材料,且不说这些材料在生产环节会带来工业排放造成大气污染,仅建筑施工扬尘一项就又会形成新的大气污染。

(四)机动车排放是大气污染不可忽视的力量

天津地区民用机动车包括载客汽车、载货汽车、摩托车、拖拉机等类型的机动车,截止到2014年年底已经达到2,875,731辆,且当年新注册机动车数量为243,253辆,[②]增幅为9.2%。基数大、增量多、增速快,是天津地区机动车发展的一个基本特征,当然也带来了尾气污染这样的社会问题。而据《2014年天津市环境状况公报》公布的数据来看,2014年天津地区由于机动车尾气排放造成的大气污染总计占到14%。因此,机动车排污对天津来说也是造成大气污染的一个不可忽视的因素。

---

① 天津市统计局、国家统计局天津调查总队编:《天津统计年鉴·2015》,中国统计出版社2015年版,第127页。

② 天津市统计局、国家统计局天津调查总队编:《天津统计年鉴·2015》,中国统计出版社2015年版,第299页。

第三节 河北地区大气污染

一、河北地区空气质量基本状况

（一）河北地区空气质量总体状况

河北地区下辖11个地级市，在这11个地区中大气环境质量表现为两个极端。北部的张家口、承德、秦皇岛空气质量非常优秀，相反，在其他地区，尤其是廊坊以南地区空气质量急转直下，可谓是“冰火两重天”。根据《环境空气质量标准》（GB3095－2012）评价，2015年全省设区市达到或优于Ⅱ级的优良天数平均为190天，占全年总天数的52.1%，比上年增加38天。重度污染及以上天数平均为36天，占全年总天数的9.9%，比上年减少30天。张家口、承德和秦皇岛三个设区市的优良天数在250天以上，其余各设区市全年优良天数在120～203天。① 从总体情况看，河北地区大气环境状况两个极端现象非常明显，而且几年间一直保持这样的状态。2016年生态环境部各公布了2015年空气质量最佳和最差的10个城市，其中空气质量最差的10个城市中，河北占了7个，说明河北地区大气污染状况整体而言比较严重。

① 河北省环境保护厅：《2015年河北省环境状况公报》，河北省环境保护厅2016年版，第4页。

(二)河北各地区空气质量水平

2015年全年张家口市达标或者Ⅱ级以上优良天气达到298天，占全年的81.6%，全年重度污染仅有1天；承德市全年达标或者二级以上优良天气达到260天，占全年的71.2%，全年重度污染有8天；秦皇岛市全年达标或者二级以上优良天气达到269天，占全年的73.7%，全年重度污染有8天。这是空气质量好的地区，表现非常理想，然而其他地区并不乐观。具体而言，沧州市全年达标或者二级以上优良天气达到203天，占全年的55.6%，全年重度污染有24天；廊坊市全年达标或者二级以上优良天气达到185天，占全年的50.7%，全年重度污染有52天；石家庄市全年达标或者二级以上优良天气达到180天，占全年的49.3%，全年重度污染有48天；唐山市全年达标或者二级以上优良天气达到156天，占全年的42.7%，全年重度污染有40天；邯郸市全年达标或者二级以上优良天气达到150天，占全年的41.1%，全年重度污染有33天；邢台市全年达标或者二级以上优良天气达到140天，占全年的38.4%，全年重度污染有50天；保定市全年达标或者二级以上优良天气达到127天，占全年的34.8%，全年重度污染有75天；衡水市全年达标或者二级以上优良天气达到120天，占全年的32.9%，全年重度污染有57天。具体可以见图1-2：

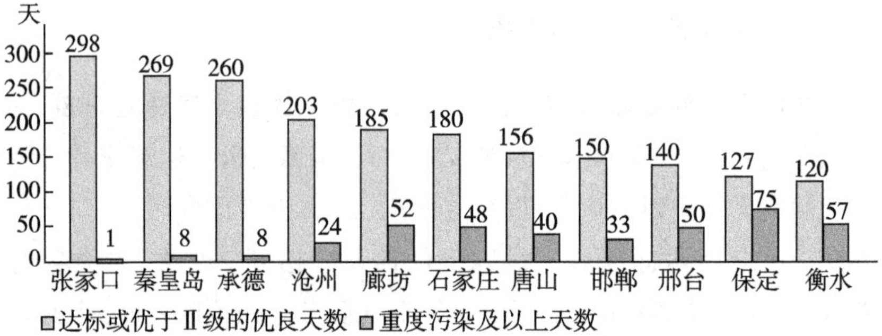

图1－2　全省达到或优于Ⅱ级的优良天数及重度污染以上天数

资料来源:《2015年河北省环境状况公报》。

二、河北地区的主要大气污染源

(一)河北地区污染物排放情况

河北地区各地级市2015年污染物排放年平均标准如下:

石家庄市二氧化硫(SO_2)平均浓度为每立方米47微克,二氧化氮(NO_2)平均浓度为每立方米51微克,可吸入颗粒物(PM_{10})平均浓度为每立方米147微克,一氧化碳(CO)以日均值的第95百分位计平均浓度为每立方米4300微克,臭氧(O_3)以日最大8小时滑动平均值的第90百分位计平均浓度为每立方米148微克,细微颗粒物($PM_{2.5}$)平均浓度为每立方米89微克。

唐山市二氧化硫(SO_2)平均浓度为每立方米49微克,二氧化氮(NO_2)平均浓度为每立方米61微克,可吸入颗粒物(PM_{10})平均浓度为每立方米141微克,一氧化碳(CO)以日均值的第95百分位计平均浓度为每立方米 4200 微克，臭氧（O_3）以日最大 8 小时滑动平均值的第 90 百分位计平均浓度为每立方米 182 微克，细微颗粒物（$PM_{2.5}$）平均浓度为每立方米 85 微克。

秦皇岛市二氧化硫（SO_2）平均浓度为每立方米 28 微克，二氧化氮（NO_2）平均浓度为每立方米 45 微克，可吸入颗粒物（PM_{10}）平均浓度为每立方米 99 微克，一氧化碳（CO）以日均值的第 95 百分位计平均浓度为每立方米 3600 微克，臭氧（O_3）以日最大 8 小时滑动平均值的第 90 百分位计平均浓度为每立方米 107 微克，细微颗粒物（$PM_{2.5}$）平均浓度为每立方米 48 微克。

邯郸市二氧化硫（SO_2）平均浓度为每立方米 45 微克，二氧化氮（NO_2）平均浓度为每立方米 47 微克，可吸入颗粒物（PM_{10}）平均浓度为每立方米 166 微克，一氧化碳（CO）以日均值的第 95 百分位计平均浓度为每立方米 3800 微克，臭氧（O_3）以日最大 8 小时滑动平均值的第 90 百分位计平均浓度为每立方米 141 微克，细微颗粒物（$PM_{2.5}$）平均浓度为每立方米 91 微克。

邢台市二氧化硫（SO_2）平均浓度为每立方米 60 微克，二氧化氮（NO_2）平均浓度为每立方米 60 微克，可吸入颗粒物（PM_{10}）平均浓度为每立方米 172 微克，一氧化碳（CO）以日均值的第 95 百分位计平均浓度为每立方米 5100 微克，臭氧（O_3）以日最大 8 小时滑动平均值的第 90 百分位计平均浓度为每立方米 141 微克，细微颗粒物（$PM_{2.5}$）平均浓度为每立方米 101 微克。

保定市二氧化硫（SO_2）平均浓度为每立方米 55 微克，二氧化氮（NO_2）平均浓度为每立方米 54 微克，可吸入颗粒物（PM_{10}）平均浓度为每立方米 174 微克，一氧化碳（CO）以日均值的第 95 百分位计平均浓度为每立方米 5800 微克，臭氧（O_3）以日最大 8 小时滑动平均值的第90百分位计平均浓度为每立方米183微克，细微颗粒物（$PM_{2.5}$）平均浓度为每立方米107微克。

张家口市二氧化硫（SO_2）平均浓度为每立方米31微克，二氧化氮（NO_2）平均浓度为每立方米26微克，可吸入颗粒物（PM_{10}）平均浓度为每立方米78微克，一氧化碳（CO）以日均值的第95百分位计平均浓度为每立方米1600微克，臭氧（O_3）以日最大8小时滑动平均值的第90百分位计平均浓度为每立方米159微克，细微颗粒物（$PM_{2.5}$）平均浓度为每立方米34微克。

承德市二氧化硫（SO_2）平均浓度为每立方米22微克，二氧化氮（NO_2）平均浓度为每立方米35微克，可吸入颗粒物（PM_{10}）平均浓度为每立方米92微克，一氧化碳（CO）以日均值的第95百分位计平均浓度为每立方米2300微克，臭氧（O_3）以日最大8小时滑动平均值的第90百分位计平均浓度为每立方米178微克，细微颗粒物（$PM_{2.5}$）平均浓度为每立方米43微克。

沧州市二氧化硫（SO_2）平均浓度为每立方米40微克，二氧化氮（NO_2）平均浓度为每立方米41微克，可吸入颗粒物（PM_{10}）平均浓度为每立方米121微克，一氧化碳（CO）以日均值的第95百分位计平均浓度为每立方米3200微克，臭氧（O_3）以日最大8小时滑动平均值的第90百分位计平均浓度为每立方米169微克，细微颗粒物（$PM_{2.5}$）平均浓度为每立方米70微克。

廊坊市二氧化硫（SO_2）平均浓度为每立方米24微克，二氧化氮（NO_2）平均浓度为每立方米47微克，可吸入颗粒物（PM_{10}）平均浓度为每立方米137微克，一氧化碳（CO）以日均值的第95百分位计平均浓度为每立方米3400微克，臭氧（O_3）以日最大8小时滑动平均值的第90百分位计平均浓度为每立方米171微克，细微颗粒物（$PM_{2.5}$）平均浓度为每立方米 85 微克。

衡水市二氧化硫（SO_2）平均浓度为每立方米 36 微克，二氧化氮（NO_2）平均浓度为每立方米 44 微克，可吸入颗粒物（PM_{10}）平均浓度为每立方米 174 微克，一氧化碳（CO）以日均值的第 95 百分位计平均浓度为每立方米 3700 微克，臭氧（O_3）以日最大 8 小时滑动平均值的第 90 百分位计平均浓度为每立方米 183 微克，细微颗粒物（$PM_{2.5}$）平均浓度为每立方米 99 微克。

以全省为统计单位，全省二氧化硫（SO_2）平均浓度为每立方米 41 微克，二氧化氮（NO_2）平均浓度为每立方米 46 微克，可吸入颗粒物（PM_{10}）平均浓度为每立方米 136 微克，一氧化碳（CO）以日均值的第 95 百分位计平均浓度为每立方米 3700 微克，臭氧（O_3）以日最大 8 小时滑动平均值的第 90 百分位计平均浓度为每立方米 160 微克，细微颗粒物（$PM_{2.5}$）平均浓度为每立方米 77 微克。具体统计数据见表 1－3：①

表 1－3　2015 年各设区市主要污染物浓度

单位：微克/立方米

设区市	污染物项目					
	SO_2	NO_2	PM_{10}	CO（95 分位）	O_3（8h90 分位）	$PM_{2.5}$
石家庄	47	51	147	4300	148	89
唐山	48	61	141	4200	182	85
秦皇岛	28	45	99	3600	107	48

① 河北省环境保护厅：《2015 年河北省环境状况公报》，河北省环境保护厅 2016 年版，第 6 页。

续表

设区市	污染物项目					
	SO_2	NO_2	PM_{10}	CO（95 分位）	O_3（8h90 分位）	$PM_{2.5}$
邯郸	45	47	166	3800	141	91
邢台	60	60	172	5100	140	101
保定	55	54	174	5800	183	107
张家口	31	26	78	1600	159	34
承德	22	35	92	2300	178	43
沧州	40	41	121	3200	169	70
廊坊	24	47	137	3400	171	85
衡水	36	44	174	3700	183	99
全省平均	41	46	136	3700	160	77

（二）河北地区主要污染物来源

河北地区的大气污染物来源主要是工业生产。以 2014 年为例，全年省内国民生产总值 29,421.15 亿元，其中来自第二产业的产值为 15,012.85 亿元，占国民总收入的 51%，而工业生产总产值为 13,330.66 亿元，占国民总收入的 45.3%。① 由此可见，工业产业布局占比过高，是造成河北地区大气污染物排放超标的重要原因，尤其是钢铁行业，它是河北产业经济的支柱，为河北创造了大量的经济产值的同时也带来了严重的大气污染等环境问题。所以，要治理河北地

① 国家统计局编：《中国统计年鉴 · 2015》，中国统计出版社 2015 年版，第 73 页。

区的大气污染应当首先从工业产业的布局入手,调整产业结构,合理布局,使工业生产的排放降到最低。

三、河北地区大气污染基本特征

(一)大气环境“冰火两重天”

在河北地区,大气环境可谓是“冰火两重天”,张家口、承德、秦皇岛三地大气环境状况非常好,而其他地区的大气环境状况则非常差。以2015年为例,从细微颗粒物$PM_{2.5}$的平均浓度来看,全省虽然只有每立方米77微克,①小于北京市年均每立方米80.6微克,②高于天津市年均每立方米70微克,③位于中游水平,但是,我们从统计数据来看,河北地区仅有张家口一地$PM_{2.5}$水平达标,如果将其余10个未达标的地区加总取平均值,$PM_{2.5}$平均水平为每立方米81.8微克,已经超越了北京$PM_{2.5}$的污染程度;而除了张家口之外,承德与秦皇岛两地虽然$PM_{2.5}$平均水平超标,但属于略高于国家空气质量Ⅱ级标准,从地理位置上看,张家口、承德、秦皇岛这三个地区都位于河北北部,如果将河北北部这三个地区刨除,仅计算河北南部8个地区的话,$PM_{2.5}$平均水平就已经达到了每立方米90.9微克。从计算结果可以

---

①　河北省环境保护厅:《2015年河北省环境状况公报》,河北省环境保护厅2016年版,第6页。

②　北京市环保局:《2015年北京市环境状况公报》,北京市环保局2016年版,第7页。

③　天津市环境保护局:《2015年天津市环境状况公报》,天津市环境保护局2016年版,第4页。

看出,张家口、承德、秦皇岛由于 $PM_{2.5}$平均水平数字偏低,大大地拉动了平均值的总数,显得河北地区没有北京地区污染严重,而事实上河北地区的空气状况属于“冰火两重天”的状态,而除去空气质量较好的地区外,其他地区的污染水平远高于北京的污染水平。因此,可以得出结论,河北的污染水平实际上高于北京。

(二)工业生产造成的大气污染比重过高

河北地区工业生产是造成大气污染的最大污染来源,尤以钢铁生产为重。以粗钢产量为例,2005 年是 7386.4 万吨,2014 年是 18,530.3 万吨,10 年的时间增长了 150.9%,其中 2014 年的粗钢产量占了京津冀地区的 89%;以精钢产量为例,2005 年是 6465.1 万吨,2014 年是 23,995.2 万吨,10 年的时间增长了 271.1%,其中 2014 年的粗钢产量占了京津冀地区的 76.2%。① 由此可以看出,在京津冀地区有八成以上的钢材都是河北地区生产的,生产钢材造成的大气污染占河北地区大气污染的绝大多数份额。

(三)机动车尾气排放总量较大

机动车尾气排放总量在河北地区也比较大,以 2015 年为例,全年氮氧化物排放总量为 135.08 万吨,其中机动车尾气排放总量为 47.31 万吨,②占比为 35%。河北省全省民用机动车包括载客汽车、

---

① 河北省人民政府办公厅、河北省统计局、河北省社会科学院:《河北经济年鉴·2015》,中国统计出版社 2015 年版,第 682~683 页。

② 河北省环境保护厅:《2015 年河北省环境状况公报》,河北省环境保护厅 2016 年版,第 24 页。

载货汽车、摩托车、挂车、拖拉机等类型的机动车，截至2014年年底已经达到15,213,657辆，其中私人机动车数量为12,135,076辆，而2005年私人机动车数量为5,898,180辆，10年间私人机动车数量平均增幅为年均10.6%。如此庞大的机动车保有数量，尾气排放总量污染自然相当大。而且值得一提的是，由于北京和天津在机动车管制方面执行政策较为严格，而河北相对宽松，北京与天津淘汰的老旧机动车很多都流向了河北农村地区。河北农村地区老旧机动车数量相当庞大，而且这些老旧机动车并没有牌照，只要能够动、能够拉东西干农活，就会一直在乡村道路上活动，而无论是交管部门还是生态环境部门，对此类老旧机动车相对缺乏监管。众所周知，老旧机动车虽然数量不大，但是却贡献了大部分机动车尾气污染，而在进行数据统计时，往往无牌照的老旧机动车排污不被统计在机动车排污的数量范围之内，因而，若加上老旧机动车排放造成的污染，机动车尾气排放造成的污染要远大于统计数据。所以，河北地区机动车尾气排放造成的污染也是形成大气污染的一个不可忽视的因素。

(四)农村地区燃烧煤炭的生活传统造成的污染也较大

河北地区有广阔的农村，农村面积比例较大，在河北的农村地区冬季取暖向来以燃烧秸秆和煤炭为主，即便是县城，也只有新建住宅小区实现了集中供暖，且多数都是以热力站燃烧燃煤为取暖方式。天然气与农村地区基本绝缘，集中供暖更是与农村地区毫无相干，城市热力管网一般也仅在地级市才会兴建。因此，农村、乡镇、县城冬季取暖对于燃烧煤炭还有非常强的依赖程度。以2014年为例，全省能源消费总量为29,320.21万吨标准煤，其中煤炭消费占总量的88.46%，而生活消费总量为2997万吨标准煤，约占能源消费的

10.2%,说明河北地区对煤炭的消费需求巨大。而这种冬季以燃烧煤炭为主要取暖方式的生活习惯,会对大气环境造成一定污染。因此,农村地区燃烧煤炭造成大气污染,也是河北大气污染的一个基本特征。

第二章　京津冀大气污染的形成原因

第一节　区域经济结构不合理形成原发型大气污染

一、京津冀地区的部门产业结构分析

（一）部门产业结构概述

部门产业结构就是在一个区域之内，产业部门以及生产要素结构在区域经济中所占的比重。① 部门产业结构的划分，主要目的是考察各个产业组成部门在经济中的占比以及所发挥的作用。目前经常使用的产业结构分类方法有两大部类分类法、三次产业分类法、资源密集度分类法和国际标准产业分类法；其中特别是三次产业分类法是最常用的对产业进行分类，进而计算产业结构的方法。经济理论一般认为各国的三次产业结构会从第一产业占总产出比例最高，到第二产业占比最高，再到第三产业占比最高的产业结构演化过程。② 部门产业

---

① ［英］阿尔弗雷德·马歇尔、玛丽·佩利·马歇尔：《产业经济学》，肖卫东译，商务印书馆2015年版，第27页。

② 金碚主编：《现代经济学大典·产业经济学分册》，经济科学出版社2016年版，第53页。

结构中,在通常情况下,第一产业的产品需求弹性最小,第三产业的需求最高,而随着社会总体收入水平的增加,第二产业的占比会相应增加,第一产业的比重会相应减少,当收入水平继续增加时,第二产业在经济结构中的占比会相应减小,相应地,第三产业在经济结构中的占比会迅速增加。而当第二产业在经济结构中占比增加时,也就不可避免地会带来水污染、大气污染等一系列环境问题。

(二)京津冀地区部门产业结构占比

京津冀地区由于要素禀赋的差异,产业结构分布也并不相同。在京津冀三地中,北京地区 2014 年全年国民生产总值共计 21,330.8 亿元,其中第一产业 159 亿元,占比 0.7%;第二产业 4544.8 亿元,占比 21.3%;第三产业 16,627 亿元,占比 77.9%。按照行业划分,产值排名前三的行业分别是金融业 3357.7 亿元,制造业 2823.2 亿元,批发和零售业 2411.1 亿元。① 天津地区 2014 年全年国民生产总值共计 15,726.93 亿元,其中第一产业 201.53 亿元,占比 1.3%;第二产业 7765.91 亿元,占比 49.4%;第三产业 7759.32 亿元,占比 49.3%。② 河北地区 2014 年全年国民生产总值共计 29,421.15 亿元,其中第一产业 3447.46 亿元,占比 11.7%;第二产业 15,012.85 亿元,占比 51%;第三产业 10,960.84 亿元,占比 37.3%。具体数据如表 2－1 所示:

---

① 北京市统计局、国家统计局北京调查总队编:《北京统计年鉴·2015》,中国统计出版社 2016 年版,第 47 页。

② 天津市统计局、国家统计局天津调查总队编:《天津统计年鉴·2015》,中国统计出版社 2015 年版,第 25 页。

表 2－1　京津冀各产业占比

地区	国民收入总量	产业结构			合计
		第一产业	第二产业	第三产业	
北京	总产值/亿元	159	4544.8	16,627	21,330.8
	占比/%	0.7	21.3	77.9	
天津	总产值/亿元	201.53	7766.08	7759.32	15,726.93
	占比/%	1.3	49.4	49.3	
河北	总产值/亿元	3447.46	15,012.85	10,960.84	29,421.15
	占比/%	11.7	51	37.3	

从官方公布的数据可以看出，北京地区第一产业产值极其微弱，第三产业总产值相当强大，几乎是天津与河北的总和，而第二产业总产值相对较小，因而第二产业对大气污染的贡献率并不高。相形之下，天津与河北的第二产业占比在本地国民收入总产值中均在一半左右，相应地工业对大气污染的贡献率非常大。从这些数据来看，与我们现实生活中基本认识相吻合，即河北与天津地区工业污染非常严重，而北京地区大气污染的污染源工业占比较小。

二、京津冀地区的空间产业结构分析

（一）地域空间产业结构的概念特征

地域空间产业结构也可以叫经济地域的产业空间结构或者地域产业空间结构、产业地域结构，简称地域空间结构。其是指人类的经济活动在一定地域上的空间组合关系。具体说，就是指经济地域的诸经济内容在空间上的相互关系与地域上的组合形式。从区域经济学角度看,空间结构是指区域经济的核心、外围、网络诸关系的总和。①

地域空间产业结构的基本属性有以下几个:一是整体性。即在一定地域空间范围之内产业要素在核心区域、外围区域以及网络范围之内会形成相互联系、相互制约的有机整体。二是系统性。产业空间结构并非孤立存在,必须要纳入整个地理区域或者是全国的经济系统之中加以衡量,换言之,空间产业结构是全国产业结构的一个分支系统,例如,京津冀区域空间产业结构系统是华北产业结构的分支,同时也是全国产业结构的子系统。三是辐射性。空间产业结构运动的过程是以核心区域为始发点向外围区域再到整个空间网络范围辐射的过程。四是区域性。空间产业结构所在的地域空间具有特定性,一般是以历史的或者是自然的空间范围作为依托,以经济为纽带联系在一起的空间范围,如京津冀产业空间、"一带一路"产业空间等。

(二)京津冀地区空间产业结构排序

从目前京津冀地区所公布的数据来看,2014 年北京地区国民生产总值排名前三的行业分别是金融业 3357.7 亿元,制造业 2823.2 亿元,批发和零售业 2411.1 亿元。② 天津地区国民生产总值排名前三的行业分别是工业 7079.3 亿元,批发和零售业 1950.7 亿元,金融业

① 参见陈才:《区域经济地理学》,科学出版社 2013 年版,第 150 页。

② 北京市统计局、国家统计局北京调查总队编:《北京统计年鉴·2015》,中国统计出版社 2016 年版,第 47 页。

1422.28亿元。① 河北地区国民生产总值排名前三的行业分别是工业13,330.66亿元,交通运输业2396.4亿元,建筑业1703.63亿元。②具体排序见表2－2:

表2－2　京津冀空间产业结构排序

地区	产业产值	产业排序		
		产值第一	产值第二	产值第三
北京	产业名称	金融业	制造业	批发和零售业
	产值/亿元	3357.7	2823.2	2411.1
天津	产业名称	工业	批发和零售业	金融业
	产值/亿元	7079.3	1950.7	1422.28
河北	产业名称	工业	交通运输业	建筑业
	产值/亿元	13,330.66	2396.4	1703.63

从官方公布的数据可以看出,在京津冀三地地域空间内各地的要素禀赋是不同的,北京地区是国家的政治、文化、金融中心,因此,金融产业在北京地区的国民收入产值中占比最高,这就形成了北京地区以金融杠杆为纽带的发展路径,尤其是房地产行业,就是利用金融杠杆得到快速发展的,这与我们生活中所见到的现象也能够相互映衬。天津地区的经济发展主要是以工业为主,批发与零售产业在经济中占比也很大。而河北的发展基本上是以工业为主体,交通和房地产业为补

① 天津市统计局、国家统计局天津调查总队编:《天津统计年鉴·2015》,中国统计出版社2015年版,第60页。

② 中国省市经济发展年鉴编委会编:《中国省市经济发展年鉴·2015》(上),中国财政经济出版社2016年版,第64～65页。

充。从空间结构上看,北京地区金融服务业发达,天津地区工业出口发达,河北地区工业生产能力较强,所以对京津冀地区进行产业空间布局时,应当考虑京津冀地区的要素禀赋,充分发挥京津冀三地的优势,北京地区重点布局金融、服务、信息、高科技产业,以这些产业为先导带动北京经济发展。天津地区应当以出口为导向,重点发展工业出口。河北地区生产能力强,应当着重发展生产,但问题是河北的生产一直以来是走高污染、低效能只重数量不重质量的老路,而在供给侧结构性改革大力推行的今天,河北地区在产业布局方面应当加大产业升级换代的力度,大力发展清洁能源的生产和开发,要走出一条低能耗、高效率、低污染的新路。只有构建空间产业布局清晰、产业联系紧密、要素结构合理的地域经济网络体系,地方福利和财富才能够得到持续性增长。①

三、京津冀地区原发型大气污染形成

原发型大气污染指产生于本地区的大气污染。

(一)北京地区原发型大气污染的形成

北京地区产业结构主要以服务业为主,服务业的生产总值占77.9%。按理说北京地区产业结构较为合理,比较适合于绿色经济发展理念下的产业发展。但是从官方公布的数据来看,2014年北京市全年二氧化硫(SO_2)排放量为78,906吨,其中工业二氧化硫排放量

① [意]罗伯塔·卡佩罗:《区域经济学》,赵文、陈飞等译,经济管理出版社2014年版,第106页。

为40,347吨，占比为51.1%。氮氧化物排放量为150,955吨，其中工业氮氧化物排放量为6440吨，占比为4.3%。烟（粉）尘排放量57,372吨，其中工业烟（粉）尘排放量为22,710吨，占比为39.6%。具体统计数据见表2－3：

表2－3 2014年北京地区大气污染物排放情况

污染物			二氧化硫（SO_2）	氮氧化物	烟（粉）尘排放
污染物排放统计	排放总量/吨		78,906	150,955	57,372
	工业排放	总量/吨	40,347	6440	22,710
		占比/%	51.1	4.3	39.6

由此可见，工业排放造成的原发型大气污染所占的比重并不高。相反，二氧化硫（SO_2）排放与氮氧化物排放是机动车尾气排放的主要组成成分，而机动车是造成$PM_{2.5}$总量上升的首要原因。但是不可否认的是，北京地区工业排污对于大气污染的贡献率也不小，由此也说明了北京地区在产业结构布局方面还欠缺合理性，无论是部门产业结构还是空间产业结构，工业占比较高，将来如何充分利用清洁能源，缩减工业在国民经济中的占比，是北京地区发展的一个课题。

（二）天津地区原发型大气污染的形成

天津地区的经济结构主要以工业为主，其中重工业是天津工业的核心，从官方公布的数据来看，2014年天津地区二氧化硫（SO_2）排放量为209,200吨，其中工业源排放195,395吨，占比为93.4%；城镇生活源排放13,767吨，占比为6.6%；集中式治理设施排放38吨，占比为0.02%。氮氧化物排放量为282,300

吨,其中工业源排放 216, 947 吨,占比为 76. 8%;城镇生活源排放 9516 吨,占比为 3. 4%;机动车尾气排放 55, 771 吨,占比为 19. 8%;集中式治理设施排放 66 吨,占比为 0. 02%。烟(粉)尘排放量为 139, 453 吨,其中工业源排放 112, 129 吨,占比为 80. 4%;城镇生活源排放 21, 072 吨,占比为 15. 1%;机动车尾气排放 6244 吨,占比为 4. 5%;集中式治理设施排放 8 吨,占比为 0. 006%。[①] 具体统计数据见表 2 – 4:

表 2 – 4　2014 年天津地区大气污染物排放情况

污染物			二氧化硫(SO_2)	氮氧化物	烟(粉)尘排放
污染物排放统计	排放总量/吨		209, 200	282, 300	139, 453
	工业排放	总量/吨	195, 395	216, 947	112, 129
		占比/%	93. 4	76. 8	80. 4
	城镇生活源	总量/吨	13, 767	9516	21, 072
		占比/%	6. 6	3. 4	15. 1
	机动车尾气	总量/吨	—	55, 771	6244
		占比/%	—	19. 8	4. 5
	集中式治理设施	总量/吨	38	66	8
		占比/%	0. 02	0. 02	0. 006

从数据不难看出,在天津地区,工业生产是造成大气污染排放的绝对"主力",贡献率极高。由此也可以看出,天津地区虽然工业产值占国民总产值的一半,但是几乎贡献了八成以上的空气污染,可以说

① 参见天津市统计局、国家统计局天津调查总队编:《天津统计年鉴·2015》,中国统计出版社 2015 年版,第 224 页。

原发型的大气污染基本上都来自工业生产。这说明天津地区的产业结构也并不合理,工业比重过大,排放量过高,是天津产业结构面临的一大问题。在今后的升级换代中,天津应当着力从去产能着手来发展清洁能源。

(三)河北地区原发型大气污染的形成

河北地区也是以工业为主要支柱产业的地区,从官方公布的数据来看,以 2014 年为例,京津冀地区工业增加值合计为 24,156.6 亿元,其中北京地区工业增加值为 3746.8 亿元,天津地区工业增加值为 7079.1 亿元,河北地区工业增加值为 13,330.7 亿元,河北地区工业增加值在京津冀区域所占的比重为 55.2%,比北京和天津两地总和还要多,而第三产业增加值在京津冀地区的比重却只占了 31%,①说明河北地区工业发展产能过剩,服务行业发展较为滞后。而从大气主要污染物排放总量来看,河北地区 2014 年全年化学需氧量排放总量为 126.9 万吨,占京津冀比重的 76.8%。二氧化硫(SO_2)排放量为 119 万吨,占京津冀比重的 80.5%。细微颗粒物 $PM_{2.5}$ 平均浓度为每立方米 102 微克,②超出国家空气质量二级的浓度限值标准每立方米 35 微克 1.9 倍。具体统计数据见表 2-5:

① 河北省人民政府办公厅、河北省统计局、河北省社会科学院:《河北经济年鉴·2015》,中国统计出版社 2015 年版,第 672 页。

② 河北省人民政府办公厅、河北省统计局、河北省社会科学院:《河北经济年鉴·2015》,中国统计出版社 2015 年版,第 688 页。

表 2－5　2014 年河北地区大气污染物排放情况

污染物		化学需氧量	二氧化硫（SO_2）排放量	工业烟灰排放量	细微颗粒物 $PM_{2.5}$ 平均浓度
污染物排放统计	总量/万吨	126.9	119	145.07	—
	占京津冀比重/%	76.8	80.5	—	—
	工业排放/万吨	—	104.47	145.07	—
	工业排放占比/%	—	87.8	100	—
	平均浓度/微克/立方米	—	—	—	102
	超国家标准倍数	—	—	—	1.9

由此可以看出，河北地区工业生产比重过大，在二氧化硫（SO_2）排放量为 119 万吨中有 104.47 吨为工业排放，①占比为 87.8%，工业烟灰排放总量已达 145.07 万吨，所造成的原发型大气污染基本上是以工业为主。而在河北的工业企业中，钢铁和装备制造又是河北工业的支柱产业，也是污染排放大户，因此，工业比重过高尤其是钢铁产业产能过剩是造成河北地区原发型大气污染的主要原因。

第二节　自然气候因素造成输入与混合型大气污染

一、京津冀地区自然气候基本状况

京津冀地区从地理空间来看，是地球上最大的大陆——亚欧大陆

① 河北省人民政府办公厅、河北省统计局、河北省社会科学院：《河北经济年鉴·2015》，中国统计出版社 2015 年版，第 342 页。

的起点，而与最大的海洋太平洋相邻，属于温带季风气候。在这一区域之内，来自大陆与来自海洋的热力性质具有相当大的差异性。夏季亚欧大陆低压连成一片，海洋上副热带高压西伸北进，从北太平洋副热带高压散发出来的东南季风带来丰沛的降水；冬季强大的蒙古高压散发出来的西北季风影响本地。因风向切变符合季风要求，故为季风气候。① 就京津冀地区的气温、风向、风力、云层变化、全年降水量等气象指标而言，大体上都较为相似，因此，由于自然气候原因造成的大气污染在京津冀地区也具有相似性。

二、空气流动性对大气环境的影响

（一）大气成分

大气成分按照浓度划分可以分为三类：一是主要成分。包括氮（N_2）、氧（O_2）、氩（Ar），浓度在百分之几的量级，三者合计占干洁空气体积的 99% 以上。二是微量成分。包括二氧化碳（CO_2）、水汽（H_2O）、甲烷（CH_4）、氦（He）、氖（Ne）、氪（Kr）等，浓度在 10^{-6}（lppmv）~ 10^{-2}。三是痕量成分。包括氢（H_2），臭氧（O_3），氙（Xe），氧化亚氮（N_2O），一氧化氮（NO），二氧化氮（NO_2），氨气（NH_3），二氧化硫（SO_2），一氧化碳（CO），颗粒物以及人为产生的污染成分（如

---

① 彭丽霞：《南亚高压气候异常研究》，南京信息工程大学 2008 年博士学位论文，第 1 页。

氯氟烃类化合物)等,浓度在 lppmv 以下。① 大气成分特定的区域之内基本上是保持恒定的,由于京津冀地区相对于大气环境而言属于一个固定的空间,且空间范围并不大,因而此区域之内大气成分相对来说比例相同。

(二)空气的流动对大气成分的改变

虽然大气成分在固定的空间和时间内相对较为稳定,但是随着时间变化和空气流动,大气成分也会发生一些改变,尤其是工业生产排放、机动车集中排放等都会使某一相对狭小区域内的大气成分发生剧烈改变,二氧化硫(SO_2)、氮氧化物的浓度都会在短时间内飙升,而这种小范围的大气成分的变化,随着空气流动就会影响下游的大气成分从而形成区域性的大气污染。从大气流动性这一点来看,治理区域性大气污染仅在一地治理难以起到整体性的治理效果,必须在所涉区域之内共同治理,才能够使区域性大气污染得到治理。

三、大气污染在京津冀地区的混合

(一)输入型大气污染

在京津冀地区,每一单独行政区内的原发型大气污染都有各自的特征,北京地区以机动车尾气污染为主,天津地区与河北地区主要是重工业污染造成的原发型大气污染。当大气污染在本地形成之后,本

① 参见张小曳等主编:《大气成分与环境气象灾害》,气象出版社 2009 年版,第 1 页。

地的大气成分就会发生变化，这种变化有可能会是一种剧变，必然会导致与周边地区的空气成分发生失衡，此时空气成分发生改变的区域就会向其他区域迅速扩散，直至达到均衡状态。如果借助风势，会使这种扩散变得更加迅速。从这一角度来看，京津冀区域内，每一单独区域所发生的大气污染现象在很大程度上都并不仅仅是本地排放污染物超标所致。例如，北京的大气污染一方面有本地机动车尾气排放造成的原发型污染，同时还会输入来自天津与河北的工业排污造成的大气污染；同样，天津地区的大气污染也不仅仅是来自本地的工业排放所造成的大气污染，同样也会输入来自北京的机动车尾气排放造成的大气污染以及来自河北的工业排污造成的污染。从这一角度来看，空气流动造成的输入型大气污染也是京津冀区域大气污染的一个重要原因，因而对京津冀地区大气污染物的成分进行分析时，不能仅仅是静态地看待本地大气污染物排放总量，还应当考虑输入污染的因素。

（二）混合型大气污染

混合型大气污染是指大气污染物随着空气流动从一个地区流动到另一地区之后，与本地的大气成分中某些物质在特定光照、温度和湿度的环境下混合就会形成光化学烟雾。光化学烟雾是由从工厂、汽车等污染源排放的氮氧化合物（NO_x）和碳氢化合物（HC）等一次污染物，在受到紫外线作用后生成光化学氧化剂（Oxidant）等二次污染物，这些污染物在特定的气象条件下就可以形成一种烟雾。① 光化学

① 许东海：《日本近现代环境保护发展史》，中国农业出版社 2013 年版，第 109 页。

烟雾不仅具有较强的刺激性，可以刺激人的眼睛和呼吸系统，使人们产生疾病状态，而且在夏季还可以促成本地区酸雨的形成，下雨之后危害农作物的生长，更有甚者还会使机动车、室外建筑、室外的纤维塑料制品的外观出现腐蚀现象，影响使用寿命。光化学烟雾是一种较为严重的混合型大气污染现象，一般是由多区域的大气污染混合而成，在20世纪70年代的日本，就经常受到光化学烟雾的侵袭，如1971年夏季日本东京的光化学烟雾事件，不仅东京地区受到强烈影响，在大阪湾与爱知县也出现了相似情况，可见光化学烟雾的影响范围较为广泛。当然，混合型大气污染不仅仅只能够发生光化学烟雾这一种衍生现象，在多种污染气体混合的情况之下很容易造成光化学反应形成新的污染源，这也是形成大气污染的一个重要原因。

第三节　传统治理模式不适宜于区域大气污染治理

一、京津冀大气污染与大气污染治理

(一)大气污染的形成与治理方案

从环境经济学的角度来观察，大气污染的形成实际上是经济发展的副产品，是经济结构性要素没有得到妥善配置的结果。① 因而，当社会经济发展之后，由于发展速度的原因，原本配置合理的经济结构

① 李晓西主编：《现代经济学大典·资源与环境经济学分册》，经济科学出版社2016年版，第2页。

的运行会在一定时期之内发生偏离既定轨道的现象,此时经济的结构性要素就会出现配置不合理的现象,形成水污染、大气污染等环境污染现象是必然的结果。纵观京津冀地区,在20世纪90年代之后,改革开放进入高速发展阶段,优化组合、国企改革、股份制改革等一系列改革措施的实施,使得京津冀地区的经济有了高速的发展,尤其是在河北地区,形成了以钢铁产业为龙头的经济发展模式,生产要素基本上都向钢铁产业聚集,钢铁产业上下游聚集了大量产业工人,钢铁以及与钢铁产业相关的产业已经成为河北的支柱产业。而随着经济的发展,京津冀地区的大气污染现象成为社会广泛关注的话题。通过研究,人们已经逐渐认识到工业生产是造成大气污染的最大污染源。于是,京津冀地区采取了有针对性的治理大气污染的措施。这些措施的核心都是围绕"去产能"和优化产业结构展开的,主要针对目标就是降低工业产能,大力发展清洁能源,调节工业在国民经济中的占比。应当说,通过最近几年的整治,我们已经看到了一些效果,尤其是北京地区,蓝天白云天数有所增加,说明了通过产业调整治理大气污染已经初见成效。

(二)京津冀地区大气污染治理与大气污染形成

目前京津冀地区治理大气污染的基本方案主要围绕"去产能"和"调结构"展开,虽然已经取得了一些成效,但是我们不可否认的是京津冀地区工业产能巨大,尤其是天津与河北地区,工业产能的去化并非一日之功,由于经济的发展有其内在规律,尤其像天津与河北地区工业去产能后其他的经济增长点并不多,因而去产能不可能采取"休克疗法"式的产能去化方式,只能是边生产边去产能、边去产能边生产,这样的治理大气污染的方式是在逐步解决老的污染源问题的基础之上又产生了新的污染源，因而治理效果并不明显。在这种情况之下，京津冀地区的大气污染状况并没有得到根治，所以治理不善也是导致京津冀区域之内大气污染的一个原因。

二、政治因素对大气污染治理的影响

（一）京津冀地区的政治传统分析

京津冀区域涉及三地省级政府，而三地的政治传统差异性非常大。首先，北京地区是首都，是国家的政治、文化、教育中心，北京作为首都具有强大的地缘优势，自然能够吸引流动性要素到北京投资发展，因而北京地区对经济发展并不发愁，对于通过"去产能""调结构"等方式治理大气污染可以说是不担心也有决心，并且一定能够做到让中央放心。从这几年北京地区实施的一系列措施，如汽车限购、限行，逐步将不符合首都功能的行业疏解出北京等，就可以看出北京对于治理大气污染的决心。

天津地区作为直辖市政治地位不如北京，而天津地区具有海港优势，发展进出口经济是天津地区的重点任务，尤其是工业生产进出口，是天津地区的支柱性产业，相对于政府而言，发展经济是政府行政的主要任务。基于这样的原因，天津地区对于去除工业产能的力度显然不如北京强大。

河北地区从清朝开始就是直隶辖区，负责京城卫戍安全，正是由于河北地区这样的特殊地理位置，在现代社会里，河北依然面临这样的双重任务：一是要保稳定。即全力以赴支持京津地区的发展，保障北京地区的各项安全，这是对政府管理的第一性的政治要求。二是要谋求发展。河北地区面积 18.88 万平方千米、县级区划 171 个，截至 2014 年年底总人口 7384 万人，①解决省内人口的收入问题，是对政府行政提出的基本要求。而河北地区相对于其他省份而言，人均 GDP 总量相对落后，而河北地区又是以钢铁等高污染、低效能的产业为发展核心，在这种情况下，河北在未找到一个新的经济增长点之前，对于“去产能”“调结构”有一定顾虑。因此，一方面要讲政治，另一方面还要求发展，这是河北地区特殊的政治传统。在这样的传统之下，河北地区对于治理大气污染的压力巨大。

（二）政府行政理念对京津冀区域大气污染治理的障碍

京津冀地区三地的政府行政理念各不相同，北京地区侧重于讲政治，天津地区侧重于发展经济，河北地区既要讲政治又要发展经济，这种状态实际上就使得京津冀三地在治理大气污染的心态方面有所不同。北京地区是不惜一切代价要治理大气污染；天津由于地域面积较小人口较少，也可以较好地贯彻“去产能”“调结构”的政策；而河北在实施“去产能”“调结构”方面则显得较为乏力，一是缺乏经济增长点带动经济发展，二是河北地区所辖面积大、人口多，省内各市县的具体差异也较大，因而不宜实施“一刀切”的政策，因此河北地区在治理大气污染方面政府虽然决心较大，但是到了具体落实环节往往显得行动迟缓。京津冀三地政府行政在理念上的差异使得京津冀三地各有各的利益诉求，因而在治理大气污染的问题之上，很难统一行动，这就使得京津冀三地在治理大气污染方面始终处于各自为政的状态。然而，

① 参见国家统计局编：《中国统计年鉴・2015》，中国统计出版社 2015 年版，第 3 页。

大气污染具有流动性的特征,京津冀三地各自为政的状态并不利于大气污染状态的整体性消减,这也是造成京津冀地区大气污染的一个原因。

三、文化习惯对大气污染治理的影响

(一)生活文化传统与大气污染

京津冀地区在地理位置上毗连,在明清两代是直隶府的主体部分,这一区域之内,社会风俗、饮食习惯、思想文化、语言习惯等传统都大体相似,包括自然气候、建筑形式在京津冀地区具有相似性。在京津冀农村地区,人们的取暖过冬方式也都基本一致,都是以焚烧秸秆和燃煤作为冬季取暖的基本方式。而在城镇之内,取暖方式以集中供暖为主,但是取暖的燃料也都是以燃煤为主。因而,在京津冀地区,已经形成了燃煤取暖的生活习惯,而这种习惯在农村表现得较为突出,家家都有炉子,都用燃煤取暖,造成大气污染在所难免。因此,京津冀地区生活文化上的传统,对于大气污染物的增量而言,起到了推波助澜的作用。

(二)思想文化传统对于治理大气污染的阻碍

在京津冀地区由于数百年间都属于直隶府管辖范围,在思想文化习惯方面也具有趋同性,当然这些思想文化成分中绝大多数造就了京津冀地区民众的朴实、善良、热诚等区域文化性格,这对于京津冀地区政治稳定而言极为重要,因为明清两代的直隶以及当代的京津冀地区若政治不稳定,必然会影响国家整体的安定团结,因此社会也就逐渐塑造了京津冀地区百姓性格内敛、生活求稳的思想性格。这种思想文化传统有利于政治稳定，但是对于发展经济而言却缺乏创造力和创新精神，时常表现为“故步自封”“自我满足”“小富则安”，而在具体事件方面多表现为为了具体利益很容易满足，缺乏全局谋划能力。具体到京津冀大气污染治理，就是在京津冀地区多是以各自的利益出发来治理污染，很少站在全局利益来考量。例如，北京对机动车限购、限行，目的是减轻北京地区的交通压力，减少机动车尾气排放对大气环境造成的污染程度，但是这样的措施仅仅是站在自己利益的角度来考量，有一种“小富则安”“自我满足”的味道，并没有站在京津冀区域大气污染治理的高度来考虑。因而限购的效果是引导资金去河北购车上牌照，限行的效果是通过市场的调节机制将一些老旧机动车淘汰出局最终仍然流向河北农村地区。从实践来看，北京地区基于本地利益的考量而采取的机动车限购、限行措施虽然在北京地区取得了大气污染治理的实际效果，但是由于大气污染具有流动性的特征，河北地区的大气污染一样会输入北京地区，因此仅仅一地的治理并非完全意义上的治理，只有三地同时治理才能够真正实现整体治理的效果。这样的例子还有很多，都可以从思想文化传统方面找到对应的答案，因而“小富则安”“自我满足”这样的思想文化传统对于京津冀地区治理区域性大气污染而言并不适宜，必须从根本上有所改变，才能够适应京津冀大气污染治理的实际需要。

第四节 传统法律措施治理区域大气污染时效率低

一、管辖地域性特征难以有效治理大气污染

(一)法律制度地域性的基本特征

法律制度有一个最大的特点,就是效力范围要受地域性的限制,全国人民代表大会及其常务委员会制定的法律以及国务院制定的行政法规在全国范围内生效,而地方性法规和地方性规章仅在所在省份或地区生效,这是法律制度的根本特性。当然政策也具有这样的特性,即政策只在制定实施地发生效力。从这一属性来看,京津冀地区目前各地所制定的规范性文件,都只能在本地实施。这就会形成一种现象,即规范性文件制定不同步的问题,即京津冀某一地区制定了相应的规范性文件,而在另外的地区有可能制定得比较晚或者根本就没有相应的规范性文件。比较典型的就是北京地区为了治理交通拥堵减少尾气排放的数量,对机动车于2011年采取了限购措施,天津也在2014年开始对机动车实施限购,而河北至今尚无限购措施。

(二)法律制度地域性与大气污染流动性的矛盾

在治理大气污染方面,京津冀各地都出台了一些措施,由于这些措施仅在本地生效,尤其是环境行政执法,只能够在本地执法,不能跨省执法,这样就形成了"铁路警察各管一段"的现象,这是法律管辖地域性的一个基本表现。然而这种按照行政地域划分管辖权的方法,在

治理其他环境污染问题时尚能发挥效用,而在治理大气污染的过程中就并不能很好地发生作用了。原因在于大气污染具有流动性,大气污染的流动完全不遵守行政地域的规则,只要在自然环境下形成了空气动力,就会产生风、空气流动等自然现象,被污染的空气自然就会随着空气的流动输入另外的地区。因此,按照传统法律地域管辖的措施来治理大气污染显然不合时宜,这也是目前法律制度在治理大气污染过程中效率不高的一个根本原因,无形中也延缓了治理京津冀地区大气污染的速度。

二、缺乏配合机制增加了大气污染治理难度

目前在京津冀地区各地对于大气污染的治理主要力量都是依靠环境执法部门来完成,而行政执法的本质性特征就是地域性,行政执法权不能跨省执法是治理大气污染的一个很实际的困难。为了解决这一难题,京津冀地区多次开会进行研究,但是至今尚未有一个成熟的方案出来来解决异地执法的问题。而跨区大气污染在现实中又是在不断上演着,而跨区联合执法尚未建立协作机制,这给大气污染的治理带来了不小的困难。例如,位于京津冀省际交界地附近开设的工厂,其排污问题就是令两地甚至是三地非常头疼的问题。由于目前京津冀地区尚未建立联合执法机制,使跨省联合执法的合法性难以得到保证,从而治理效果并不好。但是我们同样可以看到,在奥运、APEC、庆祝反法西斯胜利 70 周年这些重要活动的前期,京津冀三地对于省级交界地带的工厂治理力度非常大,基本上采取全部关停的措施,因而我们可以看到"奥运蓝""APEC 蓝""阅兵蓝"这样的景象。这说明只要京津冀地区联合执法,关停工厂并加大治理力度,一定可

以收到良好效果。但是活动一结束,北京地区的天气状况马上"报复性反弹"恢复强雾霾天气。一方面说明在弥补成本支出的驱动之下,企业要把失去的生产时间"夺回来";另一方面也说明京津冀地区在重大活动结束之后,联合执法、共同努力的情势已经消除,对企业的监管又恢复常态化模式,污染现象自然重新出现。因此,京津冀地区缺乏配合机制无形中增大了大气污染治理的难度,直接影响了区域大气污染治理的效率,这一原因也是目前形成跨区大气污染的一个重要因素。

三、跨区纠纷解决机制不健全

党的十八届四中全会通过了中共中央《关于全面推进依法治国若干重大问题的决定》(以下简称《决定》),明确指出要在司法领域之内建立跨区法院,实现案件的异地审判。随后,最高人民法院于2014年10月出台《关于北京、上海、广州知识产权法院案件管辖的规定》,跨区法院在北京、上海、广州相继成立,审判案件的范围虽然仅限于知识产权案件,但是其重要意义就在于实现了司法权地域性的突破。而受此契机的影响,学术界对于京津冀一体化后建立京津冀跨区法院也提出了自己的主张和设想。当然有些设想已经成为了现实。2015年,京津冀三地高级人民法院建立执行联动工作机制,全年协作执行案件934件,执行标的额8.1亿元。京津冀三地的执行联动协作机制中明确,包括委托调查(查询)、查封(冻结)、扣划存款、登记型财产过户等法律文书的送达以及拘留等强制措施作为三地法院协作执行事项,执行法院均可委托被执行人财产所在地或被执行人住所地法院办理,正式推动实现三地办案的"同城效应"。河北环京津部分中基层法院积极与京津有关法院对接，廊坊 11 个基层法院与京津 8 个基层法院于 2015 年年底共同签署《北京、天津、河北（廊坊）19 家毗邻法院执行事项委托及异地执行协助运行及操作细则》，相关法院执行局据此建立并规范执行工作联动机制，逐步向执行办案“同城化”迈进。① 应当说，这样的纠纷解决机制的积极意义是值得肯定的，但尚有诸多不足之处，尤其是异地立案难、环境公益诉讼异地受理难、审判标准不一致等问题尚未彻底解决，因此实践中涉及跨区大气污染的法律纠纷基本连诉讼阶段都难以进入，这是目前跨区纠纷解决机制亟待解决的实际问题，也使大量的大气污染法律纠纷没有得到法律上的处理。

四、缺乏经济补偿机制使生态恢复较为困难

生态补偿是将生态效应和补偿机制相互联系在一起的一种制度性规范，在环境经济意义上的解释是指为了调整相关主体利益关系，通过保护、恢复和维护生态服务功能，最终实现“自然生态补偿”。② 生态补偿机制则是环境制度或者法律制度意义上的一种规范。生态补偿机制的重要作用有两个：一是“削峰”。对利用生态环境而产生正外部性即生态服务价值溢出进行利益再分配，也就是通常所说的收益者付费。二是“填谷”。对生态环境破坏造成的负外部性使其转化到私人成本之中，即所谓的污染者付费。受益者和污染者虽然都要付

① 周宵鹏：《京津冀法院协作执行 934 案》，载《法制日报》2016 年 1 月 13 日，第 3 版。

② 任勇、冯东方、俞海等：《中国生态补偿理论与政策框架设计》，中国环境科学出版社 2008 年版，第 8 页。

费,但是费用的性质不同,但最终的指向却是相同的,都是要维护或者回复生态的服务功能,使之能够可持续提供生态服务。从环境经济学的角度来看,生态补偿只是一种经济制度,目的是通过经济的补偿来恢复生态功能。京津冀地区的大气生态已经遭到了破坏,区域性的大气污染频发,无论是生态受益者还是环境破坏者都没有付出相应的代价。而从制度设计层面来讲,目前尚无一种跨区的经济补偿制度出台,因而区域生态补偿也仅停留在学术探讨的层面。从理论上讲,京津冀地区要素禀赋不同,经济发展速度也不一致,相应地北京和天津的经济较为发达,河北地区较为落后,北京与天津地区的生态服务价值溢出比较大,而相应地河北地区较小,京津冀协同发展的实质是要求生态服务功能也要协同发展,此时北京和天津地区就应当给河北地区一定的经济补偿,来弥补河北因为治理大气污染而丧失的生态服务功能价值。当北京和天津对河北的补偿力度大于河北治污的机会成本时,河北地区就非常愿意治污了。① 而现实情况是目前这样的经济补偿机制尚未建立,京津冀地区的生态恢复工作并没有得到有效开展,这也是目前京津冀地区形成大气污染的一个不可忽视的原因。

---

① 齐子翔:《京津冀协同发展机制设计》,社会科学文献出版社 2015 年版,第 132 页。

第三章 京津冀大气污染联合防治的必然性

第一节 践行京津冀一体化战略的政治需求

一、京津冀一体化战略目标的历史时代背景

(一)京津冀一体化的政治背景

京津冀一体化的概念源于京津冀协同发展。习近平总书记于2014年2月26日在听取京津冀协同发展汇报时强调,京津冀协同发展是一个重大的国家战略,2014年3月5日李克强总理进行政府工作报告时也强调要加强京津冀区域间政府合作,于是京津冀协同发展的启动被提上了日程。2014年8月2日,在2014年崇礼的中国城市发展国际论坛上,国务院已成立京津冀协同发展领导小组以及相应办公室,标志着京津冀协同发展正式启动。2015年3月,中央财经会议之上,正式讨论了《京津冀协同发展规划纲要》,之后中共中央政治局在2015年4月30日召开会议,审议并通过了《京津冀协同发展规划纲要》,该纲要指出,推动京津冀协同发展是一个重大国家战略,核心是有序疏解北京非首都功能,于是京津冀协同发

展正式被确定为国家重大战略。这标志着京津冀协同发展有了顶层设计,并且还有了规范性的实施意见,京津冀区域内的政府在政治、经济、文化、法律等各领域加强合作有了坚实的规范性基础。

(二)京津冀一体化的时代必然性

我国经济发展经历了“十一五”与“十二五”的高速发展时期,经济发展进入“新常态”,在以科技创新和能源控制为主要趋势的国际大背景之下,我国新型工业化的产业结构创新与城镇化加速成为未来经济的两大新驱动力。把握工业化转型与城镇化加速带来的历史契机,是京津冀一体化、“一带一路”、长江经济带创新区域经济的一个基本路径,也是历史的必然选择。而京津冀一体化则是区域经济向着高端化、高效化、生态化和低碳化转型的一种历史性尝试。① 以往,京津冀地区经济结构布局以及空间产业布局极为不合理,经济发展速度也并不协调,从三次产业在 GDP 中的比重来看并不均衡,从下面统计数据中可以看出一些端倪。具体数据②见表 3-1:

---

① 参见叶堂林等:《京津冀协同发展的基础与路径》,首都经济贸易大学出版社 2015 年版,第 63 页。

② 参见北京市统计局、国家统计局北京调查总队编:《北京统计年鉴·2010》,中国统计出版社 2011 年版,第 40 页;天津市统计局、国家统计局天津调查总队编:《天津统计年鉴·2015》,中国统计出版社 2015 年版,第 57 页;河北省人民政府办公厅、河北省统计局、河北省社会科学院:《河北经济年鉴·2015》,中国统计出版社 2015 年版,第 344 页。

表 3-1 2004~2014 年京津冀地区经济结构布局及空间产业布局

产业	第一产业占比/%			第二产业占比/%			第三产业占比/%		
年份	2004	2009	2014	2004	2009	2014	2004	2009	2014
北京	1.4	1.0	0.7	30.6	23.1	21.4	68	75.9	77.9
天津	3.4	1.7	1.3	54.2	53	49.4	42.4	45.3	49.3
河北	15.73	12.81	11.70	50.74	51.98	51.00	33.53	35.21	37.30

从统计数据来看,京津冀地区从 2004 年到 2014 年,第一产业在 GDP 中的占比呈现逐渐减少的趋势,京津两地的第二产业的 GDP 占比也呈现递减趋势,而河北基本保持稳定水平。但是值得注意的是,天津与河北第二产业在 GDP 中的占比均达到了一半的水平,说明天津与河北两地工业排污情况严重。在区域产业结构方面,绿色无污染的产业在这两个区域之内占比较小。因此,京津冀区域之内在产业部门结构方面天津与河北两地存在很大的不合理状态,只有京津冀三地联合起来相互扶持,发挥地域优势和产业优势,实现产业互补、利益共享,才能够实现整体性的可持续发展。从这一角度来看,京津冀协同发展的空间巨大,这是时代发展必然选择的结果。

二、京津冀一体化顶层设计思路的目的指向

(一)交通协同发展

交通协同发展是京津冀区域之内实现区域交通设施建设共享,并且要统一规划、统一建设、统一管理,实现互联互通,并于 2020 年京津冀交通体系建设实现“五个一体化”:公路网络一体化、交通运输枢纽

一体化、交通运输管理一体化、交通运输服务一体化、物流发展一体化。

(二)生态协同发展

在京津冀区域之内要建设生态环境规划、监测、管理、执法的一体化体系,并构建市场机制平台,通过市场对资源的配置作用,来实现对生态资源的配置。并且要在京津冀区域之内以大气污染治理和水污染治理为先导,实现区域协同治理,并搭建区域生态补偿平台,实现生态资源效益的补偿,最终使京津冀地区的生态环境得到协同治理。

(三)产业协同发展

京津冀区域之内要优化产业结构,实现产业结构的升级换代。在北京地区要将不适宜于首都功能的产业向外疏解。在天津与河北地区,在承接北京地区的产业转移的同时要完成本地区的产业结构调整,降低高能耗、低效率的产业占比,提升服务业、信息产业、高新科技产业在区域经济中的占比;同时要发挥北京地区知识经济、人才聚集的比较优势,带动天津与河北走产业创新之路。最终将京津冀地区建设成为以科技创新为先导,以科技研发为后盾,以高端制造业为基础,以高端服务为经济新增长点的产业创新生态系统。

(四)科技协同发展

京津冀地区要发挥科技创新的驱动力,充分利用北京的研发资源,借助互联网平台,在“互联网+”的经济背景之下,推动信息产业和科技创新转化为新的生产力,天津与河北地区负责高端生产,实现区域性的“去产能”。与此同时,还要合理配置创新资源,实现资源共享，并为科技创新提供平台和政策支持，推动京津冀地区科技创新的协同发展，构建创新体系，为科技创新提供新的生长空间，将京津冀地区打造成为引领和辐射全国的科技创新基地。

（五）城镇协同发展

京津冀地区要充分发挥北京与天津的直辖市优势，建立京津冀城市群系统，逐步形成“双核、多中心、网络型”的城市群空间布局。在京津冀区域之内，要实现城市功能定位的统一规划和统一对接，优化城市功能的空间布局，并且要优化城市人口结构，促进产业人口的优化和安置，实现城市间人口的自由无障碍流动，并在社保、医疗、养老等环节实现一体化、无差异化。与此同时，要以京津冀城市群为核心，向外辐射中小城市和乡镇，带动中小城市和乡镇共同发展，尽快完成乡镇公共配套设施的建设。

（六）公共服务协同发展

在公共服务方面，京津冀地区在短期之内要实现教育资源、医疗资源、社会保障资源的对接，逐步缩小京津冀在这些方面的差异，向资源均等化的方向发展。中期，在资源共享、制度对接、待遇互认、流转顺畅等方面初步建立起一体化的制度框架，基本实现区域公共服务一体化。远期，通过实现不同区域和不同社会群体之间公共服务制度的统一、公共服务设施的共享和保障标准的一致等，全面实现公共服务一体化。[①] 使京津冀地区在公共服务方面实现协同管理、协同发展。

---

① 参见叶堂林等：《京津冀协同发展的基础与路径》，首都经济贸易大学出版社 2015 年版，第 164 页。

三、联合治理是践行京津冀协同发展的要求

京津冀协同发展的路径之一就是生态协同发展,而大气污染治理是京津冀生态协同发展的重要组成部分。而从政治层面来讲,京津冀大气污染区域联合治理是贯彻京津冀协同发展目标的必然选择,具体体现在以下几点:

(一)建立国家级生态示范区的需要

生态示范区是政府为了发展生态经济而在一定空间之内设立的在功能上具有示范作用的区域经济空间。① 从实践来看,为了发展区域经济,我国在鄱阳湖与黄河三角洲分别设立了生态经济区,并取得了成功的经验。在此基础之上,京津冀区域生态示范区也在顶层设计的谋划之中,其政治方面的意义非常重大,要建立以首都为核心,以张家口、承德为基地,辐射整个京津冀区域的区域生态经济示范区域,将京津冀地区打造成为国际级的生态示范区,引领全国生态产业的发展。在这样的政治目标之下,京津冀生态协同发展就是实现生态示范的必由之路了,同理,在治理大气污染的过程中,仅仅在一地治理大气污染并不能达到整体治理的效果,更加谈不上生态的示范意义。从这一角度上看,只有京津冀地区对大气污染联合治理,形成一种经验模式,才能够形成示范效应。因此,京津冀大气污染联合治理是建立国家级生态示范区的需要。

---

① 参见丁四保等:《主体功能区划与区域生态补偿问题研究》,科学出版社2012年版,第2页。

(二)构建生态城市的需要

京津冀城市群的协同发展是京津冀一体化的要求。具体而言,是要建立以北京和天津为核心,以河北的城市为网络的城市群体系;不仅要在经济方面实现城市群落的互动,而且要在生态保护方面构建生态城市,打造区域生态空间,合理配置京津冀城市群之间生活空间、生产空间、生态空间三者之间的比例状态;并且要在城市群之间建立绿色走廊,形成城市森林圈。然后以生态城市群为依托,将生态城市向县城、乡镇扩展,构建美丽乡村。当然这样的目标实现,最根本的任务就是要在京津冀地区对大气污染和水污染进行整体的控制,并建立区域性的防御体系,彻底消除区域性大气污染。从这一角度来看,京津冀大气污染联合防治是构建京津冀生态城市群的必然选择,是实现京津冀生态协同发展的必由之路。

(三)构建多元化生态补偿机制的需要

京津冀生态协同发展的实质就是要求在京津冀地区的生态保护方面要实现一体化保护和同质化保护,单单一个地区对生态环境进行保护不足以使京津冀地区整体的生态水平有所提升。大气污染的基本特征就是具有流动性,因而一地的治理并不能起到整体治理的效果,生态环境并不会有所改观。因此,京津冀地区要治理区域性的大气污染,三地必须联合防治,这是由自然现实决定的。然而京津冀地区要素禀赋各不相同,比较优势也各有差异,经济落后地区为了恢复生态,所支付的显性成本与机会成本相对较多,只有在京津冀地区对大气污染联合治理,并探索出适合区域特色的生态补偿机制,这样才能够使京津冀地区的生态环境得到协同发展。从这一角度来看,京津冀大气污染联合治理,是探索建立多元化的生态补偿机制的必然选择。

第二节 践行国家生态文明战略目标的需要

一、生态文明战略的提出以及历史必然性

(一)生态文明战略的提出

“生态文明”一词,在理论中出现较早,在十七大报告中,明确使用了“要建设生态文明”这样的表述,这说明了党中央已经开始对生态文明建设给予重视。而在十八大后,国家社会建设在生态文明领域开始加速,生态环保已经成为对各行各业在社会生产过程中一个基本要求,所以在政策层面,十九大对于生态文明党中央又进行了比较大的调整。在十九大报告中,我们可以找到 43 个关于“生态”的词汇,其中 39 个与生态环境相关,并且十九大报告中还提出了生态文明战略,这已经非常明确地说明,生态文明建设已经不仅仅是国家建设的一个侧面,而是上升为国家战略来对待。

(二)实施生态文明战略的历史必然性

当前在《中国共产党章程》《宪法》《环境保护法》《大气污染防治法》等规范性文件中都对生态文明建设有所论述,十九大报告中也提出了生态文明战略,在历届党的代表大会中,将生态环境、生态文明放在如此的高度来对待,这还是历史中的第一次,这说明生态文明建设

将是我国新时代社会主义建设的重要内容。生态文明建设之所以上升为国家战略,有其历史必然性,原因在于我国改革开放之后,经济发展沿着"粗放式"的方向开始发展,经济发展对于生态环境的破坏非常大,当前我国的经济总量已稳居世界第二,如果再沿着"粗放式"的方向发展经济,那么经济发展对生态环境的破坏将会十分严重,人们赖以生存的生态环境很有可能会遭受不可逆的损坏。因此,此时对经济发展实施转型,大力加强生态文明建设是历史发展的必然选择。

二、以法治推动生态文明建设现实选择性

改革开放以来,我国在经济建设方面所取得的成就举世瞩目,然而在生态文明建设方面所取得的成就远小于经济方面,所以,加强生态文明建设就成为当代社会建设的一个重要组成部分,这也是现实的选择。其必要性体现在以下几个方面:

(一)新时代社会主义建设需要

改革开放40多年来我国经济建设取得了巨大成就,已经稳居世界第二大经济体,在国际政治中,越来越接近世界舞台的中心。当前我们已经进入"新时代",而在"新时代",国家治理能力现代化的新要求就是要走创新引领、生态发展的道路。在十九大报告中,已经将生态文明上升为国家战略,因此,生态文明建设也就成为新时代社会主义建设的一个新要求,社会发展将迎来新的驱动力,改革开放将进入一个新阶段,这是区别于以往社会经济的一个重要特征。此时将生态文明作为国家战略,与新时代社会主义建设的目标一致。

(二)完善治国理政理念的需要

习近平治国理政思想是马克思主义思想中国化的成果,但是习近平治国理政思想并不是习近平个人的思想,而是中国共产党集体智慧的结晶,是马克思主义思想指引下执政党的一种新执政理念、新执政思想,而执政思想只有转换成制度,才能够具体实施,如果不转换成制度,理念永远还是理念。因为理念不能产生生产力,只有变成制度才可以变成推动社会发展的力量。习近平生态文明建设的思想是习近平治国理政思想的重要组成部分,只有通过实践检验来推动生态文明建设的发展,才能够将生态文明渗透到法律制度建设、社会经济建设的具体实践之中,因此,推动生态文明建设是完善治国理政理念的需要。

(三)践行依法治国方略的需要

继党的十八届四中全会提出全面依法治国的法治理念后,2018年《宪法修正案》进一步完善了依法治国和建设社会主义法治国家的内容,标志着我国现在已经进入了依法治国"新时代",依法治国有了宪法依据,同时在"新时代"也有了新要求。首先,是能够制定法律的,要优先制定法律,而不是用政策来取代。政策并不一定都需要立法,但是在政策的指导之下上升为立法的制度,就对实践起到具体的规范作用。其次,是当政策与法律发生冲突时要依据法律来处理实际问题。因此,生态文明建设作为一项国家战略,具有政策性,只有将生态文明建设法制化,才更加有利于国家战略的实现,有利于依法治国理念的实现。

(四)中华民族永续发展的需要

十九大报告中明确指出,建设生态文明是中华民族永续发展的千年大计。从实践来看,生态文明的内容在政治、经济、文化、社会、生态环境保护等各个领域都有渗透,关系社会发展的方方面面。既然是千年大计,如果仅停留在政策指引层面,那么实践操作性就不强,只有通过立法的形式将生态文明建设单独立法,才能够使生态文明建设的范围更加明确、内容更加充实、实践可操作性才会更强。因此,生态文明建设法制化能够使生态文明建设真正成为中华民族永续发展的千年大计。

(五)中华文明繁荣昌盛的需要

十九大报告中强调要坚定文化自信,推动社会主义文化繁荣兴盛,中华民族5000多年文明历史孕育了中华优秀传统文化,“天人合一”“道法自然”等反映天、地、人乃至整个宇宙生命规律的思想源远流长,尊重生命、崇尚自然是中华传统文化中的重要组成部分。将生态文明建设法制化,有利于传承中华文化中尊重生命、崇尚自然的世界观和宇宙观,有利于增强中华民族对传统文化的自信心,推动中华文化长期繁荣昌盛。

三、京津冀大气污染联合防治与生态文明

(一)大气污染防治与生态文明建设的关系

大气污染既是一个自然现象同时也是一个社会现象,说其是自然

现象，是因为大气污染的通常表现就是空气质量的变差，它是自然界的一个气象反应，是从结果层面来观察气象变化；而从原因层面来看，大气污染的形成又是一个社会现象，是社会大生产的产物，是生产活动在排放过程中超出了自然界的承受能力，从而形成了空气的污染。无论将大气污染看成是一种自然现象还是一种社会现象，其共同的结果都是对生态环境有一定的害处，都在无形中阻碍生态文明程度的提升。从生态文明建设的本质来看，就是要提升社会环境的生态化水平，使人们的生活环境更加生态宜居，所以，大气污染与生态文明建设背道而驰，那么治理大气污染就成为生态文明建设的必然要求。从这一角度来看，大气污染治理对于生态文明建设而言具有积极的促进作用。

（二）大气污染治理对生态文明的促进作用

大气污染治理对生态文明的促进作用主要体现在以下几个层面：

一是推进生态文明建设进程。生态文明建设事关中华民族的永续发展，而在生态文明建设过程中最重要的内容就是如何治理污染，如果污染不能得到有效治理，那么生态文明建设的水平自然不可能保持在一个高水准，永续发展将会成为一句空话，因而，治理环境污染、对大气污染实施治理，有利于推进生态文明建设进程。①

二是促进人与自然相互融合。人与自然和谐发展是科学发展观的基本要求，目的是要将人类看成是自然界的一个组成部分，而非主宰者，要保持人与自然的和谐相处，这样就可以促进自然环境的提升。

---

① 常纪文：《生态文明体制改革与法治建设的理论和实践》，中国法制出版社2019年版，第302页。

大气污染治理活动,从根本上讲,就是要改变人类生产活动的基本方式,降低生产活动对空气环境的破坏,这样就做到了人的活动与空气环境相互融合,从而提升了生态文明的程度。

三是践行绿色发展基本观念。绿水青山就是金山银山,要求在社会发展的过程中合理地协调生态财富与社会财富之间的关系,提升了生态财富就是提升了社会财富。从这一角度来讲,治理大气污染实际上是提升空气环境质量的一种手段,可以大大提升空气质量,从而提升生态化程度,使生态财富得到提升。在获得了良好的空气环境之后,自然能够增加社会财富的附加值,因此,大气污染治理是践行绿色发展基本观念的一个重要举措,能够促进生态文明水平的提升。

四是提升最普惠的民生福祉。生态宜居的环境是人民群众所追求的目标,因而生态惠民、生态利民、生态为民就成为生态文明建设的基本遵循,目的就是要通过生态文明建设提升对百姓的普惠程度和民生福祉水平。从这一角度来讲,实施大气污染治理,有利于构建生态宜居的环境,有利于生态普惠,有利于民生福祉水平的提升,所以可以促进生态文明建设总目标的实现。

五是促进生态环境系统发展。整体观是生态系统的基本要求,同时也是生态文明建设的基本要求,意思是要将生态环境看成是一个整体的系统。在系统之内,每一个要素都要各自发挥作用,对系统要素进行管理要放在整体系统的环境之下予以考虑。从这个角度来看,空气环境是生态环境的一个组成部分,而大气污染治理也是环境治理的一个侧面,可以促进空气环境以及生态环境整体提升。因此,大气污染治理是生态文明建设的一个侧面,是生态文明建设整体观下的一个重要手段,可以促进生态系统整体性发展。

(三)京津冀大气污染联合防治是生态文明建设的必然选择

大气污染治理可以促进生态文明建设发展,而治理大气污染有很多方式,以京津冀地区为例,京津冀三地实施联合防治,是治理大气污染的必要手段,同时也是生态文明建设的必然选择,主要体现在以下几个方面:

一是联合防治能够促进生态环境变好。生态环境是一个整体,包含水、土壤、空气等各种要素,每一要素虽然是各自独立的系统体系,但是要素与要素之间是相互联系、相互制约的,其中的一个要素变好,会对其他要素产生积极的影响,从而提升生态环境系统的整体质量。从这一角度来看,京津冀区域大气污染是影响京津冀地区空气环境和生态水平的一个不利因素,而对京津冀地区大气污染实施联合治理,可以最大限度克服单独治理效率低下的弱点,从而提升大气污染治理的效果,促进生态环境的整体向好。这对于京津冀生态文明建设而言是有利的举措。

二是联合防治能够促进管理方式转变。在生态文明建设的语境之下,环境管理措施是生态文明建设的重要举措,是提升生态文明水平的必要路径。在京津冀地区,传统的治理大气污染的方式是以行政区划作为依据,各自为政,各自处理各自的内部事务,但是这种对大气污染的治理方式以及环境管理措施的局限性也很明显,就是同步性较差。因此,在京津冀地区改变原来单独管理的模式,实施联合防治,可以丰富和创新环境管理方式,提升环境管理的水平,从而促进京津冀地区生态文明建设水平。

三是联合防治能够促进法律制度建设。十八届四中全会后,依法治国成为社会建设各个领域的主基调,当然对于大气污染治理而言,也应当在依法治国的框架之下实施。在京津冀地区对于大气污染实施区域联合防治，实际上是在以往大气污染治理经验的基础之上实施的制度性创新，对于大气污染治理的法制建设而言，具有积极意义。不仅可以从实践层面得到大气环境变好的结果，同时还可以在制度层面丰富大气污染治理的法律制度。

四是联合防治能够促进生态文明程度。对于生态文明建设而言，不仅仅要看措施，更要看成果，生态文明程度的高低与生态文明实施效果息息相关。生态文明建设，需要充分调动各方要素，使要素的活力充分激发，这样就可以提升生态文明建设的效果。对于京津冀大气污染治理而言，采取联合防治方式，就是充分调动京津冀地区资源的一种积极举措，是激发京津冀地区要素活力的必由之路，因而也是提升生态文明建设效果的一种路径。而从实践来看，京津冀地区在某些层面实施大气污染联合治理，确实起到了更好的治理效果，因此也促进了京津冀地区生态文明程度的提升。

第三节　践行供给侧结构性改革的经济需求

一、供给侧结构性改革的社会背景

（一）供给侧结构性改革的提出

2016 年 1 月，在中央财经会议上，习近平总书记指出社会生产力的发展已经进入新常态，在这样的新常态之下，原来的以数量积累作为经济发展主要方式的生产关系已经不再适合生产力的需求，因而要从供给端来推动社会生产力的发展,通过调整产业结构、优化升级投资结构、流通结构来重新配置生产关系,使生产关系能够适应当前生产力水平的要求,从而促进生产力水平的提高,改善人们生活环境,更好地为人民服务。① 供给侧结构性改革的意见一经提出,全国各行各业都掀起了践行供给侧结构性改革的热潮,尤其是生产领域,以提升供给质量和供给效率为核心的供给侧结构性改革已经全面展开。

(二)供给侧结构性改革的缘由

进入21世纪之后,我国经济经历了长期年均增速10%的高速发展阶段后,经济增长点开始固化,经济增速乏力,经济下行压力开始加大,原因在于我国90年代改革开放加速之后,我国经济发展一直围绕能源消耗所展开,大干快上成为过去长期坚持的思想,于是以只关注供给数量的积累而不关注供给质量和供给效率的资源消耗性经济发展模式被长期固定下来。② 在这种发展模式下,经济得到了快速增长,生态环境的溢出价值相当明显。在消费结构方面,主要以投资、出口、消费"三驾马车"为拉动的经济发展体系已经形成。然而,投资、出口、消费主要是从需求端来带动经济的发展。随着时间的延长,投资受阻、出口乏力、消费个性化使得需求拉动逐渐产生了阻力。尤其是粗放式的供给模式使廉价劳动力逐渐被东南亚地区更廉价的劳动力所取代,自然资源过度消耗带来了大量环境问题,低附加值的简单

---

① 李莲莲、蔡余杰、赵光辉:《供给侧改革:中国经济夹缝中的制度重构》,当代世界出版社2016年版,第5页。

② 郭杰、于泽、张杰:《供给侧结构性改革的理论逻辑及实施路径》,中国社会科学出版社2016年版,第13页。

模仿、低端生产的国际市场日趋窄化，都使得中国出口在国际上的竞争力逐渐下降。为了扭转这样的局面，中国经济的发展必须将需求拉动转变为供给拉动，废弃以往以供给数量为衡量指标的经济发展老路，走出一条以提升供给质量与供给效率为代表的科技创新的新路，供给侧结构性改革就是在这样的背景之下产生的。

二、供给侧结构性改革的目标任务

供给侧结构性改革的目标是提升供给质量与供给效率，最终凝结为“三去一降一补”五大任务：

（一）去产能

我国长期以来经济增长以投资和出口拉动，大量资金涌向低端制造业，由于成本要素低廉，“中国制造”成为国际市场上的热销产品，于是又会有新的投资进入低端制造业，这样就形成了一种经济循环。不仅低端制造业是这种景象，几乎所有生产领域之内，都出现了大量投资资本涌入的情况。经济得到了短期增速，但同时也带来了能源过度消耗、浪费严重、生态环境破坏，产能过剩等一系列问题。于是供给侧结构性改革首先要解决的问题就是要通过调整产业结构，优化投资结构，从而改变低端制造业产能过剩、浪费过度的现象，通过去除多余产能，提高供给的质量和效率，从而带动经济发展。

（二）去库存

以往中国经济存在的问题最为突出的就是产能过剩、产品积压严重，在中国排浪式生产投入的影响之下，旧的投资生产的库存还未彻底消耗,新一轮投资又注入生产领域,于是又产生了新的库存,这样几个周期下来,中国社会面临的产品库存积压的问题已经非常突出,最为典型的就是房地产业。在进入21世纪之后,房地产经济开始发力,成为经济的增长点,并一跃成为中国经济的支柱性产业。以2014年为例,全年房屋新开工面积为179,592.49万平方米,商品房销售面积为120,648.54万平方米,商品房销售总额为76,292.41亿元,①而2014年国民总收入为636,727.2亿元,②商品房销售总额占国民总收入的12%,可见房地产的收入总额非常大。如果将房地产的上下游产业合在一起计算的话,如钢铁、水泥、砖、木材、装修等,那么房地产在国民收入中的占比将会非常巨大。由此也可以说,房地产行业在国民经济中占绝对统治地位。由于房地产发展迅速,因而形成了一二线城市房地产热,而三四线城市房地产库存过多的现象。由于房地产的投资流动性较差,高库存制约了资本的流动,同时也增加了银行的金融风险。因此,供给侧结构性改革的另一个重要任务就是要实施去库存的政策释放流动性,帮助三四线城市化解资本流动性不足带来的压力。

(三)去杠杆

目前,阻碍中国经济发展的一个重要因素是企业债务过高的问题。企业负债率过高带来的是金融风险,而金融风险可以说在投资品

---

① 国家统计局编:《中国统计年鉴·2015》,中国统计出版社2015年版,第514~517页。

② 国家统计局编:《中国统计摘要·2016》,中国统计出版社2016年版,第21页。

市场无处不在。例如,股票市场和房地产市场,前期已经通过各种加杠杆的政策获得了巨大的投资价值溢出,而高杠杆率释放出的金融风险也就无时无刻地威胁着企业的发展。这暴露出我国资本市场发展缓慢,企业融资平台有限,企业利润率被高杠杆分化等一系列问题,从而使企业的运行背负了极大的成本负担,阻碍了企业正常的经营。因此,供给侧结构性改革的另一个任务就是金融产业的去杠杆化,拓宽企业投资渠道,降低企业债务,化解金融风险,使企业能够焕发出新的活力。

(四)降成本

以往中国经济发展模式特点较为突出,以投资拉动和出口拉动为主,原因在于我国劳动力、土地、能源、运输等成本比较低廉。这些成本最终都转化为企业较低的生产成本,形成了比较优势,因而在国际市场上“中国制造”的优势凸显,中国的家电、玩具、服装等产品都是在国际市场非常具有竞争力的产品。但是,由于中国出口的产品附加值较低,基本以劳动力密集型产品为主,成本优势使出口企业得以立足。然而随着我国房地产经济的走热,房地产涨价带动了房租和土地的涨价,与此同时由于企业员工福利的增加,这些情况都增加了企业的运行成本。企业用工出现困难,不得不提高薪资来雇佣劳动力,这又增加了企业的用工成本。一系列成本集聚之后,企业的总成本大大提升,产品在国际上的竞争力锐减,因此只有从供给要素出发降低企业成本,才能够使企业生产的产品具有竞争力。从这一角度来看,降成本也就成为供给侧结构性改革的又一大任务。

(五)补短板

当下我国企业发展最大的问题就是科技含量较低,企业缺乏核心竞争力。核心技术始终控制在国外少数的大企业之中,国内企业借助国外的核心技术研发出的产品受制于国外的大企业,难以进入国际先进生产力行列,总是维持在低端产业生态链之中运行。企业的生存困境不断加大,最终只能走向消亡。以科技专利为例,2014 年我国全年受理专利申请 2,210,616 件,授予专利权的件数是 1,209,402 件。①按理说我国是专利技术拥有数量的大国,在国际上占据绝对领先地位。以 2013 年为例,美国居民专利申请数量为 241,977 件,非居民专利申请数量为 283,781 件,②总数为 525,758 件。论数量中国绝对占优,但是论质量和科技成果的转化率,中国则远远落后于美国,这毋庸置疑。我国生产企业在长期运行过程中,已经形成了低附加值、劳动力密集型的基本特性,"世界工厂"和"中国制造"的标签曾经成就了中国经济的原始积累过程,但是随着信息产业和"互联网 +"等高新科技领域的不断发展,以及国内要素成本的增加,中国"世界工厂"的地位开始动摇,科技含量低是中国企业、中国产品的主要劣势,大大阻碍了中国经济的发展。因此,供给侧结构性改革要弥补中国经济发展的这一短板,大力发展创新产业,以创新科技占领世界产业生态的新高地。

---

① 国家统计局编:《中国统计年鉴 · 2015》,中国统计出版社 2015 年版,第 671 页。

② 国家统计局编:《国际统计年鉴 · 2015》,中国统计出版社 2015 年版,第 345 页。

三、践行供给侧结构性改革的要求

在供给侧结构性改革的大背景之下，京津冀地区治理大气污染也应当贯彻供给侧结构性改革的基本思路，而大气污染联合治理正是这种思路下的措施体现。

（一）产业结构优化调整的需要

京津冀地区大气污染的主要原因在于产业结构不合理，集中表现为两个方面：一是部门产业结构不合理。北京地区服务业在国民总产值中占比非常高，说明北京地区产业绿色化程度较高，而与之相反的是天津与河北的工业产业几乎占了整个国民总产值的一半，形成了巨大的工业产能，最终形成了巨大的污染。说明京津冀地区的部门产业结构过于依赖工业的发展，天津与河北的产业绿色化程度较低。二是空间产业结构不合理。在京津冀地区空间产业布局由于缺乏统一的产业规划，因而产业重复率较高，没有合理地发挥京津冀三地的地缘优势，最终形成了产能过剩。以上两个方面是京津冀地区大气污染形成的主要原因。因此，治理京津冀区域大气污染，就应当使京津冀三地联合在一起，共同践行供给侧结构性改革，以“去产能”和“调结构”作为优化京津冀三地产业结构的路径。只有京津冀三地的产业结构布局合理，区域性大气污染才能够得到根治。

（二）化解过剩产能的必然选择

在我国，改革开放一直沿着粗放式发展的模式前进，大干快上几乎是所有产业的基本特征，于是产生了大量高能耗、高污染、低效能的产业,并且也造成了环境质量的破坏。在供给侧结构性改革大力推行的今天,我们必须要改变以往这种以数量作为经济积累的发展模式,走出一条以质量和效率为目标的新路。因而,化解产能过剩就成为供给侧结构性改革的一大重要任务。在京津冀地区,工业生产的产能过剩现象非常严重,尤其是天津与河北地区,工业生产造成了大量过剩产能,因此也形成了区域性的大气污染。可以说天津与河北的工业产能过剩是造成区域性大气污染的一个主要原因。因此,要解决京津冀地区的大气污染,就应当逐步化解、消除工业过剩产能。这一过程不能仅由一地政府来实施,必须由京津冀三地共同来实施才能够见到实效。如果仅由一地实施去除工业过剩产能,并不能达到整体性治理大气污染的效果。例如,以往北京地区实施的化解工业过剩产能,就是北京一地的政策,河北与天津并没有共同采取相应措施,其结果就是大量工业产业转移至河北的农村,而由于这些产业能够给河北地区带来经济效益和就业,河北也愿意承接,基本上都是全盘接纳,最终结果就是污染企业换个地方重新污染,并没有使京津冀地区大气污染整体水平有所降低。因此,京津冀大气污染联合治理是化解过剩产能的必然选择。

(三)增强产业科技创新驱动的需求

我国经济发展进入新常态后,经济发展乏力,一个很重要的原因就是企业缺乏创新精神,只重短期效益不注重长期发展,阻碍了经济发展的可持续性,因而供给侧结构性改革的又一大任务就是要通过“补短板”来增强企业的竞争力,通过创新驱动来拉动经济,抛弃以往以能源消耗拉动经济的经济增长模式。在京津冀区域之内,北京地区人才济济,有着天然的科技创新的基础,而天津与河北长期以来都是以能源消耗的工业为经济发展的主要增长点，创新驱动不足是天津与河北的基本特征，这种高能耗、低科技含量的经济发展模式，虽然可以带来经济增长的增加值，但是也造成了大量的环境问题。因此，要治理京津冀地区的大气污染，就应当由京津冀三地联合在一起，发挥北京科技创新的引领作用，向天津与河北地区辐射，改变天津与河北以能源消耗为工业增长点的发展模式，通过科技创新大力发展绿色工业，使工业的绿色程度不断增加，这样才能使京津冀地区的大气污染程度有所降低。

第四节　完善环境污染治理的法律制度需求

一、关于联合防治的法律制度规范

（一）环境保护法的规定

2015 年实施的《中华人民共和国环境保护法》首次在立法上确立了环境治理联合防治原则，第 20 条第 1 款规定："国家建立跨行政区域的重点区域、流域环境污染和生态破坏联合防治协调机制，实行统一规划、统一标准、统一监测、统一的防治措施。"第 2 款规定："前款规定以外的跨行政区域的环境污染和生态破坏的防治，由上级人民政府协调解决，或者由有关地方人民政府协商解决。"从规定来看，立法对于重点区域、流域的环境治理采取了联合治理措施，具体方式是"四个统一"。而实现方式有纵向与横向两种方式：纵向方式是通过上级政府建立专门机构或者是专门部门来对下级政府涉及统一采取环境治理措施的政府及其部门进行协调安排;横向方式则是由环境治理重点区域之内所涉及的政府及其部门通过协商、协议的方式来解决统一采取环境治理措施的问题。环境治理联合防治原则的确立,为环境治理开辟了一些新的治理方式,将单一地域治理变为多地共同治理,有利于环境治理的改善。

(二)大气污染防治法的规定

继《环境保护法》实施之后,大气污染防治领域也对联合防治有了具体的规定,在之后修改的《大气污染防治法》中,第五章"重点区域大气污染联合防治"一章用专章的形式规定了联合防治,内容比《环境保护法》更为详细。例如,第86条规定:"国家建立重点区域大气污染联防联控机制,统筹协调重点区域内大气污染防治工作。国务院环境保护主管部门根据主体功能区划、区域大气环境质量状况和大气污染传输扩散规律,划定国家大气污染防治重点区域,报国务院批准。重点区域内有关省、自治区、直辖市人民政府应当确定牵头的地方人民政府,定期召开联席会议,按照统一规划、统一标准、统一监测、统一防治措施的要求,开展大气污染联合防治,落实大气污染防治目标责任。国务院环境保护主管部门应当加强指导、督促。省、自治区、直辖市可以参照第一款规定划定本行政区域的大气污染防治重点区域。"《大气污染防治法》中对联合防治的规定更加明确和细化,其中还规定国家生态环境部门的权力、地方省级政府的权力以及联席会议制度的建立等内容,这在极大程度上丰富了联合防治制度的内容,为大气污染联合防治制度的具体实施奠定了制度性的基础。

二、大气污染联合防治的基本原则

(一)统一协商原则

统一协商原则是指参与大气污染治理的区域间政府,对于大气污染治理的相关事项,联合在一起共同协商,共同出谋划策解决实际问题的一项基本原则。根据《大气污染防治法》的要求,地方人民政府对大气污染防治的有关事项进行统一协商,必须建立联席会议制度,而且联席会议制度不能是名义上的一种制度,必须是定期召开会议的实际运行的制度。定期召开联席会议,主要解决以下问题:一是各地方政府之间定期沟通的问题。通常情况下地方政府都是按照行政管辖管理本地事务,政府间的沟通、交流、合作机会是微乎其微的,联席会议就是为了解决地方政府沟通联系困难而提供的一个交流平台,定期召开会议可以将各地方政府在治理大气污染的问题之上,紧密地联系在一起。二是区域经济布局问题。大气污染的产生与工业生产、机动车尾气排放、建筑扬尘、燃烧煤炭等诸多因素有关,而每一地方的大气污染都有自己的地域特色。例如,在京津冀区域之内,北京地区机动车尾气排放是大气污染的主要来源,天津与河北地区的工业生产是大气污染的主要贡献者。各地大气污染源不同,说明各地的产业结构布局也不同。在治理大气污染的过程中,必然要涉及地方产业结构布局调整和优化的问题,此时必须通过联席会议经常沟通区域产业结构布局调整、空间产业结构优化等问题,才能够使区域经济做到布局合理、结构优化、协调发展。① 三是跨区执法资源的协调与配置问题。大气污染具有流动性的特征，治理大气污染必然会涉及跨区行政执法的问题，而就目前的法律制度框架下，并没有具体的法律制度来规范跨区行政执法权如何配置，因而需要联席会议制度来解决大气污染跨区执法过程中行政执法权如何配置的问题。

（二）行动一致原则

行动一致原则是在大气污染联合防治的过程中，各地地方政府要采取统一一致的行动，要通过统一的行动来达到治理效果上的无差别化。根据《大气污染防治法》的要求，各地方政府大气污染联合防治要采取以下统一的行动：一是统一规划。统一规划的目的是要使区域之内各地方政府在进行产业结构布局和空间产业调整的过程中合理配置区域资源，形成结构互补、优势互动的空间产业结构布局，这样才能够避免区域之内资源重复性的浪费。二是统一标准。在不同地区之内，尤其是跨省的区域之内，环境标准往往有所差异，这就会形成一个问题，即在一地有可能是超标排放而在另一地则是合法排放。因此，只有将区域之内的标准进行统一，才能够避免这种合法性标准不一致的现象，同时也才能够使执法部门的执法不至于因为标准不同而出现困难。三是统一监测。在区域之内设置统一的监测点和监测设备，对区域内的空气环境质量进行监测，这样所监测出的结果就不会因为监测标准的不一致而出现差异化。四是统一的防治措施。就是在区域之内，各地方政府对于大气污染治理所采取的措施应当具有统

① 吴志功主编：《京津冀雾霾治理一体化研究》，科学出版社 2015 年版，第 202 页。

一性和同步性。如果各地方政府对于治理大气污染所采取的措施不统一，步调不一致，就不会达到理想的治理效果。

（三）区域经济与地域管理相协调

大气污染联合防治要求在区域之内多个地方共同实施步调一致的治理措施，在部门产业结构优化和空间产业结构布局方面找到突破口，形成区域经济绿色增长点，带动区域经济整体向着生态化、可持续化的方向发展。这样区域经济的整体性就不会与地方经济的个性之间形成矛盾。通常情况之下，地方政府由于是基于地域管辖而行使管理权，发展经济的思路也基于地方利益而实施，基本上都是哪个行业赚钱就大力发展哪个行业，然后以该行业形成特色产业带动周边上下游产业的发展。最为典型的就是河北省的钢铁产业。河北省将钢铁产业作为本省的支柱性产业，与钢铁相关的上下游产业从业人员相当多，这种产业布局让河北地区得到了经济实惠，但同时也产生了大量环境污染问题。而大气污染联合防治的结果必然会涉及如何协调京津冀区域的区域利益与河北发展的地方利益之间的矛盾问题。在处理这样的问题时，要坚持区域经济与地域利益之间的相互协调。为了治理区域性大气污染，地方利益应当为区域经济作出让步，而区域经济的发展也应当对地方作出的贡献给予一定的补偿，帮助地方发展经济。只有为区域利益与地方利益之间找到一个平衡点，这样才能够使区域大气污染的联合防治取得成效。

（四）总量控制与质量改善相结合原则

总量控制是政府对重点区域的大气污染物排放的总量提出要求和最高标准，将区域内的大气污染物排放控制在总量目标之内的一项制度。大气污染物排放的总量控制目前在诸多省市都在实施,而区域性的大气污染总量控制目前尚无明确的标准。从理论上讲,总量控制是重点区域之内的污染物排放总量的目标要求。当然仅看这一目标是不够的,因为区域之内有可能有污染物排放好的地区与不好的地区,只要总量不超过污染物排放标准,那么就达到了大气污染物总量控制的要求,但这种被优秀地区“拉动”平均值的状态,并没有使区域之内的环境质量有本质性的改善,相反空气质量不好的地区有可能会更加不好。因而,还应当引入环境质量标准来观察区域之内的大气环境。例如,京津冀地区,张家口地区的空气质量非常优秀,承德与秦皇岛地区的空气质量较好,正是在这三个地区的拉动之下,河北地区的大气污染物排放总量有可能合格。但河北南部的空气质量却不合格。因此,大气污染联合治理的又一项基本要求就是要将大气污染物排放总量控制与区域之内的空气质量标准相结合,来治理区域之内的大气污染。换言之,总量好并非真的好,大家都好才是真的好。

三、治理京津冀大气污染的必然选择

(一)突破地域管辖限制的需要

法律的规范效力具有地域性,相应地行政权的行使也具有地域性的基本特性。长期以来我国的环境治理都是以地域管辖为基本单元,行政执法单位对本辖区内的环境状况进行监督和管理。这种治理方式针对绝大多数环境污染具有实效,如垃圾管理、水污染、噪声污染、辐射污染等,但是针对大气污染却起不到良好的效果。原因是大气环境是自然界的一个开放系统,由于温度、气压的作用会形成风、雾、云等自然现象,而这些自然现象在自然界的系统之内并不是固定不变的,具有很强的流动性,不可能遵守行政地域管辖的界线,一地空气污染,很快就会随着空气的流动传播到其他地区,因而不能用静态的治理手段加以治理,传统以地域管辖为行政执法管辖的判断依据在治理大气污染这种特定的环境污染时便不再适用了,必须采取多地联合在一起共同治理的措施才能够彻底治理大气污染,仅一地的治理并不能起到环境质量整体改善的效果。因此,京津冀地区由各地省级政府联合在一起建立联席会议制度规范联合执法事项和基本程序非常有必要。

(二)统一治理标准的需要

环境标准是国家或者地方针对环境质量提出的最低要求,若不符合环境标准的要求,将会被认定为环境违法。对于环境质量标准,在通常情况下由国家环境保护部门制定,而各省也可以制定严于环境质量标准的地方标准。就大气污染领域而言,根据《环境保护法》第16条规定:“国务院环境保护主管部门根据国家环境质量标准和国家经济、技术条件,制定国家污染物排放标准。省、自治区、直辖市人民政府对国家污染物排放标准中未作规定的项目,可以制定地方污染物排放标准;对国家污染物排放标准中已作规定的项目,可以制定严于国家污染物排放标准的地方污染物排放标准。地方污染物排放标准应当报国务院环境保护主管部门备案。”由此可以得到两点认识:一是大气环境质量标准可以分为国家标准和地方标准两类,而地方标准要严于国家标准。二是各个地方的大气环境质量标准由于是基于地方治理大气污染的特殊需要制定的标准,因而具有地方特点,各地方所制定的大气环境质量标准不可能一致。就京津冀区域而言,涉及三个地方,三个地方在制定大气环境质量标准时也会有一定的差异。例如,在京津冀地区,北京地区为了治理本地大气污染的需要,对机动车排放进行严格的控制,早在2013年2月就开始实施比机动车排放“国Ⅴ”标准更加严格的“京Ⅴ”标准,而天津地区则在2015年9月才实施机动车排放“国Ⅴ”标准,而河北地区在2016年4月前还在使用机动车排放“国Ⅳ”标准。可见京津冀三地在机动车排放标准方面并不统一。直至2016年1月生态环境部与工信部联合发布第4号公告规定,从2016年4月1日起,东部11省份(直辖市):北京市、天津市、上海市、河北省、辽宁省、江苏省、浙江省、福建省、山东省、广东省和海南省的所有进口、销售和注册登记的轻型汽油车(乘用车)、轻型柴油客车和重型柴油车均需满足“国Ⅴ”排放标准。从2017年1月1日起,全国所有制造、进口、销售和注册登记的轻型汽油车和重型柴油车将全部执行“国Ⅴ”排放标准。至此,京津冀三地的机动车排放标准才都被确定为“国Ⅴ”标准。由此可见,京津冀三地各自制定本地区的大气环境质量并不利于京津冀区域内大气环境的整体性治理,必须将京津冀三地的环境质量标准予以统一,才能够取得整体性治理的效果,否则仅北京一地采取高标准不足以使京津冀区域内的环境质量有效提升。因此,京津冀大气污染联合防治是统一环境标准的需要。

(三)提升行政效率的需要

行政执法的效率一直是行政法制的一个量化指标,是衡量政府行政能力的一个重要基准。① 而从法律经济学的角度来看,行政执法的

① 参见张雪樵:《经济行政权的法律监督——利益衡平的视角》,北京大学出版社2012年版,第23页。

效率反映了行政执法的收益与行政执法成本之间的比值。[①] 因而就行政执法而言,要提升执法效率,一方面需要获得具有实效的执法结果,另一方面还需要支出较少的成本,这样才能够获得较高的行政执法效率。就大气污染环境行政执法而言,京津冀三地生态环境部门在各自管辖区域内对污染物排放现象进行管理,单独行动虽然可以获得大气环境执法收益的暂时性提升,但是效果并不明显。只有京津冀三地的环境执法部门联合起来,按照统一的标准进行大气环境管理和执法,才能够取得更好的效果。与此同时,京津冀生态环境部门联合在一起进行大气污染物的防控,可以节约行政执法管理的重复性成本,也节约了大气环境社会管理的成本投入。因此,从这两个方面来看,京津冀大气污染联合防治有利于行政执法效率的提升。

---

① 参见魏建:《法经济学:分析基础与分析范式》,人民出版社2007年版,第56页。

第四章　京津冀大气污染联合防治法律机制的构成

第一节　京津冀大气污染联合防治法律机制的主体结构

京津冀大气污染联合防治法律机制的主体结构，是指从主体方面看，京津冀大气污染联合防治法律机制由哪些主体参与和构成。以目前是否有法定性基础来划分，可以分为法定型与扩展型两类。

一、法定型结构

(一)法定型结构的主体构成

法定型结构顾名思义就是京津冀大气污染联合防治法律机制须由法定主体构成，从理论上讲，应当由北京、天津、河北三地省级主体所构成，这一点比较容易理解。因为在2014年2月26日举行的京津冀协同发展工作座谈会上，习近平总书记明确提出："实现京津冀协同发展，是一个重大国家战略，要加快走出一条科学持续的协同发展路子来。"随后在2005年4月中共中央政治局审议并通过了《京津冀协同发展规划纲要》,其中明确指出推动京津冀协同发展是一个重大国家战略。于是京津冀协同发展不再仅停留在构思阶段,正式进入实施阶段。京津冀协同发展的任务之一就是京津冀生态协同发展,因而京津冀三地联合在一起制定法律机制共同防治大气污染,在政策层面具有法定性。所以,京津冀大气污染联合防治法律机制法定型结构的主体由北京、天津、河北三地省级主体所构成。

(二)法定型结构的形成基础

京津冀大气污染联合防治法律机制法定型结构的形成主要有两方面的基础:一是政治基础。从政治层面讲,京津冀一体化已经上升为国家重大战略,并且要在交通、生态、产业升级等方面率先取得突破,为改革开放提供新的更为强大的动能。因此,京津冀大气污染联合防治法律机制法定型结构的政治基础就是京津冀协同发展这一国家重大战略中对京津冀三地功能的定位。二是自然基础。从历史来看,京津冀地区在明朝归北直隶统辖,到了清朝,改直隶省,包含了现在京津冀地区的全部以及山东、山西、河南、内蒙古、辽宁的一小部分。[①] 自古以来,京津冀地区就属于一个区域。翻看地图不难看出,在非洲大陆和北美大陆,省际的分界线是直线,这是殖民统治战争留下的证据,和自然环境无关。中国地图省份的分界线都是曲线,以自然气候作为分界线,一般以山脉和水系作为分界线,在分界线的两侧气候完全不同,当然生活习惯也不同。而在同一省份之内,在自然农耕经济的状态之下,人们的生活、饮食、语言等习惯具有相似性。而在

① 谭其骧主编:《简明中国历史地图集》,中国地图出版社 1996 年版,第 66 页。

省际分界线的另一侧,即不同的省份之间,生活、饮食、语言等习惯会完全不同,虽然仅隔了一个山脉或者水系,交界两地的各种习惯也会有很多差异。京津冀自古而言就是一体,这是在自然农耕经济下人们对自然气候摸索出的规律,京津冀三地本来就有相似的自然气候特征和人文特征。在工业文明的推动之下,京津冀三地以行政辖区为单位各自发展自己的经济,并没有考虑到京津冀三地整体的气候变化特点,这种违反自然规律的生产状态造成了京津冀区域性大气污染现状。因此,京津冀大气污染联合防治法律机制主体法定的结构应当是北京、天津、河北三地。

(三)法定型结构的发展优势

京津冀大气污染联合防治法律机制法定型的主体结构由北京、天津、河北三地构成。这种治理大气污染的主体结构具有以下优势:一是可以充分发挥京津冀三地的比较优势。京津冀三地经济发展各有优势,北京的信息产业与金融服务行业发达,天津与河北的工业发达,京津冀三地联合治理大气污染可以充分发挥北京的龙头带动作用,发挥北京和天津的人才优势,发挥“双核”效应,逐步引导天津与河北去除过剩的工业产能,建立现代化绿色工业示范区。① 二是可以实现区域优势互补。京津冀三地中,北京和天津在高新技术、高端制造和第三产业方面具有优势,河北地区由于地域广阔,要素禀赋和劳动力输出具有优势,并且在能源输出方面也具有天然的优势,因而在区域空间产业布局过程中,京津冀三地同时布局会形成资源和优势的互补,

---

① 参见肖金成等:《京津冀区域合作论——天津滨海新区与京津冀产业联系及合作研究》,经济科学出版社2014年版,第44页。

从而降低产业重复布局、资源浪费的发生比率，最终降低区域经济的成本投入，增强区域经济的竞争实力。从上述角度来看，京津冀大气污染联合防治法律机制法定型的主体结构由北京、天津、河北三地构成具有发展优势。

二、扩展型结构

（一）扩展型结构的主体构成

扩展型结构是指京津冀大气污染联合防治法律机制，即除了由法定的北京、天津、河北三地省级主体构成之外，还可以吸收山东、山西、河南、内蒙古、辽宁等地的部分地区加入对大气污染联合防治的法律机制之内，形成了对京津冀大气污染联合防治法律机制的扩展。因而从主体结构上看，相对于京津冀三地的法定型结构而言，可以称为扩展型结构。扩展型的主体结构等于扩展了京津冀大气污染联合防治法律机制的适用空间，从治理效果上看等于加大了京津冀区域大气污染的治理力度，因而在实践中经过法定程序后可以被采用。

（二）扩展型结构的形成基础

京津冀大气污染联合防治法律机制的扩展型主体结构的形成基础源于以下两点：一是自然气候因素。所谓自然气候是指在辽宁与内蒙古的南部、山西的东北部与东南部、山东的西北部、河南北部，这些地区在明清时期都是直隶府管辖的范围，其自然气候与京津冀地区大致相似。将这些地域纳入京津冀大气污染联合防治的范畴之内，与自然气候的状态相一致。因此，京津冀大气污染联合防治法律机制可以将主体范围扩展至辽宁、内蒙古、山西、山东、河南等与河北相互接壤的地区,这些区域参与京津冀大气污染联合防治,有利于区域大气污染的整体性消减。二是污染特征因素。从大气污染的基本特征来看,根据空气动力学的基本测算,$PM_{2.5}$会随着空气的流动向四外传播,在特定温度、湿度以及风速之下,$PM_{2.5}$的传播范围可以达到300公里。[①] 如果以京津冀地区地理边缘的污染城市为半径,300公里的影响范围正好包含辽宁、内蒙古、山西、山东、河南的部分地区。因此,从大气污染的基本特性来讲,将京津冀大气污染联合防治法律机制的主体范围扩展至辽宁、内蒙古、山西、山东、河南的部分地区,有相应的科学依据。

(三)扩展型结构的特殊问题

京津冀大气污染联合防治法律机制的扩展型主体结构是将地域上与河北接壤的辽宁、内蒙古、山西、山东、河南的部分地区纳入京津冀大气污染联合防治法律机制的调整范围之内共同防治大气污染的一种形式。由于扩展型结构的主体涉及内蒙古自治区,而内蒙古又是少数民族自治地方,这样当内蒙古自治区参与京津冀大气污染联合防治之时,就有可能会出现污染治理政策与民族经济政策相互冲突的情况。一般而言,我国对少数民族地区的发展都会有一定的优惠政策,尤其是经济发展方面,优惠政策非常多,目的是帮助少数民族地区发展经济提升人民生活品质。而京津冀大气污染联合防治必然会涉及去除过剩工业产能、大力发展高科技生态产业的问题,在这方面有可

---

① 郝吉明、马广大、王书肖主编:《大气污染控制工程》(第3版),高等教育出版社2014年版,第108页。

能会与内蒙古的少数民族经济发展政策相互冲突。这时就需要京津冀地区针对内蒙古自治区少数民族经济政策的特殊情况单独对内蒙古地区给予特定的照顾和支援。一般情况下内蒙古地区去除多余工业产能,京津冀地区应当给予更多的经济支援和补偿,因为内蒙古地区的去产能相对于京津冀而言,会付出更大的机会成本,给予更多的经济补偿。这也是京津冀大气污染联合防治法律机制扩展主体之后所要面临的特殊问题。

(四)扩展型结构的现实意义

京津冀大气污染联合防治法律机制的主体结构扩展之后,对于治理京津冀区域大气污染而言具有更加积极的推动意义,主要体现在以下几点:一是符合自然气候变化的基本特征。辽宁、内蒙古、山西、山东、河南与河北接壤的地区与京津冀地区的自然气候状态相似,便于采取相似的治理措施,因而这些地区参与京津冀大气污染联合治理,符合自然气候变化的基本特征,有利于大气污染的整体性治理。二是有利于区域经济的整体布局。区域性大气污染的治理要依赖于区域产业经济的合理布局,因而京津冀及其周边区域对产业协同布局,可以使京津冀及其周边地区的空间产业布局更加趋于合理,对于优化产业结构、避免产业重复投入、节能减排绿色生态产业圈的构建,都具有积极意义。因而,京津冀周边区域参与京津冀大气污染联合防治,有利于发挥各地的要素禀赋的比较优势,促进区域经济产业结构的优化。三是有利于京津冀协同发展目标的实现。京津冀协同发展的总目标就是要在京津冀地区建立以高科技、高端生产为依托的区域经济发展模式,为改革开放提供新的驱动力,因而京津冀一体化是国家的重大战略。当然这一战略的实施以及最终的实现,不可能离开京津冀周边地区的参与和帮衬。京津冀周边地区共同参与到京津冀大气污染联合防治的法律机制中来,有利于京津冀协同发展总目标的实现。

第二节 京津冀大气污染联合防治法律机制的主观结构

京津冀大气污染联合防治法律机制的主观结构,就是在主观方面参与京津冀大气污染治理的各地方对于大气污染联合方式所应当采取的主观状态。以参与者主观状态的紧密程度来划分,可以分为紧密式联合与松散式联合两类。

一、紧密式联合

(一)紧密式联合防治的基础

京津冀大气污染联合防治法律机制的制定,必须有紧密式联合的基础条件。紧密式联合,就是指在京津冀范围之内,北京、天津与河北三地对于京津冀大气污染联合防治所采取的态度应当积极、紧密,因为京津冀协同发展已经上升为国家重大战略,京津冀三地对于治理区域大气污染而言,不应当仅站在本地利益的基础之上来考虑,应当站在京津冀整体利益的基础上来进行整体规划设计。从这种意义上讲,京津冀三地政府对于大气污染联合防治所采取的态度必须是积极应对的态度,因而在这种思维状态下的联合则属于紧密式联合。换言之,京津冀三地联合防治大气污染不应当出现以联合为名而各行其是的状态。

（二）紧密式联合防治的观念

由于有京津冀协同发展国家重大战略的约束，京津冀三地在联合防治大气污染的过程中所采取的联合应当是紧密式的联合防治，这种联合可以说具有法定性的特征，不允许其中一家“掉队”。然而在实践中，京津冀三地统一思想、统一认识并不容易，京津冀三地各自都有自己的要素禀赋，而且各有各的比较优势，京津冀三地在协同发展的过程中不可能不考虑自身发展的需求，通常情况下都是从各自的利益出发，什么产业赚钱搞什么，而不是按照京津冀空间整体布局的要求来具体发展产业，这样的状态并不利于京津冀区域整体利益的实现，当然对于区域大气污染联合防治而言，自然也不利于最终目标的实现。可以这样说，虽然从形式上看，京津冀一体化将京津冀三地聚合在一起，但如何使京津冀三地在思想上的联合更加紧密则需要以制度作为保障。

（三）紧密式联合防治的保障

要保证京津冀三地在思想上真正统一认识做到为了京津冀区域整体的大利益而适当放弃局部的小利益，就必须建立“一家人”的思想观念。首先，从历史的角度来看，京津冀地区原属于直隶管辖范围，京津冀本来就是“一家人”。其次，从文化的角度来看，京津冀地区的社会文化、风俗习惯、饮食习惯、思维习惯等基本相同。然而，从经济发展的角度来看，随着改革开放的不断深化，京津冀三地的经济发展出现了巨大的差异性，北京与天津地区全面领先于河北地区，经济的分化就使得京津冀三地在经济发展的问题之上无法坦然地保持“一家人”观念，好的怕拖后腿，差的想要救济，这种思想上的矛盾使得京津冀三地即使联合在一起，也无法真正做到在思想认识上统一。因此，必须用制度来消除京津冀三地经济发展差异过大的问题，这样“一家人”的观念才能够全面建立。具体而言，就是要建立生态经济补偿制度，即通过建立制度，由北京与天津来对河北地区治理大气污染、恢复生态所作出的努力给予一定的经济补偿，用于填补河北地区发展生态产业所消耗的机会成本。这样，河北地区就会更加乐意以“一家人”的思想观念投入到京津冀区域大气污染联合防治的过程中去。而北京与天津提供生态经济补偿也是“一家人”思想的体现，即“一家人”互相帮扶也是在情理之中。只有确立了这样的制度，才能够使京津冀地区联合防治大气污染的行动排除局部利益的干扰，变成一种为了区域整体利益而实施的战略行动。

二、松散式联合

（一）加入式模式

加入式模式是指京津冀大气污染联合防治法律机制在运行过程中，京津冀周边地区如果对于联合防治大气污染有兴趣，那么可以加入到京津冀大气污染联合治理的队伍中来，联合防治的主体也可以相应增加。当然后加入到京津冀大气污染联合防治法律机制中来的主体在联合防治的行动机制中可以有保留意见，即可以接受哪些条款、哪些条款可以变通实施、哪些条款予以保留，都可以在其加入京津冀大气污染联合防治法律机制之前进行协商。因为允许这种联合方式在主观上存在保留条款的空间，所以这样的联合从表现形式上看较为松散,也可以成为加入式的松散联合模式。

(二)周期式模式

相对于加入式模式而言,如果与京津冀相邻的周边地区大气污染状况不稳定,具有周期性,那么也可以允许这些地区以周期式的方式来参与京津冀大气污染联合防治,即当本地大气污染严重且与京津冀地区具有较高的相关度时,根据其自由意愿,允许其加入到京津冀大气污染联合防治法律机制中来;而当本地大气污染不严重时,则允许其退出京津冀大气污染联合防治法律机制。这种以大气污染的实际状况作为参与京津冀大气污染联合防治依据的模式,可以称为周期式模式,主要体现了京津冀区域大气污染防治的灵活性和机动性,可以吸纳一切有生力量来共同治理区域大气污染,当然局部区域大气质量有所改善也不再浪费社会公共资源。这种方式较为松散,但是对于京津冀区域大气污染防治而言,具有积极意义。

(三)观察员模式

京津冀大气污染联合防治法律机制是以京津冀三地为核心建立起来的一种法律机制,主要是基于京津冀三地的要素禀赋、比较优势、产业结构布局等状况而建立的专门针对京津冀区域大气污染的地方性法律制度。当然这种法律制度具有强烈的地方特色和针对性。如果京津冀周边地区有的地方想加入到京津冀大气污染联合防治法律机制之中来,与京津冀地区共同防治大气污染,又考虑到京津冀大气污染联合防治法律机制是具有地方特色的一种制度措施,怕“水土不服”自己难以适应其中的要求,那么可以借鉴国际法的做法,吸纳该区域为观察员,让其以观察员的身份参与到京津冀大气污染联合防治的过程中来，给其一年的观察期，期限届满后决定是否正式加入到京津冀大气污染联合防治的行列中来。这种以观察员身份参与京津冀大气污染联合防治的做法是一种更为松散的联合方式，目的就是要吸纳更多的成员来共同治理区域性的大气污染，为京津冀周边地区参与大气污染联合防治找到更多的参与途径，其积极意义不言而喻。

第三节　京津冀大气污染联合防治法律机制的客体结构

京津冀大气污染联合防治法律机制的客体结构，是指在法律机制针对对象方面京津冀大气污染联合防治法律机制由哪些具体的法律机制构成。在法律领域内，法律制度包含了立法、司法和执法三大领域。因此，京津冀大气污染联合防治法律机制相应地也包含了联合立法、联合司法、联合执法三大法律机制。

一、联合立法机制

（一）联合立法机制的概念

联合立法机制是指为了治理京津冀区域大气污染，京津冀三地的立法机关联合在一起，制定规范性文件，作为京津冀三地司法和行政执法共同遵守的准则，这样的程序性机制称为京津冀大气污染联合立法机制。京津冀大气污染防治联合立法机制是京津冀三地立法机关进行横向立法合作的产物。京津冀大气污染防治联合立法包括两种类型：一是制定联合性地方法规。即京津冀三地立法机关人大常委会联合在一起制定联合性地方法规，在京津冀三地具有实施效力。二是制定联合性地方政府规章。即京津冀三地政府联合在一起制定的针对京津冀区域之内行政管理适用的规范性文件。

（二）联合立法机制的特征

京津冀大气污染防治联合立法机制具有以下特征：一是法定性。京津冀大气污染防治联合立法机制是由京津冀三地具有地方立法权的人大和政府，联合在一起制定的规范性文件，由于制定机关具备法定性，因而所制定的规范性文件也具备法定性的特征。二是程序性。京津冀大气污染防治联合立法机制的实施，是将地方立法转化为区域立法的一个过程，其程序与地方立法的程序具有相似性，但是必须遵守立法的相关程序，这样所制定的规范性文件才能够具有效力。三是规范性。京津冀大气污染防治联合立法所制定的规范性文件在京津冀地区之内具有反复适用的价值，因而具有规范性。四是可执行性。京津冀大气污染防治联合立法所制定的规范性文件，对京津冀地区具有适用效力，而且京津冀大气污染防治联合性地方法规对于京津冀地区法院审判具有依据效力，而京津冀大气污染防治联合性地方政府规章则对法院审判具有参考效力。这两个规范都可以作为京津冀三地政府进行环境保护执法的依据。因此，京津冀大气污染防治联合立法所制定的规范性文件具有可执行力。

（三）联合立法机制所要解决的实际问题

目前在京津冀地区治理区域大气污染的过程中，面临的最大问题就是标准不统一、政策难以协调一致的问题。京津冀三地均属省级单位,各自都有相应的地方立法权,也都有制定各自地区环境标准的权力。京津两地所辖地域并不如河北全省广阔,在这两个地区分别执行不同的环境标准并且采取不同的环境治理措施,很显然步调并不一致。如果将北京和天津的大气污染治理放在整个京津冀这样大的广阔面积下来考虑,效果将会更不显著。因为大气污染具有流动性的特征,如果京津冀地区不采取同一环境标准和治理措施的话,仅仅小部分地区取得治理成效,很难实现京津冀地区大气污染整体治理的效果。因此,需要将京津冀三地的环境标准、治理措施、环境政策等予以统一,这样才能够达到大气污染区域整体性治理的效果。当然要实现这样的目标,就必须采用联合立法的方式来解决这些问题。

(四)联合立法规范的效力

京津冀大气污染防治联合立法所出台的规范性文件在法律效力方面需要注意两个方面的问题:一是规范的标准问题。当地方已经具有地方性环境标准时,京津冀三地通过联合立法的方式制定京津冀联合性地方规范所制定的环境标准不应当低于京津冀三地的最高地方标准,否则联合立法将失去意义。二是规范的最终效力问题。京津冀大气污染防治联合立法所制定的规范性文件,由于是京津冀三地立法机关共同确立的规范,因而在法律效力上应当优于京津冀任何一地单独的地方立法的效力。

二、联合司法机制

（一）联合司法机制的概念

联合司法机制包含了两种形态：一种是联合制定规范，另一种是跨区联合司法。前者是指为了治理京津冀区域大气污染，京津冀三地的立法机关联合在一起，制定规范性文件，作为京津冀三地司法审判以及司法监督共同遵守的准则；而后者是指京津冀三地在实际司法审判和司法监督过程中，司法权如何实现跨区运行与跨区配合的基本程序。这两种类型的联合都要符合程序性的要求，这种程序性的规范被称为京津冀大气污染联合司法机制。京津冀大气污染防治联合司法机制也包含了两种类型：一是制定区域性司法审判的程序性规则。主要是解决异地管辖、异地跨区提起环境公益诉讼、法院判决的跨区执行等具体的程序性问题。二是区域性司法配合的规则。主要是针对实践中京津冀三地司法机关如何配合的问题。

（二）联合司法机制的特征

京津冀大气污染防治联合司法机制具有以下特征：一是协议性。京津冀大气污染防治联合司法机制的实施主体是京津冀三地的省级司法机关。而按照《立法法》的规定，省级司法机关不享有地方立法权，因而省级司法机关制定的规范性文件只在省内司法机关内部具有实施效力，并不具备法律效力的规范性，对于系统外的机构和个人不具有约束力。因而，京津冀三地省级司法机关联合在一起制定的规范性文件也只能约束司法机关内部，并且仅在京津冀三地适用。规范的形式不属于立法模式,仅属于协议性规范的一种形式。二是创新性。由于目前我国在诉讼管辖、诉讼规则以及异地执行等方面都有明确的规定,但是这些规定并不能够彻底解决京津冀区域司法的问题,因而京津冀大气污染防治联合司法机制实际上是解决目前法律程序性规范中不曾涉及的问题,所以具有创新性的特征。

(三)联合司法机制所要解决的实际问题

传统环境诉讼中最难解决的就是证据收集以及损害结果鉴定问题,而大气污染具有流动性和跨界性的特征,这就更加增加了大气污染环境纠纷的解决难度。例如,跨区证据收集、跨区损害的核算、异地执行等问题,都是非常难以解决的实际问题。因而,京津冀大气污染防治联合司法机制实际上是用来解决这些实践中所遇到的程序性问题的法律机制。

三、联合执法机制

(一)联合执法机制的概念

联合执法机制与联合司法机制一样也包含了两种形态:一种是联合制定规范,另一种是跨区联合执法。前者是指为了治理京津冀区域大气污染,京津冀三地的政府联合在一起,制定规范性文件,作为京津冀三地大气污染联合执法共同遵守的准则,属于联合实施抽象行政行为;而后者是指京津冀三地在进行实际行政执法的过程中,行政执法权如何实现跨区运行与跨区配合的基本程序,属于联合实施具体行政行为。这两种类型的联合都要符合程序性的要求。这种程序性的规范被称为京津冀大气污染联合执法机制。

(二)联合执法机制的特征

京津冀大气污染防治联合执法机制具有以下特征:一是实用性。京津冀大气污染防治联合执法机制的实施,主要是解决京津冀三地政府间就大气污染防治的具体问题如何实施配合、权力如何分配等。由于是为了解决具体问题而进行的政府间洽谈,因而这样的法律机制最大的特点是具有实用性的特征。二是灵活性。政府在处理行政执法的问题时,往往具有灵活性,即通常所谓的“特事特办”。而在京津冀大气污染联合防治的过程中所遇到的很多问题相对较为新鲜,以往的行政管理规范不曾涉及,如区域生态恢复等。因而要解决这些问题就需要以“特事特办”的方式由京津冀三地政府协商解决,因此京津冀大气污染防治联合执法机制具有灵活性,可以解决很多没有现成行政管理规范可以依据的实际问题。

(三)联合执法机制所要解决的实际问题

在以往的行政管理过程中,我们经常可以看到多部门的联合执法、联席会议,这些都是实践中总结出来的解决行政管理中具体问题的一种经验性做法。当然实践中也不乏两个相邻的区县或者地市,为了加强某一领域行政管理力度,而采取联合执法、联席会议的情形。这些经验做法都可以为我们今天实施京津冀大气污染联合防治提供很好的借鉴。实践中,京津冀三地所遇到的特殊情况比较多,在没有现成行政管理规范可以依据或者是京津冀三地的行政管理规范各有差异的情况下,就需要京津冀三地联合在一起就特定问题进行协商并拿出解决方案。因此,京津冀大气污染防治联合执法机制是解决京津冀三地所遇到的没有现成行政管理规范可以依据或者是京津冀三地行政管理规范不一致等疑难行政管理问题的一种经验性制度设计。这种制度设计是对以往行政管理过程中联合执法和联席会议等经验性做法的传承。

第四节 京津冀大气污染联合防治法律机制的客观结构

京津冀大气污染联合防治法律机制的客观结构,是指从客观层面来看,京津冀大气污染联合防治法律机制包含了哪些具体的内容,总结起来其实就是要实现“三个统一”。

一、统一规划

(一)统一规划的必要性

在京津冀地区涉及三个省级单位,在以往的经济发展过程中每地都是单独实施自己的发展规划,尤其是在产业布局方面,各自都会根据各自的产业优势和要素禀赋来安排本地区的经济发展产业布局,通常情况下受地方干部考核以及地方经济发展的需要,什么赚钱快就发展什么。这样单独规划必然会引起京津冀区域之内产业重复性建设、资源浪费、环境污染等问题。究其原因,就在于京津冀三地并没有实施统一的产业规划和产业空间布局。尤其是在生态规划方面,京津冀地区更加没有统一的安排,这就使得京津冀三地在实践中对于生态产业的安排实际上处于各自为政的状态。因此,京津冀地区实施统一的生态规划、产业规划、产业空间规划十分有必要。而这样统一规划的形成,有赖于京津冀大气污染联合防治法律机制的运行。故在客观结构方面,统一规划是京津冀大气污染联合防治法律机制所要实现的内容。

(二)统一生态规划的问题

京津冀大气污染联合防治法律机制对京津冀地区实施统一的规划主要包含了三个层次:一是部门产业规划。即京津冀三地在产业结构布局方面,应当充分发挥京津冀三地各自的要素禀赋和比较优势,合理规划京津冀三地的产业部门,要避免区域内的重复建设,尽量以北京地区的信息产业和高科技优势为引导,带动天津与河北地区走生态发展的道路。二是空间产业规划。即京津冀三地的产业安排从空间来看,应当符合经济地理结构,北京地区以发展信息产业和高科技为龙头,天津以发展出口为经济拉动,河北地区以输出劳动力和高端生产为主,这样的空间经济结构安排才符合京津冀一体化的发展规律。三是生态产业规划。其实无论是部门产业规划还是空间产业规划,最终的发展方向都是使京津冀地区走绿色生态发展的道路。因而,需要在京津冀地区用生态产业规划来指导京津冀地区的生态产业发展。从结构构成来看,部门产业规划、空间产业规划、生态产业规划三者共同构成了统一生态规划的主体。而对于京津冀地区而言,目前最为缺乏的就是生态一体化的规划发展问题,京津冀三地生态规划如何进行,如何将京津冀地区有计划、有组织、有梯度地建设成为一个生态示范区,这是京津冀大气污染联合防治法律机制需要逐步解决的问题。

二、统一标准

(一)统一标准的必要性

京津冀大气污染联合防治法律机制客观结构的第二个层次就是统一标准,而统一标准对于实现京津冀大气污染治理以及京津冀一体化而言非常重要。以往,京津冀三地由于各自都有地方立法权,因而在环境标准以及环境治理标准方面都表现得各有差异。例如,北京地区早在2013年就实施了机动车尾气排放"国Ⅴ"标准,天津地区也在2015年实施了机动车尾气排放"国Ⅴ"标准,而在2016年4月之前,河北地区一直实施机动车尾气排放"国Ⅳ"标准。标准不一致不仅导致了京津冀在治理大气污染方面会显得步调不一致,更为重要的是还会形成一种不良的市场导向,驱使一些投机者利用标准的差异赚取利益,从而损害整体利益,最为典型的就是北京地区淘汰的老旧机动车大量流向了河北农村地区并投入使用,这对于京津冀大气污染防治的整体利益而言害处大于益处。因此,京津冀三地统一标准非常有必要。

(二)京津冀一体化标准统一的主要内容

京津冀一体化重要的内容之一就是要在京津冀三地之内通过京津冀大气污染联合防治法律机制来实现标准的统一。而统一标准主要包含了以下三方面的内容:一是统一环境标准。即京津冀三地应当联合在一起制定统一的环境标准,这样对于大气污染的整体性消减才最为有利,此外在诉讼纠纷案件的审理过程中才不会出现由于标准不统一而导致同案不同判现象的发生。二是统一司法标准。就是在司法审判以及司法监督的过程中要以相同的程序性标准来处理大气污染环境纠纷案件,要防止同样的案件在某一地可以受理而在另一地不能受理的现象产生。例如,最高人民检察院于2015年7月颁布《检察机关提起公益诉讼试点方案》,其中确定了北京、内蒙古、吉林、江苏、安徽、福建、山东、湖北、广东、贵州、云南、陕西、甘肃13个省、自治区、直辖市试点可以开展检察院提起环境公益诉讼,其中并不包含天津与河北,也就是说,在京津冀地区若检察机关针对大气污染提起环境公益诉讼,在北京会被受理,而在天津与河北有可能会被驳回,这样的程序性差异会导致京津冀地区在司法审判过程中出现截然相反的结果。因而,像这类由于程序性标准不一致而最终有可能影响实体判决的情况,应当由京津冀大气污染联合防治法律机制来加以矫正和统一。三是统一行政标准。主要是京津冀三地行政机关在针对大气污染治理行使行政管理权限时要依据同样的标准来行使,包括行政许可、行政处罚、行政补偿等,都要根据同样的标准予以执行,这样才能够在京津冀地区实现行政管理上的公平正义。

三、统一措施

(一)统一措施的含义

统一措施是指京津冀三地在联合防治大气污染的过程中,通过京津冀大气污染联合防治法律机制对京津冀地区治理大气污染的具体措施进行统一,并采取步调一致的行动,从而实现京津冀地区污染同时治理的目标。采取统一措施的目的在于解决京津冀三地在治理大气污染过程中行动不同步、措施不统一的问题。例如,对于机动车尾气排放装置的安装,京津冀三地应当采取同步化的措施来实施,不宜采取各自为政的措施。而对于饭店排放装置,京津冀三地也应当采取同步化的措施,都应当责令饭店加装过滤装置,不能直排,而实践中此类装置的安装在京津冀三地并不同步。因此,要解决京津冀三地治理大气污染不同步的问题,就应当统一治理措施,这样才能够实现京津冀同步治理。

(二)统一措施的内容

京津冀大气污染联合防治法律机制统一措施主要指的是治理大气污染的具体措施,包含了三方面的内容:一是统一建设措施。京津冀三地对于建设大气污染生态防护的基础设施以及生态产业的建设,都应当事先规划、同步进行,予以统一一致,这样的建设投入才不会造成区域资源重复建设。二是统一管理措施。对于京津冀三地所采取的治理大气污染的管理措施,诸如饭店加装排放过滤装置、限购等具体的措施,也应当同步进行,并且采取一致的行动措施,这样就不会给市场投机行为留下空间。三是统一处罚措施。对于行政处罚,通常情况下,北京与天津的行政管理和处罚措施较为严厉,而河北地区地域广阔,农村地区占地面积大,农村环境执法一直是环境执法的难题,对环境违法行为处罚力度不大是农村环境执法的一大问题。因而,京津冀地区应当加强环境违法的处理力度,并且应当统一对环境违法的处罚措施,使京津冀三地对于环境违法现象的处罚能够做到一视同仁、处罚一致,这样才能够在京津冀区域范围之内体现执法公平。

第 二 编

京津冀大气污染防治联合立法机制

第五章　京津冀大气污染防治联合立法的基础

第一节　京津冀大气污染防治联合立法的制度概述

一、联合立法法律现象的法律文化及实践渊源

(一)联合立法的法律渊源

我国改革开放后法制进程取得了前所未有的进步,在立法方面除了立法技术的提升之外,立法模式也在不断创新,其中联合立法这一立法模式就是立法创新的产物。

从理论上分析,联合立法是指由多个有立法权的机关,联合在一起,经过法定的程序,制定出相应的规范性文件的过程。联合立法从其出现直至今日在我国的中国特色社会主义建设过程中起到了积极的作用,它对调整特定领域之内的特定行为或者事件功不可没。在现在,联合立法的现象在社会的各个领域之内仍然维持一定的数量比例,说明其现实生命力非常顽强。

从法理角度看,一种法律现象能够在社会某个领域之内存续,必

然有该现象的法源和其生长的土壤。① 联合立法作为一种法律现象，其法律渊源是《立法法》和各行政管理法中对立法机关的授权。可以这样讲，联合立法虽然是多个主体联合在一起的立法模式，但是该种立法模式仍然需要在法律的授权和限度之内进行，因而法律的授权为联合立法提供了生长机会，而现实的社会需求也往往需要在某些特殊领域之内由某几个立法机关联合在一起制定出相应的规范性文件，来调整这些领域之内的法律现象，所以现实需求为联合立法提供了现实土壤。

（二）联合立法的文化渊源

联合立法不仅有着坚实的法律基础，同样也有着深厚的文化基础，主要体现在，我国法律思想的内核中汇集了儒、释、道的传统道德观念精华，而在法律思想的表达形式上吸纳了大陆法系的立法技术，因此我国的法律中充满了传统文化的因素。② 例如，我国的诸多法律文件中都有与社会公共道德相违背的行为无效这样的规定，体现了法律思想中对传统道德因素的重视。回到联合立法这一法律现象，实际上在我国传统文化发展的进程中早有雏形。例如，在战国时期七雄格局已经形成，但秦强而六国弱已成为基本事实，为对抗强秦，苏秦游说六国，六国联合达成具有法律效力的协议，结成同盟，共同应对秦国的挑衅，盟约中明确说明其中一国利益被秦国损害，其余五国共同击之，

---

① 参见［奥］凯尔森：《纯粹法理论》，张书友译，中国法制出版社 2008 年版，第 38 页。

② 参见崔永东主编：《思想家的治国之道》，中国政法大学出版社 2007 年版，第 8 页。

苏秦也因此佩六国相印,这便是“合纵”。“合纵”局面形成后,对秦国的威胁巨大,于是秦国的张仪说服齐国与秦国修好,六国“合纵”的局面被破坏,秦国通过“连横”破解了“合纵”,最后通过蚕食的战术逐渐吞并了六国,这便是“连横”。“合纵”与“连横”是我国早期地方政权为了应对特殊威胁而进行联合立法的一种策略,从文化传承上看,“纵横”思想为我们今天联合立法提供了思想基础。

(三)联合立法的实践渊源

联合立法在我国的立法实践中并非一个新鲜事物,从我国确立了改革开放的基本国策之后,各部门的立法如雨后春笋般地开展着。当然,由于当时我国对于立法权、行政权的规范尚不完全,因而解决一些特定问题则需要多部门联合在一起出台相应的规范,才能够起到合理规范某一社会现象的目的。这一方面反映了我国当时立法技术尚不成熟,另一方面也反映了我国当时立法者为了解决特定问题而体现出来的特殊智慧。实践中,多个部门联合制定规范性文件的现象在过去较为普遍,而且有很多规范适用范围之广、适用时间之长,都从不同侧面反映出这些联合立法的生命力较强。例如,1998 年 1 月 19 日发布的最高人民法院、最高人民检察院、公安部、国家安全部、司法部、全国人大常委会法制工作委员会《关于刑事诉讼法实施中若干问题的规定》,一直实施到 2012 年 12 月 31 日。

二、京津冀大气污染防治联合立法的制度依据

(一)一般性依据

大气污染最近几年来成为整个社会广为关注的社会话题之一,党和政府对于治理大气污染高度重视,国务院于2013年发布《大气污染防治行动计划》(国发〔2013〕37号),其中规定各地区可结合实际,出台地方性大气污染防治法规、规章,并且明确提出要建立多区域相互协作机制。建立京津冀、长三角区域大气污染防治协作机制,由区域内省级人民政府和国务院有关部门参加,协调解决区域突出环境问题,组织实施环评会商、联合执法、信息共享、预警应急等大气污染防治措施,通报区域大气污染防治工作进展,研究确定阶段性工作要求、工作重点和主要任务。在执法方面不仅要加大环保执法力度,同时要推进联合执法、区域执法、交叉执法等执法机制创新,明确重点,加大力度,严厉打击环境违法行为。这些政策性的制度,为大气污染防治联合立法提供了非常直接的制度性依据,虽然这些规范性文件中并未规定联合立法的具体程序,但这些规定给大气污染防治联合立法提供了政策支持,使其运行有据可依。

(二)特别性依据

京津冀一体化上升为国家战略之后,从国家层面对于京津冀地区的战略规划便开始加速,与之相适应的是京津冀地区每一辖区都针对京津冀协同发展出台了相应的政策性文件,当然这些文件中也包含了一些区域性的立法规范。例如,天津市人大常委会主任会议于2015

年通过了《关于加强京津冀人大立法工作协同的若干意见》,该意见中首先是对京津冀三地人大联合立法形成了共识,并形成了“四个加强”和“两个机制”。所谓“四个加强”就是要加强立法沟通协调和信息共享,加强重大立法项目联合攻关,加强地方立法理论研究协作,加强人大立法工作经验和立法成果交流;而“两个机制”就是构建与协同发展相互适应、相互支撑、相互促进的立法工作协同机制,建立健全立法干部队伍学习培训交流机制。与此同时,还明确了三地轮流负责的立法工作协同组织保障。① 该意见规范了京津冀三地立法机关的立法活动框架,为京津冀三地联合立法提供了政策性的依据。

三、京津冀大气污染防治联合立法的基本特征

(一)立法性质的多元性

立法性质的多元性,是指大气污染防治联合立法既包含了国家中央部委之间针对大气污染防治而出台的联合性立法文件,同时也包括了地方立法机关针对大气污染防治出台的联合立法文件。从其基本性质上看,前者属于中央立法范畴,而后者属于地方立法范畴,因此,大气污染防治联合立法具有多元化的性质。当然,在现实生活中,大气污染一般在某些特定地方区域内进行扩散,主要危害的是某些行政区域内人的生命健康和环境安全,因而地方立法机关当然也就成为大气污染防治联合立法的主要主体。鉴于此,如无特殊说明,本书仅以

① 参见于浩:《地方立法工作协同推动京津冀发展——访天津市人大常委会副主任李泉山》,载《中国人大》2015 年第 11 期。

京津冀三地立法机关的联合立法为例进行论述。

（二）立法形式的合约性

立法形式的合约性，是指大气污染防治联合立法主体并非一个强制性的组织，在京津冀地区它是由京津冀三地立法主体自愿联合在一起制定出一个对参与者均能够产生约束力的规范性文件。当然，随着京津冀大气污染治理力度的加大，有可能还会将周边地区吸纳进来，由多地立法主体协商共同制定规范性文件。因此，大气污染防治联合立法具有合约性，表现为不同区域立法主体的“合作”，而非由国家强制力将若干个具有立法权的主体强制捆绑在一起制定规范性文件。

（三）立法主体的复数性

立法主体的复数性，是指大气污染防治联合立法的立法主体必须有多个，单一立法主体所制定的规范大气污染防治的立法性文件，要么属于中央立法要么属于地方立法，不可能是联合立法。就京津冀区域大气污染联合立法而言，很显然，立法主体包含了京津冀三地的立法机关。

（四）立法主体的特定性

立法主体的特定性，是指大气污染防治联合立法的主体必须是法律规定的有立法权的主体联合在一起制定的规范大气污染防治的立法性文件。大气污染防治联合立法主体的特定性还表现为以下几点：一是主体的法定性。即必须是在《立法法》上有立法权的主体才能够成为大气污染防治联合立法的立法主体。二是主体的平等性。即大气污染防治联合立法的各立法主体须是同一级别的主体，如同级别的省级人大常委会组成的联合立法机构，或者同级别的省级政府组成的联合立法机构。不同级别的、不同机构体系的立法主体不能组成联合立法机构，如一省的人大常委会与另一省的政府之间，一省的人大常委会与另一省地级市的人大常委会之间。

（五）立法主体的针对性

立法主体的针对性，是指大气污染防治联合立法的内容必须是针对大气污染防治的相关事项及内容而由不同立法主体联合在一起制定的规范大气污染防治的立法性文件。当然，这里所指的针对性也并不绝对，不仅限定于直接针对大气污染防治的事项和内容，只要是与大气污染防治相关的事项及内容，都可以成为大气污染防治联合立法的内容。

（六）立法程序的法定性

立法程序的法定性，是指大气污染防治联合立法除了要遵守《立法法》规定的起草、提交议案、听证、讨论通过、公布等基本法定程序外，还应当遵循一定的特殊程序。主要表现为：大气污染防治联合立法的多个立法主体如何联合在一起、如何起草文件、如何收集意见、如何讨论通过等具体程序均需要各立法主体之间达成一定的程序性合约。这样的约定性程序大气污染防治联合立法也应当积极遵守。

（七）立法成果的限定性

立法成果的限定性，是指大气污染防治联合立法最终形成的关于在某一特定区域内治理大气污染的规范性文件通常会表现出一定的限定性。主要体现在两个方面：一是时间上的限定性。由于大气污染防治联合立法具有合约性的特点，既然是“合作”，那么一般会涉及“合作期限”，通常针对处理大气污染特定事项的联合立法会设定一个时间有效期，或者以特定事项完成为规范性文件的终止时间。当然这并不否定大气污染防治联合立法创制无期限规范性文件的可能性，只是说在多数情况下联合立法的规范性文件会存在期限限定。二是空间限制。即大气污染防治联合立法形成的规范性文件，仅在参与主体管辖的行政区域内生效，超越这一空间范围自然不生效。当然这也并不排除几个省份订立大气污染联合防治的规范性文件后，周边其余省份自愿加入该联合立法体系、自愿接受联合立法规定事项标准的情况。

（八）立法规范的强制性

立法规范的强制性，是指大气污染防治联合立法所形成的大气污染区域治理的规范性文件在表达形式上具有强制性，凡是参与联合立法的主体管辖的行政区，均应当遵守该联合订立的规范性文件的约束。

四、京津冀大气污染防治联合立法的基本原则

（一）环境优先原则

环境优先是指在京津冀区域间多主体联合立法的过程中，各参与立法的主体应当以区域间整体的环境利益为优先准则来决定自身参与立法的行动方案，所为的行为不能与整体的环境利益相冲突。环境优先原则是京津冀区域大气污染防治联合立法的基本原则之一，具体

要求有以下三点:一是京津冀大气污染防治联合立法所出台的规范性文件应当以保障京津冀区域大气环境利益为宗旨,所出台的具体措施不能偏离这一轨道。二是京津冀大气污染防治联合立法参与主体应当以京津冀区域整体的大气环境利益为重,不应搞所谓的“地方保护”主义,要将地方利益纳入京津冀区域“大环境”的整体之下加以考量。三是京津冀大气污染防治联合立法中各参与主体的一切行动都要以保护京津冀区域大气环境为目的,不能以各种理由破坏大气环境利益。

(二)主体自律原则

主体自律是指在京津冀区域间多主体联合立法的过程中,各参与立法的主体应当合理地约束自身的行为,做到严格自律,这样才能够使京津冀大气污染防治联合立法的规范性文件发挥真正效用。主体自律原则是京津冀区域大气污染防治联合立法的又一基本原则,具体要求有以下两点:一是京津冀区域内各个立法参与主体应当遵循环境至上原则,合理约束自身的参与立法活动,不能基于地方自身的利益而发表意见,要将自己的意见纳入京津冀区域间大气环境整体利益之中来考量。二是当京津冀区域大气污染防治联合立法最终生成规范性文件之后,该文件会在各参与主体所在的行政区域之内生效实施。这时参与主体应当严格约束自身的行为,要严格遵守联合立法所规定的内容,不得以自身的“小利益”而损害“大利益”。

(三)权义均衡原则

权义均衡即权利与义务的均衡,是指在京津冀区域间多主体联合立法的过程中,由于各参与立法的主体各自的经济发展状况与大气环境保护之间存在一定的差别,因此在联合立法以及立法文件的实施过程中,要适当在权利的享受和义务的承担之间取得平衡关系。这种因地制宜的做法能够确保京津冀区域大气污染防治联合立法的生命力。权义均衡原则的具体要求有以下三点:一是区域间权利的均衡。即在京津冀区域大气污染防治联合立法的过程中要适当考虑经济落后地区的利益,在权利资源分配的过程中要做到按需分配,而不应当是平均分配或者按 GDP 总量分配。二是区域间义务的均衡。即在京津冀区域大气污染防治联合立法的过程中要适当考虑各立法参与主体的经济发展状况和大气污染的实际状况,合理分配义务,不应使某一局域负担过重,否则有可能会损害大气污染防治联合立法整体的实施效果。三是区域内权利与义务的均衡。即京津冀区域大气污染防治联合立法不仅要求不同行政区域之间在分配权利义务时要取得均衡,同时也要求区域内部在分配权利义务时要取得均衡,即每一参与立法的主体在权利享有和义务负担时要适当,不能失衡,否则会使该参与主体失去保护大气环境的动力。

(四)公序良俗原则

公序良俗不仅是民事法律规范应当遵循的基本原则,在实体法上,它合理地平衡了法无明文禁止即可为原则和禁止权利滥用原则二者之间的关系,同时也是京津冀区域大气污染防治联合立法所应当遵循的基本立法原则。公序良俗原则是指在京津冀区域间多主体联合立法的过程中,各参与立法的主体在联合立法的过程中以及立法实施中,其行为不得与公共秩序和善良风俗相违背。公序良俗原则的具体要求有以下三个方面:一是京津冀大气污染防治联合立法参与主体在立法的过程中,其意见表达不应当与公共秩序和善良风俗相违背。二是京津冀大气污染防治联合立法所出台的规范性文件应当符合社会公众的一般认知,不得与公共秩序和善良风俗相违背。三是京津冀大气污染防治联合立法的各参与主体在联合立法生效之后,应当严格遵守生效规范,不得有权利滥用等情况的发生。

第二节 京津冀大气污染防治联合立法的现实需求

一、不同学科之间针对立法需求的概念性表述

(一)经济学中的需求定律

需求、供给和均衡是经济学三大基础概念,需求决定了社会生产的数量和方式,所以微观经济学的各大理论均围绕需求展开。需求分为个体需求和社会整体需求两个层次。个体需求是社会需求的组成部分和构成基础,①故研究社会整体需求是通过对个体需求的研究作为开端。以个体需求为例,在社会中生存会需要各种自然条件、生产资料、生活资料、精神产品等,这些所有的要素构成了一个需求函数,即$Y=f(X)$,而个体在生活中对这些要素的需求并非平均分布,多表现为有多有少。决定个体需求量的要素有很多,如商品本身的价格、相关可替代品的价格、收入水平、消费偏好、对商品价格的预期等,②

---

① 参见胡春田等:《经济学概论》,北京大学出版社2006年版,第25页。

② 参见梁小民编著:《西方经济学》(第2版),中央广播电视大学出版社2011年版,第32页。

其中偏好为主观要素,而其他为客观或者相对客观的要素。具体而言,在消费者个体的主观世界里,偏好决定了消费者需求量。在经济学看来,个人偏好具有传导性,如个体对 A、B、C 要素的偏好程度排序是 A > B > C,那么个体在 A 和 C 之间的偏好选择一定是 A > C。理解了偏好是需求的主观决定要素而需求决定了社会生产数量和方式这样朴素的经济学定律,对于我们从法律经济学的角度理解法律需求十分关键。

(二)法律需求在法律经济学中的界定

需求在经济学中被定义为消费个体对商品的需要程度。在法律经济学中,会将法律看成是一种市场化的行为,即法律市场。① 然后通过微观经济学的方法对法律现象给予一种市场化的分析,最终得出分析结论。② 法律经济学认为,法律需求是人们对社会关系法律调整的一种需要,以达到人们通过法律制度达到最大潜在利益之目的。③ 调整社会关系的方法有很多,如个体的方法、宗族的方法、组织的方法、宗教的方法、社会习惯、法律制度等,法律的方法具有普遍的强制力而区别于其他社会调整的方法。④ 在法治社会中,人们对法律产

---

① 参见[美]理查德·A. 波斯纳:《法律的经济分析》(第 7 版),蒋兆康译,法律出版社 2012 年版,第 38 页。

② 参见[美]罗伯特·考特、托马斯·尤伦:《法和经济学》(第 6 版),史晋川等译,格致出版社、上海人民出版社 2012 年版,第 12 页。

③ 参见冯玉军:《法律与经济推理——寻求中国问题的解决》,经济科学出版社 2008 年版,第 192 页。

④ 参见[美]E. 博登海默:《法理学:法律哲学与法律方法》,邓正来译,中国政法大学出版社 2004 年版,第 370 页。

生信仰，有助于社会秩序的构建，因而就立法者而言，应当重视社会的法律需求，因为它能够体现社会对法律调整方法的认同。在环境法领域之内，大气污染已经成为社会广为关注的热点环境问题，人们对出台相关法律制度来治理大气污染的实际需求与日俱增，如何满足人们的这种法律需求制定相关法律制度，是立法者亟待解决的问题。

（三）经济需求与环境需求之间的关系

社会要发展离不开经济的推动，经济需求是人们对经济发展的实际需要，只有社会的经济不断进步，才能够推动社会向前发展。当然，随着社会的发展人们对物质生活、精神生活的要求在不断增加，最终归结为对经济的需求能够得到满足。人类社会经历了渔猎文明、农耕文明、商工文明，自从有了人类的大规模活动，人类社会的经济状况得到了改善，但是也带来了生态环境被破坏的后果。随着人类文明状态的不断提升，生态环境被破坏的程度也在日益加深，当生态环境开始威胁到人类自身的健康安全时，人类社会开始意识到生态环境的重要性，环境保护成为发展经济过程中必须要考虑的问题，于是人类社会开始逐渐向生态文明阶段过度。在这一阶段，人类社会不得不正视经济发展与生态环境容量之间的关系，于是对良好生态环境的需求也就成为人们生活需求的组成部分。如何平衡人们的经济需求与环境需求之间的矛盾，需要我们从经济学、法学等多个角度来作出最终界定。

二、京津冀大气污染防治联合立法的法律需求

(一)京津冀大气污染防治的客观需求

要平衡人们对经济发展的需求与良好大气环境的需求,需要解决经济发展与大气污染防治之间的矛盾。要发展经济满足人们的物质生活需要,必然会给大气环境带来污染,若将大气环境限定为一尘不染的程度,经济则不可能发展。因而,在发展经济的同时将对大气的污染限定在相对可以容忍的程度,是现代经济发展所必须遵守的发展模式。① 简言之,就是要将以往"先污染后治理"的粗放式发展模式变为"发展与治理同时进行"的和谐式发展模式,这样才能够将大气污染控制在可控范围之内。因为大气污染与其他环境污染的最大区别点在于扩散性极强,经常跨越不同行政区,一般情况下在多个行政区域范围之内会形成同时污染的情况。以京津冀地区为例,由于地域毗连,在河北和天津的工业污染以及北京地区机动车尾气污染会相互跨界造成更大的污染。对于治理方式的选择,仅仅依靠一个行政区域的努力往往不能达到整体控制的程度,需要京津冀三地行政区域同时努力一起防控,才能够起到控制大气污染的效果。而由于京津冀三地相邻,在经济发展的过程中存在诸多依存性,因此,携手共治大气污染既是治理污染、保护环境的需要,同时也是京津冀区域经济共同发展的需要。在这样的理念下,京津冀大气污染防治联合立法就成为区域经

---

① 参见陈廷辉:《环境政策型立法研究——基于对中国环境基本法立法模式的思考》,中国政法大学出版社 2012 年版,第 50 页。

济发展和污染治理的客观需求。

（二）生态环境共治的必然需求

生态环境可以分为“小环境”和“大环境”，就京津冀区域大气污染防治而言，某一个单独区域之内的大气环境可以称为“小环境”，而京津冀区域联合在一起的环境则可以看成是“大环境”。“小环境”是“大环境”的基础，而“大环境”是“小环境”的结果，在京津冀区域组合在一起的“大环境”之内，只有“小环境”得到治理，该区域内整体的大气环境即“大环境”才能够有所改观。但是，需要注意的是，并非单一行政区域内“小环境”的独立改观就可以使京津冀整体“大环境”改观，只有“小环境”联合在一起共同改变，才能够使京津冀的“大环境”得以改观。所以，无论是大气污染的治理还是整体生态环境的改观，不能仅凭借一个区域之力来完成，需要京津冀区域内不同环境主体加强产业合作，①共同努力、共同治理大气环境，才能够实现生态环境保护的最终效果。当然，就立法而言，大气污染区域治理不仅需要单一行政区付诸努力，同时更需要京津冀三地联合在一起共同制定规范性文件，以达到共同遵守的效果。因此，京津冀大气污染防治联合立法是生态环境共治的必然需求。

（三）协调生态经济的理想诉求

我国改革开放之初，为了追求经济的发展，在经济模式的选择上一度采取了粗放式的经济发展模式，“高能耗、低产出”是对改革开放

---

① 参见王志芳、张海滨：《新常态下中国在东北亚大气污染环境合作中的策略选择》，载《东北亚论坛》2015 年第 3 期。

初期经济发展的客观描述。随着改革开放的不断深化,人们意识到经济的发展不仅要有数量的要求,同时也要有质量的要求。[①] 以往“高能耗、低产出”的粗放式发展模式不仅会造成社会资源的巨大浪费,同时还会造成环境的损害,于是循环经济、绿色经济这样的可持续发展的集约型经济发展模式开始登上历史舞台。在可持续发展的理念指导下,生态保护与经济发展协调进行成为当今社会经济发展的主旨思想。就京津冀区域经济发展而言,区域经济协同发展是区域经济一体化发展的必然选择,而在这一基础之上,协调发展京津冀区域内的经济结构,大力发展“低能耗、高产出”的循环经济、生态经济,是京津冀一体化发展的理想状态。这就要求京津冀区域内的立法主体联合在一起制定相应的立法规范,将京津冀区域内的经济发展引向生态经济发展方向,这样京津冀区域内的大气环境才能够得到彻底治理。因此,京津冀大气污染防治联合立法是区域内协调经济发展与生态保护的理想诉求。

(四)完善地方立法的应然要求

根据《立法法》的规定,我国的立法体系分为中央立法和地方立法两个层级。在地方立法中,有地方法规、地方规章、自治条例和单行条例等立法形式,但是这些立法形式在立法实践中并不能解决所有地方性的问题。因此,在实践中也就会长期存在联合立法这样的立法形式。但是,值得注意的是,联合立法多发生在中央立法这一层级之内,即不同的中央部门之间联合在一起制定相应的规范性文件,以规范特

---

① 参见蒋冬梅:《经济立法的生态化理念研究》,中国法制出版社 2013 年版,第 46 页。

定的事件。而地方立法机关联合在一起制定立法规范共同遵守、共同实施的情况，在实践中虽然也有发生，但是做法并不统一也不规范。大气污染防治的立法，需要不同区域内的多个主体共同制定规范性文件，才能够使治理由理想变为现实，这不仅是大气污染防治的实际需要，同时也可以起到丰富地方立法、完善立法技术的效果。

第三节　京津冀大气污染防治联合立法的法律供给

一、不同学科之间针对立法供给的概念性表述

（一）经济学中的供给原则

在经济学中供给是三大核心概念之一，是指市场主体根据消费主体的需求而相应提供的物品或者服务。市场供给与消费价格和消费数量有直接的关系，当单位价格上涨时，供给量就增加，当单位价格下降时供给量就减少，故供给量与价格和数量呈现正相关的关系。① 由此可以推论出供给量的理想状态就是恰好能够满足需求的数量，当供给量大于需求量时就会出现供不应求，此时的供给是一种浪费的状态，供给效率并未达到最高；当供给量小于需求量时就会出现供应短缺，此时的市场价格就会上涨，资源并未得到有效配置，也未达到最高效率。所以，在经济学中认为，供不应求与供应短缺都不是资源最佳配置的结果，这预示着市场主体必须合理地控制供给量，

① 参见胡春田等：《经济学概论》，北京大学出版社2006年版，第35页。

将供给数量控制在与需求量相等的程度才能够实现资源配置的最佳效率。

(二)法律供给在法律经济学中的界定

在法律经济学中,认为法律是一种稀缺资源,需要合理地进行配置才能够发挥其最大效用,因而需要根据人们对法律的需求来决定法律供给,故法律供给在法律经济学中与法律需求一样都是不可忽视的概念。法律经济学认为,法律供给是指以立法资源、司法资源、执法资源为载体的法律生产要素能够提供法律资源配置的供给能力。① 由于法律的生产要素包含了立法、司法、执法三个组成部分,因此,法律供给也包含了立法供给、司法供给和执法供给三部分。就立法而言,立法者能够提供调整社会关系的法律制度的数量和质量,决定了能否满足人们对立法的需求。同理,若立法供给大于立法需求,则会出现法律制度应用效率低下、"睡眠型"立法等情况的发生,但立法供给小于立法需求,则会出现法律供不应求的状态,此时最常见的表现是"法律漏洞"的产生。这两种情况都没有做到将法律资源合理地配置到社会关系之中,效率自然不高。

(三)环境保护中的立法供给

随着我国生产力的不断发展,环境问题逐渐开始显现,社会对环境保护的要求从无到有再到强烈,而环境保护的立法供给也与这一需求相对应形成了一条"管理型立法—促进型立法—硬法型立法"的发展路线。管理型立法突出了环境保护法的管理作用,这是改革开放之

---

① 钱弘道:《经济分析法学》,法律出版社 2003 年版,第 207 页。

初具有中国社会主义初级阶段特色的一种立法模式，主要以强调环境行政机关的管理职能为主旋律，充分体现了环境保护部门的规划、管制、监控等作用，与此同时兼顾到人们对环境保护的社会需求。① 管理型立法在改革开放之初与当时的社会生产力发展相适应，符合当时的社会发展现状，然而随着改革开放的不断深化，我国工业、制造业有了突飞猛进的增长，环境问题日益凸显，社会对环境资源的配置提出了更高的要求，于是在环境保护领域之内，便有了《清洁生产促进法》《循环经济促进法》《可再生资源开发利用促进法》等促进型立法。促进型立法通过充分发挥法律的社会指引功能，辅之以鼓励和引导的手段，促进社会经济不断进步，②向生态经济模式、环境资源高效配置利用的方向发展。管理型立法与促进型立法在调整环境问题时由于缺乏一定的强制力，所以也被称为软法。这种调整方式在日后的环境管理实践中显得力度不足，于是社会对加大环境保护立法处罚力度的呼声日益强烈，这便有了《环境保护法》《大气污染防治法》的修改。其中加大处罚力度是现代环境保护立法最鲜明的特色，此一阶段的环境立法被称为硬法型立法。从立法发展的路线来看，环境保护立法的供给与社会对环境状况改善的需求息息相关。

---

① 参见陈廷辉：《环境政策型立法研究——基于对中国环境基本法立法模式的思考》，中国政法大学出版社 2012 年版，第 52 页。

② 参见张守文：《论促进型经济法》，载《重庆大学学报》（社会科学版）2008 年第 5 期。

二、京津冀大气污染防治联合立法的法律供给

(一)促进京津冀区域大气环境治理

在相邻的数个行政区域之内,经济的发展具有诸多依存性,加强区域间协作发展对于区域经济而言具有重要意义。例如,在2014年两会期间李克强总理在政府工作报告中也明确指出要加强环渤海及京津冀地区经济协作。但是由于区域之间在经济发展上的协作会带来经济结构的趋同发展,对于环境的影响也会逐渐向着趋同方向发展。在2015年4月30日,中共中央政治局召开会议审议通过《京津冀协同发展规划纲要》,会议明确提出要加强京津冀一体化协同发展,并在交通、生态环境保护、产业升级转移等重点领域率先取得突破,可见中央对于区域经济协同发展的重视。为了避免重走以往经济发展过程中"先污染、后治理"的老路,在区域一体化协同发展的过程中需要走"经济发展与污染治理同时进行"的道路。因此,在区域之内需要联合各行政区的立法主体对经济发展与环境治理共同出台规范、共同遵守,才能够取得经济与生态协同发展的成绩。① 当下,随着经济的发展,区域之内大气污染成为社会广为关注的热点话题,区域间只有联合立法、协同共治,才能够针对区域内的大气污染取得治理实效。

---

① 张永安、邬龙:《基于政策计量分析的我国大气污染治理现状研究》,载《生产力研究》2015年第1期。

（二）实现京津冀区域生态环境共治

由于大气污染具有跨越行政区的基本特点，京津冀一地污染随着空气流动必然会产生“城门失火、殃及池鱼”的效果，所以在京津冀相邻区域之内的民众对于大气污染有联合治理的需求。就立法而言，为了实现京津冀区域生态环境保护的总体实效，需多提供京津冀区域联合立法这样的规范，方能使京津冀区域大气环境得到优化。[①] 因此，立法者提供联合立法的法律供给是京津冀区域生态环境共同治理的必然要求，故京津冀内各独立的立法主体应当通过协商联合在一起提供一个符合本区域经济发展和大气环境保护的规范性文件，这样便能够实现生态环境共同治理的目的。

（三）推进京津冀区域生态经济发展

随着科学技术的进步，人们对自然界开发的能力越来越强，经济发展的同时自然资源也被过度利用着，从而滋生了诸多环境问题，于是发展经济要同时注重生态保护的声音此起彼伏，生态经济作为一种新的经济形式应运而生。生态经济学认为，发展经济的过程中不能破坏已有的生态系统，要保持生态系统多样性的存在，这样才能够使生态系统得到长期健康的发展。[②] 同样，在京津冀区域之内，气候、生物多样性、资源类型等自然条件上具有一定的相似性，在京津冀区域经

---

① 高桂林、陈昊博：《治理大气污染需要区域间联合立法》，载《检察日报》2015 年 3 月 10 日，第 3 版。

② ［美］查尔斯·D. 科尔斯塔德：《环境经济学》，傅晋华、彭超译，中国人民大学出版社 2011 年版，第 5 页。

济协同发展的过程中,应当将发展经济的重心放在绿色经济发展之上,这样才能够实现京津冀区域经济发展的生态化。要实现这一目标,就需要以规范性的制度来加以保障,因而京津冀区域内的各立法主体联合在一起提供联合立法的供给、出台立法性规范文件,是推动京津冀区域生态经济发展的必然选择。

(四)提升京津冀区域地方立法技术

就立法实践而言,目前我国的立法技术已经取得了长足进展,除了中央立法之外,地方立法的数量相当庞大。就立法目的而言,地方立法主要是为了解决本行政区内的具体事项,因而实效性是检验地方立法质量的一个重要的出发点和落脚点。① 对于京津冀区域大气污染治理而言,京津冀三地联合立法可以解决单一行政区单一治理的瓶颈,是立法者提供立法供给的一个基本路径。与此同时,从立法技术层面来看,也是检验区域地方立法实效性的一次难得的机会。毕竟我国以省为单位的单一省份的单一立法在实践中最为常见,而多省份联合立法在实践中需要探索的事项还有很多,京津冀大气污染防治区域联合立法为这样的立法实践提供了很好的机会,为我们检验区域立法的实效提供了素材。因而,京津冀区域联合立法,不仅对京津冀区域内大气污染防治非常有利,同时对于提升区域地方立法技术而言,也十分有益,可以为京津冀协同发展出台其他领域之内的规范性文件打下良好的借鉴基础。

---

① 史建三主编:《地方立法后评估的理论与实践》,法律出版社 2012 年版,第 50 页。

第四节　京津冀大气污染防治联合立法的博弈均衡

一、从供需均衡到立法博弈的法律经济学界定

(一)均衡的概念

"均衡"(equilibrium)一词源于物理学,其本意是指一个物体受到来自方向相反的两个力的同时作用,该物体则会保持一种静止或者匀速直线运动状态。① 均衡是物理学中的核心概念之一,它反映出四个基本特征:一是均衡的前提条件须是有外力的作用,而且外力的作用为两个,且方向相反。当然在物理学中也存在多个外力作用于一个物体的情况,但最终均可转化为方向相反的两个外力。二是均衡的结果可以有两种:一种是静态均衡即禁止状态,另一种是动态均衡即匀速直线运动,这两种状态都是均衡的表现结果。三是均衡状态形成后,任何一方都不具有改变另一方的能力。四是均衡的意义在于它能够通过一个变量寻求另一个等量的变量,无论是大小和方向都可以基于均衡而求得。均衡的概念非常重要,但均衡不等于平衡,均衡的概念范围要大于平衡,平衡是一种静态的结果,而均衡不仅包含了静态的结果而且还包含了动态的结果。

---

①　冯玉军:《法律与经济推理:寻求中国问题的解决》,经济科学出版社2008年版,第197页。

(二)经济学中的供需均衡

在经济学发展的过程中,经济学家逐渐认识到,社会经济现象的相互作用过程中实现目标最大化时,可以达到均衡状态。于是英国经济学家马歇尔首次将均衡的概念引入经济学之中,用以解释供求关系,即供求关系在数量上处于等量状态时,决定供求关系的任何一种力量都不具有改变现状的优势。① 均衡的概念在经济学中非常重要,是三大核心概念之一。供需均衡的理念被引入经济学中后,经济学有了前所未有的发展,它意味着在资源有限的社会中,只有通过资源的合理配置,才能够最大限度地提升社会整体的福利水平。因而供需均衡是经济学所追求的一种最佳状态,是资源有效配置的结果,供不应求与供大于求都难以实现资源配置效率的最佳化,因而无法使社会财富达到最大化。

(三)法律经济学中的供需均衡

在法律经济学中同样沿用了"均衡"这一概念,并且该概念也成为法律经济学中的一个重要概念。在法律经济学中,均衡的表现方式可以具有多样化特点,其中之一便是供需均衡,即法律的供需平衡,是指民众对立法、司法、执法的社会法律需求同立法者、司法者、执法者所能够提供的法律供给之间恰好处于等量的状态,即法律需求得到了很好的满足,同时又没有浪费法律资源。因此,均衡是法律制度所追求的价值目标,同时也是法律制度建立和法治活动评价

---

① 钱弘道:《经济分析法学》,法律出版社 2003 年版,第 167 页。

的最高原则。① 在这一思想的指导下，立法应当尽量满足社会的法律需求，但同时应当考虑立法、司法、执法的效率，不能过度浪费法律资源，要使法律供给与法律需求之间的数量趋于相等，以能够使社会秩序达到稳定状态为标准。法律供给不足，则社会秩序可能会滋生不稳定因素，而供给过多，俗称“管得太死”，社会不仅没有效率，同时还会抹杀社会的创造力。时下在“该归市场的归市场，该归政府的归政府”思想指导下的精简政府机构、简政放权改革，正是法律供需均衡理念在行政管理法律领域内的体现。

二、从博弈论视角对大气污染防治的理论分析

（一）经济发展与大气污染的博弈关系

博弈是指两个或者两个以上的参与者各自追求的目标利益相互冲突，而各参与者的策略行为又具有相互依存性，此时各参与者基于理性自利的考虑，在充分了解对方可能存在的决策信息后，会作出最利于自己的选择，从而最终形成一种均衡状态。② 在社会发展中，经济发展是社会进步的第一要务，正所谓发展才是硬道理，因此，经济的发展可以成为社会的一个博弈要素。经济发展离不开自然环境，在经济发展的过程中无可避免地会导致环境资源的破坏，大气污染就是表

① 冯玉军：《法律与经济推理——寻求中国问题的解决》，经济科学出版社 2008 年版，第 198 页。

② 参见朱顺泉：《经济博弈论及其应用》，清华大学出版社 2013 年版，第 3 页。

现之一,大气环境可以看成是社会博弈的又一个要素。要经济发展还是要生态环境,这成为现代社会发展过程中的一个重要博弈内容。人们在经历了环境资源被过度破坏的现实之后,逐渐认识到"金山银山不如绿水青山",但是在"金山银山"与"绿水青山"之间如何平衡,人们的思想也在发生着前所未有的转变,于是经过社会的博弈,"绿水青山就是金山银山"的生态发展观开始占据社会的主流。可见,从制度层面来看,法律制度既是社会博弈的规则同时又是社会博弈的产物。① 就当下而言,大气污染治理在社会中被广为关注,发展经济的同时要保护大气环境已经逐渐成为社会博弈的一个共识。

(二)从边际理论看经济发展与大气污染的均衡点

既然经济发展与大气污染之间已经形成社会博弈,那么如何在发展经济的同时将大气污染控制在可接受的范围不仅是环境学领域的知识,同时会涉及经济学、法学、数学、统计学等多门类的知识。在经济学中,边际理论对经济学的发展产生了革命性的作用。边际理论认为,经济产量的增加不可能是直线性的,产量会随着单位投入的增加而逐渐减少,即边际产量递减,当达到最大值时单位投入便不会带来产量的增加。② 这一经济学原理告诉我们对经济产量的追求应当适度,以达到边际产量最佳。同理,对于大气污染的消减可以通过治理成本的投入来完成。根据经济学的观点,污染的治理也存在边际收益递减这样的规律,因而只要有人类的活动,大气污染不可能完全消失,

① 参见[日]青木昌彦:《比较制度分析》,周黎安译,上海远东出版社2001年版,第6页。

② 参见胡春田等:《经济学概论》,北京大学出版社2006年版,第83页。

当治理成本投入最后一个单位而大气环境不再会有变好的迹象时,则达到大气环境治理的边际。所以,从经济学的边际理论来看,对于经济发展与大气污染治理同时向着边际推进,由于成本资源总量相对固定,这样就会在经济发展与大气污染治理之间形成各种成本投入的组合,最终必然会达到一个成本投入的均衡点,这是我们在权衡经济发展与大气污染治理之间关系时的经济学基础。

三、京津冀大气污染防治联合立法的纳什均衡

(一)纳什均衡的形成

纳什均衡是以美国著名经济学家约翰·纳什的名字命名的一种博弈均衡状态,它描述了这样一种策略组合的均衡状态:在多人博弈的过程中,每一局中人的选择策略相对于其他局中人而言是最佳策略,与此同时,其中任何一个局中人都不可能通过改变自己的策略选择而获得更多的利益。① 纳什均衡是现代博弈论的核心基础,其在经济学中的意义在于对于决策者而言可以根据对方可能出现的决策行为来决定自己的最优决策行为,从而获得自身的利益最大化。与此同时,决策对方也会判断出决策人的决策行为,而作出最有利于决策对方自身的决策,进而形成了决策人与决策对方双方都认可的一种结局。这种结局能够使决策人和决策对方各自的利益达到最大化,从而实现社会资源的最有效率配置。纳什均衡的形成,对于能够产生相互

① 参见黄涛编著:《博弈论教程——理论·应用》,首都经济贸易大学出版社 2004 年版,第 15 页。

博弈的经济行为而言，是获得利益最大化的必然结果。

（二）纳什均衡的自适应性

纳什均衡的最显著特点就是自适应性。由于经济学认为人是具有理性自利的，所以其决策行为必然是理性利益最大化的，[①]即在一个多人博弈的模型中，由于每一参与者都是理性自利的，而且其也知道对方参与人也是理性自利的，因而参与人在选择决策行为时就必然会考量参与对方可能会作出的决策。与此同时，参与对方也会基于理性得出同样的结论。此时，无论是一次性的静态博弈还是多次的动态博弈，博弈各方都可以最终找到自身利益最大的可选择策略，于是纳什均衡将自动形成。在理性自利的作用下，纳什均衡可以自动形成，这一特点在经济学中非常重要，它揭示了市场调整的重要性及必要性，同时也揭示了市场中供需均衡、价格博弈等经济现象具有自动形成的特点。这为我们在市场经济过程中依托市场职能、减少行政干预提供了理论依据。

（三）京津冀大气污染防治联合立法的调整作用

京津冀大气污染防治联合立法的目的就是要在京津冀区域经济协同发展的过程中，合理平衡经济发展与大气污染之间的关系。根据博弈论中纳什均衡的原理，发展区域经济与区域间大气污染防治之间的博弈可以形成纳什均衡，从而使经济发展达到收益最高，而大气污染治理的效果达到理性最佳，形成一种均衡状态。从法律经济学的角

---

① 参见熊秉元：《正义的成本：当法律遇上经济学》，东方出版社 2014 年版，第 48 页。

度来看,法律的目的是维护社会秩序,从而使社会福利达到理性最大。[①] 所以,京津冀大气污染防治联合立法的首要目的应当是合理平衡京津冀区域间经济发展与大气污染治理之间的关系,使纳什均衡得以实现,经济与环境的资源均达到最佳配置效率。故一味强调京津冀区域大气污染防控,将大气污染控制在不发生的状态:一是从现实可能性上看不具备可能性,二是从收益最大化的角度来看,大气无污染也绝非最佳选择,因为无污染的环境其经济也将无法发展。所以,要通过京津冀区域联合立法将经济发展与大气污染平衡在合理的范围之内,以达到京津冀区域经济协同发展的效果。

第五节　京津冀大气污染防治联合立法的实效标准

一、基于法律经济分析观察立法中的成本构成

在经济学中成本是一个重要问题,决定了一个经济行为能否取得实效。因为资源具有稀缺性,如何将稀缺的资源发挥最大效用,并在可供选择的目标之间进行合理分配,必须考虑资源分配的成本问题。[②] 毫不夸张地说,人类的行为均须考量成本。这样一个理念被法律经济学所吸纳,成为分析问题的基本方法。应用这一原理我们可以

---

① 参见[美]尼古拉斯·麦考罗、斯蒂文·G.曼德姆:《经济学与法律——从波斯纳到后现代主义》,朱慧等译,法律出版社2005年版,第76页。

② 参见[美]加里·S.贝克尔:《人类行为的经济分析》,王业宇、陈琪译,格致出版社、上海三联书店、上海人民出版社2008年版,第5页。

看出,在立法领域之内,由于立法资源具有稀缺性,因此需要对立法资源进行合理地分配,将其配置到最能够发挥效能的领域之内,这就不得不考虑立法的成本。从法律经济学角度来分析,立法的成本包含了两大类:一是显性成本。主要是指立法的前期需要在收集材料、调查、研究、论证等方面投入大量的时间、金钱、人力、物力,当调研结果形成后需要起草草案、征求各方意见、进入表决程序,最终形成法律文本,这一过程同样需要大量的成本投入。[①] 二是隐性成本。主要是指机会成本,即立法机关将立法资源投入到某一领域内时,就必然会丧失将该立法资源投入到其他领域内所能够获得的利益。[②] 立法中的这两部分成本,是影响立法能否被提到议事日程上的关键指标,当然成本越低则立法越能够被提到议事日程之上,最终也越容易被通过,因此,成本最小化是立法过程的应然追求。

二、京津冀大气污染防治联合立法的成本分析

对大气污染防治进行立法当然也应当遵循成本最小化原则,这样才能够使立法更加具有效率。就大气污染而言,其最大的特点便是跨区域性,在相邻的不同区域之内,一个地方大气污染几乎必然影响另外几个区域。此时,各行政区若各自为政单独制定本行政区内生效的地方性法规,则不可能以一行政区之力彻底解决区域性大

---

① 魏建、周林彬主编:《法经济学》,中国人民大学出版社 2008 年版,第 72 页。

② 冯玉军:《法律与经济推理——寻求中国问题的解决》,经济科学出版社 2008 年版,第 130 页。

气污染问题。当然这种分散式的大气污染防治立法,从整体层面也未必能够彻底解决区域污染,因为其中还会涉及区域间立法如何协调、衔接发挥作用等诸多法律问题,这无疑会大大降低法律实施的效率。从法律经济学的角度来分析,分散式地方立法,在成本投入上不仅仅是各行政区独立立法成本的简单加总,在法律实施过程中还需支出更多的机会成本。① 针对大气污染跨区域性的特点,建立京津冀区域联合立法的法律机制,由多个立法主体共同起草一个在京津冀区域之内通行的地方性立法,这样的一次性成本投入不仅可以节省收集资料、调研、表决等立法程序在多区域立法主体之间的重复投入的成本,同时还能够节省时间成本提升立法效率,从而实现"1 + 1 >2"的聚合效应。因此,基于大气污染跨行政区的特点,从立法成本角度来看,京津冀大气污染防治联合立法是立法成本最小化应当选择的路径。

三、京津冀大气污染防治联合立法与立法效率

传统意义上的"联合立法"在我国立法实践中早已有之,是不同地区的人大机关、政府机关联合出台某一规范性文件的现象。当然与《立法法》规定的标准意义上的地方立法有所不同,这种"联合立法"的主体一般情况下较少,程序也相应不规范,基本上是"特事特办"的一种"智慧"。现如今,雾霾在不同地域广泛肆虐,需要我们将这种立法上的"智慧"充分发挥出来。但是十八届四中全会提出依法治国的

---

① [德]汉斯 - 贝恩德·舍费尔、克劳斯·奥特:《民法的经济分析》(第4版),江清云、杜涛译,法律出版社 2009 年版,第 78 ~79 页。

基本方略，昭示我们在立法领域之内也应当依法立法，只有这样才能够体现大气污染防治联合立法的合法性和效率性。这主要体现在以下三个方面：一是规范立法主体，提升规范性文件的适用效率。就京津冀地区而言，若要制定在司法和行政执法领域之内普遍适用的规范，应当将京津冀大气污染防治联合立法的主体限定在省级地方人大机关，而不应当是省级政府。因为依据《立法法》省级人大制定的规范性文件是地方法规，在效力层级上高于地方政府规章，而且地方法规在地方具有广泛使用效力，地方政府规章在司法领域只具备参考效力。所以，为了达到在司法和行政领域全面适用的目的，要将联合立法的主体限定为省级地方人大。二是规范立法程序提升规范性文件的实用效率。制度是社会参与主体相互博弈的产物，制度的效率取决于设计一定的参与机制来保障制度的合理化运行。① 就京津冀大气污染防治联合立法而言，会涉及京津冀三地立法主体。这些主体如何联系在一起、如何起草规范性文件草案、表决程序如何实施、是否允许区域保留条款、规范性文件如何生效等内容，都需要依照一定的程序进行，才能够保障联合立法的实用效率。三是规范行政立法。由于地方人大的立法程序要求较为严格，而有些问题又不适宜于以人大联合立法的形式加以确定，这时京津冀三地政府联合出台地方性规章恰好是对京津冀区域性地方法规的补充。因为地方政府规章的制定相对于地方法规而言较为简易，具有一定的灵活性，可以针对区域内的特殊事项制定特殊的应对策略。当然应当注意的是，京津冀三地政府为了防治大气污染而联合制定的区域性地方

---

① ［日］青木昌彦：《比较制度分析》，周黎安译，上海远东出版社 2001 年版，第 7 页。

政府规章其内容不得与京津冀区域地方法规相抵触,也不得与某一独立区域之内的地方法规相抵触。所以,京津冀大气污染区域性地方政府规章作为补充性立法一般可以制定区域地方法规未予规定的事项。

第六章　京津冀大气污染防治联合立法的模式与程序

第一节　京津冀大气污染防治联合立法的基本模式

一、京津冀大气污染防治联合立法基本模式的范围

（一）京津冀大气污染防治联合立法基本模式的概念

京津冀大气污染防治联合立法基本模式，是相对于其他联合立法模式而言的，是指大气污染防治联合立法的模式有很多，有联合性地方法规、联合性地方政府规章、联合性地方协议等，其中以京津冀权力机关联合在一起，即由京津冀三地省级人民代表大会及其常务委员会共同联合，制定规范性联合地方法规的一种立法模式。京津冀大气污染防治联合立法之所以选择由京津冀三地人大及其常委会作为基本立法模式，是因为在地方立法中，可以分为立法法规和地方政府规章两个层次，当然少数民族地区针对特定事务所出台的自治条例和单行条例从形式上讲立法主体仍然属于权力机关，所以效力等同于地方法规。地方法规主要规定本省内具体行政事务的基本规则和底线，而地方规章则规定地方行政事务的具体细节。从规则制定的角度看，地方

政府规章的设立不得与地方法规的规定相抵触,否则无效。因此,京津冀大气污染防治联合立法,应当以地方法规为基本立法模式,这样才能够取得广泛的效力。在京津冀区域之内无论是哪一地的地方行政立法机关、地方司法机关、地方行政执法机关均应当以联合性地方法规的规定为依据,不得有越权行为。

(二)京津冀大气污染防治联合性地方法规的理论基础

根据《立法法》第72条第1款的规定:"省、自治区、直辖市的人民代表大会及其常务委员会根据本行政区域的具体情况和实际需要,在不同宪法、法律、行政法规相抵触的前提下,可以制定地方性法规。"本条文仅仅规定了一般性地方法规的制定主体,并没有直接规定不同地方省级人民代表大会可以联合制定地方法规,但是法律也并未对不同地方省级人民代表大会制定联合性地方法规作出禁止性的规定。从理论上讲,省级地方人大机关制定联合性地方法规属于一种创新性的立法模式,该立法模式主要针对特定事务而应用,需具有非常必要性。大气污染是目前环境保护领域内的一大顽疾,其跨越行政区的基本特点使之凭借一个行政区的单一力量难以彻底解决。只有多个行政区域联合在一起形成群防共治的局面,才能够彻底解决大气污染的问题。从这一角度来看,针对京津冀地区的大气污染防治,由三地人大之间联合制定地方法规的必要性非常显著。从立法的实践来看,只要是对社会生产力的发展有利,并且可以促进社会整体财富增加的立法,就应当是优秀的立法,没有必要让形式约束了内容。

(三)京津冀大气污染防治联合性地方法规的规范事项

根据《立法法》第73条的规定:"地方性法规可以就下列事项作

出规定:(一)为执行法律、行政法规的规定,需要根据本行政区域的实际情况作具体规定的事项;(二)属于地方性事务需要制定地方性法规的事项。除本法第八条规定的事项外,其他事项国家尚未制定法律或者行政法规的,省、自治区、直辖市和设区的市、自治州根据本地方的具体情况和实际需要,可以先制定地方性法规……"从这一法律规定可以推导出,京津冀大气污染防治联合性地方法规的规范事项分为以下几类:一是京津冀某一区域之内大气污染防治的具体事项需要组织三地省级立法机关联合立法才能够解决的问题。二是在《环境保护法》《大气污染防治法》等法律、行政法规规定不明确或者没有规定时,必须由京津冀区域内多个地方省级立法机关联合在一起制定联合性地方法规才能够解决的问题。三是为京津冀大气污染防治的联合行政立法和联合司法提供立法依据,因为联合性地方法规的法律效力要高于联合性地方政府规章和其他规范性文件。在地方的立法体系中,其他地方性的规范性文件以及非规范性文件均应当以地方法规作为依据,不能与之发生抵触现象。

二、京津冀大气污染防治联合性地方法规的总特征

(一)程序严谨效力高

与地方政府规章相比,地方法规的制定过程较为复杂且较为严谨,立法草案的提出、审议、表决等程序根据《立法法》第 77 条的规定,均需要参照全国人大及其常委会的立法程序进行。所以,大气污染防治联合性地方法规的制定相应地,首先要符合地方法规的一般立法程序,这一程序须以全国人民代表大会的立法程序作为参考依据。

其次,由于联合性地方法规会涉及多个省份,那么多个省份的地方人大之间如何参与程序、如何进行表决、表决通过程序如何设置,这些程序性问题均需要地方法规联合立法机构予以事前公布,并且按照所公布的程序实施,这样才能够取得程序上的合法效力。因而京津冀联合性地方法规的制定程序更为复杂且更加严谨。当然,由于京津冀联合性地方法规属于京津冀三地人民代表大会制定的规范性文件,自然要比单一地方人大制定的地方法规的效力高,所参与联合立法的省级地方人大不得再出台与联合性地方法规相抵触的文件,也不得制定松于京津冀联合性地方法规规定的环境标准的文件。

(二)效力范围广泛

在法律应用领域之内,地方法规是地方国家机关选择适用法律的重要依据,无论是行政执法还是司法审判,除了要依据法律和行政法规之外,本省人民代表大会及其常务委员会制定的地方法规是规范地方行政执法和司法审判必须要遵守的规范性文件。而地方政府规章则不具备这一特性,在行政执法的过程中要以地方规章为依据,但是在司法审判中,地方政府规章所具备的效力则是参考效力,而不是依据的效力。从这一点来看,地方政府规章在司法审判环节效力要弱于地方法规。另外,由于京津冀联合性地方法规的制定主体是京津冀三地省级人民代表大会及其常务委员会,其效力范围不仅及于单一参与主体所辖范围内的地方政府的行政执法和法院、检察院的司法行为,与此同时效力也及于所有的参与主体所辖范围的地方政府和司法机关。不仅如此,后期若再有其他省份愿意加入京津冀大气污染区域联合防治的阵营,愿意接受联合立法的调整,那么根据法定追加程序确认后,京津冀联合性地方法规也对该地区产生法律约束力。

(三)法定性强

根据《立法法》的规定,地方法规可以根据本行政区域的具体情况和实际需要在不同宪法、法律、行政法规相抵触的前提下制定规范性文件。地方法规的制定主体是省级人民代表大会和常务委员会。当然,在修改后的《立法法》中将设区市的市级人民代表大会及其常务委员会也作为地方法规的立法主体,并对立法权限作了限制,仅限于城乡建设与管理、环境保护、历史文化保护等方面的事项,这等于扩大了地方法规的立法主体范围。但是由于大气污染不仅会涉及一两个地级市,一般情况下在省界处往往会涉及多个省份,所以大气污染区域联合防治仅仅依靠地级市的人民代表大会联合立法还远远不够,需要省级人民代表大会联合立法才能够解决。由此,也就确立了京津冀大气污染联合防治立法的主体必须是区域内的三地省级人民代表大会及其常务委员会。从法定性来看,京津冀联合性地方法规的法定性较强,主要体现在以下三个方面:一是强于单一省份(直辖市)的地方法规。二是强于联合性地方政府规章。三是强于其他省级规范性文件。

(四)能够合理平衡产业结构规划矛盾

产业结构的规划是宏观经济发展的基础,以国家为单位,每一时期都会出台相应的产业结构发展纲要,以此为指导,各省、自治区也会根据本省的具体情况来制定符合本省经济发展的产业结构发展规划。对产业发展的规划,由于是以省为单位独立进行,因而在规划的过程中往往并不会考量相邻其他省份的规划情况,这会形成在区域发展上的不协调。如相邻的甲、乙两省,甲省产业结构以重工业为主,乙省产业结构则以农业为主，这样的产业结构安排以微观角度来审视并没有问题，但是从宏观来看，存在一定不合理性。甲、乙两省的产业结构没有形成互补与对接，甲省的工业发展产生的大气污染必然会影响乙省的农业发展，而甲、乙两省为了治理大气污染还需花费大量成本，从而降低了经济发展的效率，产生负外部性，因而需要使用产业政策工具来纠正这种产业结构不合理带来的负外部性。① 京津冀大气污染治理联合性地方法规，能够合理协调京津冀区域在经济发展、产业结构安排上的优势，形成优势互补、联动发展，最终达到区域协调发展的目的。例如，2015 年中共中央政治局审议通过《京津冀协同发展规划纲要》对京津冀地区产业结构、能源交通、环境保护等问题进行了总体安排，这样就能够避免发展上的盲目性，使京津冀三地实现协调发展。当然这是由中央对京津冀地区进行的统一安排，其余相应区域也可以联合在一起出台联合性的地方法规来规范区域产业结构安排的问题。

三、京津冀大气污染防治联合性地方法规的优先性

京津冀大气污染防治联合性地方法规在实践中具有一定的优越性，主要体现在以下几个方面：

（一）标准优于法律

《立法法》第 72 条第 1 款规定："省、自治区、直辖市的人民代表大会及其常务委员会根据本行政区域的具体情况和实际需要，在不同

① ［瑞典］托马斯·思德纳：《环境与自然资源管理的政策工具》，张蔚文、黄祖辉译，上海人民出版社 2005 年版，第 107 页。

宪法、法律、行政法规相抵触的前提下,可以制定地方性法规。”这里的“不与宪法、法律、行政法规相抵触”,具体而言就是指地方法规可以制定严于或者等于法律、行政法规标准的规范性文件。如果地方法规所制定的标准严于法律、行政法规,那么在地方行政或者司法的过程中则应当以地方法规所列标准作为依据而不是以法律、行政法规所列标准为依据。从环境法基本原理来看,地方环境标准要优于法律规定的标准。京津冀大气污染防治联合性地方法规,是京津冀这一特定地理区域之内的地方人民代表大会及其常务委员会制定的规范性文件,属于地方法规的一种特殊表现形式,其规定的标准自然可以优于国家标准。另外,京津冀大气污染防治联合性地方法规属于环境保护立法的组成部分,根据环境法中地方标准优于国家标准的基本原理,京津冀大气污染防治联合性地方法规中确立的标准也优于法律、行政法规中的标准。

(二)效力优先于单一行政区的地方法规

京津冀大气污染防治联合性地方法规是由多地人民代表大会及其常务委员会制定的规范性文件,该文件生效之后参与立法的京津冀单一行政区内自然应当遵守该规范性文件,其效力要高于单一省、直辖市所制定的地方法规。这里需要注意的问题有三个:一是京津冀大气污染防治联合立法的过程中,参与立法的主体所在区域之内若事先已经存在的地方性法规已经就相关事项作出了规定且存在数个类似的地方法规时,京津冀大气污染防治联合性地方法规也可以对该事项作出规定,但是其标准必须比京津冀地区任意一个地方性法规中的最高标准还要高或至少是相等,不能低于地方法规中的最高标准。原因很简单,因为京津冀大气污染防治联合性地方法规的效力优于单一行政区内的地方法规,若该标准低于单一行政区内的地方法规时,则有变相降低单一行政区环境标准的嫌疑。二是京津冀大气污染防治联合性地方法规形成之后,其效力优于单一行政区之内的地方性法规,原本已经生效的单一行政区的地方性法规若其规定与京津冀联合性地方法规的规定有重合,则应当依据联合性地方法规的规定处理,单一行政区地方法规的规定若其标准较低的则不再适用。三是京津冀大气污染防治联合性地方法规形成之后单一行政区地方法规须及时根据联合性地方法规的规定修订,若制定新的单一行政区地方法规的,也不能与京津冀联合性地方法规发生抵触。

(三)效力优于联合性地方规章

在法律的位阶上,地方性法规的法律位阶要高于地方性规章,地方规章所规定的内容不得与地方性法规相抵触。这种法律位阶上的差距主要是由立法主体的不同导致的。地方法规的立法主体是人民代表大会及其常务委员会,属于权力机关,而地方政府规章的立法主体是人民政府,属于行政机关。在我国《宪法》规定的国家机构体系中,权力机关的位阶要高于行政机关。从这一角度来看,由京津冀区域内的地方省级人民代表大会及其常务委员会立法主体制定的京津冀大气污染防治联合性地方法规的法律位阶自然高于由京津冀区域内地方省级人民政府所制定的地方政府规章。这种效力上的优先性主要体现在以下两个方面:一是京津冀联合性地方政府规章不得与京津冀联合性地方法规的规定相抵触。二是在法律适用环节,京津冀联合性地方法规可以作为京津冀区域之内各参与主体管辖范围内处理司法案件的法律依据,而京津冀联合性地方政府规章则只能作为司法审判过程中的参考依据,其中效力上的差别不言自明。

(四)效力优于其他地方性文件

地方性文件除了地方法规和地方规章之外,还包含了地方性规范文件和地方性非规范文件两类。地方性规范文件是针对某一类事项而规定的可以反复适用的制度规范,而地方性非规范文件是针对某一具体时间出台的具体规定。在现实生活中这两类文件的数量在地方十分庞大,一般都是以“红头文件”的形式出现,此类文件在解决实际问题方面起到了积极的作用。根据《立法法》及相关法理,地方国家机关制定的规范性文件和非规范性文件都不得与地方法规的规定相抵触,由此也就可以得出京津冀大气污染防治联合性地方法规的法律效力自然高于京津冀区域内单一行政区内国家机关所制定的其他地方非规范性文件。换言之,京津冀三地国家机关制定的“红头文件”不仅不能与本省的地方法规相抵触,同时也不得与京津冀大气污染防治联合性地方法规的规定相抵触。

第二节　京津冀大气污染防治联合立法的扩展模式

一、京津冀大气污染防治联合立法扩展模式范围界定

(一)京津冀大气污染防治联合立法扩展模式的概念

如前所述,京津冀大气污染防治联合立法的模式有多种,其中以京津冀三地省级人民代表大会及其常务委员会联合在一起制定的联合性地方法规为基本立法模式。而在此基础之上衍生出的,由京津冀

三地省级人民政府联合在一起制定的京津冀联合性地方政府规章,则属于京津冀大气污染防治联合立法扩展模式。之所以称其为扩展模式是相对于基本模式而言的。由于地方立法权包含了两类:一类是地方法规,另一类是地方政府规章。无论是从法律位阶上看还是从立法程序的严谨性上看,地方法规都强于地方政府规章,而从京津冀大气污染区域联合防治这一角度来看,由于会涉及京津冀三地的经济发展、产业规划、环境保护等实质性问题,为了保证实施效力,由权力机关制定地方法规是较为合适的选择,所以将京津冀大气污染治理联合性地方法规作为联合立法的基本模式。然而,由于京津冀大气污染联合防治还会涉及诸多执行中的问题,需要由有立法权的政府制定相应地方政府规章加以具体规范,作为京津冀联合性地方法规的补充内容,所以京津冀大气污染防治联合性地方政府规章是联合立法的扩展模式。既然是扩展模式,就要有两点要求:一是京津冀大气污染防治联合性地方政府规章应当以京津冀联合性地方法规为依据,不得超越立法职权。二是京津冀大气污染防治联合性地方政府规章在内容上可以细化京津冀联合性地方法规的规定,也可以规定京津冀联合性地方法规没有规定的事项,但是不得与京津冀联合性地方法规规定的基本原则相抵触。

(二)京津冀大气污染防治联合性地方政府规章的理论基础

对于政府之间联合出台规范性文件的做法,在过往的实践中并不陌生。在一个行政辖区内两个政府部门之间联合出台文件的行为在行政法中被称为“联合执法”,而且这种联合执法在实践中发挥着重要作用。当然两个政府之间联合出台文件的情况在实践中也不少见,如两个县政府之间、两个市政府之间、两个省政府之间,均有可能联合出台规范性文件,这样的文件往往都是为协调两个行政辖区内的具体行政事务而出台的,主要起到了协调行政执法主体的作用。这种类型的联合性政府文件,在社会主义初级阶段的建设过程之中所起的作用非常积极,解决了诸多实际问题,因此在修改后的《立法法》中,也将两个政府部门之间制定联合性立法文件的做法加以保留。例如,《立法法》第81条规定:"涉及两个以上国务院部门职权范围的事项,应当提请国务院制定行政法规或者由国务院有关部门联合制定规章。"这一条文虽然仅规定了部门规章可以制定联合性文件,但是也间接透露出规章一级的文件可以根据现实需要制定相应的联合性规范,但是必须提请上级政府批准后才可以实施。从这一角度来看,大气污染防治领域内京津冀地区制定联合性地方政府规章具备可行性。

(三)京津冀大气污染防治联合性地方政府规章的规范事项

对于政府规章的制定而言,首要明确的是规范事项问题,大气污染治理是地方政府的责任和义务,尤其是2014年4月30日国务院办公厅印发了《大气污染防治行动计划实施情况考核办法(试行)》,将治理雾霾作为考核领导干部的主要指标后,各地方政府对治理大气污染的力度都有了不同程度的提升,而将大气污染治理这样一个具体事务纳入地方政府规章的范畴则是地方立法的应然之举。《立法法》第82条第1、2款规定:"省、自治区、直辖市和设区的市、自治州的人民政府,可以根据法律、行政法规和本省、自治区、直辖市的地方性法规,制定规章。地方政府规章可以就下列事项作出规定:(一)为执行法律、行政法规、地方性法规的规定需要制定规章的事项;(二)属于本行政区域的具体行政管理事项。"而大气污染治理便属于地方的具体行政管理事务,所以,可以以地方规章的形式确立大气污染防治的具体事项标准。相应地，在京津冀区域之内三地地方政府联合制定地方政府规章，也应当将其规范的事项限定在京津冀区域大气污染联合防治的具体事项和内容之内。当然，与京津冀区域大气污染治理相关的执行法律、法规的事项也在其规范的范畴之内，如京津冀联合执法制度、京津冀区域产业结构总体安排等。

二、京津冀大气污染防治联合性地方政府规章的特点

（一）从属性

从《立法法》中可以看出，地方政府规章的效力不及地方法规的效力高，具有从属性，主要体现在两个方面：一是效力上的从属性。即地方政府规章的法律效力要低于地方法规，地方政府规章所规定的内容除不得与法律、行政法规相抵触外，还不得与地方法规相抵触。二是规范上的从属性。即地方政府规章的制定须是制定地方法规的条件暂不成熟，而此时又有必要制定相应的规范加以调整，则可以制定地方政府规章。从这一角度上看，地方政府规章显然在规范性上从属于地方法规。相应地，为了治理大气污染，在京津冀区域之内三地省级政府联合制定的京津冀联合性地方政府规章自然也从属于联合性地方法规，即在京津冀区域之内对于大气污染治理的事项，若京津冀区域内省级地方人大尚未制定京津冀联合性地方法规的，京津冀三地省级地方政府可以联合在一起先行制定京津冀联合性地方政府规章，以适应大气污染治理的要求。当然，这样的联合性地方政府规章的法律效力自然要低于京津冀联合性地方法规的法律效力。

(二)短期性

从规范的时效性上看,一般情况下地方政府规章是为了解决特定行政管理事务而出台的一种文件形式。此类文件形式由于针对性较强,主要是为了解决某一类社会问题,所以其存在期限要与其解决的实际问题的发展现状相关联。例如,《立法法》第81条第5款规定:"应当制定地方性法规但条件尚不成熟的,因行政管理迫切需要,可以先制定地方政府规章。规章实施满两年需要继续实施规章所规定的行政措施的,应当提请本级人民代表大会或者其常务委员会制定地方性法规。"从这一条可以看出两点:一是地方政府规章具有试运行的含义。即只有在地方法规没有对此类事项做规定,而社会中又有调整此类事项的迫切需求时,才可以制定地方政府规章。二是地方政府规章具有短期性的特点。一般情况下试运行两年,如果所确立的规则还需要继续运行的,则应当及时制定地方法规。大气污染的治理也不例外,京津冀区域内省级政府联合制定地方政府规章,一般情况下可以在两年内有效,若超过两年仍然需要继续实施的,应当由京津冀三地人民代表大会及时制定京津冀联合性地方法规,以适应大气污染治理的现实需求。

(三)地域性

地域性顾名思义是指地方政府规章只能对本行政区内的主体产生法律约束力,超出地方政府所在的行政区,政府规章则不能产生任何法律效力,这一道理不言自明。实践中,京津冀区域内为了治理大气污染,由京津冀三地省级政府联合在一起制定的京津冀联合性地方政府规章自然也应当在京津冀区域内发生效力,超出了京津冀行政管辖区域,自然也不会产生法律效力。在这里需要注意的有两点:一是原始的地域性。即最初由京津冀三个省级政府联合在一起制定的京津冀联合性地方政府规章的法律效力空间范围,这一地域管辖范围仅限于京津冀三地范围之内。二是追加的地域性。由于大气污染具有跨地域性、变化性的特点,若京津冀三地联合制定的地方政府规章发挥了实际效果,周边省份愿意参与大气污染联合防治,自愿接受京津冀联合性政府规章的调整,那么经过法定的追加程序,京津冀联合性地方政府规章对被追加的主体产生法律约束力,在该主体行政管辖区域之内也加以适用。

(四)可操作性

地方政府规章一般而言是在未制定地方法规之前而地方政府又有处理某一特定行政事务的需求时才出台的,因而地方政府规章往往针对特定事务,故针对性较强。由于地方政府规章的存在就是为了解决行政管辖区域之内的特定行政事务,因此地方政府规章规范的内容一般都较为专业、具体、微观,往往不涉及权利义务的创设等问题,纯以解决地方行政管理事务为重点,①具有很强的操作性。这一特征一般区别于部门规章和地方法规,多数情况下,部门规章和地方法规中规定的事项以授权规范为主,即划定一定权力行使范围,由地方政府部门具体掌握执行标准,这种规范往往规定得较为原则和宏观,这样才便于具体执行部门灵活掌握。对于京津冀大气污染联合防治而言涉及的具体问题众多,除了依据京津冀联合性地方法规作出规定之

---

①　赵立新:《地方性法规和地方性政府规章立法权限划分初探》,载《吉林人大》2005 年第 4 期。

外，还需要京津冀联合性地方政府规章作出可操作性的规范，这样地方政府部门在处理涉及大气污染防治的具体行政管理事务时才能够做到执法有据、执法合理。

(五)不可诉性

制定地方政府规章的行为属于立法行为。从行政法的角度来理解，立法行为属于抽象行政行为，而抽象行政行为具有不可诉性，不能成为行政诉讼的标的。所以，行政相对人如果认为地方规章规定的内容违反上位法的规定，可以通过向省人大常委会提交审查建议，要求省人大常委会对地方政府规章进行合法性审查。同理，为了规范京津冀大气污染联合防治所出台的联合性地方行政法规，从基本性质上看也属于抽象行政行为，因而不具有可诉讼性。在处理大气污染相关事务的时候行政相对方如果认为行政执法部门所依据的京津冀联合性地方行政规章违反上位法的，可以提交审查建议，只不过对于省政府制定的地方政府规章的审查，由省人大常委会予以作出。因为，省人大常委会属于一个常设性的机构，而京津冀联合性地方法规和京津冀联合性地方政府规章制定之后，并不存在一个常设机构。因此，可以在由区域内的各省级人大设置一个专门的常设机构，专司负责日常审查事务，主要审查和协调京津冀联合性地方法规、联合性地方政府规章在实施过程中出现的各种法律矛盾。

三、京津冀大气污染防治联合性地方政府规章的优势

（一）统一环境标准

环境标准是指国家或者地方对生态环境中的诸要素所应当达到的数据性指标所订立的各种标准的总称。环境标准可以分为国家级环境标准和地方级环境标准。根据环境法理论，地方的环境标准可以严于国家级环境标准，但是不能比国家级环境标准宽松，如果地方的环境标准严于国家环境标准的，应当执行地方环境标准。之所以有这样的规定，是因为我国国土面积广阔，各地的实际情况不一，对国家而言，只能在生态环境的自净能力范围之内制定出一个不危及人类生命健康的基本标准，这一标准当然是最低标准，如果企业违反这一标准排放污染物，则属于超标排污，对生态系统、对人类的生命健康非常有害。而地方，则可以在此基础之上，根据本地实际情况，制定符合本地区环境保护的具体标准，这样便可以达到对生态环境实施有针对性保护的目的。因而，在现实生活中，各地都针对本地实际制定了相应的地方环境标准，故地方级的环境标准数量相当庞大，如此数量之大的地方环境标准必然会出现标准不一的现象。由于大气污染具有跨界性的特征，而在京津冀区域之内的污染情况类似，所以京津冀联合性地方规章可以发挥其优势，将京津冀行政区内的大气环境标准予以统一，这样有了相同的标准，就可以实现京津冀区域之内大气污染的协调统一治理。

(二)统一执法标准

在行政法中,地方政府规章是行政执法的依据和标准。从立法的角度来看,地方政府规章会对法律、行政法规、地方法规中规定不明确的事项结合本地区行政管理事务的实际情况确立具体的行为标准。由于地方政府规章是为了解决本行政区内的具体行政管理事务而确立的规范,故具有较强的地方特色,能够反映出地方的行政管理需要,所以各地即使就同一事项规定的地方政府规章的内容和标准也不尽相同。京津冀大气污染联合防治所要面对的执法障碍就是执法标准问题,只有京津冀区域内各地方的执法标准一致,才能够使京津冀联合执法、公正执法成为现实。而京津冀大气污染治理联合性地方法规恰好存在制定程序简单、内容针对性强等优势。京津冀区域内各省级政府可以利用地方法规的这一特点,制定京津冀联合性地方政府规章,将各地的行政执法标准予以统一,使京津冀三地地方政府在针对大气污染执法时做到标准统一,这样京津冀区域之内的大气环境将会得到一致性的保护。所以,京津冀大气污染防治联合性地方政府规章最明显的优势在于可以统一各地方政府的行政执法标准。

(三)统一发展标准

俗话说"发展才是硬道理",我国改革开放之初制定了"对内搞活、对外开放"的基本政策。在这一政策的指引下,市场经济在改革中不断推进,取得了前所未有的成绩,也让世界刮目相看。纵观改革开放的历史,长期以来,我国一直将经济发展作为社会发展的第一要务,因而"高能耗、低效能"的生产方式贯穿了改革开放的多半程。在此期间,产业结构一般以劳动密集型为主。随着社会文明的演进,环境问题、次生灾害开始不断危及人类安全，人类社会开始意识到生态环境保护的重要性，于是人类文明由商工文明开始向生态文明过度，此时我国的改革开放也进入了关键期，尤其是进入 21 世纪后我国开始将经济发展的中心逐渐由劳动密集型向技术密集型过渡，在发展经济的同时要保护生态环境的可持续发展，于是提出了科学发展这样的构想。科学发展的要义就是要合理安排产业布局，大力发展生态经济，要妥善处理好经济发展和环境保护的矛盾。治理大气污染与发展经济之间的矛盾则需要区域内的地方政府之间做到很好地协调，通过调整产业结构、制定互补性的产业链条、在税费方面寻求统一的优惠和标准等具体措施，完成区域内的宏观政策调控，以达到经济发展与环境治理科学发展的终极目的。① 京津冀大气污染治理联合性地方规章可以很好地统一区域内各省份产业经济发展的标准，有效地实现区域内产业优势的互补。

第三节　京津冀大气污染防治联合立法的基本程序

由于立法的过程需要遵循一定的立法程序，才能够达到使规范性法律文件产生法律约束力的实际效果，而京津冀大气污染防治联合立法又可以分为京津冀联合性地方法规和京津冀联合性地方政府规章两类。相比之下，京津冀联合性地方政府规章的立法程序较为简易，而且实践中两个政府或者多个政府之间相互协商制定规范性文件的

① 王文革等：《环境法经济政策和法律》，中国法制出版社 2015 年版，第 16 页。

经验也较为丰富，而两地人大机关联合出台地方法规的情况则较少。所以，本节仅以京津冀大气污染防治联合性地方法规的制定程序为例进行论述。京津冀联合性地方政府规章的制定完全可以参照京津冀联合性地方法规的制定过程加以制定，故在这里不加赘述。本书之后的章节所指的立法中的特殊程序也均以京津冀联合性地方法规的制定为例加以论述。

一、京津冀大气污染防治联合立法的核心问题

（一）京津冀大气污染防治联合立法的常设机构

法律经济学认为，法律制度存在确定性，主要是指法律规范的内容是确定的，而法律制度的运行又具有不确定性，主要体现在执行法律的主体是不确定的，因而法律的运行会存在一定的风险。① 就立法程序而言，由于立法的过程是由不同主体执行的，所以存在一定的体系性风险，解决措施是设置常设机构来约束立法的过程，这样就可以将体系性风险降到最低的程度。在这一点上，我国的立法机构也有相关的经验，无论是在国家级立法组织还是地方性的立法组织中，均存在常设机构，所不同的是常设机构在工作内容上的差异。所以，就立法程序而言，从法律经济学来看，常设机构的作用是为了弥补法律程序的不确定性化解系统性风险。从这一点来看，京津冀大气污染防治联合性地方法规的制定过程也应当设置常设机构参与立法，主要是设

① ［美］罗伯特·考特、托马斯·尤伦：《法和经济学》（第6版），史晋川、董雪兵等译，格致出版社、上海人民出版社2012年版，第38页。

立以下常设机构：一是召集机构。相对于秘书处，负责召集京津冀三地省级地方人民代表大会常务委员会立法小组的人员，组织召开会议，负责会议讨论期间的日常行政管理工作。二是审查机构。负责日常接待对京津冀大气污染治理联合性地方法规提出意见和建议的审查，同时负责审查京津冀联合性地方政府规章是否与京津冀联合性地方法规相抵触或者与法律、行政法规相抵触的审查。这两个常设机构的设置，可以较好地保障京津冀联合性地方法规的出台和实施。

（二）京津冀大气污染防治联合立法中的召集会议

现实中如何将京津冀区域内准备参与大气污染联合防治的省级地方人民代表大会常务委员会法制工作委员会的工作人员召集在一起，也是一个必须要关注的问题。实践中涉及的问题众多，主要有以下几个：一是召集程序。一般而言，省级人大常委会召开立法会议须先由召集机构提出动议，然后与各省级人大常委会进行协商，在取得一致同意后，方可正式召集各参与立法的主体召开立法会议。二是参会比例。对于参与立法会议的各省级人大常委会的委员人数比例，也是召集环境应当事先确立的。而各省人大参与立法的人数比例，可以参照全国人民代表大会确立人大代表的做法，即按照本省的人数比例来确立参与立法的人数比例，适当照顾经济落后省份的河北省。因为，生态环境对每一个人而言相对公平，反之每一个人也都有利用环境的权利，人数多的省份，对生态环境的利用率就高，所以也应当给予适当多的名额参与制定环境立法，这体现了环境立法过程中的公平原则。三是临时会议。当遇有特殊情况需要召开京津冀大气污染联合防治临时立法会议时，也应当由召集机构负责召集。当临时会议的决议是修订京津冀联合性地方法规时，则应当按照立法程序重新进行。

（三）京津冀大气污染防治联合立法中是否可以存在立法保留事项

京津冀大气污染防治联合立法中是否可以存在立法保留事项的问题也是有较大争议的问题。由于我国幅员辽阔，京津冀三地经济发展水平差异较大，而大气污染往往在这三个省份之内的污染程度大体相当。从理论上讲，两个省份需要对大气污染进行大量治理投入才能够获得联合治理的成效，然而事实上由于经济状况的差异往往不可能做到等量投入，甚至如果采用同一标准有可能会使经济落后地区负担过重。此时，有人提出是否可以由地方人大常委会在参与京津冀大气污染防治联合立法的时候作出立法保留，对保留事项不再适用该地区。笔者认为，保留条款在国际条约中被广泛采用，原因在于国际条约属于“软法”，其效力约束力主要来自条约的约束，对于违反条约的行为处罚力度相对不足，故在条约制定时允许条约参加者对某些特定事项加以保留。而京津冀联合性地方法规从形式上看是由三个独立的立法主体参与订立的联合立法，从本质上看属于地方法规的一种特殊形式，具有法律强制力和约束力，由于国内法具有普遍适用性，故不应当在立法中体现保留事项。从我国的立法来看，某一地区对法律性文件的具体条款作出保留的立法尚不存在先例，最多也只是少数民族地区在法律规定的程序下可以对法律进行变通，这不属于法律保留的范畴。综上所述，在京津冀大气污染防治联合立法的过程中，参与立法的主体不应以本地区经济实力不足难以达到标准为由对某一标准或者具体条文规范提出立法保留。

（四）京津冀大气污染防治联合立法的审查机构

立法监督是立法体系中的一个主要组成部分。在我国现行的立法结构体系中,违宪审查、违法审查均由一定的机构和程序来完成。对于地方性法规而言,一般由地方省级人大常委会法制工作委员会负责对地方性法规在运行过程中的合宪性、合法性进行审查,当然,全国人大常委会也可对各省的地方法规的合宪性与合法性进行审查。就京津冀大气污染治理联合性地方法规的合法性审查而言,应当设立一个常设性的审查机构,负责审查事务,主要审查内容包括以下几类:一是京津冀大气污染治理联合性地方法规内容的合法性,是否与上位法存在冲突。二是京津冀大气污染治理联合性地方法规是否与某一单一行政区内的地方法规存在冲突。三是京津冀大气污染治理联合性地方政府规章是否与京津冀联合性地方法规相互冲突。四是收集和处理民众对京津冀大气污染治理联合性地方法规实施过程中的立法建议和意见反馈,以便更好地修订联合性地方法规。常设性审查机构的设置,有利于对京津冀大气污染治理联合性地方法规进行适时跟进监督,实现依法治理大气污染。

二、京津冀大气污染防治联合立法的追加程序

(一)京津冀大气污染防治联合立法中的追加成员

京津冀大气污染防治联合立法是由京津冀区域之内三个具有独立立法权的省级地方人大机关联合制定的地方法规,生效之后对京津冀区域之内参与立法的省份产生法律效力,这些省份进行大气污染治理,均需要依据京津冀联合性地方法规的规定来处理。然而,由于大气污染具有跨界性的特征,其污染范围有可能产生变化,如果京津冀大气污染防治联合性地方法规原本对京津冀三个省份产生效力,此后

相邻的第四个省份A省也愿意参与大气污染联合防治,那么京津冀大气污染防治联合性地方法规是否可以将A省也纳入其中作为调整对象范围,这在理论上可以进一步探讨。类似的情况在国际条约中较为常见,国际条约的创始成员订立了国际条约之后,其他成员若自愿接受该条约中的条款约束,那么可以申请加入。在国内法中,大气污染防治联合性地方法规虽然对创始成员生效,但是考虑到大气污染联合防治需多方力量共同努力才能够达到净化生态环境的目的,所以应当鼓励其他相邻省份参与到京津冀大气污染联合防治的队伍中来,只不过需要在程序上加以一定的限制,就可以起到追加的效果。

(二)京津冀大气污染防治联合立法追加成员的基本条件与限制

京津冀大气污染防治联合立法既然可以通过追加成员的方式吸纳更多省份参与到保护区域大气环境的工作中来,那么对于追加成员的基本条件、基本限制需要有一定的规则。总体说来,京津冀大气污染防治联合性地方法规一旦形成,便会对京津冀三地产生法律约束力,若追加其他成员则需要遵循以下条件:一是被追加的主体须是与京津冀大气污染联合防治区域相邻的省份,若不相邻则不能够成为京津冀大气污染防治联合性地方法规的追加成员。二是被追加的主体须是自愿接受京津冀大气污染防治联合性地方法规的约束,并且对其中所列的标准不存在保留意见。三是被追加的成员须能够尽到对京津冀及其周边区域大气污染联合防治的基本义务。从上述条件我们可以看出,京津冀大气污染防治联合性地方法规追加成员条件相对较为宽松,只要是对大气污染联合防治有利的,就可以追加。当然,京津冀大气污染防治联合性地方法规追加成员也应当遵循一定的限制,主要体现在程序方面的限制,即追加的过程须符合一定的法律程序才能够产生追加成员的法律效果。

（三）京津冀大气污染防治联合立法追加成员的具体程序

京津冀大气污染防治联合性地方法规的追加程序须符合一定规则，具体而言包括以下要点：一是公布追加成员的规则。京津冀大气污染防治联合性地方法规是否允许追加成员、扩大生效范围，以及如何追加，都需要确立相应的规则并事先予以公布，这样才能够做到立法程序的公开透明。二是提出申请。由相邻省份的省级人大常委会向京津冀大气污染防治联合立法的常设机构提出追加成员的申请，说明追加成员的具体理由。三是初步审查。当有相邻省份的省级人大常委会向京津冀大气污染防治联合立法的常设机构提出追加成员的申请后，由常设机构先进行初步审查，判断其申请是否符合条件要求，若不符合条件的，则告知其原因，若符合条件的则可以正式启动会议对其申请进行讨论。四是表决程序。即由京津冀大气污染防治联合立法的召集机构召集创始成员召开会议，对申请成为京津冀大气污染联合防治的成员进行表决，若表决通过则申请人可以成为新的成员，原本已经制定生效的联合性地方法规对其产生法律效力。须注意的是，地方人大立法的表决事项一般而言采取“简单多数”的原则，即过半数同意则表决通过。当然参与会议的人数须达到法定人数。但为了保障京津冀大气污染防治联合立法中的各参与主体的参与权，笔者建议采取“双过半”原则，即京津冀大气污染防治联合性地方法规每一创始成员过半数，投票结果须超过参会人员的半数，达到了这两个半数，表决结果才算通过。

（四）京津冀大气污染防治联合立法追加成员的实际效果

新的成员被追加为京津冀大气污染联合防治的成员后，先前已经生效的京津冀大气污染防治联合性地方法规对其产生法律约束力，此时所产生的实际效果有以下几个：一是京津冀大气污染防治联合性法规从新的成员加入之日起产生法律效力，其溯及力也仅及于该日，而并非京津冀联合性地方法规生效的原始日期。二是新的成员一旦成为京津冀大气污染联合防治的成员，则表示其愿意接受京津冀联合性地方法规的约束，新成员应该在产业结构、经济发展重心等方面作出相应的调整。三是京津冀大气污染联合防治新的成员应当尽到京津冀大气污染防治联合性地方法规中规定的义务，为共同治理好当地的大气污染作出应有的贡献。四是新的成员一旦成为京津冀大气污染联合防治的新成员，则需要在立法、司法、执法等环节作出相应调整，尤其是跨区域的行政执法和司法，新成员要给予积极的配合，否则大气污染联合防治将会失去意义。

三、京津冀大气污染防治联合立法的修订程序

（一）京津冀大气污染防治联合立法的主动修订

法律制度既是社会博弈的规则，同时也是社会博弈的产物。① 在社会发展的过程中，社会会自动对规则进行选择，然后通过在社会中

---

① ［日］青木昌彦：《比较制度分析》，周黎安译，上海远东出版社 2001 年版，第 6 页。

的不断运行,最终会形成最适合当时的法律规则。当社会产生博弈后,会将不适宜于社会发展的规则淘汰,从而将适合社会需求的规则保留下来。京津冀大气污染防治联合性地方法规这样的规则也不例外,当其在社会中运行后,经过社会的博弈,适合于治理大气污染的规则会得以留存,而与社会发展相背离的规则则会被淘汰,此时便会出现法律修订的情况。纵观立法的发展进程,我们可以看到这样的规律,即在法律规则出现与社会现实发展不相适应的情形而社会又对此较为关注时,都会产生法律修订的效果。此时修订法律是立法机关基于社会形势的基本判断而主动作出的修法行为,这种情况在法律修订的过程中极为普遍。京津冀大气污染防治联合性地方法规也必然会经历这样一个主动修订阶段,其修订程序与订立程序相一致,需要经历召集、开会、表决的程序才能够完成,并且在表决的过程中需要达到法定参会人数,会议方为合法,表决同意的人数须达到过半数最终才能够被通过。

(二)京津冀大气污染防治联合立法的审查修订

京津冀大气污染防治联合立法的审查修订是指由京津冀大气污染防治联合立法的常设机构对京津冀大气污染防治联合性地方法规在运行过程中出现的问题进行审查。当京津冀联合性地方法规出现较为严重的问题或者与上位法相抵触时,那么应当及时提请立法委员会召集全体成员开会,对京津冀大气污染防治联合性地方法规进行修订。审查修订实际上也属于主动修订的一种,只不过对于京津冀大气污染联合防治这样一个重要的任务而言,会涉及产业结构的安排、经济发展规划、经济发展与生态环境保护、异地联合执法等诸多的问题。而这些问题又可能随时处于变化之中,这就需要常设性机构敏感地抓住社会政策的变化，根据社会发展的实际情况随时审查大气污染联合性地方法规所存在的问题，并最终修订联合性地方法规，这样才能够使京津冀大气污染防治联合性地方法规保持活力。当然，审查修订也需要在法定程序下进行，所提审查意见也应当经过会议表决后才能够最终产生效力。

（三）京津冀大气污染防治联合立法的建议修订

京津冀大气污染防治联合立法的建议修订是指当社会公众、专家学者、社会团体等社会主体，发现京津冀大气污染防治联合性地方法规在运行过程中出现问题时，向京津冀大气污染防治联合立法的常设机构提出修订联合性地方法规的意见和建议，由常设机构对这些意见和建议进行审查，如果经审查后认为有修订立法必要性的，则可以启动修订程序对京津冀大气污染联合性地方法规进行修订。建议修订立法的方式在全国人大及其常委会制定的法律的修订过程中经常被采用，通过建议修订的方式能够体现立法机关对来自民间的修法声音给予一定程度的关注度，是立法走向民主化和完善化的一个基本路径。对于京津冀大气污染防治联合性地方法规而言，属于京津冀区域之内三个立法主体联合制定的地方法规。因为每地的经济发展状况不尽相同，在京津冀联合性地方法规实施过程中所遇到的实际情况也会各有差别，只有在实践中不断检验、“试错”，最终才能够使京津冀联合性地方法规趋于完善，京津冀大气污染联合防治的效果才能够凸显。因此，在这一过程中广泛听取社会各界的意见和建议非常有必要。

第七章　京津冀大气污染防治联合立法过程的专家咨询

第一节　专家参与立法制度的思想基础及专家咨询程序的现实发展

一、专家参与立法制度的思想渊源

专家参与立法在法律制度中有一个专有的名词，叫作“专家咨询”，这在我国的立法中已经并不是什么新鲜的话题，而将专家咨询作为一种法定程序加以确定，却是近些年来的事。对于专家咨询而言，在我国有着深刻的思想和文化基础，这是其成为一种法律制度的前提条件之一。从思想渊源上看，专家咨询主要有以下思想基础：

（一）智囊思想

智囊思想在我国古代的政治文化中有明确的体现。早在春秋战国时期，诸侯国的国君、贵族以及有实力的社会名流，盛行养门客，门客体现了贵族的身份、地位和财富。在这些养门客的贵族中，有人们耳熟能详的平原君、春申君、信陵君、孟尝君等人物，他们的故事有很多被后世所传颂,如“鸡鸣狗盗”之类的成语都与门客有关。① 门客在春秋战国时期起到了重要作用,主要是为主人出谋划策提供决策参考,这些门客就成为主人的智囊团。而在门客的规范体系下也涌现了不少为国家出谋划策、提供决策建议的典型事例,这是我国传统文化中海纳百川、取他人之长补己之短思想的主要体现。之后在封建社会不断演化的过程中,又出现了专门以出谋划策为生的一种职业,叫“谋士”或“师爷”,其规范制度更加严格和规范。在现代社会中,无论是政府执政还是立法机构立法,都愿意主动听取智囊团的意见,这是我国传统的智囊思想的延续,只不过在现代社会中智囊思想被赋予了社会主义先进的理念。专家参与立法正体现了这样的思想。

(二)精英思想

精英思想在我国传统社会中体现得淋漓尽致,作为儒家文化的代表性制度科举制度体现了一种先进的文化理念和政治理念,即用人以贤不能任人唯亲,科举制度打破了文官世袭制,给有能力的年轻人提供了参与国家政治的机会和通道。因此,科举制度完全是儒家以德治国、举贤任能、学而优则仕等观念的产物。② 纵然科举制度在封建社会的后期出现了不适应社会发展的现象,被广为唾弃,但是在封建社会发展的进程中其所起到的积极意义非常显著。科举制度的核心思想就是“举贤任能”,放在现代就是选拔和利用社会精英来治理社会。以我国现代的社会发展而言,无论是政治决策还是立法都无一例外地

---

① 鲍家树:《先秦“门客”及其精神基质探究》,载《海南师范大学学报》(社会科学版)2010 年第 5 期。

② 施忠连:《科举考试与西方文官制度》,载《孔子研究》2009 年第 3 期。

听取了专业人士的意见和建议,这是精英思想在政治决策和立法中的一种体现。单就立法而言,现实中专业领域的精英对立法的出台起到了很关键的推进作用,无论是在立法草案的提出还是在议案的征求意见环节,都积极地发挥了建言献策的作用。因此,专家参与立法也就成为现代社会立法中的一种常见现象。

(三)理性人思想

在经济学看来,社会资源是有限的而人类的欲望是无限的,当无限的欲望与有限的社会资源发生冲突时就意味着资源稀缺将永远存在,此时人类理性地安排自己的选择行为,合理地利用社会资源,就成为人类社会所面临的永恒主题,因而也就有了经济学意义的理性择优分配理论。① 专家之所以能够成为某一行业领域之内的佼佼者,不仅是专业知识过硬,更为主要的是其能够理性地将专业知识转化为社会供给,为社会提供专业服务。在立法的过程中,我们需要的是理性的制度,合理的规则,将社会成本控制在最小化,最终实现社会整体财富向最大化方向提升。② 而专家的咨询服务则可以使立法者更加理性,杜绝领导"拍脑袋"式立法,将立法的效率提升到最高。随着市场经济改革的不断深入,各行各业都向着专业化的方向发展,社会分工越来越细致,立法者也越来越能够接受专业化的社会分工带来的立法专业化的趋势,所以在立法过程中也就越来越需要用专家咨询的方式来弥补理性选择上可能存在的不足和风险。从这一角度上看,专家咨询

---

① 茅于轼:《微观经济学十讲》,暨南大学出版社 2008 年版,第 11 页。

② [美]理查德·A. 波斯纳:《法律的经济分析》(第 7 版),蒋兆康译,法律出版社 2012 年版,第 784 页。

是理性人思想在立法领域内的延续。

(四)协商民主思想

立法过程的基本原则之一便是民主原则,《立法法》第5条规定:"立法应当体现人民的意志,发扬社会主义民主,坚持立法公开,保障人民通过多种途径参与立法活动。"该条从法律层面确立了立法中协商民主的法律地位。专家参与立法不仅是代表个人身份参与立法活动,更主要的是其代表了某一类专业群体对法律规则的基本认识和看法。这些认识和看法是专家通过大量的文献资料和实践调研而总结出来的智慧成果,因而具有一定的参考价值。从博弈论的角度来看,协商民主是立法者通过广泛接纳社会各阶层的意见和建议,形成博弈,最终能够选择出总收益最大的策略。① 所以,协商民主不仅是立法者对参与主体的一种尊重,更为重要的是通过立法参与的博弈,能够使立法最终获得效用的最大化。因而,立法者也较为重视专家在立法过程中所发挥的作用。

二、立法中专家咨询程序域外考察

(一)美国的专家咨询制度

在美国社会极为重视专家的社会参与作用,凡出台法律议案都要经专家审查委员会审议,如果专家委员会提出不同意见,则需要将议

---

① [美]詹姆斯·D.漠罗:《政治学博弈论》,吴澄秋、周亦奇译,上海人民出版社2014年版,第120页。

案进行修改后才能够通过,甚至有时专家审查委员会还具有一票否决权,可见美国的专家咨询制度是一个较为完备的制度。① 现行的对专家咨询委员会进行规范和调整的法律规范是《联邦咨询委员会法》。该法对执行委员会的设置、权利义务分配、运行程序、日常管理、权利义务的开始与终止等均作出了详细的规定,更为重要的是专家咨询委员会参与立法必须向社会公开意见采纳的情况,并规定了必要的说明义务,以显示其专家意见的中立性与合法性。通过美国的《联邦咨询委员会法》,我们可以看出美国的专家咨询制度有以下特点:一是常设性。即专家咨询委员会是一个常设性机构负责日常法律议案的审议。二是严格性。无论专家咨询委员会的设立还是运行程序,都非常严格,不能肆意而为。三是中立性。专家咨询委员会的咨询意见必须是中立的、代表社会公众的正常认知的,不能有利益参与或偏袒利益方。四是公开性。无论是咨询的过程还是咨询的结果都要向社会公开,接受社会公众的监督。美国的专家咨询委员会制度对我国的专家参与立法制度的建立和完善具有非常高的借鉴价值。

(二)日本的专家咨询制度

"二战"之后日本社会的法律制度承袭了美国的法律制度体系,在专家咨询制度方面仿照美国专家咨询委员会的模式设置了审议会,审议会的权限范围与美国的专家咨询委员会的权限范围大体相当。但是,除了官方隶属于政府官厅的审议会专职负责咨询审议之外,日本还建立了"半官方"的思想库和民间的智库。"半官方"的思想库由

① 王锡锌:《我国公共决策专家咨询制度的悖论及其克服——以美国〈联邦咨询委员会法〉为借鉴》,载《法商研究》2007 年第 2 期。

日本政府鼓励投资建设，以咨询公司的形式存在，其科研数据与政府的数据中心相连接，为政府提供决策参考，而且由综合研发机构编写的《思想库年报》是政府重要的参考依据，在立法过程中也会极为重视思想库所提供的数据信息。而民间智库则是由民间的中小企业或者专家学者就某一专业领域之内的事项提供咨询的团体，这一团体往往是松散式的联合，多通过新闻媒体、网络、演讲会、出版机构等方式对政府的决策产生影响。① 日本官方的审议会、“半官方”的思想库以及民间智库构成了日本多元化的专家咨询体系，在日本立法的过程中起到了积极的推动作用。在亚洲，日本的咨询业是最为发达的行业，而我国在这方面才刚刚起步，这对我国咨询业的发展而言具有很好的借鉴意义。

三、我国立法过程中专家咨询现状

（一）客观环境与专家数量不对称

随着改革开放的不断深化，我国科技、文化、教育等事业有了长足发展，各行各业涌现出了不少专家级的人物，他们对社会主义建设事业作出了杰出的贡献。而且随着时间的不断延续，我国各领域之内专家的数量在不断增加。但是我们同样也应当看到一个残酷的现实，就是我国在科技领域之内的科技成果转化率较低。虽然据世界银行的一项统计数据表明，我国的科技成果转化率平均仅有 15%，这一数据

① 刁榴、张青松：《日本智库的发展现状及问题》，载《国外社会科学》2013 年第 3 期。

显然过低地估计了我国的科技成果转化实力，[①]但是我国科技成果转化率较低这一事实不容忽视。造成这种现象的主要原因在于我国科技领域之内专家的数量虽然众多，但是他们所面临的市场环境尚未达到能够满足其任意发展的程度。换言之，市场没有及时跟进导致了专家的成果不能及时转化为价值。在立法领域之内，同样存在类似的现象，即各行各业的专家数量确实不少，但是真正能够参与立法活动的专家却屈指可数。这说明我国目前尚未建立起一整套专家参与立法的法定程序，因而客观环境造就了专家实际上在立法的过程中发挥的作用并不大。

（二）人员结构与专家多元不对称

进入21世纪后，我国科技界、教育界、文化界等流域都取得了迅猛的发展，其中各行各业也不乏优秀人才，尤其是随着改革开放的不断深化，我国市场经济出现了前所未有的繁荣景象，国民生产总值有了飞跃式的增长成为世界第二大经济体，这反映出我国政府推进改革的决心和能力。[②] 其积极效应就是最近一些年来，我国的人才战略有了长足的进步和发展，很多在国外求学、工作的有识之士纷纷回国参与社会主义建设，于是在各个领域之内都涌现出了一大批具有海外学习或者工作背景的中青年专家，他们成为现代化建设的中坚力量。而反观我国立法过程，虽然专家参与立法是较为常见的现

---

① 李修全：《“科技成果转化率”辨析》，载《科技日报》2015年2月2日，第1版。

② 韩洁、蒋旭峰：《“有质量的增长对世界第二大经济体更重要”——对话IMF第一副总裁》，载《中国信息报》2014年6月11日，第7版。

象，但是透过现象看本质，我们可以发现目前立法过程中的专家咨询表现出了人员结构不合理的现象，主要体现在以下几个方面：一是年龄结构偏大，中青年尤其是具有海外工作学习背景的中青年专家数量偏少。二是性别结构不对称，咨询专家中男性占绝大多数，女性只是凤毛麟角。三是研究领域局限性大，基本上是以法学为主，而且在立法的过程中无论立什么法，咨询专家基本上都是国内研究该门法律的专家在参与立法，很少吸纳其他领域的专家。因而，目前在立法过程中咨询专家的人员结构与专家多元发展之间存在一定矛盾。

（三）程序运行与参与尺度不对称

从我国的立法现状来看，可以将立法分为中央立法和地方立法两类，在中央一级的立法层次中，专家参与立法的程序较为严谨，而且无论是在起草阶段还是在审议阶段所发挥的作用非常积极，就专家的参与度而言，能够深入表达自己的意见，甚至有很多时候专家的意见会反映到立法之中。原因很简单，中央立法机构都在首都北京，北京的科技、教育、文化等领域在全国而言最为领先，专家的数量和质量也远远领先于国内其他地区，因而专家能够深度参与立法也并不奇怪。与之形成鲜明对比的是地方立法，由于地方的差异极大，有的地方专家数量极少，这就导致了地方在立法的过程中在专家咨询方面会受到一定限制，而由于地方的专家实力强者毕竟是少数，所以大部分专家在参与地方立法的过程中参与尺度都不深，而且在专题调研、提议草案、参与审议、提出意见等环节并没有统一的立法规划。① 一般情况下专家仅仅是表达一下自己的意见，真正能够将自己的研究成果转化为立法意见而又被立法机关转化为地方立法的专家，更是凤毛麟角。所以，从这个角度来看，总体上目前我国立法过程中专家参与立法的实际案例并不缺乏，但是参与的尺度有限。

（四）发展需求与机制规范不对称

从法律经济学角度来看，一项法律制度如果能够发展，须是该项法律制度的供给恰好能够满足社会中人们对该法律制度规范调整的实际需求。② 从目前我国立法过程中的专家咨询制度来看，尚未形成一套逻辑清晰、结构严密的程序化体系，因而与立法中对专家咨询制度的需求就形成了一定缺口。从表象上看，就是目前我国的专家参与立法制度尚不完善，主要体现在以下几点：一是专家聘任不规范，达到什么标准就可以被聘任为参与立法的专家，这在现实中并没有形成一个统一的标准和认识。二是专家在咨询过程中的权利与义务不清晰，导致了一些专家虽然参与了立法过程，但是所起的作用并不明显，有时还会有"走过场"的嫌疑。三是专家参与立法的评估机制缺位，对于专家参与立法的过程目前在绝大多数的情况下缺乏评估程序，对于咨询的效果如何，对专家的奖励等实际问题都不涉及，因而这也在很大程度上磨灭了专家参与立法程序的积极性。四是专家参与立法的责任问题一直是空白状态，即专家在为立法提供咨询的过程中一旦发

---

①　周宵鹏：《聘任专家参与地方立法规划研究》，载《法制日报》2015 年 4 月 17 日，第 3 版。

②　钱弘道：《经济分析法学》，法律出版社 2003 年版，第 206 页。

生错误是否要承担相应法律责任，这在现实中并没有形成统一认识，这就使得部分专家在参与立法的过程中并没有真正做到认真负责。从这些特点来看，目前我国专家参与立法在发展过程中的实际需求与约束专家咨询的机制规范之间存在一定矛盾。

第二节　专家参与京津冀大气污染防治联合立法的法律经济学分析

一、专家参与京津冀大气污染防治联合立法促进社会资源优化配置

专家参与京津冀大气污染防治联合立法可以促进社会资源的优化配置，主要体现在以下几个方面：

（一）有利于促进利益均衡

法律制度在社会博弈过程中所产生，立法的过程实际上是各方利益进行充分博弈的过程，俗话说的“法之所存，利之所在”即强调了法与利益之间的关系。科学的立法是要在立法的过程中，充分保障各方的利益诉求，统筹各方利益矛盾，把各种均衡作为一个完善的战略均衡体系，在法律的创制过程中努力寻求系统化的“满意解”，也就实现了社会整体利益最大化。① 从法律经济学角度来理解，就是要在立法

① 覃福晓等：《立法过程中的利益表达与整合机制研究》，中国民主法制出版社 2011 年版，第 58 页。

的过程中合理地安排各方利益关系，将社会资源进行充分整合并进行理性分配，将社会的边际成本降至最低，从而实现社会财富最大化。[①] 具体到京津冀大气污染防治联合立法，从宏观层面来看，既要平衡京津冀三地之间的利益关系，又要平衡京津冀三地经济发展与生态保护之间的关系，同时还要统筹京津冀三地经济结构互补性的总体安排。从微观层面来看，既要解决京津冀地区大气污染的总量，同时也要关注京津冀每一地方的经济承载力，尤其是经济较为薄弱的河北地区，这些问题的解决仅仅依靠立法机关的力量难以完成，只有引入专家咨询程序，依靠各个行业的专家充分建言献策，最终才能够实现各方利益的均衡。

（二）有利于增进公共利益

随着改革开放的不断深化，我国国民经济有了长足的发展，但是对环境的破坏程度也在日益加深，科学发展观的提出，要求立法者在进行经济立法的过程中要充分考虑环境要素，要在立法中统筹经济发展与环境保护之间的关系，于是我国的经济立法向环境经济立法方向转变。所谓的环境经济立法，是指利用价格、税收、信贷、投资、微观刺激和宏观经济调节等经济措施，调节或影响市场主体的行为，以实现经济建设与环境保护协调发展的政策手段。这类措施具有明显的利益刺激因素，具有显著的费用有效性和受控对象的灵活性，因而在世

---

① ［德］汉斯－贝恩德·舍费尔、克劳斯·奥特：《民法的经济分析》（第4版），江清云、杜涛译，法律出版社2009年版，第79页。

界各国得到越来越多的应用。① 很显然,环境经济立法是增加公共利益的一种立法模式。具体到京津冀大气污染防治联合立法,其规范内容主要是合理安排京津冀区域三地的产业结构,形成优势互补,将不利于大气环境保护的高能耗、低产出的产业剔除,保留和发展绿色经济,这是使社会公共利益增长的一种立法方式。在立法过程中引入专家咨询程序,能够在经济、法律、能源、建设等具体细节问题上充分发挥专家的优势,使各地的产业结构安排更加合理,因此,专家参与京津冀大气污染防治联合立法有利于促进社会公共利益的增长。

(三)提升立法效率

立法是一个综合性的过程,要经历立项、调研、起草草案、提交审议、表决通过等不同的环节,每一环节均需要投入人力、物力、财力等显性成本,与此同时还会投入时间、机会成本这样的隐性成本,因此,立法的成本取决于是否能够合理地降低这些隐性成本。② 当然立法总成本的降低是在不影响立法收益的前提下实现的,即总成本的控制应当有一个限度,不能无限降低,否则将会影响立法收益,这一限制就是边际成本,即在不影响立法收益前提下成本支出的最小值。③ 在这样的法律经济学观念之下,立法过程只有尽量将立法成本控制在合理的限度之内,才是最有效率的立法。以这种观点来审视京津冀大气污

---

① 王文革等:《环境法经济政策和法律》,中国法制出版社 2015 年版,第 1 页。

② 冯玉军:《法律与经济推理:寻求中国问题的解决》,经济科学出版社 2008 年版,第 131 ~ 132 页。

③ 周林彬、董淳锷:《法律经济学》,湖南人民出版社 2008 年版,第 139 页。

染防治联合立法,我们可以看出,专家咨询程序的引入,可以节省京津冀三地立法调研的时间,同时对于京津冀各省、直辖市之内经济发展与环境保护的现状专家也可以给出有针对性的借鉴意见,这等于节省了时间成本和人力成本。从这一角度来看,专家参与京津冀大气污染防治联合立法有助于在短时间内摸清各省的具体情况,降低立法成本,最终则可以提升立法效率。

(四)提升科研成果转化率

科研成果转化一直是科技、教育、文化等领域之内较为重视的内容,科研成果能否转化为生产力,体现了科研投入的效率。虽然我国高校科研成果在亚洲范围之内已经处于领先地位,①但是就现实而言,我国科研成果转化尚有可提升的空间,尤其是文史社科类的科研成果直接转化为生产力的效率较低。就京津冀大气污染防治联合立法而言,专家参与立法过程,是专家将多年来自已研究领域之内的成果结合京津冀大气污染治理的现状转化为立法的一项专业性活动。从现实来看,京津冀区域大气污染联合防治不仅涉及法律制度如何安排的问题,还涉及京津冀区域经济结构如何互补、如何实现资源共享优势互助的问题,同时还会涉及环保、科技、医疗、卫生等多个领域的专业问题,这些单一领域之内的问题实际上已经存在了很多科研成果,只是长期以来未转化为立法的形式。京津冀大气污染联合防治立法过程中引入专家咨询程序,就是要将这些已有的科研成果汇聚在一起,通过集思广益的方式汇聚各领域之内专家学者的意见,最终达到

---

① 王慧:《亚洲高校科研成果转化率领先》,载《人民日报》2013 年 8 月 14 日,第 22 版。

制定出具有可行性的立法规范的目的，此时科研成果也自然得到了转化。

二、专家参与京津冀大气污染防治联合立法促进立法程序优化配置

（一）弥补立法主体专业知识的不足

随着我国改革开放的不断深化，国民经济飞速增长，社会分工也不断细化，此时社会行业出现了多元化发展的趋势，每一行业领域之内都有这一行业赖以生存的专业技术知识，而此时要求立法应当能够满足社会化细致分工的要求，专家参与立法的必要性相应凸显出来。正如美国著名法学家博登海默曾说：在一个高度发达的现代国家，立法机关所面临的任务是如此之多和如此之复杂，乃至如果不给这种机关加上极度繁重的负担，那么这些任务中的细节与技术细节就无法完成。再者，在专门的政府管理领域中，有些立法活动要求立法者对存在于该特殊领域中的组织问题和技术问题完全熟悉，因此由一些专家来处理这些问题就比缺乏必要的专业知识的立法议会来处理这些问题要适当得多。① 就京津冀大气污染防治联合立法而言，需要有经济学、法学、环保、科技、卫生等专业纵深予以支撑，这些专业知识往往立法机构的人员难以全面具备，专家参与立法程序，则可以弥补立法者在专业知识上的不足，从而使立法程序能够顺畅地进行。

---

① ［美］E. 博登海默：《法理学：法律哲学与法律方法》，邓正来译，中国政法大学出版社 2004 年版，第 437 页。

(二)优化立法决策模式

立法决策实际上是立法者在诸多立法方案中选择出一种社会资源最优配置的方案加以固定化、程序化、法定化的过程。在经济学看来,效率最优点在于投入产出比达到最大,超过这一点,继续投入产出则会下降,这种现象叫边际收益递减。① 从法律经济学的角度来看,立法决策的效率最优点就在于立法者在人力、物力、时间上的投入和其立法收益的比值达到最大,即立法投入须达到或者接近立法成本投入的边际,这需要用计量经济学和统计学的方法对立法成本进行衡量才能够很好地得以实现。而长期以来我国行政系统之内沿袭的领导负责制在立法决策模式的选择上也被充分地继承下来,"领导一支笔""领导说了算""领导拍脑袋式立法"在实践中并不罕见。随着我国民主法制进程的不断提升,这种现象有所改观,但是离彻底消除还有一定距离。党的十八届四中全会提出科学立法观念,要求立法决策更加能够体现民主。专家参与大气污染防治联合立法,是立法民主的一种表现形式,能够在很大程度上体现立法者倾听不同声音的勇气和决心。而从法律经济学的角度来看,专家参与京津冀大气污染防治联合立法能够减少立法决策错误或者有偏差所带来的损失,等于降低了立法决策的成本投入,使立法成本趋于边际成本的方向,因而能够体现出立法决策的效率。

(三)程序结构的优化

从我国的立法实践来看,已经形成了一整套完整的立法结构体

---

① 茅于轼:《微观经济学十讲》,暨南大学出版社2008年版,第76页。

系。该体系由法律草案的起草、法律案的提出、审议、表决、公布等独立程序构成,每一独立程序都有各自的规则,将这些独立的程序整合在一起,即构成了一个完整的立法程序。然而就现行的立法结构而言,专家参与立法并非一个强制性的法定程序,根据《立法法》第36条第2款规定:"法律案有关问题专业性较强,需要进行可行性评价的,应当召开论证会,听取有关专家、部门和全国人民代表大会代表等方面的意见。论证情况应当向常务委员会报告。"第53条第2款规定:"专业性较强的法律草案,可以吸收相关领域的专家参与起草工作,或者委托有关专家、教学科研单位、社会组织起草。"从法律经济学的角度来看,专家参与立法可以体现立法的专业性,从而可以获得更多的立法收益,立法收益的增多可以提升立法的效率。① 因而应当将专家参与立法作为一项法定的制度性程序加以规定,并设立常态化的专家咨询委员会为立法的过程提供咨询,这种做法在美国、日本已经非常普遍,而在我国尚未实施,说明我国的立法程序还有一定的可优化空间。针对京津冀大气污染防治联合立法而言,由于专业性较强,所以将专家咨询作为一项法定程序引入京津冀联合立法的过程中并不奇怪,一方面可以使京津冀大气污染防治联合立法的内容更加专业化,另一方面也可以使立法程序的结构更加完善。

(四)体现程序民主

党的十八届四中全会提出了民主法治的十六字方针:"科学立法、公正司法、严格执法、全民守法"将我国现代法制推向了一个新的

① 钱弘道:《经济分析法学》,法律出版社2003年版,第272页。

高度,其中"科学立法"是对立法机关提出的总要求,这预示着立法机关的立法活动要摒弃以往不科学的做法,要将立法行为回归自然理性。由于立法的终极目标是使绝大多数人尽可能多地获得幸福感和满足感,①这一目标用法律经济学来描述就是使社会成本最小化从而使社会财富获得最大化。② 因此,立法的程序须是一个理性的、开放的程序,允许社会中不同利益主体自由表达。从法理学角度来看,这种理性的、开放的、包容的立法程序被称为程序民主。专家参与京津冀大气污染防治联合立法的过程,可以在立法程序中表达自己的专业性意见,不仅可以从立法的内容上更加符合区域大气污染治理的实际情况,而且从程序法的角度看,能够使立法程序更加民主,更加理性,逐渐摆脱领导意志干预立法走向的尴尬局面。可以这样讲,在京津冀大气污染防治联合立法的过程中,专家参与的程度越高,越能够体现立法程序的民主性和经济理性,立法规范的科学性也越强。

三、专家参与京津冀大气污染防治联合立法促进立法经验累积增长

(一)无形财富的增长

在经济学中,无形财产具有价值属性,是社会的一种财富,具体而

① [英]彼得·斯坦、约翰·香德:《西方社会的法律价值》,王献平译,中国法制出版社2004年版,第101页。

② [美]理查德·A.波斯纳:《正义/司法的经济学》,苏力译,中国政法大学出版社2002年版,第60页。

言是财富的一种类型——无形财富。对于一个社会而言,财富总体有有形与无形两个组成部分。无形财富虽然不能直观看见,但是对社会生产力的发展能够产生积极的推动作用,一般情况下无形财富表现为一种经验的积累。这种经验的积累越来越多,则社会总体财富也会越来越丰富。对于一个社会而言,这是人们长久以来所追求的目标。① 专家参与京津冀大气污染防治联合立法,可以增长宝贵的立法经验,主要体现在以下几个方面:一是处理多区域内专家联合表达的经验。专家除了表达专业技术方面的意见之外,还代表了一定的利益群体,尤其是由京津冀区域内的专家甚至还可以聘请一些区域以外的专家参与京津冀大气污染联合防治的立法之后,专家所代表的利益则趋向复杂化。如何均衡这些主体的利益关系,立法者会总结出一定的经验,这些经验也会随着立法文件的形成最终被积淀下来。二是为区域内大气污染联合治理的立法模式积累经验,供以后再行制定类似的规范制度参考借鉴。三是为其他专业性立法提供借鉴。从这些经验来看,值得我们今后立法吸收和参考。

(二)环境立法科学性的保障

前文已经介绍立法的科学性体现在立法是否能够理性地、包容地接纳各方意见和建议,制定出能够均衡各方利益主体的法律规范。就环境保护立法而言,其科学性既要体现在立法程序上的兼容并蓄,同时还要体现在立法内容上的政策理性,即环境立法要符合财政政策、投融资政策、税费政策、价格政策、贷款政策、保险政策、政府采购政

---

① 熊秉元:《正义的成本:当法律遇上经济学》,东方出版社2014年版,第214页。

策、押金返还制度、环境贸易措施和公共效益基金等与环境立法相关的政策。① 这些与环境立法相关的政策具备较强的专业性,必须汇集各专业的专家集众人之合力,才能够将环境立法制定得科学合理。具体到区域大气污染防治联合立法,不仅要在上述方面符合科学性和严谨性,同时还要进一步研究和平衡区域之间产业经济的发展、转换、互补,产业结构转型等区域经济发展的问题,这就更加增加了区域间大气污染防治联合立法的难度。专家参与立法能够合理地、有针对性地解决上述问题,最大限度提升京津冀大气污染防治联合立法的科学性,因而专家参与立法过程的积极意义不言而喻,这样的经验积累对区域联合立法而言,具有推动作用。

(三)增加立法决策的智力支持

从以往的立法实践来看,立法的过程往往需要耗费大量的时间成本。这些成本将会转化为立法的机会成本,立法过程经历的时间越长,则所耗费的机会成本则越多,相应地就会降低立法的效率。② 实践中有的立法会经历漫长的时间最终才能够出台,其间无非是各方利益关系难以在短期内做到均衡,间接地反映了立法决策的效率并不高,类似经历漫长的时间最终才出台的法律规范有很多,比较典型的便是《物权法》的出台,制定过程可谓一波三折。因此,作为现代立法而言,推进立法决策力,提升立法效率,是立法者必须要考量

---

① 王文革等:《环境法经济政策和法律》,中国法制出版社 2015 年版,第 1 ~2 页。

② 周林彬、董淳锷:《法律经济学》,湖南人民出版社 2008 年版,第 131 页。

的事情。就京津冀大气污染防治联合立法的制定而言，立法者不仅要在区域之内平衡各主体之间的经济与环境保护之间的关系，同时还要处理各种专业性的问题。立法博弈的过程对立法者的决策能力的要求非常高。此时，专家立法能够为立法者提供智力支持，提升立法者的决策能力，最终可以提升京津冀大气污染防治联合立法的效率。从这一角度来看，专家参与京津冀大气污染防治联合立法可以提升立法者的决策经验，为将来进行类似的环境立法打下良好的可借鉴基础。

第三节　效率观念下京津冀大气污染防治联合立法的专家咨询程序

一、帕累托效率下立法模式效率最优化选择

（一）帕累托效率最优

意大利经济学家帕累托对于多目标如何实现最优化选择提出了自己的观点。他认为，当存在两个可供选择的目标之时，追加对其中一个目标的投入，那么该目标带来的收益大于其成本投入的，则是有效率的，则应当继续在该目标之上继续投入，当该投入到达一定程度，即继续投入必然会损害另一目标利益时，则对前一目标的投入达到了边际，此时整体的效率达到最优，简言之，就是不使其中任何一个目标变差的情况下，就不能使另外一个目标变得更好，此时就达到了帕累

托最优，此种状态下的效率则被称为帕累托效率。[①] 帕累托既是工程师又是经济学家，一生有诸多的成就，其他的成就随着时间的流逝早已被后人超越，但是如何达到多目标选择的效率最优的帕累托效率理论，至今尚未被超越。可见该理论在实践中已经成为能够被社会公认的基本原理，对社会各行各业从事决策的人而言，具有非常重要的意义。

（二）立法模式的最优选择

对于立法而言，实际上也是一个多目标的决策过程，可以将不同的利益群体看成是不同的目标，只要对其中一个目标追加投入不损害其他目标项的利益，那么整体的效率会提升，这样的投入就是有意义的。以京津冀大气污染防治联合立法而言，专家参与立法相当于对某一利益群体增加力量投入，由于这种投入并不损害其他利益主体的利益收益，因而这种投入是值得的，且是有效率的，因此可以让专家参与立法。当然，专家参与京津冀大气污染防治联合立法的模式有三种：一是立法顾问。由京津冀大气污染防治联合立法常设机构确定相应的能够参与立法的专家名额和范围，然后在立法的过程中及时召集专家参与立法审议等程序。实践中以立法顾问形式参与立法的专家咨询模式属于“松散式”的专家咨询模式，也是最为常见的模式，优势是可以聘请的专家不受人数限制，而且容易管理。二是立法助理。由专家与立法者保持经常性的联系，作为立法者助理的身份出现，其特点是专家的意见表达较为充分，但缺点是数量有限。三是专门性的立法

---

① ［美］罗伯特·考特、托马斯·尤伦：《法和经济学》（第 6 版），史晋川等译，格致出版社、上海人民出版社 2012 年版，第 14 页。

咨询机构。通过设置专门性的咨询机构,对立法事项进行先期调研论证,最终提出立法意见和建议,其优点是专业性较强,缺点则是专家人员数量有限。从帕累托效率最优的角度出发,无论何种专家参与京津冀大气污染防治联合立法的模式,都不会损及其他利益主体的利益,而立法过程整体的效率又可以提升,此时三种立法模式都可以采纳。但是此三种模式所消耗的成本却是不一样的。立法顾问模式消耗的成本最低,因而立法效率最高;组建专门性的立法咨询机构的成本投入最多,因而效率最低。在效率观念之下,在立法收益一定的情况下,即无论采取什么样的立法模式,立法出台之后所能够获得的收益是一定的,此时立法成本投入越少,则立法的效率越高。因此,立法顾问形式的专家咨询模式是最优选择。这种理论与京津冀大气污染防治联合立法的现实相符合,因为京津冀联合立法涉及三个地区,采用固定的立法助理和专门性的立法咨询机构作为专家咨询的模式,现实性和可行性都不具备,即使强行推行,那么立法成本的负担将会加重。因此,从实践来看,采用松散式的立法顾问形式是京津冀区域间大气污染防治联合立法的最佳专家咨询模式。

二、供需均衡下参与立法专家成员遴选机制

哪些专家可以参与京津冀区域大气污染防治联合立法,需要依据一定的标准和程序对专家进行选任,符合条件的才可以被聘任为京津冀区域大气污染防治联合立法的专家。从法律经济学角度来看,实际上是要理性地解决京津冀区域大气污染防治联合立法对专家的需求与专家的供给数量之间的矛盾问题,即要达到供需均衡,因而专家遴选机制需要考虑以下几个主要问题:

(一)需求主体

需求主体是京津冀大气污染防治联合立法过程中,可以对参与立法的专家提出各种需求的主体。换言之,可以提出这种需求的主体应当是京津冀大气污染防治联合立法的常设性机构。因为对于京津冀区域大气污染防治联合立法而言,参与立法的主体是京津冀三地之内的省级人大常委会,这些主体虽然都对专家参与立法有一定的需求,但是不能单独提出这样的需求,必须由组织各省人大常委会开会的常设机构统一安排选任专家,这样才能够达到秩序化选任专家的目的。

(二)拟定计划

从法律经济学角度看,法律需求是基于最大化的目标追求存在的一种愿望。[①] 对于法律需求而言,需要满足两个条件:一是愿望;二是能力。以京津冀大气污染防治联合立法而言,愿望就是立法者对专家参与立法的一种期望和期待,是一种理想状态。从这一角度讲,这种期待应当是多多益善。而能力就是立法者接纳专家的潜能,是一种现实状态。这种状态决定了专家的数量并不是越多越好,因为立法者的接纳能力是有限的。基于这两点考虑,立法机关须根据京津冀区域大气污染防治联合立法的实际需求,进行需求分类并拟定专家需求计划,然后根据需求计划确定专家的人数比例。

(三)公开遴选

京津冀大气污染防治联合立法的常设机构在拟定好专家需求计

---

① 钱弘道:《经济分析法学》,法律出版社 2003 年版,第 227 ~ 228 页。

划后,就要正式开始实施选任专家的工作。选任的方式一般通过公开遴选的方式进行,主要有三种方式:一是点对点式选任。即由京津冀大气污染防治联合立法的常设机构直接与本区域或者本行业之内的知名专家学者取得联系,如果该专家学者愿意参与立法,则将其确定为参与大气污染防治联合立法的初步人选。当然,前提条件是该专家须符合京津冀区域大气污染防治联合立法所需要的基本专业知识条件。二是推荐选任。即由京津冀大气污染防治联合立法常设机构相关的人士或者是专家本人,向常设机构推荐参与京津冀大气污染防治联合立法的人选。三是公开招聘。由京津冀大气污染防治联合立法常设机构通过网络、媒体等载体,向社会公开征集参与京津冀大气污染防治联合立法的专家人选,对于报名者根据立法内容的具体要求进行初步筛选后,确定专家的人选。

(四)公开评议

当通过公开遴选所征集的专家已经达到京津冀大气污染防治联合立法的拟定需求计划时,则由常设机构将这些初步选定的拟参与立法的专家进行汇总,由常设机构进行公开评议,必要的时候可以将专家的相关资料放在网上,让社会通过投票的方式来确定参与立法的专家,以体现专家选任过程中的民主性。只有经过公开评议程序之后,专家才可以正式参与立法。

(五)考核任命

经过公开评议程序之后,应当由常设机构正式任命选定的专家为参与立法的专家,并相应地颁发任命书,且要通过网络向社会公布参与立法的专家人选,做到程序透明。当然,后期对专家参与立法的考核工作也由常设机构进行。主要考核内容为专家在立法过程中所发挥的作用,所提意见是否具有建设性,意见和建议的采纳率等,对专家参与立法进行综合性考核后记录在案,作为其参与下一步立法的参考依据。

三、均衡理念下专家参与立法的结构性组成

"均衡"本来是一个物理学概念,"均衡"描述了一种静止或者匀速运动状态,他是来自方向相反的两个力作用的结果,后"均衡"一词被经济学借鉴,用来描述多任务、多目标战略互动的博弈结果。从博弈论的角度来看,一个博弈的策略集合中会存在多个纳什均衡,每个策略组合的收益则是不同的。当形成纳什均衡时,对于每个博弈参与人而言收益实现最大化,因为每个博弈参与人都知道对手使用的战略组合。① 根据这样一个经济学原理,可以认为在京津冀大气污染防治联合立法的程序之中,专家的组成结构体现了博弈过程不同策略的组合,如男性专家与女性专家不同的策略组合,青年专家与中老年专家的策略组合,不同专业领域专家之间的策略组合,其中可以形成多种收益不同均衡解,而达到纳什均衡时,每种策略组合的收益则达到最大化,因而立法过程的效率也就最高。从这一点来看,理性地求得男性专家与女性专家的人数比例、青年专家与中老年专家的人数比例、不同专业领域专家的人数比例的数值,是合理改善大气污染防治联合立法过程中专家组成结构、提升专家参与立法的效率的有效途径,具

---

① [美]朱·弗登伯格、戴维·K. 莱文:《博弈学习理论》,肖争艳、侯成琪译,中国人民大学出版社 2009 年版,第 232 页。

有重要的实践意义。在实践中，就具体操作而言，就是要适当增加女性专家的人数比例，大力扩展中青年专家尤其是具有海外学习、工作背景专家的人数比例，尽量配置较多相关领域内的专家参与立法，这一措施的采取能够有效地改善参与立法的专家组成结构，提升立法的效率。

四、建立考核激励机制抵消制度的负外部性

在经济学看来，由于信息具有不对称性，所以在参与信息交易的一方往往会有意无意地隐藏自己持有的一部分信息，从而希望以提供不完全的信息增加自己的福利，此时往往会伤害到对方的利益。① 这种由于信息不对称而导致的后果叫作逆向选择。在经济学中，逆向选择不仅可以带来道德风险，而且是一种可以带来负外部性的行为。解决逆向选择的方法之一便是建立相应的激励机制，使信息变的对称或者完全，从而消除逆向选择带来的负外部性。专家参与京津冀大气污染防治联合立法的过程就是一个典型的信息交易的过程，即由专家向立法者提供专业性的信息服务。由于专家是专业信息的持有者，所以专家参与立法的过程必然是信息不对称的。换言之，专家可能主观上没有尽全力，也可能基于各种客观原因而对信息有所保留，这种逆向选择的方法有可能会导致立法偏离正确的轨道，从而给社会带来负外部性的损失。因而，需要建立相应的法律保障机制来约束专家参与立法的行为，主要是要建立两大机制：一是考核机制。对专家参与立法的过程进行全面的考核，督促专家能够积极地参与立法，并将自己所掌握的专业信息全面地、毫无保留地贡献出来，这样才能够真正体现

① 胡春田等：《经济学概论》，北京大学出版社 2006 年版，第 275 页。

专家的作用。二是激励机制。要对专家所提供的信息给予激励,尤其是专家所提供的意见和建议若能够被立法者所采纳的,要给予奖励。这样专家在参与立法的过程中就能够专心致志地提供信息服务,从而起到提高立法效率的目的。

五、建立专家咨询追责机制增强程序强制力

法律规范的逻辑结构是法律本身的内在逻辑体系,同时也显示了人们的思维规律,①一般情况下由三部分组成:假定、处理、制裁。制裁就是法律责任,即法律主体违反了法律规范所规定的义务应当承担的责任。法律责任是保障法律规范能够正常运行的基石。从法理上看,无责任的法律规范没有任何约束力,即法律规范的强制力来源于法律责任。从这一角度来理解,专家参与京津冀大气污染防治联合立法,不仅要规定严格的法定参与程序,同时还要规定相应的法律责任。纵观我国专家参与立法的实践,目前尚无专家咨询法律责任的规定,自然也没有专家因参与立法而承担相应法律责任的先例。这种有权利、义务而无责任的状态极为不合理,不符合法理,同时也不利于专家参与立法制度的发展。因此,在京津冀区域大气污染防治联合立法的过程中,要规定专家参与立法的法律责任,对于因重大过失而导致立法出现疏漏或者偏离正确方向的专家,应当责令其承担相应法律责任,这样才能够合理地约束专家参与立法的行为。当然这种约束应当有一个边界,即以重大过失为限,只有因重大过失而导致立法出现疏

---

① [德]阿尔图·考夫曼、温弗里德·哈斯默尔主编:《当代法哲学和法律理论导论》,郑永流译,法律出版社2013年版,第316页。

漏的专家才承担法律责任,而一般过错则不用承担法律责任。这样既可以起到规范专家行为的作用,又不至于因法律责任的规定使专家顾虑太多影响其意见表达。

六、建立专家交流平台提升联合立法的效用

京津冀区域大气污染防治联合立法不仅要体现立法的规范性,同时要体现专业性,只有走专业化的路线,京津冀大气污染防治联合立法的效用才能够真正得以发挥。在法律经济学看来,一项法律制度的效用是其能够满足民众对大气污染治理要求的程度,即民众的满足程度越高,则立法所发挥的效用则越大。① 当然要提升京津冀大气污染防治联合立法的效用,最为关键的是提升其实用性,只有实用性得到了提升,才能够更好地满足民众对大气污染治理的需求。因此,从这一视角出发,立法者应当建立专家交流平台,这一平台的作用主要有三个:一是人力资源的交流。主要提供参与立法专家的基本信息,供立法者选任专家时使用。二是信息资源的交流。要通过平台实现专业信息、立法动态信息的及时共享。三是专家互动的交流。即平台要提供专家与民众之间的互动,这样便于专家获得第一手资料,在参与立法时可以直接表达民众的意见和建议。通过专家交流平台的建立,可以使京津冀区域大气污染防治联合立法更加"接地气",从而进一步提升立法的实用性,最终使法律效用得以推进。

---

① 冯玉军:《法律与经济推理:寻求中国问题的解决》,经济科学出版社2008年版,第192~193页。

第八章 京津冀大气污染防治联合立法过程的公众参与

第一节 公众参与环境立法的法律经济学基础及在我国的现实发展

一、公民参与环境立法的思想基础

公民参与环境立法在世界范围内已不是新鲜事，而在我国尚处于初级阶段。然而随着近些年来我国经济发展过程中的环境问题越来越突出，立法者对于公众参与环境立法的重视程度也越来越高。从法律思想层面看，公民参与环境立法具有深刻的思想基础，主要体现在以下几个层面：

（一）立法民主思想

著名法学家拉德布鲁赫曾经说过："民主在一定程度下是一种有价值的东西，法治国家则有如日常所需的面包，如同水之于饮水，空气之于呼吸，而民主最大的优点，则是唯有民主方足以确保法治国家。"

因此，民主是法治国家的证者。① 从法律意义上讲，民主是权力主体以一种开放的姿态接纳社会各界人士的意见和建议的表现形式，因而表达自由既是民主制度中公民的一项重要权利，同时也是重要的社会制度约束机制。立法中的民主，是立法者能够开放地接受民众意见表达的一种客观表现，体现了立法者对参与者的尊重。立法过程的民主体现了以下功能：一是保障了参与者的基本表达自由，尊重了参与者的基本人权。二是使立法者更加"接地气"了解社会现状。三是提升了公民的参政意识。四是释放民众对社会的不满情绪，进一步维护社会安定。② 在环境立法的过程中，公众参与立法能够使立法者更加清晰地了解社会公众的环境需求，同时针对公众的意见表达提供法律供给，制定相应的规范体系，使环境立法更加符合社会的实际需求。因此，公众参与立法体现了立法民主的思想。

(二)公民的环境参与权思想

公民的环境权，是指公民享有适宜、健康、良好生活环境的权利。它是法人及其他组织、国家、人类环境权得以实现的基础。纵观世界各国有关公民环境权的立法，公民环境权除了包括生命权、健康权、财产权等基本权利之外，还包括日照权、通风权、安宁权、清洁空气权、洁水权、观赏权等扩展权利。③ 因此，公民的环境权是一项内容非常丰富

---

① [德]阿尔图·考夫曼、温弗里德·哈斯默尔主编：《当代法哲学和法律理论导论》，郑永流译，法律出版社 2013 年版，第 310 页。

② 张文显：《二十世纪西方法哲学思潮研究》，法律出版社 2014 年版，第 468 ~ 469 页。

③ 陈泉生：《环境法哲学》，中国法制出版社 2012 年版，第 342 ~ 343 页。

的权利。科学发展观提出人与自然要和谐发展,其中重要内容便是保障人的基本环境权利。上述所列的诸项权利是从实体角度对公民环境权的描述,而从法律程序的角度来定义公民的环境权,则可以看出公民的环境权包括了立法参与权、司法保障权等程序性权利。就环境立法而言,公众的参与能够扩大立法的包容性,使环境立法更加能够保障公民自身对环境的实际需求。因此,纵观世界各国的环境立法,大多数国家针对公民对环境立法的要求都给予了高度重视,并且很多发达国家还设置了专门的公众参与环境立法的法律程序,这极大程度地保障了公民的环境权。所以,公民参与环境立法是对公民环境参议权的实然诠释。

(三)环境公共治理思想

生态环境是一个自成体系的系统,即生态系统,是一个包括了自然环境、自然资源、生物多样性等内容在内的自然因素和人为因素组成的系统。① 生态系统是一个复杂的系统,其中包含了诸多环境要素。因此,要治理环境远非一个部门或机构就可以实现的,要选择群防共治的策略才可以达到治理效果。而环境公众治理则主要是依据社会公众的力量,对环境进行治理的一种方式,环境公众治理体现了"积跬步以至千里,积小流以成江海"的思想。所以在环境立法中,引入公众参与机制,则体现了社会公众共同管理环境、共同治理生态的基本思想。根据马克思主义历史观,人民群众是历史的创造者,人民群众在环境治理中所发挥的作用是积极的、不可估量的,因而治理环境必须依靠人民群众,只有充分地相信群众、依靠群众,环境治理才能够最终落到

① 蔡守秋:《基于生态文明的法理学》,中国法制出版社 2014 年版,第 319 页。

实处。所以,公民参与环境立法是环境公共治理思想的体现。

二、公民参与环境立法的法律价值

(一)公民参与环境立法体现了分配正义

“正义”一词的内涵非常丰富,定义的角度不同最终结论也会各有差异。著名法学家凯尔森从法哲学角度对正义作出的定义是,“正义”一词用以描述绝对正当社会秩序,此秩序令所有人皆大欢喜。自心理学角度观之,对正义之憧憬恰是人类对幸福之永恒渴望。此幸福无法独自获之,人类便于社会中寻求之。故社会幸福即“正义”。① 在法学领域之内,当我们将“正义”概念和某个特定的法律领域结合使用时,意味着要用“正义”标准对该领域中的权利义务设置过程中涉及的多元价值进行选择和协调。② 在法理层面上看,正义有校正正义、报应正义、程序正义、分配正义等多种表现形式。③ 从法律经济学角度来看,环境立法是通过对社会环境参与主体权利义务的安排,平衡其中的利益关系,最终使环境利益达到理性最大,从而保障了人们的生活环境。公众参与环境立法可以有更多的表达自我意见的机会,而这些意见则代表了民众的普遍利益。相应地,立法者对民众的这些

---

① [奥]凯尔森:《纯粹法理论》,张书友译,中国法制出版社 2008 年版,第 46 页。

② 陈贻健:《气候正义论——气候变化法律中的正义原理和制度构建》,中国政法大学出版社 2014 年版,第 9 页。

③ [美]理查德·A. 波斯纳:《法律学问题》,苏力译,中国政法大学出版社 2002 年版,第 313 页。

利益作出理性的安排,则属于分配正义的范畴。因而,在环境立法的过程中,公众参与立法可以获得更多的利益表达机会,从而获得更多的分配正义,这是公众参与环境立法的首要价值。

(二)公民参与环境立法体现了立法效率

环境立法是要通过立法者对社会环境要素的利益进行理性分配,而最终形成法律规范的过程。环境立法不仅要关注生态保护、自然资源、生物多样性等具体的实体问题,而从规则层面建立一套公平、公正的参与程序,也是环境立法应当考虑的问题,因为规则公平决定效率。① 从公平性的角度来看,社会公众参与环境立法等于为社会公众提供了一次参与立法的机会,而且在参与立法的过程中立法者还能够充分听取社会公众的意见和建议,体现了程序正义,因而公众参与立法的规则属于公平的规则,自然能够体现立法效率。而从法律经济学的角度来理解,立法效率就是立法成本的最小化和立法收益的最大化,立法成本减少或者立法收益增加都可以提升立法的效率。而公众参与环境立法可以节约立法成本,因为环境立法是一个复杂的过程,立法者需要进行大量的调研论证。而公众参与立法则是通过集思广益的方式来消减调研论证的成本,故可以在立法的总成本方面得到消减。与此同时,通过公众参与环境立法,使环境立法的程序民主性和内容针对性有所加强,故可以获得更多的政治收益和社会收益。② 所

---

① 李素文、刘宛晨:《两型社会法经济学的公平与效率关系——基于行为经济学的分析》,经济科学出版社 2012 年版,第 53 页。

② 冯玉军:《法律与经济推理:寻求中国问题的解决》,经济科学出版社 2008 年版,第 141 页。

以,从这两个方面来看,成本降低且收益增加,公民参与环境立法体现了立法效率。

(三)公民参与环境立法体现了共同福利

作为法律需要考量的是要在个人权利和社会福利之间创设一种适当的平衡。① 而这种平衡在法律经济学看来,就是要尽量减少社会的成本负担,实现社会财富的理性最大。② 生态环境,对于整个地球而言,是一个封闭的、可以自我循环的系统,同时对于人类而言,又属于人类的福祉的组成部分,优秀的、宜居的环境给人类社会带来的福利不言而喻。作为环境立法,就是要通过对环境要素的权利义务的安排,以最终达到优化环境提升社会福利的目的。于是我国新修订的《环境保护法》开宗明义在第 1 条规定:"为保护和改善环境,防治污染和其他公害,保障公众健康,推进生态文明建设,促进经济社会可持续发展,制定本法。"反映了立法者对社会公共福利的重视。公众参与环境立法,能够使立法者清晰地知道环境污染的位置和程度、环境恶化影响公民健康的现状、社会经济与环境保护的冲突点在哪里等具体实际的问题,这些第一手资料的获得有利于立法者根据公众的实际需求制定相应的法律规范,从而提升整个社会的福利水平。因此,公民参与环境立法体现了社会的共同福利。

---

① [美]E. 博登海默:《法理学:法律哲学与法律方法》,邓正来译,中国政法大学出版社 2004 年版,第 325 页。

② [美]理查德 · A. 波斯纳:《法律的经济分析》(第 7 版),蒋兆康译,法律出版社 2012 年版,第 8 页。

三、公众参与环境立法的现状

(一)公众参与意识不强

近些年来,随着我国市场经济改革的不断深化,科学发展观得到了全面的贯彻,国民经济的重心发生了战略性转移,以往的劳动密集型产业逐渐淡出市场,取而代之的是技术密集型的产业。① 此时,无论是政府还是企业、社会公众,生态保护意识较以往有了大幅度的提升,“绿色环保”“绿色出行”“生态旅行”等与环境保护有关的名词充斥着人们的视听,人们对环境保护已经不再陌生,不再认为环境保护仅是政府的事,逐渐认识到保护生态环境是人人有责的事。公众参与环境立法其实是公众环保意识提高的结果,但是我们同时也应当看到目前社会公众参与环境保护、环境立法的热情并不高,这体现了大多数公众的参与意识还相对不强,这和我国传统文化中“事不关己,高高挂起”“多一事不如少一事”等思维观念密切相关。因此,现阶段公众参与环境立法的意识还有待进一步提升。

(二)公众参与流于形式

新修订的《环境保护法》在第五章规定了信息公开和公众参与,对于公众参与环境治理的参与权在第 57 条中有明确表述:“公民、法人和其他组织发现任何单位和个人有污染环境和破坏生态行为的,有

---

① 童有好:《应正确认识劳动密集型产业的发展》,载《经济纵横》2015 年第 4 期。

权向环境保护主管部门或者其他负有环境保护监督管理职责的部门举报……”这一规定将公民参与环境治理限定为“举报”这种终端参与的方式,而对于源头参与,即公众参与环境立法,法律却没有明确授权。法律没有明确规定,说明该做法尚不成熟,但是实践中却已经存在了公民参与环境立法的尝试。从实践来看,公众参与环境立法的主要表现为参加网上调研、参与课题论证、参与实证座谈、参与立法听证等具体的参与方式,但是从总体效果上看,公众由于受自身专业知识、参与成本等方面的限制,很多参与环境立法的公众并没有做到完全、彻底地表达自己的意见,流于“走过场”的情况较为常见。因此,立法过程中准确获得民意,避免“民主秀”将是我们提升立法水平,提高立法民主性的必然要求。①

(三)公众参与程序混乱

从现行《环境保护法》来看,仅在第五章规定了公众参与,但是此处的公众参与并不包含对立法程序的参与,因而目前我国尚未建立起一整套公众参与环境立法的制度,这就导致了实际中公众参与立法尚处于尝试和摸索的状态。故在公众参与立法的程序上显得较为混乱,没有固定的章法可寻。造成这种现象的原因是多方面的,有立法组织者的原因,也有公众参与积极性方面的原因,但总体而言,制度方面的原因可以认为是公众参与环境立法无章可循的主要原因。实践中无论是中央立法还是地方立法,在公众参与环境立法方面亟待出台规范性的程序来加以约束,这样公众参与立法才能做到有章可循。

---

① 廖建江:《别让民意调查走过场》,载《浙江人大》2006 年第 4 期。

(四)公众参与效果不佳

由于参与环境立法的公众来自社会的不同群体,各自的专业知识以及表达能力千差万别,因而能否真实全面地表达自己的意见和见解都会成为实践中一个较为棘手的问题,因而实践中公众参与立法的实际效果会相应打折扣。即便是参与环境立法的社会公众能够准确表达出自己的意见和建议,由于缺乏数据支撑和必要的论证,实践中无论是地方立法还是中央立法,社会公众意见被采纳的概率还相对较低,这是我们不得不面对的现实。虽然有人讽刺说公众参与立法在很多时候会演变为应付立法者的一次"走过场"式的参与行为,此话偏激之处自不必细说,但是其中透露出对公众参与环境立法最终效果不佳的隐忧,应当引起我们注意。作为现代立法者而言,发扬民主让公众积极参与环境立法本是一件利国利民的好事,但是绝不能演变为"走过场"式的"民主秀",立法者应当全面倾听公众的意见和建议,并在最终的环境立法文件中有所体现。然而现实中,这方面我们做得有所欠缺。

第二节　公众参与京津冀大气污染防治联合立法的法律经济学分析

一、立法过程中信息不对称诱发的法律风险

(一)信息不对称的风险

在市场经济环境下,市场主体的决策行为需要借助一定数量的信

息才能够实现,所以信息的数量越是丰富,对于决策主体越能够起到确定性的效果。但是,往往市场主体所掌握的信息不可能达到完全的程度,此时市场主体在决策的过程中就需要尽可能依据现有信息作出能够使自己利益最大化的选择,而此种选择必然会具有不确定性,这种不确定性就引发了风险的存在。在经济学看来,如果一个事件未来的可能结果无法用概率表示,就是不确定性;如果一个事件未来的可能结果可以用概率表示就是风险。[①] 在经济学中,有专门针对信息的获得以及决策方法重要的学科即信息经济学或博弈论,主要研究在信息不完全的情况下决策人如何实现最优决策,以减少决策的风险。就市场而言,信息不对称最终的结果是市场失灵,从而使市场机制不能真正发挥作用。

(二)立法过程中的信息不对称

信息可以分为两类:一是公开信息。即人人都可以不必支付对价即可以得到的信息。二是私人信息。即信息归所有人持有,其他主体无法掌握该信息,若想获得该信息,则需要支付一定的对价。在立法的过程中,立法者也需要面对这两类信息,公开的信息立法者可以通过网络、图书馆等途径获得,这类信息的获得一般较为容易,而私人信息,即隐藏于社会之中,无法通过网络、图书馆等方式短期之内获得的信息。对于立法者而言,此类信息非常缺乏,在某种程度上私人信息决定了立法者会采取什么样的策略。从这一特点来看,立法者对私人信息的掌握具有不对称性,即立法者所掌握的信息总量总是小于社会

① 梁小民编著:《西方经济学》(第2版),中央广播电视大学出版社2011年版,第239页。

中私人信息的总量，哪怕是相当也不可能做到。而对于私人信息的获得，立法者须付出搜寻的成本，故立法者必然要考虑什么方法是最优搜寻法则。① 在法律经济学看来，搜寻信息的成本是立法成本的一部分，对于信息收集的成本，应当主要依靠减少非必要成本的方法实现，对于必要成本则不能降低，②否则会影响立法的效率。

（三）信息不完全的立法博弈

信息是立法者进行立法决策的必要要素，然而在立法者与立法参与者（咨询专家、公众）交流的过程中，会形成一种立法的博弈，这种立法的博弈会根据立法者所掌握的不完全的信息而完成。对于这种信息不完全状态下的博弈，诺贝尔奖获得者约翰·海萨尼提出了一种将一个具有不完全信息的博弈转换成一个具有完全（但不完美）信息博弈的方法。通过这种转换方法，不完全信息博弈被转换成一个等价的完全信息博弈，从而可以对原来的不完全信息博弈进行研究。③ 从法律经济学角度来理解，就是立法者先从参与立法的公众那里获取信息，然后进行甄别，再根据准备进行决策的信息集选择一种高质量、低风险的决策。④ 通俗地讲，就是纵然立法者所掌握的信息属于不完全信息，但是并不影响立法者作出决策，立法者在与参与人博弈之后，会作出收益大且风险小的选择，从而增加社会整体的福利水平，这是立

① 胡春田等：《经济学概论》，北京大学出版社 2006 年版，第 267 页。

② 谢地等主编：《法经济学》，科学出版社 2009 年版，第 74 页。

③ ［美］小约瑟夫·哈林顿：《哈林顿博弈论》，韩玲、李强译，中国人民大学出版社 2012 年版，第 187 页。

④ ［美］道格拉斯·G. 拜尔等：《法律的博弈分析》，严旭阳译，法律出版社 2006 年版，第 134 页。

法所追求的总目标。

二、公众参与立法中的信息不对称及其消减

(一)信息不对称下的激励机制

在市场经济的语境下,当信息不对称的时候会发生道德危险。道德危险就是拥有信息多的一方以自己的信息优势来侵犯拥有信息少的一方的利益,实现自己利益的可能性。① 在现实生活中,利用信息优势侵犯他人利益的现象非常普遍,最为典型的便是市场消费行为。消费者所持有的信息自然不能与商家相提并论,商家对于产品的质量、安全、功能等客观信息在其出售商品之前非常清楚,然而商家往往利用这种信息优势来误导消费者,使消费者作出与自己意愿并不一致的消费行为,最终多数情况下消费者会受损害,这就是道德风险。因而《消费者权益保护法》中明确将消费者的知情权规定为一项法定权利来加以保护。就立法而言,社会公众作为法律实施的终端对法律实施的状态、立法是否能够理性地分配其利益等,都有着直观的感受,同时也会产生最为直接的立法需求,这种需求如果能够如实地反映到立法者那里,立法者将根据这些信息作出立法决策。② 然而如果公众未能全面地提供立法所需要的信息,那么立法者有可能制定出与公众需求相背离的法律,从而使该立法的效用降低,这种立法所形成的风险

---

① 梁小民编著:《西方经济学》(第2版),中央广播电视大学出版社2011年版,第240页。

② 钱弘道:《经济分析法学》,法律出版社2003年版,第210页。

是由于信息不对称而产生的。为了将这种风险降到最低,法律同样需要建立一定的保障激励机制,以鼓励公众尽可能地提供较多的立法需求信息。

(二)立法者对信息不对称的消减

立法者面对信息不对称可以说是一种必然现象,如何降低信息不对称带来的利益减损,是立法者必须考虑的问题。从法律经济学角度来看,立法者消减信息不对称带来的负面效应,须遵守激励原则。所谓激励原则,基本要求是决策产生的收益大于成本。而要使收益大于成本有两种途径:一是加大成本;二是提高收益。① 所谓加大成本,指的是要加大公众不全面客观反映立法需求信息的成本负担,如建立奖惩制度,对于全面客观反映立法信息的公众给予奖励,而对于不全面或者错误地反映立法需求信息的公众给予相应的处罚,以激励其提供全面客观的信息。而所谓提高收益,就是要提高参与立法的社会公众的福利待遇,使之因为参与立法或者全面客观地提供立法需求信息而获得奖励。这两个途径都可以实现使立法者消减信息不对称所带来的负面影响的作用,只不过一个是从成本的角度来审视问题,另一个是从收益角度来解决问题,但殊途同归最终都可以实现使信息不对称带来的危害有所降低的实际效果。

---

① 魏建、周林彬主编:《法经济学》,中国人民大学出版社 2008 年版,第 84 页。

三、公众参与联合立法提升社会资源利用率

(一)从成本效益分析看公众参与大气污染防治联合立法

成本效益分析是法律经济学的基本分析方法。标准的成本收益分析会对行动所涉及的所有成本与收益货币化,并进行加总的过程。① 就立法而言,由于要支付人力、物力、财力、时间等显性成本,同时还要支出法律机会成本,即由于立法机关进行立法活动而增加的支出或者放弃的收益,②所以,立法的成本应当是将显性成本与隐性成本加总后获得的结果。依据成本效益分析的方法,我们可以看出,公众参与京津冀大气污染防治联合立法在经济学上具有以下优势:一是节省会计成本。会计成本是投入于立法的显性成本,包括人力的投入、物力的投入等,如立法进行实践调研论证,都需要支出这类成本。公众参与大气污染防治联合立法,可以使立法机关节约调研论证的人力投入的数量和时间,所以等于减少了成本投入。二是增加收益。公众参与京津冀大气污染防治联合立法可以使立法机关在短期内掌握更多的不为立法者所知悉的立法需求信息,为立法者订立准确的立法打下了基础,这等于是立法过程的收益之一。所以,公众参与京津冀大气污染防治联合立法能够使立法者获得额外收益。这样,成本减少

---

① [以色列]艾雅尔·扎米尔、巴拉克·梅迪纳:《法律、经济学与伦理》,徐大丰译,复旦大学出版社 2014 年版,第 73 页。

② 冯玉军:《法律与经济推理——寻求中国问题的解决》,经济科学出版社 2008 年版,第 189 页。

而收益增加,因而公众参与京津冀大气污染联合立法能够促使立法效率整体提升。

(二)从信息不对称下的决策看公众参与京津冀大气污染防治联合立法

看公众参与大气污染防治联合立法能否理性实现社会资源的分配提升社会整体效率,需要从立法决策的准确性上来入手加以观察。在法律经济学中,认为立法的过程由于具有信息不对称性,因而存在一定的风险,主要是会影响立法的效率。所以法经济学对此有一个量化的公式描述:民主(多数人的意志)×公平(法律科学)×风险系数=效率。① 具体到立法而言,就是用民主的方式即多数人参与表达,使立法者摆脱信息不对称产生的信息劣势,立法用公平的方式来分配不同主体之间的利益关系,并且将立法决策所带来的风险控制在可控范围,最终的结果就会得到立法效率的提升。由此可见,公众参与立法,对于信息不对称下的立法决策而言,具有降低风险、提升效率的作用。所以,一直以来专家和学者都在极力地推进公众参与立法制度的完善和发展。就京津冀区域大气污染防治联合立法而言,由于涉及区域之内不同省份的社会公众,而立法者想要完全了解这些地方的社会需求并不容易,立法决策由于信息不对称而存在风险是必然现象。所以,引入公众参与立法制度,才能够使京津冀大气污染防治联合立法更加科学,立法效率得以提升。

---

①　曲振涛、杨恺钧:《法经济学教程》,高等教育出版社2007年版,第46页。

四、公众参与联合立法促进边际效用最大化

(一)公众参与京津冀大气污染联合立法的效用

“效用”一词源于经济学中的消费理论,认为效用是商品或者服务对一个人的满足程度,它通常是一个函数关系,即效用函数,是指个人的效用取决于他所消费的商品及其数量的函数。① 在经济学中有等效用曲线,即在曲线上任何两点的横纵坐标虽然都不相同,但是效用却相同,这意味着这两个点可以相互替代。而在曲线外侧的点则属于效用有提升的点,相反在曲线里侧的点属于效用不足。这一理论被引入法律经济学后,对于法律中的各种行为,也给予了类似的定义,单就立法而言,效用是立法规范对调整主体的满足程度。如果立法程序中某一个环节要素改变,则最终的效用很可能发生变化,如果该点落在等效用曲线的外侧,则立法效用有提升,若落在了内测,则立法效用有欠缺。就公众参与京津冀大气污染防治联合立法而言,公众参与立法作为立法程序的一个要素被引用之后,对于立法者获取准确信息具有帮助作用,所以公众参与立法被认为有效,比缺乏这样一个制度时效用有所提升,在效用曲线的表达上该效用点最终会落在等效用曲线的右侧。所以,公众参与京津冀大气污染防治联合立法对立法效用具有提升作用。

---

① 参见杨春学主编:《当代西方经济学新词典》,吉林人民出版社 2001 年版,第 354 页。

(二)从边际效用的最大化看公众参与京津冀大气污染防治联合立法

在经济学中认为,对于个人或者家庭而言,消费的目标是“效用最大化”①,因为经济人都是理性的最大化者——也就是说他们作出一些有意图的选择,目的都是用有效的手段来追求一贯的目标——是现代经济理论的基石。② 从法律经济学角度来看,立法的过程实际上也是一个如何将立法规范寻求效用最大化的过程,然而这种最大化必须限定在理性的范围内。根据经济学的一般原理,总效用会随着要素投入而增加,但是这种增加投入所获得的效用会呈现出一种递减的趋势,这就是边际效用递减规律。③ 这就决定了在资源有限的情况下,我们应当合理分配资源,不能过度投入追求效用的增加。就京津冀区域大气污染防治联合立法而言,虽然公众参与立法等于是一种要素投入,可以提升立法的总效用,但是我们应当遵循边际效用递减原则,即要理性地控制公众参与立法的数量,将数量限定在一定范围,而并非多多益善,因为过多的公众参与又会丧失一定的显性成本和机会成本,使立法效率有所降低。从这一角度上讲,立法者对公众参与京津冀区域大气污染防治联合立法要事先给予评估,计算出参与立法的公众的边际数量,再根据数量有针对性地选取参与立法的公众,就会得

---

① 参见[德]彼得·O.欧伯恩德、约翰姆·弗莱希曼:《微观经济学基础》,蒋潞潞等译,中国法制出版社2011年版,第251页。

② 参见[美]尼古拉斯·麦考罗、斯蒂文·G.曼德姆:《经济学与法律——从波斯纳到后现代主义》,朱慧等译,法律出版社2005年版,第73页。

③ 茅于轼:《微观经济学十讲》,暨南大学出版社2008年版,第79页。

到立法效用的最大化，只不过这种最大是一种理性的最大，而非数学意义上的数量最多。

第三节 公众参与京津冀大气污染防治联合立法的制度设计与完善

一、公众参与立法的域外经验借鉴

（一）美国公众参与立法的制度经验

美国是较早实行立法公开制度的国家，即规定了社会公众有参与政府立法的权利。在美国，公众参与立法一般多发生在行政立法的领域之内，根据1946年出台的《联邦行政程序法》的规定，公众可以在政府立法的时候有参与权，除了设计国防和人事安排等事项的立法之外，其他的立法政府必须安排社会公众依据一定的法定程序参与立法，若违反了法定程序，则政府的行政立法则会被认定为无效。这等于从规范上确立了公众参与立法的制度。① 而时隔20年后的1966年，美国又出台了《信息自由法》，进一步明确除了涉及国家秘密、商业秘密、个人隐私的信息之外，政府的信息属于社会公众所有，当然政府信息也包含了立法层面的信息，该法案又进一步将公众参与政府行政立法推向了一个新的高度。此外，在国会立法和州议会立法方面，

① 袁俊锋、杨云革：《美国公众参与立法机制及其启示》，载《中共四川省委省级机关党校学报》2009年第4期。

美国还在立法中引入了听证制度，并且对听证的范围、条件、程序、法律责任都有明确且严格的规定，正因为有了社会公众的听证，美国的立法才变得更加科学。

（二）英国公众参与立法的制度经验

在英国，公众参与立法的形式主要有两类：一类是咨询，另一类是听证。咨询可以分为正式咨询和非正式咨询两类。正式咨询是由政府立法部门设置一个专门的咨询委员会，负责回答社会公众提出的各类咨询问题。此时的社会公众一般以利益群体的方式出现，而咨询委员会的回答必须是详尽的、资料充实的，对社会公众有说服力的。若立法的过程中未经历正式咨询程序，那么政府的行政立法将会归于无效。① 而非正式咨询则是正式咨询程序的补充，用于立法过程中对零散的社会公众提出的立法相关问题进行回答。听证程序源于英国，但是其发展远不如美国完善，一般情况下公众对于立法不享有听证的权利，但是在特殊情况下立法损害了公众权利时，社会公众可以要求立法者组织听证，而立法者对于公众的书面申请应当组织调查，如1961年的《工厂法》就有类似的规定。

（三）瑞士公众参与立法的制度经验

在瑞士，公众参与立法的主要形式是公民提案。公民可以就立法事项写请愿书，只要请愿书获得了法定人数的议员签字之后，就可以使立法者将公民的提案列入立法日程，并给予充足的考虑。公民立法

① 参见周玉丽：《论公众参与立法制度的完善》，载《湖南警察学院学报》2015年第2期。

提案制度使民众可以直接参与立法，尽管这种参与有诸多形式限制，但这种权力的存在本身就是对议会立法权的一种威胁。[①] 瑞士的公民提案可以分为联邦层面的提案和州地方层面的提案，主要针对不同层面的立法提出。从 1848 年到 2011 年，瑞士公民提案 174 次，议会提出的相对提案 36 次。[②] 瑞士的公民提案对欧盟立法产生了积极的影响，在欧盟的 28 个成员国中至少有一半的成员国在其宪法或者议会组织法中规定了立法过程中公民具有提案权，其中制度规定大同小异，区别之处仅在于提案的人数不尽相同。[③]

（四）域外国家公众参与立法制度对我国的启示

从域外各国公众参与立法的制度来看，其目的主要是解决立法者在立法过程中由于信息不对称而可能诱发的决策风险。从这一角度出发，基本上可以找出一些共同的特点，而这些特点对于我国实施公众参与立法具有积极的借鉴意义，主要体现在以下几个方面：一是公开性。即国外公众参与立法均是在公开的环境下进行的。二是程序性。即域外各国均规定了公众参与立法的相关程序设计，公众需要在法定程序下参与立法活动。三是实践性。即各国公众参与立法的活动均有较强的实践性，便于立法机关实际掌握。四是便利性。从便利性上看，各国公众参与立法的活动并不复杂，相对而言较为简单，所以

---

① 参见许晓娟：《瑞士公众参与立法制度研究》，法律出版社 2013 年版，第 33 页。

② 参见陈春霞：《论立法提案制度中的公众参与》，苏州大学王健法学院 2014 年硕士学位论文，第 18 页。

③ 参见李林主编：《立法过程中的公众参与》，中国社会科学出版社 2009 年版，第 287 ~ 294 页。

可以提升立法效率。五是主动性。即各国的社会公众参与立法的意识较高,较为主动,所以立法也相应赋予了公众参与立法的更多权利。① 上述特点对我国建立完善的公众参与大气污染防治联合立法机制,具有较强的借鉴意义。我们可以以上述特点作为基点进行延伸,构建我国区域大气污染防治联合立法的公众参与制度。

二、明确参与联合立法的主体范围

参与京津冀大气污染防治联合立法的主体范围包括哪些,需要以制度规范的形式予以明确,这是确立公众参与京津冀大气污染防治联合立法的基础条件。从文义上理解,公众参与立法的主体当然是社会公众,但是社会公众一词属于广义的集合性概念,并没有具体的范围,在国内生活的中国人与外国人均可以称为社会公众,这样一个范围显然太宽泛,就京津冀区域大气污染防治联合立法的公众参与制度而言,显然不太适合。笔者认为,由于公众参与立法的主体容量有限,不可能让社会上数以亿计的人全部参与立法,事实上也无法做到,因而参与京津冀区域大气污染防治联合立法的"公众"应当有所限制,这样才能够使京津冀区域大气污染防治联合立法有针对性。主要应当限定在以下几个方面:一是属人管辖,即具有京津冀三地户籍者。户籍是我国判断公民个人身份的重要依据和标准。所以具有京津冀三地户籍者,可以作为大气污染防治联合立法公众参与制度的主体参与立法。二是属地管辖。我国的地方法规以及地方政府规章都实施属地管辖,所以在区

---

① 参见马奔:《协商民主对我国公民参与立法的启示》,载《法学论坛》2014 年第 5 期。

域之内长期居住生活的我国公民或者辖区内的企业,均可以作为京津冀区域大气污染防治联合立法公众参与的主体参与立法活动。当然,这里的长期居住也要有一定的限制,按照《民法通则》及其相关司法解释的规定,通常情况下长期居住一年以上者可以视为经常居住地,所以可以参照类似的规定,将长期在区域内某一省份居住达到一年以上的人作为参与京津冀大气污染防治联合立法的主体。三是保护性管辖。对于在京津冀区域之内长期生活达一年以上的外国友人,如果对京津冀区域大气污染防治联合立法有自己的见解想通过公众参与的方式参与立法,笔者认为,应当允许。因为,大气环境属于社会公众的财产而不属于某一个人,对于长期在京津冀地区生活的外国人而言,该地区的大气环境成为其生活的一个组成部分,出于保护大气环境的需要,应当允许长期居住在京津冀地区的外国人发表对大气污染防治的意见和建议。所以,这种管辖可以称为保护性管辖,即基于环境保护所产生的管辖。

三、规定参与联合立法的参与方式

公众参与立法的方式有许多,但是针对京津冀区域大气污染防治联合立法的公众参与而言,有些方式并不一定适用。从实践角度来看,立法应当着重规定以下几种公众参与京津冀大气污染防治联合立法的方式:一是向社会公众征集意见和建议。最近几年全国性的、对公民自身权利义务能够产生重要影响的法律法规,都会事先向社会公布草案,征集社会公众的意见和建议,然后根据公众的意见和建议对草案进行修正。京津冀大气污染防治联合立法也可以将这种方式作为草案形成阶段公民参与立法的一种方式。二是参与立法调研。京津冀区域大气污染防治联合立法需要对京津冀区域内的经济运行、产业结构、人员收入水平、环境保护状况等多项指标进行调研评估。在立法者进行调研的过程中，社会公众所起的作用不可忽视，往往立法者能够从社会公众那里了解到社会最底层的一手材料。所以，在进行联合立法的过程中，立法者可以组织区域内的群众参与调研活动，为科学立法打下严谨的基础。三是书面征求意见。即京津冀大气污染防治联合立法的草案形成之后，立法者可以向特定的社会公众、特定的组织机构、社会团体、企业组织等主体书面征求意见，以作为下一步立法活动的参考。四是座谈会。即由京津冀大气污染防治联合立法的立法者组织相关社会公众以及社会团体、利益群体、专家学者，对所涉及的立法草案中存在争议的具体问题进行座谈，听取与会人员的意见和建议，从而使立法草案得到完善。五是听证会。听证是社会公众参与立法的一种重要形式，当然参加听证的主体包括但不限于社会公众。京津冀区域大气污染防治联合立法也可以针对特定的立法问题，组织社会公众进行立法听证，以听取社会公众对立法者的意见建议和要求。

四、明确公众参与后意见反馈方式

意见反馈是京津冀大气污染防治联合立法中的一项重要内容，是关系到立法者收集来自社会公众的立法需求信息的一个重要环节。对于社会公众反馈立法意见的方式，可以是通过书面反馈，也可以是通过网络方式反馈，还可以是通过电话、传真方式进行反馈。京津冀区域大气污染防治联合立法的立法者在收到来自社会公众的意见和建议后，要进行分类处理，然后根据具体的意见和建议作出是否同意社会公众的意见和建议的立法决策，最终对立法草案进行修正。在这里值得注意的是，社会公众参与京津冀大气污染防治联合立法的过程中应当采用实名制,立法者可以对参与立法的社会公众的身份先进行审查,如果未采用实名制的反馈意见,立法者对其意见和建议可以不予采纳。

五、完善利益团体参与立法的途径

在法律经济学看来,立法实际上就是对各方利益进行一次分配的过程,其目标是促进社会福利的最大化。所以,对于京津冀区域大气污染防治联合立法而言,既不能偏离于期待的社会福利最大化的目标,同时也不能禁止未来采用某种规则从而使福利最大化。① 在这种情形下,就需要立法对各方利益主体的利益进行充分考量,然后进行例行分配,发挥社会资源的最高利用效率,这样才能够实现社会福利的最大化。因而就公众参与京津冀大气污染防治联合立法而言,利益团体作为社会公众的一个特殊组成部分,其利益也应当给予充分考量,所以也应当具有参与大气污染防治联合立法的权利。目的是使立法者在立法的过程中,对企业的经营状况有充分的了解,一方面,便于下一步进行区域内总体投资安排。因为对企业在环境问题方面的行为进行明确的评价,反映着投资决策,这种投资被称为社会责任投资(SRI)。具体来说,投资者对在环境友好方面表现优秀的企业给予积极的投资,否则排除要其作为投资对象,或将股东背景对企业的影响作为考虑因素等。② 另一方面,企业也可以通过参与京津冀大气污染

---

① 参见[美]尼古拉斯·L.吉奥加卡波罗斯:《法律经济学的原理与方法:规范推理的基础工具》,许峰、翟新辉译,复旦大学出版社2014年版,第27页。

② 参见[日]国部克彦等:《环境经营会计》,葛建华、吴绮译,中国政法大学出版社2014年版,第238页。

防治联合立法充分了解京津冀区域之内的政策走向，便于安排生产经营计划。然而哪些主体可以参与立法，这需要立法给予明确的规定，一般而言，应当选取在京津冀区域之内有代表性的行业中的优秀企业作为特约主体参与京津冀大气污染防治联合立法。

六、确立公众参与立法中的优先权

由于京津冀大气污染防治联合立法其本质就是要通过制度性的规范防控京津冀区域之内大气污染，以达到使京津冀区域内生态环境变好、提升人民生活福利的目标，所以其立法内容须能够反映基层群众的基本利益诉求。因为，从法律经济学角度来看，环境规制的公益目标是为了达到社会最佳污染程度。此时消除污染的边际社会成本相当于边际社会收益，并符合政策制定者认为恰当的分配考量。只有这样，环境保护的法律框架，才能够慢慢朝着被正式地接受的目标前进。① 因而，京津冀区域大气污染防治联合立法应当将区域之内社会公众的利益作为优先利益加以考量。从法理学的角度来看，生存权是公民的基本人权，是一个人最基本的权利，而生存环境直接关乎人的生存利益，而立法所关注的并非是个案的公正，而是建立优先规则，通过法律程序达到分配正义。② 所以，京津冀区域大气污染防治联合立法应当确立公众参与立法的优先规则，优先保护社会公众利益的实

---

① 参见[英]安东尼·奥格斯：《规制：法律形式与经济学理论》，骆梅英译，中国人民大学出版社 2008 年版，第 209 页。

② 参见[德]阿尔图·考夫曼、温弗里德·哈斯默尔主编：《当代法哲学和法律理论导论》，郑永流译，法律出版社 2013 年版，第 197 页。

现。换言之,就是社会公众对立法者提出的立法建议和意见,立法者应当优先予以考虑,能够满足社会公众环境需求的就尽量满足,这样才能够使社会的整体福利得到提升。

七、充分发挥互联传媒的积极作用

现代社会是一个信息爆炸的社会,移动互联对于现代生活而言已经是不可缺少的一部分,大众传媒的概念已经深入人心。在这样一个自媒体的时代里,每一个体都是信息的接受主体和传播主体,通过互联网可以即时表达自己的思想观点,基于自媒体时代移动互联的基本特点,催生了互联网经济,与此同时信息传播、大众传媒也得到了高速发展。对于立法者而言,如何充分利用大众传媒,收集立法需求信息、传播立法观念,是现代自媒体时代立法者所应当着重考虑的问题。① 具体到区域大气污染防治联合立法,立法者应当建立相应的规则,鼓励在立法的过程中充分运用大众传媒获取社会公众信息,使普通社会公众都能够参与到京津冀区域大气污染防治的立法讨论中来。这样立法者既可以做到充分地信息公开,又可以使社会公众充分参与立法讨论表达自己对京津冀大气污染防治的观点和看法,可以取得一举两得的效果。

① 参见李茂春:《法治视角下的自媒体意见表达与法律规制研究》,载《赤峰学院学报》(汉文哲学社会科学版)2014 年第 11 期。

八、规范公众参与立法的法律责任

法律责任是保障法律强制力的基础,无责任则无强制,作为公众参与京津冀大气污染防治联合立法的制度设计而言也应当设计相应的法律责任规则,以约束公众参与立法的行为。为此,需要从两个层面来加以规范:一是鼓励层面。作为立法者而言,应当尽量鼓励社会公众参与到京津冀区域大气污染防治联合立法的讨论中来。从这一角度来看,不应对公众的正常表达行为有所限制。为此,我国立法也有相关规定,如《全国人民代表大会和地方各级人民代表大会代表法》第 31 条规定:"代表在人民代表大会各种会议上的发言和表决,不受法律追究。"就充分地说明了立法者对人大代表的意见和建议持鼓励态度。所以,公众参与京津冀大气污染防治联合立法,也不应当因为其言论表达而承担责任,以防"因言获罪"现象的发生。二是限制层面。毕竟社会公众的范围非常广泛,而且人员几乎涵盖了社会中的所有领域,对其行为不加以约束则有可能会发生一定的混乱,从而影响立法的进程。但是对参与立法的社会公众加以限制又不能过于严苛,否则必然会阻碍言路的畅通。笔者认为,社会公众并非都是在某一行业内的学者、专家,因而其针对京津冀区域大气污染防治所表达的实体性的意见,无论对错、是否具有建设性,均应当免除其责任承担,以避免"因言获罪"现象的产生。但是对于某些社会公众采取一些违法手段故意影响和破坏京津冀大气污染防治立法秩序,影响立法正常进程的,则应当承担相应的法律责任。毕竟这种行为并不属于"因言获罪"的范畴。综上,公众参与京津冀大气污染防治立法时的意见和建议表达无须承担法律责任,但是对于故意破坏立法进程的行为则应当承担相应的法律责任。

第九章　京津冀大气污染防治联合立法的信息公开

第一节　人大立法信息公开法律制度的思想源流及实现运行现状

一、人大立法信息公开的概念特征

（一）人大立法信息公开的概念

人大立法信息公开是最近几年法学界耳熟能详的词语，但同时也具有一定的新颖性，属于既熟悉又陌生。熟悉是由于人大立法信息公开与政府信息公开具有相似之处，而我们对“信息公开”一词实际上并不陌生，并且还有相应的法律法规出台。例如，2008 年实施的《政府信息公开条例》《环境信息公开办法（试行）》等规范性文件都对“信息公开”给予了程序化的规定。但我们对人大立法信息公开并不是十分清晰，因为到目前为止对于人大立法信息公开在法律中也仅是原则化的规定。例如，在 2017 年修正后实施的《立法法》中，第 5 条规定：“立法应当体现人民的意志，发扬社会主义民主，坚持立法公开，保障人民通过多种途径参与立法活动。”第 101 条规定：“全国人民代表大会有关的专门委员会和常务委员会工作机构应当按照规定要求,将审查、研究情况向提出审查建议的国家机关、社会团体、企业事业组织以及公民反馈,并可以向社会公开。"这些条文中都涉及了立法公开。但是如何公开、公开哪些事项、公开时需要遵守哪些程序,并没有一个程序化的规定来加以规范,所以在现实中对人大立法信息公开的概念具有学术化特点。通常情况下认为,人大立法信息公开是我国政务公开的一个组成单元,①是人民代表大会及其常务委员会在立法过程中对立法的重大事项以及程序性事项向社会公众予以公开,并在一定范围之内征询社会意见的一种活动。

(二)人大立法信息公开的基本特点

由于立法信息公开是修改后的《立法法》新增加的内容,至今时间并不长,但是人大立法信息公开在实践中已经有采用,如将立法草案向社会公布并征求社会意见。通过这些实践结合已有理论,我们可以看出人大立法信息公开具有的特点主要体现为"六个化":一是理想现实化。立法信息公开曾几何时对于从事宪法学以及立法学的学者而言,无疑是心中的一大梦想,这个梦想与我国民主法制的进步息息相关,它寄托了我们每一位法律人关注立法、参与立法的一份心情。自 2015 年修改后的《立法法》将立法信息公开纳入立法体系之后,法律人的这一梦想变为了现实。二是理念现代化。立法信息公开是现代民主法制的产物,它体现了立法过程的民主性,同时也反映出立法者接受各方意见的胸襟。三是制度法定化。立法信息公开在《立法

---

① 参见邢亚飞:《人大立法信息公开的思考》,载《党政论坛》2012 年第 2 期。

法》中已经成为一项法定制度，虽然该项制度尚需要在实践中进行探索，但是制度的法定性决定了这种实践探索将随着立法数量的增加而迅速成熟。四是渠道多元化。在“互联网＋”时代下，社会经济结构的比重在悄然发生变化，传统营销模式的空间逐渐被挤占，渠道多元化是这个时代的综合特征。就立法信息公开而言，并不局限于将传统媒体作为载体，新型传播渠道微博、微信、移动互联、手机都有可能成为立法信息公开的载体。这些载体的运用，会让立法信息公开更加充分，群众对立法的参与度不断加强。五是事项丰富化。立法信息公开的事项不仅要公布实体性事项，随着立法技术的成熟，程序性事项也应当在立法信息公开的范畴之内。六是机制科学化。立法信息公开的机制从运行程序上看是一套完整的程序，从初步审核到发布立法信息再到收集立法信息和公布处理意见等环节都要经历严格的程序。可见这样的立法公开机制具有科学性。

二、人大立法信息公开的思想基础

（一）体现立法民主化

民主是《宪法》的一项重要内容，同时在《立法法》中民主的思想体现为立法者要充分地注重民众的意见表达，要将民众的意见作为立法的重要考量依据，因为让人民满意的立法才是高质量的立法。① 因此，立法必须体现人民的意志。从这一角度来看，人大在立法过程中

① 魏小琴：《让民主立法的步履铿锵有声》，载《时代主人》2015 年第 12 期。

将立法信息向社会公众公开充分听取社会公众的意见,并进行综合性考量最终给出立法方案,立法中可以反映出民众的意志,因而这样的立法是民主化的体现。换言之,民主化的思想也就成为人大立法信息公开最为重要的思想基础。

(二)加强立法权威性

立法的目的在于实施,而法律的实施又是立法所追求的必然结果。对于法律的实施而言,最为关键的问题就是社会能够认可该项法律并且严格遵守该项法律,只有法律制度被严格遵守,那么才能够体现立法的权威性,社会制度才会出现良性循环。基于这样的理由我们来观察立法的过程,不难发现,立法只有充分听取民众的意见,才能够被民众认可,民众才会有强烈的意愿主动遵守该项法律制度。因而,从这一角度来看,人大只有在立法的过程中充分公开立法信息,才能够使民众的意见得到有效反馈,最终才能够提升立法在社会中的权威性。因此,可以看出,加强立法在民众中的权威性是人大立法信息公开的又一重要的思想基础。

(三)预防腐败

法律制度既是社会对领域内事物博弈的产物,同时又是社会在某一领域之内进行博弈的规则。① 从这一角度来看,立法的过程实际上也是将已有的社会规则与现有的社会利益进行博弈并最终给予重新分配的过程。在这一过程中相关利益主体之间要相互博弈是难以避

---

① ［日］青木昌彦:《比较制度分析》,周黎安译,上海远东出版社 2001 年版,第 6 页。

免的事，于是也就会出现各种各样的腐败现象。例如，基于地方利益的地方保护主义，基于部门利益的部门保护主义，还有基于专业领域的条块分割主义等，这些现象体现在立法之中必然会使立法减损其权威性，社会群众对这样的立法并不满意。在立法的过程中如果能够充分地公开立法信息，并使社会公众能够充分地参与立法，那么此类立法中的腐败现象将会大大降低，立法的权威性自然会有所提升。党的十八大之后，加强了反腐的力度，反腐的范围也在不断拓宽，而在立法过程中实施立法信息公开制度，与反腐败的要求不谋而合。因此，预防腐败也就成为人大立法信息公开的一个不可忽视的思想基础。

三、人大立法信息公开的价值体现

（一）人大立法信息公开的目的价值

"价值"一词在《辞海》中的解释之一就是指积极作用。① 法律制度的价值就体现在法律制度在调整人们社会生活过程中所体现出的积极作用。相应地，法律制度的目的价值就是法律制度在规范社会活动的过程中所追求的目标。② 即任何一个法律制度在出台之时都有其所要实现的目标，这一目标也可以被称为是"应然价值"，③也即法

① 夏征农、陈至立主编：《辞海》（第6版缩印本），上海辞书出版社2016年版，第876页。

② 张文显主编：《法理学》（第3版），高等教育出版社、北京大学出版社2007年版，第298页。

③ 严存生：《法的价值问题研究》，法律出版社2011年版，第35页。

律制度的理想状态。人大立法信息公开这样一个制度在制定之初,目的就是要通过将立法过程中的重要信息予以公开,向社会征询意见,从而在理论上实现立法的民主化,在现实上使立法更加具有科学性,最终使立法在实施过程中充分地满足社会发展的需要,体现出其权威性。

(二)人大立法信息公开的形式价值

法律的形式价值即从形式上看法律制度所具有的优良品质。①而著名法学家拉德布鲁赫认为,法律制度形式上的安定性也是法律正义的体现。② 所谓的安定性即法律制度不能朝令夕改,要保持一定的秩序性,这样才能够实现法律正义。从这一角度来看,法律的形式价值实际上就是法律制度在秩序层面所发挥出的积极作用。人大立法信息公开制度通过向社会公开立法信息,能够促进立法秩序状态的形成,即将立法的过程变成是集思广益的过程,因而可以排除一些主观性的干扰因素,最终促进立法秩序向着安定性方向发展。所以,人大立法信息公开的形式价值就体现为其可以为立法的秩序化和安定性提供有力的保障。

---

① 张文显主编:《法理学》(第 3 版),高等教育出版社、北京大学出版社 2007 年版,第 299 页。

② [德]古斯塔夫·拉德布鲁赫:《法哲学》,王朴译,法律出版社 2013 年版,第 58 页。

四、我国人大立法信息公开的现状

(一)实效性没有得到充分体现

实效性是立法工作所追求的目标之一。所谓的实效性是立法实际效果的外化,主要通过理念、制度设计、实施程序等方面加以体现。目前实践中我国人大立法信息公开制度的实效性并没有得到充分地发挥,主要体现在以下几个方面:一是公开认识不全面。由于修改后的《立法法》将立法信息公开作为一项法定制度,因而实践中无论是中央立法还是地方立法都能够正确看待立法信息公开这项工作。但是由于目前法律尚未对立法公开的内容以及程序有明确规定,这就导致了不同地方的立法者对于立法信息公开的认识有所差别,有的仅将立法草案予以公布不收集群众意见,有的在立法信息公开之后收集公众意见但是并不公布处理结果,有的仅公布草案而不公布立法的重大程序性事项等,实践中的做法可谓千差万别、种类繁多,这就导致了立法信息公开并没有达到效用最大化。二是缺乏有效的制度设计。实践中,立法信息公开实际上也仅处于摸索阶段,对于信息公开的内容、范围等实体性事项并没有形成很好的制度约束。三是实践操作混乱。由于立法信息公开仅存在原则性的规定,而缺乏具体的制度加以规范,所以在实践中各个不同的立法主体对立法信息公开的实际操作也并不一致,因而从整体来看,立法信息公开还未形成一种效率化的操作。实践中正是由于有这些问题的存在,说明立法信息公开的实效性还未得到充分体现。

（二）收集和反馈民众意见情况不到位

从实践来看，目前无论是中央立法还是地方立法，在立法信息公开方面都能够做到足够的重视，但是对于民众意见的收集以及对民众意见的答复方面做得却并不一致。有的立法机关仅公布立法草案疏于对民众意见的收集，有的立法机关对于民众的意见和建议收集起来后并没有做到认真汇总将汇总信息继续予以公布，当然比较多的是立法机关很少有公布对民众意见处理结果的情况。由于目前我国立法信息公开制度尚处于起步阶段，而且法律中也并没有一个具体的操作程序，这就导致了实践中立法机关在收集和处理立法信息公开后的群众意见方面还有诸多不足之处。

第二节　京津冀大气污染防治联合立法信息公开的法律经济分析

一、京津冀大气污染防治联合立法信息公开的法经济学基础

（一）信息不对称理论

信息是行为决策的基础条件之一，任何决策都需要在掌握一定数量信息的基础之上来完成，因此，信息在整个经济学中所占的地位非常重要。由于行为决策依赖于信息，那么信息数量的多少、质量的高低，都会影响决策行为的质量。从这一角度来看，信息又是有量度的，可以用数学的方式加以计量；同时，信息又是有价值的，可以为决策人

的决策行为提供重要参考,甚至关键信息的获取对于决策人的决策行为起着决定性作用。在市场经济语境之下,信息持有量多的一方往往会利用其信息优势来损害信息持有量较少一方的利益,这就是所谓的信息不对称。① 例如,产品质量、食品安全等问题,都暴露出商家在信息持有量上具有优势地位,而消费者在信息持有量尤其是核心信息持有量方面处于绝对劣势地位,消费者通常情况下只能通过价格信号来判断商品的核心信息,而价格信号在通常情况下又会失真。因而在信息不对称的情况下,消费者权益保障是一件非常困难的事。

根据经济学的一般原理,信息不对称的情况下有两种危害:一是道德风险。即优势信息持有者往往会基于信息优势而获得超额利益,而这些超额利益会随着时间的延长变成既得利益,这样优势信息持有者就会认为他获得这些利益理所应当,从而作出违背道德的行为,如侵犯劣势信息持有者的利益。② 二是逆向选择。就是在市场决策过程中,劣势信息持有者处于保护自身利益的需求,往往会有针对性地选择保守的、最利于自己的方案来应对优势信息持有者,这样的结果就是较差的选择战胜较好的选择,即"形成劣币驱逐良币"现象。③

(二)立法过程的信息不对称

在市场行为的语境之下,信息不对称会发生道德风险和逆向选择

---

① 参见[美]克利斯托夫·帕斯等:《科林斯经济学辞典》(第3版),罗汉等译,上海财经大学出版社2008年版,第29页。

② 参见梁小民编著:《西方经济学》(第2版),中央广播电视大学出版社2011年版,第240页。

③ 参见[美]克利斯托夫·帕斯等:《科林斯经济学辞典》(第3版),罗汉等译,上海财经大学出版社2008年版,第8页。

问题,而在法律经济学看来,立法者的立法活动其实也是一种市场化的活动,①即将立法活动看成是立法需求与立法供给的市场化转换。② 因此,立法过程也必然会存在信息不对称的问题。从法律经济学的角度来看,立法中的信息不对称同样存在两种后果:一是道德风险。即立法者通常情况下是法律资源的持有者,同时也拥有众多的立法信息,而这些信息通常情况下处于信息不对称状态。理论上讲,立法者很有可能会利用这些信息来侵害弱势信息的普通民众的利益。例如,如果立法者为了照顾部门利益或者是行业利益而出台一些倾向利益集团的规范,那么必然会损害群众的利益。二是逆向选择。即立法者在并不十分了解民众对立法的意见时,通常情况下立法者会做保守的或者是"中庸"式的处理,所出台的规范并不一定最为适合民众需求,这样就形成了"劣法驱逐良法"的现象。可见,在立法的过程中立法者既可能是优势信息持有者同样也可能是劣势信息持有者。前者可能出现道德风险,使立法偏移公平正义的轨道,后者则可能出现立法质量不高难以满足社会需求的现象。

(三)京津冀大气污染防治联合立法的信息公开

由于信息不对称可能会使立法者的立法存在道德风险或者是逆向选择,因而要克服这样的不良现象就应当从信息本身出发,尽量将

① 参见[美]尼古拉斯·L. 吉奥加卡波罗斯:《法律经济学的原理与方法:规范推理的基础工具》,许峰、翟新辉译,复旦大学出版社 2014 年版,第 67 页。

② 参见冯玉军主编:《法经济学》,中国人民大学出版社 2013 年版,第 140 页。

信息不对称状态变为对称状态,而实现这一目标的最有效的途径就是信息公开。只要立法者将立法信息公开,就可以迅速收集到民众对立法的意见和建议,这样就会使立法信息达到对称状态,也就能够有效地避免道德风险和逆向选择。对于京津冀大气污染防治联合立法而言,立法过程存在的信息不对称问题相对也较多,一是地方利益协调问题。京津冀三地除了有治理区域大气污染的共同目标之外,每一地在各自经济发展以及环境治理方面都会基于自身利益考虑而采取一些决策,这样在京津冀大气污染防治联合立法过程中所收集到的信息很有可能会部分失真,其中存在道德风险的几率也相对较高。二是由于京津冀大气污染防治联合立法是京津冀三地立法机关联合在一起的一次立法活动,而京津冀三地的经济结构以及社会发展状况并不一致,所以京津冀三地社会对联合立法的诉求也会有所区别。立法机构若不能够全面掌握社会对京津冀区域大气污染治理的诉求信息,所制定的规范性文件必定会出现逆向选择问题。为了避免上述现象的产生,采用立法信息公开的形式是最为恰当的方式,因此,信息公开也就成为京津冀大气污染防治联合立法的经济学基础。

二、京津冀大气污染防治联合立法信息公开的成本效益分析

(一)京津冀大气污染防治联合立法信息公开的成本

既然从理论上讲信息公开是京津冀大气污染防治联合立法的经济学基础,那么在实践中立法信息公开是否具有可行性就是我们需要关注的问题。判断实践中京津冀大气污染防治联合立法信息公开是否具有可行性,首先是要关注信息公开的成本问题。此问题我们可以

从两个角度来理解:一是显性成本。即京津冀大气污染防治联合立法机构为了公开立法信息所直接支付的人力、财力、物力等可视化的财产性成本,该项成本也可以称为会计成本。参考以往其他立法的信息公开实践来看,立法机构所支付的显性成本比较低,主要是用于购买网络媒体的流量、报纸传媒的出版费用等,这些费用对于立法过程的整体花费而言微乎其微。二是机会成本。所谓的机会成本,就是立法者在立法过程中将精力投入到某一领域之后,也就必然会丧失掉对其他领域投入带来的机会或者收益。① 从现实来看,立法信息公开需要耗费一定的时间,但是这些空余的时间立法者可以从事其他的立法活动,包括调研、论证、起草草案等,因为立法者不止这一个规范要制定,因而并不会因立法信息公开而浪费掉机会成本。从这两个层面来看,京津冀大气污染防治联合立法信息公开并不会消耗立法者过多的成本投入,因而具有可实施性。

(二)京津冀大气污染防治联合立法信息公开的效益

判断立法活动中一项行为是否可以进行不仅要看是否可行,还应当去看是否值得去做,因而需要考察法律效益的问题,法律效益高则值得去实施,相反则不应当实施。所谓法律效益实际上是法律收益与法律成本的差值,当法律成本一定时法律收益越高则法律效益越高。对于京津冀大气污染防治联合立法信息公开而言,可以从两个层面来理解:一是直接层面。可以使立法机构在短时间内收集到社会对京津冀区域大气污染防治的意见和建议,立法机构可以根据所收集的意见

---

① 参见[德]汉斯-贝恩德·舍费尔、克劳斯·奥特:《民法的经济分析》(第4版),江清云、杜涛译,法律出版社2009年版,第78页。

和建议对立法进行调整。其收益当然是更加适合京津冀区域大气污染治理现状的规范性文件出台。这种收益可以通过法律实施的过程转化到大气污染治理的成果之中。二是间接层面。从间接层面来看,通过立法信息公开实现了立法民主,使我国地方立法的民主化更加趋向于完善。这样的收益虽然对京津冀区域大气污染治理发生的作用相对细微,但对于我国法制建设的进程而言影响巨大。因此,从这两方面来看,京津冀大气污染防治联合立法信息公开的法律效益非常大,立法信息公开值得实施。

三、京津冀大气污染防治联合立法信息公开的供需均衡分析

(一)京津冀大气污染防治联合立法信息公开的社会需求

京津冀三地大气污染源有所不同,北京地区以机动车尾气为主,河北以重工业为主,天津以能源工业和扬尘为主。① 所以在大气污染治理方面所投入的力量也应当有所侧重。在这样的实践背景之下,京津冀三地对于大气污染治理的社会需求各有区别,反映到京津冀大气污染防治联合立法的过程中,就要求立法机构能够充分地了解京津冀三地社会对大气污染治理的实际需求,这样制定出的规范性文件才能够充分适应京津冀区域大气污染联合治理的实践。而正是由于京津冀三地对大气污染治理的需求侧重点不同,所以需要立法者将立法信息向社会公开,征求社会意见,这样才能够了解社会需求的侧重点。

---

① 参见关大博、刘竹:《雾霾真相:京津冀地区 $PM_{2.5}$ 污染解析及减排策略研究》,中国环境出版社 2014 年版,第 14 ~ 16 页。

因此,从这一角度来看,社会对京津冀大气污染防治联合立法信息公开具有社会需求基础。

(二)京津冀大气污染防治联合立法信息公开的法律供给

京津冀三地社会对京津冀大气污染防治联合立法的信息公开具有社会需求。相应地,立法机构如果能够针对社会需求而提供法律供给,就能够产生较好的社会效果,同时也能够提高立法的效率。具体而言,社会对立法机构有立法信息的需求,一方面说明京津冀地区社会对大气污染治理的关注度比较高,因而比较重视立法机构出台的规范是否能够很好地解决京津冀地区大气污染的治理问题;另一方面说明京津冀地区社会的法律意识相对较高,社会比较重视立法过程的民主化。因此,从这两方面来看,社会对京津冀大气污染防治联合立法的信息公开有需求,那么立法机构就应当提供相应的立法供给,即将立法信息予以公开,这样才能够体现立法的民主性。

(三)京津冀大气污染防治联合立法信息公开的法律均衡

从法律经济学角度来看,立法活动实际上就是法律市场两端在进行博弈之后所产生的一种均衡结果。因而,所谓的法律均衡实际上有两层含义,一是立法供给与法律需求之间的均衡。对于京津冀大气污染防治联合立法而言,将信息公开实际上是调整法律需求与立法供给之间平衡关系的一个重要环节。二是立法实际利益与预期利益之间的均衡。在京津冀大气污染防治联合立法过程中,信息公开往往可以有效地平衡各方利益关系,并将现实利益与预期利益有机地统一到一起。因此,京津冀大气污染防治联合立法信息公开是供需均衡的产物,有着非常坚实的经济学基础。

四、京津冀大气污染防治联合立法信息公开与社会福利提升

(一)社会福利提升的最优选择

社会福利是社会的公共财富,在法律经济学看来,财富最大化是社会福利得到提升的必然选择。① 然而如何使社会财富获得最大进而使社会福利得到最有效率的提升,需要法律制度加以规范。不可否认,在社会福利最优选择方面取得最高成就的是意大利经济学家帕累托。他指出,当社会存在A和B两个目标之时,如果我们让B目标保持不变,而后对A目标进行改进,那么社会的福利水平有所提升,此时B目标的利益并没有受到损失,当继续对A目标进行改进时就不得不损害B目标的利益时,那么对A目标的改进就达到了阈值,即社会福利达到最大化,此时的选择为最优选择。反之,如果假设A不变然后推进B目标也可以得到同样的效果。②

(二)依法信息公开促进社会福利提升

京津冀大气污染防治联合立法的过程实际上也存在多目标如何选择的问题。假设其他程序性的目标不发生变化,那么我们对立法信息进行公开,等于提升了社会福利水平,即除了有立法民主化的收益

---

① 参见[美]尼古拉斯·麦考罗、斯蒂文·G. 曼德姆:《经济学与法律——从波斯纳到后现代主义》,朱慧等译,法律出版社2005年版,第76页。

② 参见[美]克利斯托夫·帕斯等:《科林斯经济学辞典》(第3版),罗汉等译,上海财经大学出版社2008年版,第532页。

之外,立法信息公开可以使立法者及时收集到社会对立法的意见和建议,便于立法者能够及时对立法作出调整,从而使京津冀地区的大气污染治理更加贴近现实,因而社会福利的总体水准有所提升。从这两个方面来看,在京津冀区域大气污染治理联合立法过程中,通过信息公开可以促进社会福利的整体性提升。

第三节　京津冀大气污染防治联合立法信息公开的制度规范设计

一、京津冀大气污染防治联合立法信息公开的主体界定

(一)联合主体

京津冀大气污染防治联合立法信息公开的第一类主体就是联合主体。所谓联合主体,就是京津冀三地人大立法机关联合在一起共同将联合立法的信息向社会予以公布。由于京津冀大气污染防治联合立法的过程会经历收集信息阶段、拟定草案阶段。根据信息公开的要求,每一阶段都应当将立法信息进行公开。由于京津冀大气污染防治联合立法是京津冀三地人大立法机关联合在一起制定规范性文件的活动,这种联合立法并非紧密式联合,而是一种松散式的联合,即只在一定的期限或者时间之内召开联合立法会议,对京津冀区域大气污染防治状况进行研究讨论,最终才会出台规范性文本材料。所以,从这一角度来看,京津冀大气污染防治联合立法信息的信息公开应当由联合主体来完成,即在开会期间应由京津冀三地的人大立法机关共同来

实施立法信息的公开，而在闭会期间对于立法意见的收集、立法草案征求意见等，应当由京津冀三地联合立法的主体授权秘书处或常设性机构来实施立法信息的公开。

（二）单一主体

所谓单一主体，即京津冀大气污染防治联合立法是由京津冀三地的人大立法机关组成的，对于联合主体而言，京津冀地区每一独立的人大立法机关，都是一个单一的主体，而这一主体也就构成了信息公开的单一主体。换言之，京津冀大气污染防治联合立法除了要由联合立法机构进行整体性的立法信息公开之外，还应当由京津冀三地的立法机关在本行政辖区之内对立法的相关信息进行公开，目的是要全面收集社会对京津冀大气污染防治立法的意见和建议。因为，京津冀三地的要素禀赋、部门产业结构、空间产业布局、经济发展状况都各不相同，各地都有自己的独立诉求。因而，为了充分了解京津冀地区社会对大气污染联合防治的具体诉求，只由联合立法机构公开立法信息是不够的，需要京津冀单一区域的人大立法机关在本地公布与大气污染防治联合立法相关的信息，收集辖区内民众对大气污染防治的意见和建议，并汇总后作为京津冀大气污染防治联合立法的参考依据。只有将京津冀三地各自收集到的信息在联合立法会议中进行多方博弈，所形成的草案才会是对各方利益能够形成均衡的草案，此后再由联合立法主体向社会公布立法信息，所收集到的立法反馈信息才更加具有针对性。因此，京津冀三地单一主体的人大立法机关在本辖区之内进行立法信息公开十分有必要。

二、京津冀大气污染防治联合立法信息公开的客体范围

京津冀大气污染防治联合立法信息公开所针对的客体是立法信息。所谓立法信息，就是京津冀大气污染防治联合立法委员会在参与制定立法的过程中所收集或者衍生的信息，具体包含以下两类：

（一）收集信息

对于京津冀大气污染防治联合立法常设机构收集到的调查信息、征求意见结论、统计数据等与立法相关的信息，要作为信息公开的对象向社会公开。

（二）衍生信息

京津冀大气污染防治联合立法机构根据收集到的信息，结合京津冀大气污染治理的现状，会衍生出一些新的与立法相关的信息，如立法草案等，这些信息都应当成为信息公开的对象。

三、京津冀大气污染防治联合立法信息公开的保障措施

（一）加强社会公众参与程度

京津冀大气污染防治联合立法的信息公开面临的最大问题就是如何将信息公开"去形式化"，即切实发挥信息公开的作用，使信息公开真正取得实效。因此，可以采取以下措施：

1. 搭建信息沟通平台

京津冀大气污染防治联合立法主体是京津冀三地人大立法机关。而这三地的立法机关在一起集中召开会议的机会相对有限,因而可以由京津冀大气污染防治联合立法常设机构来完成信息公开。当然要完成信息公开最为重要的就是要搭建信息沟通平台,即由京津冀大气污染防治联合立法常设机构利用网络和移动互联建立信息沟通的阵地,如微博、微信公众号、固定的网页等,通过网络来收集社会对联合立法的意见和建议。

2. 召开听证会

京津冀大气污染防治联合立法在信息公开的过程中,应当对有可能影响民众权利的一些事项通过信息交流平台公布相关信息,组织社会群众召开听证会,听取群众对于治理大气污染的意见和建议。在必要时还可以采取集中辩论的形式来让群众集中反映问题,并收集相关信息。

(二)完善民间“智库”

完善民间“智库”就是将非官方的民间智慧纳入立法机构的立法决策之中来的一种形式。由于是将民间智慧服务于官方立法机构的常态化方式,因而可以称其为民间“智库”。这不仅是立法民主化的体现,同时还是信息公开、收集社会意见的一种重要形式。

1. 发挥专家学者的优势

北京作为首都人才济济,大学、研究院所相对集中,聚集了全国最为优秀的专家学者。而天津作为直辖市,也有优秀的大学和研究院所,专家学者也相对较多。京津冀地区应当充分发挥京津两地的人才优势,在京津冀大气污染防治联合立法的过程中应当充分发挥专家学者的作用，广泛地吸纳专家学者对于京津冀区域大气污染治理的意见和建议，并作为立法的参考依据。当然，对这种来自专家学者意见的吸纳不应当限定在临时措施的层面，应当采取常态化的形式加以实施。具体而言，可以由京津冀大气污染防治联合立法常设机构建立民间"智库"，将与大气污染治理相关领域内的专家和学者都纳入民间"智库"之中，对于重要议题，可以在信息沟通平台中予以公布，让"智库"之中的专家和学者公开发表意见和建议，这样就可以收集到对于治理区域大气污染比较专业化的意见，这对于联合立法而言非常有益。

2. 注重听取律师、经济师等专业人员的意见

律师、经济师、会计师等专业人员是自己领域之内的专业人士，他们对于问题的分析往往可以结合自身的专业提出一些建设性的意见和建议。尤其是对于立法行为的合法性问题，律师可以提出一些自身的见解，而对于合理性的问题，经济师则可以从数量经济学的角度提出一些理性的分析。这些意见和建议对于京津冀区域大气污染防治的联合立法而言非常有好处。因此，京津冀大气污染防治联合立法的信息公开应当注重听取律师、经济师等专业人员的意见和建议，并且要建立合理的沟通机制保持信息的沟通顺畅。

（三）完善立法后期的质量跟踪保障

1. 立法后期质量跟踪的必要性

以往地方立法存在的一个问题就是一项法律制度确立之后并不注重后期法律实施的效果，有很多地方立法，在生效之后的利用率极低，因而这样的立法较为浪费立法资源。对于京津冀大气污染联合防治而言，属于一个新生事物，以前并没有现成的经验可以借鉴。而对

于京津冀大气污染防治联合立法这样一个领域内的事物而言，也具有新生性，因此加大联合立法后的质量跟踪，对于立法的查漏补缺、及时修正都是有好处的。而从社会整体性来看，联合立法后的质量跟踪也有利于实现法制社会的构建。① 与此同时，由于联合立法的质量跟踪要公布一些具体的标准和指标以及最终的评估结果，因而京津冀大气污染防治联合立法的质量跟踪也具备信息公开的属性。

2. 立法后期质量跟踪的具体内容

京津冀大气污染防治联合立法后期的质量跟踪具体而言，应当包含了以下内容：一是联合立法本身的实施绩效，即大气污染防治联合立法实施之后应当对立法的实施效率进行整体综合性的测评，对联合立法的效率进行总体的评价。二是立法内容的实用性，是否能够真正解决京津冀地区大气污染联合治理的实际需要。三是立法的盲点，即京津冀大气污染防治联合立法还有哪些地方没有涉及，这些内容对联合立法的影响。四是立法技术是否成熟，是否能够适应现代地方立法的需要。五是配套措施是否完善，即在执行京津冀大气污染防治联合性规范文件的过程中，配套措施是否足够丰富，是否足以解决联合立法实施过程中的实际问题。对于上述内容，在质量跟踪的过程中都要进行评估，并且要将评估结果向社会公众公布，让社会对京津冀大气污染防治联合性立法文件提出意见和建议，这样治理京津冀区域大气污染才会更加具有针对性和可行性。

① 参见任尔昕等：《地方立法质量跟踪评估制度研究》，北京大学出版社2011年版，第17页。

四、京津冀大气污染防治联合立法信息公开的责任监督

(一)京津冀大气污染防治联合立法信息公开的法律责任

1. 不作为的法律责任

在信息公开领域之内,通常发生的情况是本应当公开的信息,由于信息持有者基于某些目的,而最终没有公开信息,此类现象称为信息公开中的不作为。对于京津冀大气污染防治联合立法中信息公开领域中的不作为现象,联合立法应当事先确立规则,对于没有按照法定程序进行立法信息公开的,应当对主要负责人员追究相应的法律责任。有了责任机制的约束,就可以使信息公开更加充分及时。

2. 乱作为的法律责任

信息公开领域之内除了常见的不公开相关信息之外,还有一种情况就是不按照要求胡乱公开信息,这些信息要么是无关痛痒的信息,要么就是与实际情况关系不大的信息,这些都大大降低了信息公开的真实性。因此,对于京津冀大气污染防治联合立法中的信息公开而言,应当如实、准确地公开实际立法信息,这样才能够使联合立法的信息公开发挥最大效用,要坚决杜绝乱公开现象的发生。从这个角度而言,京津冀大气污染防治联合立法应当设置法律责任,对立法信息乱公开现象给予一定处罚,尤其是当涉及国家秘密不应当公开的信息被公开后,还要承担违反保密法律规范的责任。

(二)京津冀大气污染防治联合立法信息公开的法律监督

1. 立法参与主体的监督

在西方社会中,对于立法行为有违宪审查制度给予监督,有的国家是由宪法法院来实现违宪审查,有的国家则是由宪法审查委员会来实施违宪审查,当然还有的国家是通过立法委员会对宪法和法律进行审查。我国没有建立完整意义上的违宪审查制度,对于立法过程中出现的违宪、违法现象在多数情况下并不能得到及时的纠正,因此,加强京津冀大气污染防治联合立法中信息公开过程中违法现象的监督十分必要。对于京津冀大气污染防治联合立法而言,由于是由京津冀三地的人大立法机关组成的联合性立法主体,因而京津冀每一单独的主体都有权力对联合立法的信息公开情况进行监督,并且有权提出纠正的意见和建议。所以,立法参与主体对联合立法信息的监督是京津冀大气污染防治联合立法信息公开法律监督的重要形式之一。

2. 社会公众的监督

京津冀大气污染防治联合立法信息公开法律监督的又一重要形式就是社会公众的监督。社会公众在京津冀大气污染防治联合立法过程中对信息公开领域之内出现的不作为和乱作为现象也可以随时提出监督性的意见和建议,如果理由成立的,联合立法的立法者应当接受,并在恰当的时间内公开相关立法信息。从理论上讲,社会公众对京津冀大气污染防治联合立法信息公开情况进行监督,是立法民主化的体现,同时对于京津冀地区治理区域大气污染也相当有利。

第四节　京津冀大气污染防治联合立法信息公开的配套制度完善

一、信息的传播与蝴蝶效应

（一）当代信息传播的特点

1. 自媒体时代的信息传播

信息是一种无形资产，对于信息持有人而言，可以带来一定的利益。① 当然这种利益可以包含政治和经济等多种成分。所以，信息一直以来都被人们所重视。在工业化时代里，信息常被作为市场运行的工具来对待，此一阶段信息的传播速度较慢。而随着经济的发展，互联网在各行各业被引入，信息的传播速度加快，而智能手机的产生又将微博、微信等移动互联交流平台的作用发挥到了极致。至此，社会已经进入了自媒体时代。每个人的手机就是一个信息的发布和接收平台，手机中充斥着大量的信息，可以说如果没有信息，现代人将无法生活，信息对于现代人的重要意义已经不言而喻。

2. 自媒体时代信息传播的特征

由于社会发展已经进入自媒体时代，每个人都是信息的接受者和发布者，因而信息的传播具有如下特点：一是参与人数众多。当信息

---

① 参见蔡岩兵主编：《新编信息经济学》，中国经济出版社 2014 年版，第 3 页。

被发布到移动互联平台之后,如微博、微信等信息交流工具,参与信息传播的人数将会非常庞大,与信息相关或者不相关的人都会参与传播,这一点与以往社会中信息的传播方式有所不同。二是传播速度极快。当信息接收人接到信息之后再将其转发,也就数秒的时间,因此,信息传播的速度可以在短时间内形成几何式增长。三是“碎片化”传播。在自媒体时代里,信息传播往往呈现“碎片化”特征,甚至是支离破碎或者断章取义的,很多情况下都是信息发布者或者参与讨论者的一种情绪宣泄,这往往会对社会形成一定的冲击。① 四是传播具有互动性。与以往信息传播的形态不同,自媒体时代下信息的传播掺杂了大量的互动,网络暴力频繁发生,如果引导不利,很容易出现大规模舆情事件。

(二)信息传播中的蝴蝶效应

1. 蝴蝶效应的概念

蝴蝶效应是混沌学中的一个概念,也是经济学中的一个重要理论,是指在相对开放具有复杂性的系统之内,一个很小的行为经过系统的逐级放大,最终可能演化成为一个力量非常强大的行为,而且在短期之内具有不可预测性,这是混沌系统复杂性的基本特征。② 从社会经济的发展来看,蝴蝶效应会经常出现,最为典型的就是拆迁事件、城管执法冲突等,往往最初都是一些很小的事件作为起因,最终可能

---

① 参见汝艳红:《微博信息传播的特点及发展趋势》,载《青年记者》2012年第20期。

② 参见[英]保罗·奥默罗德:《蝴蝶效应经济学》,李华夏译,中信出版社2006年版,第12页。

会演化为群体性事件。

2. 信息传播与蝴蝶效应预防

现代自媒体时代,信息传播速度极快,非常容易形成蝴蝶效应,因此如何预防小事件演化为影响力巨大的群体性事件,这是目前政府工作的一个重要课题。尤其是政府信息的传播,如果政府的一项政策引导得力,则会产生积极效果,相反同样的政策也可以找到不同的解读方式,最终有可能会演化为一种恶性事件。对于京津冀大气污染防治联合立法的信息公开而言,也会面临这样的问题。北京作为首都承担着重要的政治角色,立法信息公开之后所受的关注度也相应较高。因而如何消除社会对京津冀地区大气污染治理联合立法所产生的疑虑,避免蝴蝶效应的产生,是联合立法常设机构所需要认真面对的问题。

二、立法信息公开基本特征

现代立法信息公开是现代信息公开制度的一个组成部分。但是从实践来看,立法信息公开制度尚不完善,主要表现为不能适应自媒体时代的特殊要求,具体表现为以下几个方面:

(一)理念不合适

理念上的不合适,是指在信息公开理念方面,立法者对于立法信息公开所持有的态度较为保守。其主要表现为愿意公开的范围偏窄,甚至是很多情况下都不愿意进行信息公开。即便是对立法信息公开,多数的情况下是对立法草案的公开来征求社会公众的意见,对于如何答复社会公众的疑问以及对立法进程等事项,基本上都不在信息公开的范围之内。这种立法信息公开的理念显然难以满足现代自媒体时代社会对信息的需求。

（二）方法不合适

现代的立法信息公开通常情况下是仅公开立法草案，而对社会公众所提的意见和建议基本上只收集而很少有集中答复的情况。像大气环境治理这样与每一个社会公民都息息相关的事项，加之自媒体时代信息传播的速度极快，而现代法制社会中公民对知情权的法律意识在不断提升，因此社会公众对于立法信息的需求也在不断增加。在这样的大背景之下，立法者再采取“避而不答”的处理方式，很显然与社会发展要求不相适应。

（三）机制不合适

现代社会已经进入了信息经济时代，自媒体平台的传播速度使信息变成了一种日常精神消费品，人人都能够通过移动互联网来参与信息的讨论，极大地丰富了社会的精神生活，但也蕴藏着巨大的危机。在网络交流平台之上，网络暴力横行，发表情绪发泄式言论，都有可能形成蝴蝶效应。而从长期网络监管的实践来看，应对此类社会舆论信息的措施基本上是以封堵为主，采取引导式方法疏解网络舆情的手段较为匮乏。尤其是立法公开领域之内，一项新的规范性文件出台在向社会征求意见的时候对于有可能出现的舆情缺乏响应机制。当然目前这一方面也做了积极探索，现代每当重要立法准备出台之时，在立法草案或者是立法最终公布之后，都会由权威部门召开发布会并针对社会热点问题答记者问。这一做法的积极意义可圈可点，但是并没有形成固定的法律机制，还有相当多的立法活动没有进行此方面的安排，给人的感觉是“神秘立法”。因此，机制匮乏是不适应现代信息社会人们对立法信息公开需求的一个重要问题。

三、完善舆情数据分析机制

(一)加强信息采集工作

京津冀大气污染防治联合立法的立法信息公布之后,会收到来自社会中的各类主体的意见和建议,对于这些信息要建立常态化的沟通交流平台予以收集,并且要适时与社会公众进行沟通和交流,使信息的收集能够做到真实有效。与此同时,对于收集到的社会公众的意见和建议要进行认真甄别,大体可以分为两类:一是与大气污染防治立法相关的信息。对于这类信息,立法者要进行汇总,并对其中有针对性的、典型的意见和建议进行归纳,最终形成意见和建议分析报告。二是与大气污染防治立法无关的仅仅是排泄情绪的信息。对于这类信息也要及时予以甄别、排查,对于风险性大的舆论要及时引导。

(二)构建常态化数据分析系统

京津冀大气污染防治联合立法的常设机构在公布立法信息之后,应当对网络平台之中的意见和建议集中收集,并进行数据统计和分析,尽量利用数量经济分析的方法对统计数据进行汇总,制作成为完整的分析系统,这样就可以使分析数据变得更加直观化和系统化。

(三)出具分析报告

京津冀大气污染防治联合立法的常设机构在收集到信息公开后的社会公众意见后,要综合统计结果出具分析报告,供立法者参考使用。分析报告应当包括以下内容:一是社会公众对于大气污染防治联合立法机构所公布的立法信息总体的意见。二是社会公众的意见分类及其统计数据。三是社会公众的意见和建议所集中反映的热点问题。四是大气污染防治联合立法可能面临的难点问题。五是分析结论以及解决措施等。

四、完善舆论应急响应机制

(一)立法信息公开的舆情监控

在自媒体时代下,微博、微信等通讯平台传播信息的速度极快,瞬间就会被各种网络媒体和网络用户转载传播,而大气污染治理问题又是社会比较关注的热点话题,因此,当京津冀大气污染防治联合立法的常设机构公布了与立法相关的信息之后很有可能会引发京津冀区域内社会公众的热议。由于京津冀三地的要素禀赋不同,经济发展的侧重点也会不同,所以对待同一个政策的反映也会各有差异。因此,为了防止网络中大规模网络暴力等不当言论的蔓延,立法机构应当建立舆情监控平台来监控网络舆情,及时收集重点舆情,并将舆情划分为若干等级,对于等级高的舆情要采取相应的应对措施。

(二)应急响应机制的建立

立法信息公开的舆情应对应当建立系统的应急机制,才能够妥善地解决实际问题。具体而言,可以采取以下措施:一是建立信息即时沟通交流平台。通过微博、微信公众号等及时回答社会公众反应强烈的热点问题。二是实施正确的舆情引导。对于社会公众提出的问题,立法机构应当做到不回避、不躲闪，正面回答社会公众的问题，与此同时还要保持前后口径一致，与京津冀大气污染防治总体目标相一致。三是消除不良影响。社会公众对京津冀大气污染联合立法的信息公开后形成不良舆情的，应当及时消除不良影响，不仅要及时公布所涉问题的真实情况，不遮遮掩掩，同时还要及时处理存疑问题，对于社会公众的疑问，要及时给予处理，做到不拖拖拉拉。四是建立长效机制。立法信息公开后的舆情应对不应当仅仅限于公布之时，应当建立长效应对机制，平时网络平台中有关于京津冀大气污染联合防治的舆情，就应当及时处理，不应当等到事态变得复杂之后再去处理，否则处理的难度将会变得很大。因此，京津冀大气污染防治联合立法的常设机构应当以一种规范化的做法来应对网络舆情，这样才能够使网络舆情得到妥善的处理。

第三编

京津冀大气污染防治联合司法机制

第十章　京津冀大气污染损害跨区审判管辖

第一节　京津冀大气污染跨区环境纠纷一审诉讼管辖的确定规则

一、京津冀大气污染跨区环境纠纷的概念以及实际表现

(一)大气污染环境纠纷的界定

大气污染环境纠纷是指由于企业或者个人向大气环境中排放污染物,导致了环境排放地周围的大气环境遭受大面积损害,使周边的空气质量有所下降,影响污染源附近人民正常的生产、生活和工作,进而产生法律纠纷的一种现象。实践中,大气污染环境纠纷常常表现为一种环境侵权损害,这种环境损害有可能是由排污者违法排放造成,也有可能是由合法排放行为造成,因而只要排放者实施了排放行为,并且产生了损害后果,即可构成侵权行为。所以,从环境侵权的基本原理来看,大气污染环境纠纷不以是否合法排放为构成要件。大气污染环境侵权行为具有以下基本特征:一是损害面积广。由于空气的流动性范围极大,一般形成大气污染之后,受害的区域面积会非常广。

二是受害人数众多。一般情况下大气污染由于波及面比较广,在污染源附近生活、工作的人都无一例外将成为受害者。三是损害具有持续性。大气污染形成之后,对污染源附近造成的损害往往具有持续性的特征,空气污染会在一定时间范围之内持续性出现。当然,大气污染环境纠纷虽然在多数情况下表现为一种侵权纠纷,但这并不绝对。在特殊情况之下也存在违约的情况。例如,在一风景区内居住了一个村的村民,随着来景区游览的人数增多,景区经济蒸蒸日上。此时甲企业与村委会达成协议租赁村内5间房屋,开高档饭店。协议约定甲企业在做饭排放油烟时必须加装过滤装置,不得直排影响景区的空气环境。但基于成本考虑,甲企业并未加装过滤装置,而是直排。此时的大气污染是由其违约行为所致,对于损害结果,可以要求甲企业承担违约责任。

(二)京津冀大气污染跨区纠纷的界定

由于大气污染具有流动性的特征,在一地形成了大气污染后很快就会随着空气气流的作用使下游地区遭受污染,因而在与污染源相邻的地域附近都有可能会遭受大气污染的侵害。所以,通常情况之下,大气污染所侵害的地域往往不止一地,而是以污染源为中心向周边的城市扩展,这样大气污染环境侵权纠纷往往就不是仅涉及一个城市或地区。当污染物排放者位于两个地区的交界处进行排污时,通常情况下会造成排污地与输入地多地同时污染的现象。京津冀大气污染跨区纠纷就是这样一种纠纷形式,即大气环境出现了跨省污染的现象,从而发生了法律纠纷,而这样的纠纷是在京津冀范围之内跨省的。京津冀大气污染跨区纠纷具有以下特征:一是跨界性。京津冀大气污染跨区纠纷须是跨越省际的多地大气污染所产生的法律纠纷。二是地域特定性。京津冀大气污染跨区纠纷发生的地域基本上都是与京津地区相互交界的地域，张家口、承德、保定、唐山、廊坊、沧州等地将会是京津冀大气污染跨区纠纷的重点区域，其他地区由于与京津地区较远且与京津之间还隔了一些地市，因而不会成为京津冀大气污染跨区纠纷的区域。

二、京津冀大气污染跨区环境纠纷诉讼中的管辖权冲突

（一）大气污染纠纷与传统地域管辖的冲突

传统诉讼法在确立侵权行为的管辖权时，是有一定规则的，《民事诉讼法》第 28 条规定："因侵权行为提起的诉讼，由侵权行为地或者被告住所地人民法院管辖。"而侵权行为地包括了侵权行为实施地和侵权结果发生地两个，这样环境诉讼纠纷的实际管辖法院就包含了三个。而大气污染环境纠纷却有着特殊性，主要表现为大气污染本身具有流动性这一基本特征，尤其是在京津冀三地交界的地域，大气污染往往会在京津冀三地同时出现，有可能是位于京津冀三地交界的排污企业共同排污所致。此时若提起环境公益诉讼，被告所在地将难以确定，而且由于是同时排污所致，侵权行为发生地和结果发生地都是京津冀三地，此时的环境污染纠纷便与传统的地域管辖相冲突。如果有利可图时，会导致三地法院争相受理，而无利可图时便会纷纷推脱。因此，传统的按照行政地域来确定环境纠纷案件管辖法院的做法，在处理大气污染环境纠纷尤其是京津冀三地的大气污染环境纠纷时，会遇到很大的问题。

（二）京津冀大气污染跨区纠纷管辖法院确定的实际困难

由于现行《民事诉讼法》中对管辖法院的确定最终都会指向一个确定的法院。如环境侵权纠纷要么是被告所在地，要么是侵权行为发生地或者是侵权行为结果地，通常情况下无论是选择哪个法院作为准备起诉的法院，所指向的法院都是相对确定的某一个法院。而在京津冀大气污染环境纠纷中，诉讼纠纷所指向的法院有可能是在京津冀三地。而且单就某一地而言，有可能由于多个区县都是受害地区，因而这些区县都有可能是侵权行为发生地或者是侵权结果发生地。这样就造成了一个混乱的局面，即按照现行民事诉讼管辖法院的确定规则，京津冀三地多个区县的法院实际上都具有管辖权。这种管辖权不集中的现象，给京津冀大气污染跨区纠纷管辖法院的确定带来了极大的困难，这是目前京津冀大气污染防治联合司法机制需要着重解决的问题。

三、京津冀大气污染跨区环境纠纷统一受案必要性分析

（一）统一受案是跨区法院发展的趋势

2014 年 8 月，全国人大常委会通过了《关于在北京、上海、广州设立知识产权法院的决定》，之后 2014 年 10 月最高人民法院颁布《关于北京、上海、广州知识产权法院案件管辖的规定》，并在 2015 年 2 月颁布《关于全面深化人民法院改革的意见》，明确指出要探索设立跨行政区划的法院，构建普通类型案件在行政区划法院受理、特殊类型案件在跨行政区划法院受理的诉讼格局。将铁路运输法院改造为跨

行政区划法院，主要审理跨行政区划案件、重大行政案件、环境资源保护、企业破产、食品药品安全等易受地方因素影响的案件，跨行政区划人民检察院提起公诉的案件和原铁路运输法院受理的刑事、民事案件。这标志着跨区法院在顶层设计方面有了雏形，并付诸了实施。跨区法院的设立，是法院系统深化司法改革，促进审判专业化的一项具体举措。在实践中，以北京为例，跨区知识产权法院成立的第一年，共收案 7918 件，其中 6699 件为一审案件，外地案件占到了 70% ~ 80%。[①] 由此可见，跨区法院的市场效应相对较好，而从侧面也说明了由于有专业化的市场需求，跨区法院也必然成为专业审判的发展趋势。因而，在京津冀地区实现跨区案件统一受理也是实现跨区专业审判的发展方向。

（二）统一受案是审理环境专业案件的需要

案件的跨区审理，是审判走向专业化的必然路径，是排除地方主观干扰、实现诉讼纠纷审理去地方化的必然选择，是司法改革的一个方向。[②] 所以，走专业化审判的道路是跨区法院的建立初衷。时下环境问题已经成为社会经济发展中不可回避的问题，各类环境污染事件在实践中大量涌现，环境纠纷也迅速增加，而由于环境纠纷具有取证困难、涉及的法律关系复杂、纠纷的内容技术含量高需要具有专业背景知识才能够理解等特征，也就使环境纠纷案件成为一种非常专业的

---

① 祝文明：《努力探索知识产权司法保护经验》，载《中国知识产权报》2015 年 11 月 11 日，第 9 版。

② 王小刚：《跨区法院建设需坚持专业化路径》，载《人民法治》2016 年第 1 期。

案件,并非任意一个基层法院都能够把握。从这一角度来理解,设立跨区法院专门审理环境诉讼纠纷也是情理之中的事,因此最高人民法院的《关于全面深化人民法院改革的意见》中也明确将环境资源保护作为探索跨区法院实现专业化审判的一种案件类型。而大气污染环境纠纷又是一种极为特殊的环境纠纷案件,涉及的专业性更强,因此在京津冀地区实现对大气污染环境纠纷案件统一受案,是审理环境专业案件的需要。

(三)统一受案是解决京津冀司法权分散壁垒的选择

京津冀大气污染环境纠纷,受侵害地区的地域面积较大,其中往往会涉及京津冀三地的多个区县,如果按照传统地域管辖的方式来处理案件管辖问题,就会使管辖权过于分散,无法集中于某一个法院,无疑等于给案件的受理增添了诸多行政化的壁垒。因此,要解决京津冀大气污染纠纷案件管辖权不集中的问题,最为有效的措施就是通过统一受案将案件集中在某一个法院审理,这样就可以消除京津冀大气污染纠纷管辖权分散带来的低效率问题。因此,京津冀大气污染纠纷统一受案是解决京津冀司法权分散壁垒的必然选择。

四、京津冀大气污染跨区环境纠纷统一受案的制度设计

(一)由跨区法院实现统一受案

鉴于目前跨区法院在实践中已经运行并取得了一定成绩,说明跨区法院的设置经得起实践检验。对于京津冀区域大气污染纠纷而言,也可以通过跨区法院的方式来解决管辖权确定困难的问题,实现案件

的统一受理。具体做法可以由京津冀三地省级法院通过协商的方式,来指定京津冀大气污染纠纷应当由其中某一个法院来受理,今后再发生跨区大气污染事件,无论是诉讼主体还是诉讼标的只要在京津冀范围之内跨越省际行政辖区,就应当由该法院统一进行受理。由于北京地区人力资源优势非常丰富,法院的专业人才相对较多,可以调动的专家学者资源也最多,加之北京有跨区法院运行的成功经验,因此,由北京统一受理京津冀大气污染跨区环境纠纷案件非常适合。

(二)统一受案不排斥地方受案权

通过跨区法院实现对京津冀区域大气污染纠纷进行统一受案,是跨区法院专业化的一种表现。但是跨区法院对该类案件的受理并不能排斥地方法院的受案权。具体而言,就是跨区法院一般应当仅受理京津冀区域大气污染环境纠纷的案件,对于非区域性的大气污染纠纷案件,由于侵权行为发生地和侵权行为结果发生地以及被告所在地都比较容易确定,因而可按照一般的环境侵权纠纷诉讼来确定管辖权,这样跨区法院的统一受案行为就不会与地方的受案权发生冲突。当然,随着跨区法院审理京津冀区域大气污染纠纷案件经验成熟之后,京津冀三地也可以协商增加跨区法院对大气污染纠纷案件的受案范围,将地方发生的大气污染环境纠纷也纳入跨区法院的管辖范围之内。而基于诉讼成本与当事人的诉讼意愿考虑,将地方普通大气污染环境纠纷案件纳入跨区法院统一受理的做法也仍然应当是平行的,不能排斥地方的立法权,即当事人可以选择在地方法院提起大气污染环境纠纷诉讼,也可以向跨区法院提起该项诉讼,如果当事人向两个法院都提起诉讼的,以先受理的法院为准。

五、京津冀大气污染纠纷跨区上诉管辖法院的确定规则

对于京津冀区域大气污染纠纷,京津冀三地通过协议的方式可以确定由某一地具体的法院进行统一受理并进行审判,通常情况之下应当指定北京的法院作为专门审理跨区大气污染的纠纷,这样就实现了案件的跨区管辖。当然,在法院判决之后就会涉及上诉的问题,此时对于京津冀大气污染纠纷跨区上诉管辖法院的确定也应当由京津冀地区省级法院联合在一起以协议的方式加以确定。一般情况之下,一审法院如果确定了由北京的法院来专门受理大气污染跨区纠纷,那么二审的上诉法院也应当确定为该法院所在地的直接上级法院作为上诉法院,这一点符合我们通常情况下对地域管辖的认识,在此不再赘述。

第二节　京津冀地区大气污染环境纠纷统一受案的法律经济分析

一、统一受案是法律供需均衡的必然选择

(一)司法供需相均衡是法律制度改革的基本要求

从法律经济学的角度来看,司法供给属于法律供给的一个组成部分,而司法需求也是法律需求的一个表现,通常情况下,司法供给应当

与司法需求相适应,这样司法活动才能够体现出均衡状态。[①] 而在实践中,司法活动常常处于相对不均衡状态,有的领域之内立案难,大量纠纷被挡在了司法处理的系统之外,如土地权益纠纷就属于这样一种类型;还有的地区是人少案多,法院司法审判处于较为忙碌的状态,如北京的朝阳、海淀、丰台地区的法院,平均每个法官一年要处理数百件案件。这两种情况都说明了司法需求要远大于司法供给,从侧面折射出司法供给的不足。而还有一些领域或者是法院中表现为人多案少,法院基本上比较清闲,这种情况则说明司法资源配置处于浪费的状态。无论是司法供给不足还是司法供给浪费,都显示出司法供给难以与司法需求相均衡,都是司法资源没有得到有效配置的结果。因此,将司法供给与司法需求做到相互均衡,是我们进行法律制度改革所追求的一个基本目标,只有这样才能够实现司法资源的效率化运用。

(二)京津冀区域大气污染纠纷的司法供需均衡问题

在京津冀地区,大气污染非常严重,尤其是跨区大气污染很容易产生环境侵权,于是也就会产生法律纠纷。当京津冀区域大气污染环境纠纷产生之后,受害者会是跨越省际交界的,而且每一单独省、直辖市之内都会有数个受害地区,于是受害者对于顺利解决大气污染环境纠纷是有司法需求的。而现实中依据现有法律制度,按照一般地域管辖的确定规则却难以确定一个具体的法院对案件行使管辖权。这种情况表现为司法供给不能很好地满足司法需求,因而需要对司法供给进行改革,提供一种新的供给方式摆脱地域管辖的限制,才能够满足

① 参见冯玉军主编:《法经济学》,中国人民大学出版社 2013 年版,第 140 页。

社会对跨区大气污染纠纷的司法需求。在这种思路之下,对跨区大气污染纠纷实施统一受理,为此类纠纷提供统一的司法供给,则可以实现司法供给与司法需求之间的法律均衡,这是基于法律均衡理论所作出的选择,是符合司法改革方向的做法。

(三)统一受案可以实现区域司法的纳什均衡

博弈论中的纳什均衡对于经济学的贡献就是找到了一种经济均衡的状态,而这种状态正是推动经济向最优化方向发展的趋势。① 根据纳什均衡原理,在一个博弈关系中,当每一个参与博弈的主体都能够基于现有信息判断选择最有利于自己的决策时,此时每一决策者都得到了自己一方能够实现的效率最大化,谁也没有动力和愿望来改变自己的决策行动,在参与决策者之间就会形成一种均衡状态,这种均衡状态即纳什均衡。② 在区域经济学中,也引入了纳什均衡的概念,形成了区际纳什均衡,即区域间各参与博弈主体之间的均衡状态。而京津冀区际纳什均衡,顾名思义也就是京津冀三地之间在博弈过程中所形成的均衡状态,而区域司法的纳什均衡,也就是在司法领域之内,京津冀三地实现了均衡状态。此时的均衡状态对每一地区而言都达到了效率最大化。具体到京津冀区域大气污染联合防治,要解决跨区大气污染纠纷,必然会涉及区域之间的利益。此时区域间的主体会就管辖权问题形成博弈冲突,如何设计管辖选择的指向,须以能够均衡

---

① 参见[法]克洛德·热叙阿等主编:《经济学词典》,李玉平等译,社会科学文献出版社 2016 年版,第 247 页。

② 参见[美]罗杰·B. 迈尔森:《博弈论:矛盾冲突分析》,于寅、费剑平译,中国人民大学出版社 2015 年版,第 86 页。

各方管辖法院之间的关系为原则,这样才不会使其中主体由于利益不均衡而受到损害。相形之下,如果能够实现大气污染跨区纠纷统一受案,由固定的法院统一受理,就可以很好地解决各法院之间的管辖冲突问题,从而形成一种均衡状态,这种均衡状态就是区际司法的纳什均衡。而统一受案的局面一旦形成,每一参与博弈的法院都没有意愿改变这种状态,从而也就实现了区域司法的效率最大化。因此,统一受案是区域司法合作过程中达到区际纳什均衡状态实现司法效率最大化的必然选择。

二、统一受案是提升法律供给质量的选择

(一)供给侧结构性改革与司法改革

2016 年 1 月,在中央财经会议上,习近平总书记提出要进行供给侧结构性改革,目的是要改变以往经济需求拉动的结构模式,从供给端提升供给质量和效率,之后社会各个领域都开始围绕供给侧开展一系列的改革措施。在司法领域之内,时下正在围绕提升司法能力和司法效率而进行的司法改革,依然是一场供给侧结构性改革,是中央提出的供给侧结构性改革的一个组成部分。① 因为目前司法改革的重点就是要变革以往司法供给能力不强、司法效率低下的状态。具体而言,无论是法院还是检察机关都存在不同程度的司法效率低下的问题。这些问题是司法领域之内积聚已久的问题,当然并不是某一两个

---

① 参见丁国强:《司改是一场供给侧结构性改革》,载《人民法院报》2016 年 3 月 30 日,第 2 版。

单位或者是某一个地区的问题，而是带有普遍性的问题。例如，法院系统执行难，尤其是异地执行长久以来都是困扰司法领域的一大难题；司法领域行政化特征明显的问题；地方党政干部不当干预司法的问题……凡此种种，不胜枚举。这些问题所反映出的矛盾都是结构性的矛盾，即司法生态的结构性矛盾造成了这些困难，集中地体现为目前司法领域之内生产关系不适应生产力的发展。具体而言，就是随着社会经济的发展，以及人们法律意识的提升，社会矛盾数量增加，而且呈现出多样化的趋势，一些新型矛盾的涌现，使得固守以往司法领域之内的规则难以解决实际问题，此时体现为司法供给领域之内出现结构性矛盾，即现有司法结构难以满足实际司法需求，因此必须进行结构性的改革才能够适应社会的发展。于是也就有了执行制度的改革，司法系统员额制改革，司法系统财政由省级院统等一系列司法改革措施。这些改革措施与供给侧结构性改革调整结构、提升效率的思想完全一致，因而司法改革是供给侧结构性改革的一个侧面。

（二）供给侧结构性改革对审判管辖的要求

供给侧结构性改革的目标是提升供给的质量和效率，具体可以归结为“去产能、去库存、去杠杆、降成本、补短板”五大任务。① 具体而言，去产能，就是要去除多余产能，避免高能耗、高污染、低效率的生产方式，以清洁性生产代替以往资源密集型的生产方式。去库存，就是去除商品生产的多余库存，要保持产品销售与新增库存之间的均衡。去杠杆，就是要降低企业融资的杠杆率，为企业营造轻松的融资空间，

① 李莲莲等：《供给侧改革：中国经济夹缝中的制度重构》，当代世界出版社 2016 年版，第 18 页。

降低融资成本建立平台。降成本,就是要降低企业运行成本,为企业发展提供更多机遇。补短板,就是要改变以往企业劳动力密集型的生产状态,为科学技术含量低的简单模仿式低端生产找到出路,弥补企业发展的短板,取而代之的是要以高科技、创新性的高端生产为企业最终发展的方向。① 供给侧结构性改革的五大任务虽然针对经济领域而提出,但是在司法领域之内依然具有实用价值。仅就审判管辖而言,其实也可以归结为这样的五大任务:去产能,是要求去除审判管辖中的多余管辖,很多情况下,法院为了多计算立案指标和多收诉讼费,将一个共同诉讼的案件人为地拆分成数个案件,要求当事人分别立案。例如,交通事故案件,受害者本来可以组成共同诉讼人参与诉讼,这样就可以提升诉讼效率,因为每个人的案情都是一样的,应当合并审理,而很多情况下法院会要求当事人分别提起诉讼,这样就可以分别收取诉讼费,当然也就形成了多余的管辖。去库存,就是要去除矛盾纠纷的库存,为诉讼降低受理难度,提供绿色通道,使库存矛盾得以降低。去杠杆,就是要降低法院受案的杠杆。具体而言,就是要降低诉讼费用,尤其是大额诉讼的诉讼费用,从而降低起诉人的诉讼成本,使更多的纠纷能够进入法院审判阶段。降成本,就是要降低法院管辖的运行成本,改立案审查制为立案登记制,提升法院受案速度和效率,使更多的案件能够进入审判阶段。补短板,就是要在审判管辖方面弥补以往行政化管辖模式的短板,以创新性的做法来解决审判管辖问题,时下已经实施的跨区法院,就有效地弥补了行政地域管辖在专业性上的不足。

---

① 厉以宁等:《解码“供给侧改革”:2016 - 2020 中国经济大趋势》,群言出版社 2016 年版,第 87 页。

(三)统一受案对法律供给质量的提升

在京津冀一体化之后,京津冀法院对大气污染跨区纠纷如何管辖其实也体现了供给侧结构性改革的思想,因为传统行政地域管辖在处理京津冀大气污染跨区纠纷时会发生一定的困难,因而需要以创新性的思维来加以解决。而在审判管辖方面,我国已经建立了知识产权法院专门受理跨区纠纷,这样的成功经验可以被京津冀司法合作机制所借鉴。具体而言,在京津冀地区,对大气污染跨区纠纷实现由统一的法院进行受案,可以弥补以往行政地域管辖的短板。与此同时,有利于去除大气污染纠纷的库存数量,并且统一受案还能够降低案件的审理成本。从这些方面来看,对京津冀大气污染跨区纠纷实现统一受案、统一审判,这样的举措符合供给侧结构性改革的思想观念。从结构性特征来看,随着京津冀地区的经济发展,大规模空气污染现象在此区域之内涌现,跨区司法纠纷的数量有所增加,由于传统审判管辖对于此类型纠纷并不能起到很好的管辖效果,因而所体现出的矛盾就是结构性矛盾。即司法体系中的管辖关系不能满足司法需求,而统一受案恰恰能够解决这样的结构性矛盾。所以统一受案的措施有利于确保司法供给质量和效率的提升,是京津冀地区司法改革的必然选择。

三、统一受案是将社会成本最小化的结果

(一)诉讼的宏观目的

民事诉讼的目的是要通过诉讼达到的结果。通常情况下,诉讼可以分为微观目的和宏观目的两类。微观目的是民事诉讼的诉讼请求

事项能否得到法院的认可，如果认可，则诉讼目的得以实现。因而微观目的是相对比较直观的目的，就是起诉状中所请求的事项。当然，这是绝大多数情况，也会存在一些例外，就是恶意诉讼，通常不以诉讼请求内的目标为最终诉讼目的，而是以诉讼之外的目标作为目的价值，如拖延诉讼时间；为其他诉讼活动争取时间或者创造出一种新的法律事实……此类诉讼由于目的指向都不直接针对诉讼请求，所以是恶意诉讼。① 而从法律关系的意思表示来看，这种虚假的意思表示，不能够算作是真实的诉讼目的。从宏观层面来看，诉讼的目的是使社会成本实现最小化。② 所谓的社会成本最小化包含了两部分之和：一是管理成本的最小化；二是错误成本的最小化。管理成本的最小化，是指法院在对诉讼案件进行审判的过程中要将诉讼运行成本和管理成本控制在最小的范围之内。而错误成本就是案件发生审判错误或者是执行错误，对案件进行再审或者执行回转，所需要付出的成本。当然这里的成本不仅包含了法院对人财物的重新投入，而且还包含了法院为了恢复社会公信力而支付的成本。这一成本有可能非常大，甚至短期之内无法恢复。司法零失误是现代司法所追求的目标，但是从客观情况来看，实践中这一目标无法彻底做到，因而需要将司法失误率降到最低，而此时的错误成本也会相应地控制到最小化。司法过程中的成本无论是管理成本还是错误的成本，都是司法成本的组成部分，最终都会转化为社会成本，由社会来负担，即财政税收最终成为司

① 参见郭宇燕：《论民事诉讼中鉴定时间排除规则的完善——以法律经济分析为视角》，载《中国司法鉴定》2015 年第 6 期。

② 参见[美]罗伯特·考特、托马斯·尤伦：《法和经济学》（第 6 版），史晋川等译，格致出版社、上海人民出版社 2012 年版，第 379 页。

法成本的来源。因而，诉讼的宏观目的就是要尽量节省社会资源，将社会成本控制在最小化的范围之内，这样司法才能够为更多的人服务。

（二）京津冀大气污染跨区纠纷诉讼成本分析

对于京津冀大气污染跨区纠纷而言，这样的诉讼需要付出的成本相对较大，主要体现在以下几个方面：一是显性成本方面。主要包含了起诉者为了起诉而收集证据所花费的成本，这些成本在通常情况下比非跨区诉讼要高。因为大气污染的地区涉及多地，要在多地收集证据而且各地的受害情况又不太一样，加之各地的生态环境部门是否配合，这些问题都极大地增加了收集证据的难度，并且也增加了收集证据的经济成本。与此同时，诉讼一旦发起，处于各地的受害者有可能在本地分别提起诉讼，最终可能会导致同一起污染事故而在多地同时受案的情况，在这种情况下司法资源被浪费了。二是隐性成本。京津冀大气污染跨区纠纷如果按照行政地域管辖，普通法院在专业性方面要求不可能太高，审判的效率也自然得不到优化，这样会浪费大量的机会成本。与此同时，由于各地之间有可能会发生管辖权冲突，在解决管辖权冲突的过程中也会浪费大量机会成本，这时司法资源没有得到合理地配置，因而隐性成本也随之增加。从上述分析不难看出，在传统的行政地域管辖模式下，京津冀地区法院受理大气污染跨区纠纷时所耗费的司法成本过高是不争之事实，只有采取统一受案的方式指定由某一个法院专门审理大气污染跨区纠纷案件，才能够降低司法成本，提升司法服务的质量和效率。

（三）京津冀大气污染跨区纠纷统一受案的社会成本最小化

京津冀大气污染跨区纠纷的解决应当由京津冀三地省级司法机关联合在一起制定协议，指定由某一个固定的法院受理，这样可以节省司法运行的成本，提升司法审判的质量和效率，通常情况下应当由北京的法院进行管辖。这可以从审理成本和机会成本两个层次来加以说明，一是审理成本。从专业性角度来看，北京法院人才济济，尤其是专业人才力量在全国来说最为强大，由北京地区的法院统一受理大气污染跨区纠纷案件，可以节约审判时间、提升审判的质量和效率，因而北京法院的司法供给效率最高。从这一点来看，北京法院统一受案可以节约司法的机会成本，尤其是降低了司法错误的比例和恢复错误的成本，自然也就降低了社会均摊诉讼成本负担的总量。因此，北京法院统一受案符合经济学规律。二是机会成本。从财政管理的方面来讲，北京地区财政充足，司法系统的财政力量也较为宽松，审理京津冀大气污染跨区纠纷案件不会给财政带来压力，因而也就降低了机会成本的负担。而如果按照传统行政地域管辖模式下，由基层法院来受理大气污染跨区纠纷案件，则会加重基层法院的运行管理成本。基层法院尤其是河北地区的基层法院在财政方面的宽松度相对于北京法院来说有一定的差距，因而在资源有限的状态下耗费一定资源来审理大气污染跨区纠纷案件就会增加基层法院的机会成本，从而加大社会成本负担。这就好比，花一样数量的钱，对穷人和富人而言影响并不一样。对于穷人而言，由于生活可能较为艰辛，影响将会很大；而对于富人而言，则可能无所谓。因此，从这一角度来看，由北京法院统一受案所耗费的机会成本要低，相应地转嫁给社会负担的成本也较低。从以上两个层次来分析，京津冀大气污染跨区纠纷统一受案尤其是由北京地区的法院统一受案,可以实现社会成本最小化的目标。

四、统一受案是实现社会福利提升的路径

(一)社会福利最大化的基本诉求

民事诉讼的宏观目标是实现社会成本的最小化,当然这是直接层面的理解,而隐含意思就是要实现社会福利的最大化。从法律经济学角度来看,诉讼的宏观目的其实也是实现社会财富最大化的过程。① 所谓的财富最大化,是指通过对社会资源的合理配置,使每一个资源都能够充分发挥其应有的作用,并将这种效率保持到最大化的程度,这样社会总体福利就会实现最大化的效果。基于这样的认识,来考察诉讼过程,不难发现,诉讼其实是对社会财富二次分配的过程。通过诉讼可以实现财富的再分配,这样等于将社会资源配置到最需要它的地方,从而提升了资源利用效率,但同时这种分配资源的过程又会浪费成本,这些成本最终会转嫁给社会承担,因而需要将社会成本的总量控制在最小范围之内,才能够实现社会总体福利的最大化。从这一角度来看,民事诉讼应当尽量提高诉讼效率,降低诉讼运行成本,这样就可以最大限度接近社会福利最大化的目标。

(二)管辖权博弈冲突下社会福利的提升

就京津冀大气污染跨区纠纷的审判管辖而言,在传统行政地域管

① 参见[美]尼古拉斯·麦考罗、斯蒂文·G.曼德姆:《经济学与法律——从波斯纳到后现代主义》,朱慧等译,法律出版社2005年版,第43页。

辖模式下会出现管辖权相互冲突的情况,这具有管辖权的主体有可能作出最利于自己的行为选择,即都是基于自己的利益出发来判断是否应当管辖。这样就会形成“有利可图争相受理、无利可图争相推脱”的局面,此时司法效率比较低。而在京津冀地区范围之内实行大气污染跨区纠纷统一受案,等于是从根本上解决了管辖权相互冲突的状态,将管辖权集中于一个机关,有利于以较低的成本和较高的效率解决实际问题,从而缩短了纠纷被解决的时间,这就等于降低了当事人和法院的机会成本投入,能够使当事人和法院抽出更多的时间来处理其他事情,不仅节约了成本,还可以创造出更多价值,因而社会总体福利有所提升。从这一角度来看,在京津冀地区实行大气污染跨区纠纷统一受案,最终可以提升社会福利水平。

第十一章　京津冀大气污染跨区纠纷审判法律选择适用

第一节　大气污染跨区纠纷审判法律选择的法律价值

一、大气污染跨区纠纷审判法律选择的价值判断

（一）大气污染跨区纠纷审判法律选择的概念

大气污染跨区纠纷审判法律选择，是指法院在审判的过程中对法律规范的选择适用过程，最终达到准确、合理适用法律制度的目的。通常情况下，法律选择在司法审判过程中是法官对法律事实以及法律关系查清之后就如何适用法律问题作出的选择过程，在多个法律条文之中如果对涉案法律行为同时有描述时，此时法官就应当结合案件的法律关系来判断适用哪一规范对案件审判而言最为合理。尤其是如果数个法律规范之间要是有冲突的话，这种选择就应当慎重了，因为有可能法律选择适用的结果最终得出截然相反的结论。因此，法律规范选择对于司法审判而言是最为关键的一个环节。

（二）大气污染跨区纠纷审判法律选择的基本特性

法院在审理大气污染跨区纠纷过程中选择适用法律具有如下特征：一是阶段性。所谓阶段性就是只有法院对大气污染纠纷的客观事实以及法律事实调查清楚之后，才会进入到法律适用阶段，此一阶段才会涉及如何选择法律的问题。二是相对不确定性。大气污染跨区纠纷由于涉及多地，相应地由于各地会有自己的行政法规，而行政法规对于法院审判而言具有依据作用，因而选择何地的行政法规作为法院的审判依据就成为不确定的事情。当然这种不确定具有相对性，如果遵循一定的基本原则，仍然可以找到适用何地法律的依据。三是对结果的影响性。法律规范的选择，对于审理大气污染跨区纠纷的结果而言，具有较大的影响性，可以说选择了不同地区的地方法规作为判决依据，最终的结果有可能会截然相反。

（三）大气污染跨区纠纷审判法律选择的法律价值

对于大气污染跨区纠纷审判法律选择的价值可以从以下方面来理解：一是目的价值。所谓目的价值就是法律行为所要最终达到的目的指向。① 而目的价值又具有时代性的基本特征，即在这个时代法律行为的目的价值是这一价值，有可能下一个时代法律的目的价值就变成了另外的价值。从此方面来看，大气污染跨区纠纷审判法律选择的目的价值主要有两层含义：一层是微观层面，即通过法律规范适用的选择达到使案件纠纷得以正确解决的目的；另一层是宏观层面，即通

---

① 参见张文显主编：《法理学》（第 3 版），高等教育出版社、北京大学出版社 2007 年版，第 298 页。

过法律规范适用的选择来确立或印证选择规范适用的方法,为将来处理类似案件打下坚实的基础。二是形式价值。所谓的形式价值就是从形式上看,法律行为应当具备的价值。具体到大气污染跨区纠纷审判法律选择的形式价值,就是要为司法机关提供一种形式化的指引,来确定法律规范选择适用的规则。

二、大气污染跨区纠纷审判法律选择的实体正义

(一)实体正义的概念

从法理学的角度来看,正义,首先是调整人际关系之社会秩序(social order)可能而非必然之品质,其次才是人之德行(virtue):若人之行为因符合社会秩序中所公认之公正(just)规范,则此人便是正人君子(just man)。但称社会秩序公正,其意究竟何指?无非是指此规范对行为之规制(regulate)令所有人皆大欢喜,换言之,人人皆能于此社会秩序中获得幸福(happiness)。对正义之追求即人类对幸福之永恒渴望。孤立个体无法独自获致幸福,于是人们便在社会中寻求之。正义即社会幸福,幸福由社会秩序保障。在柏拉图看来,正义便是幸福。他主张惟公正者幸福,而不公者只会不幸。① 从法理学的这种认识我们不难看出,这里所讲的正义指的是实体化的正义。而对于法院审判而言,实体结果是否符合法律、符合社会规范的一般良知,都关系到当事人是否能够从审判结果中获得幸福感,因此所谓司法审判中的

① 参见[奥]凯尔森:《纯粹法理论》,张书友译,中国法制出版社 2008 年版,第 140~141 页。

实体正义就是通过司法的审判最终达到结果的公正,使正义得到回归。因而,实体正义是司法审判所追求的重要目标,没有实体正义,公正就无从谈起。

(二)法律规范选择与实体正义

实体正义的实现,前提是要达到审判结果公正,而要使判决结果能够公正,就应当正确判断法律事实和准确选择适用法律规范。正确判断法律事实,要求法官在审理案件的过程中对案件所涉及的客观事实以及法律所认可的事实进行充分有效的调查,不得麻痹大意,不得有所疏漏,尽量使所调查的事实与客观真实相符合。准确选择适用法律规范,要求法官在对所调查的法律事实进行客观分析的基础之上,通过严谨的法律关系推理,使法律关系的指向趋于明确化。此时便根据法律关系的指向通过选择适用最为恰当的法律规范,达到使案件结果准确合理的程度。因此,从这个意义上讲,法律规范选择是实现实体正义的工具,只有准确合理地使用了这一工具,才能够实现审判结果的公正,正义的结果才经得起正义法的标准检验。

(三)京津冀大气污染纠纷审判的实体正义

京津冀大气污染纠纷审判通常情况之下会涉及两个甚至是三个省级地区,而在京津冀三个省级地区每一地区又都有自己的地方法规,而京津冀各地地方法规之间对同一问题的规定又不可能是一致的,这就给审判工作带来了一定的困扰。如何选择适用京津冀各地的地方法规,成为审判工作的重要环节。例如,位于京津冀三地交界地的企业违法排放,造成京津冀三地不同程度大气污染,而这种污染是跨区域性的,此时京津冀三地的居民都同时向位于北京的法院提起了环境损害的赔偿诉讼,当然,这要以先实现京津冀大气污染跨区纠纷审判统一管辖为前提。法院在审判过程中如果遇到京津冀三地环境标准不一致时,就会存在很大的问题。当然比较极端的情况是在同一空气环境之下,在A地按照本地的环境标准属于超标,而在B地则属于达标,因为有可能A地执行比国家标准更加严格的地方标准,而B地执行国家标准或者并不严格的地方标准。在这种情况之下,如何认定环境侵权损害将是一件极为困难的事情。如何选择适用法律规范,有可能会影响判决的结果乃至实体正义是否能够得以实现。因此,在京津冀区域之内审理京津冀大气污染跨区纠纷法律规范选择适用决定了实体正义的结果。

三、大气污染跨区纠纷审判法律选择的程序正义

(一)程序正义的概念

程序正义主要是以诉讼程序为核心所衍生出来的一种正义法的形式,①是诉讼程序所应当体现出的一种价值。从法理学上看,程序正义具有如下价值:一是对实体正义在反映案件结果时的欠缺。我们知道,很多情况下一个案件在审判的过程中不可能使每一个诉讼中的当事人都获得满意的效果,甚至很多情况下某一方当事人对于案件结果会有抵触情绪,这很难说是正义的目标达到了最大化。此时,若在法律程序上给当事人一个很好的交代,使当事人能够感觉到在诉讼的

---

① 参见叶剑泉:《程序正义理论的价值及其实现》,载《中共山西省委党校学报》2016年第5期。

过程中法官给予了平等的对待，那么可以在一定程度上消除当事人的不满情绪，从而也就弥补了实体正义难以实现的正义价值。因而，在法理学中我们可以找到这样的法谚：对于当事人而言，平等的对待比实体公正更加重要。① 二是制约司法权的运行。司法权在诉讼过程中属于强势地位，非常容易依靠其强势地位损害当事人的利益，即所谓权力滥用的现象，而按照程序正义的要求，对于强势地位的法官给予了一定的限制，从而可以在一定程度上避免权力被滥用的情形。三是保障当事人的诉讼权利。根据正当程序的要求，双方当事人在诉讼过程中享有同等的权利承担同等的义务，这样就会使双方当事人的权利得到完全的释放，从而也就保障了双方当事人的诉讼权利。这种保障是同等的保护，而非单方的保护。正因为程序正义有如上价值，因而程序正义也是法律行为所追求的目标价值。

（二）法律选择与程序正义

对于法院的司法审判不仅要追求结果上的实体正义，而且还要追求过程中的程序正义。对于法律规范的选择而言，依然要追求程序正义。具体而言，就是法院在审理案件的过程中如果遇到法律选择问题，必须依照正当程序的原则来进行选择，不能具有过多的随意性。要避免两种倾向：一是要避免权力滥用倾向。即法院在选择规范适用的过程中自由裁量权过大，不遵守法律适用的规则任意适用法律，甚至作出越权性解释，这些现象的发生，都说明了法官在选择法律规范的过程中没有遵循程序正义的基本准则。二是要避免怠于行使权力。在法律规范选择适用过程中怠于行使权力是指法官不积极行使权力

① 参见《西方法谚精选》，孙笑侠编译，法律出版社2005年版，第96页。

选择法律规范。通常表现为涉案法律关系存在多种规范,而法官不积极选择法律规范的适用,仅仅是依据其中一个条文作出判决。这在很多情况下,不一定是错误的规范选择,但却是不准确的法律选择,属于偷懒的做法。例如,比较常见的就是有原则性的条文规范存在,如禁止权利滥用原则,也有很多具体的条文予以支持,而法院为了图省事,就直接将总则的禁止权利滥用条款作为最终的法律选择规范指向,这种做法与程序正义的要求不相符合。因此,从上述两个方面来看,要使法律规范选择实现程序正义,就应当准确地选择并适用法律规范,既不能滥用权力又不能怠于行使权力。

(三)京津冀大气污染跨区纠纷审判法律选择与程序正义的实现

法院在审理京津冀大气污染跨区纠纷过程中,在选择适用法律、法规过程中依据怎样的规则或者原则,关系到审判是否能够获得公正的判决。要保障审判结果的公正性,就应当根据程序正义的要求,依据法律选择规则来选择适用法律规范。然而在目前法律、法规中并没有针对选择适用多个地方法规的情况有所规定,这就给法律规范的选择带来了一定的难度。当然,没有具体的程序性规则,并不意味着不能实现程序正义,我们依然要遵循一定的原则,而这些原则都是从法理和现实出发总结出来的基本原则,对于法官而言依然应当遵循。只有遵循了这些原则,在审理京津冀大气污染跨区纠纷过程中选择法律规范才会变得有章可循,这样的选择也才会符合程序正义。因此,法律选择的原则和方法对于京津冀大气污染跨区纠纷审判过程中法律选择适用而言,是实现程序正义的重要途径。

第二节　大气污染跨区纠纷审判法律选择的利益协调

一、专业审判与普通审判的协调

(一)专业审判与普通审判的矛盾

专业审判是相对于普通审判而言的审判方式。普通审判就是法院处理的一般类型的民事纠纷,并不需要特殊的专业知识,仅需要对民事法律关系的逻辑能够搞通顺就可以应对。而专业审判是指法院审理的某些或者是某类专业性较强案件的总称,通常情况下法院系统审理的知识产权纠纷、交通事故纠纷、环境侵权纠纷都可以称为专业审判。专业审判具有以下特点:一是专业性。专业类纠纷往往都会涉及该领域内的专业知识,仅凭法律关系的逻辑推理不足以应对专业审判的要求,必须要懂得该领域内的专业知识才能够应对。二是复杂性。专业审判的复杂性就在于专业领域内的某些特性有可能会改变法律关系走向。三是结果的不确定性。专业审判并不像普通审判那样通过法律关系分析在一开始就很容易能够判断出案件结果的走向,往往具有很大的不确定性,因为某些专业数据以及标准的改变,都有可能会改变案件的结果。例如,环境纠纷中环境标准的变化等。专业审判与普通审判的矛盾不仅仅体现在难度上,更为重要的是在法律关系认定、管辖法院确定、组织机构建设等方面都会有很大的差别,一旦被划入专业纠纷范畴,可能就会由专业法院或者人员来审理,所投入的人力成本也相应地会增加。

(二)大气污染跨区纠纷受案的专业性

大气污染环境纠纷从法律关系上讲属于环境纠纷,而环境纠纷对于法院审判而言,属于专业审判范畴。相应地,大气污染跨区纠纷的专业性也就更强,不仅是大气环境基本属性具有专业性,还涉及不同地区环境标准如何适用的问题,因此专业性也就更强。以京津冀地区为例,大气污染跨区纠纷的审判必须要能够看懂大气污染检测报告的各种数据,而且还要对环境标准中确定的大气污染物的浓度标准有全面的判断,而由于京津冀三地每地都有各自的环境质量标准体系,这就使得案件本身具有了很强的专业性。

(三)司法供给矛盾下的法律规范选择

京津冀大气污染跨区纠纷具有较强的专业性特征,因而会产生专业性与普通审判之间的矛盾,主要体现在专业司法供给的稀缺性与普通司法供给的低效性之间的矛盾。要协调这一矛盾,首先,是要选择专业的法院或者是专业的审判法庭审理,才能够达到专业化的目的。其次,在法律规范选择适用方面,法官应当尽量选择专业性的法律规范来解决实际问题,有环境标准的情况下应当尽量从环境标准中找到依据,要尽量避免适用抽象性或者原则性的规范作为逻辑推理的依据,这样才能够使京津冀大气污染跨区纠纷审判的说理过程更加具有专业性,才能够使专业审判与普通审判之间有所区别。

二、个体利益与生态利益的协调

(一)个体利益与整体利益的矛盾

从法理学上讲,在法律领域之内,个体利益是指满足个人法律需求的利益总和,而整体利益则是集团或者群体之内所有个体成员共同的利益指向,是成员共同维护的利益。新中国成立以来,开始了社会主义三大改造,随后在我国的农村地区开展了农村集体所有制改革,人民公社成为那个时代的历史记忆。在社会主义改造期间,人们逐渐建立了社会主义价值观念,公有制成为全社会的共同认识,而那个时代也几乎不存在什么私有财产,因为计划经济之下大到汽车飞机的生产、小到一个螺丝钉的生产,都要由国家计划委员会计划进行。因而在改革开放之前社会是不存在个体利益的,国家利益、集体利益是社会的主流观念。在那个特殊的时代里,整体利益大于个人利益的社会观念已经根深蒂固。在改革开放之后,个人利益的观念逐渐深入人们的内心,此时个人利益与整体利益便有了矛盾,当发生矛盾时处理办法也不再是唯整体利益至上。① 而随着2004年的《宪法》修正以及之后的《物权法》等一系列保护个人财产权利的法律制度出台,个体利益与整体利益的保护进入了双轨制平行保护的阶段,即只要是合法利益,无论是个体利益还是整体利益都应当给予保护。

---

① 参见梁上上:《利益衡量论》,法律出版社2013年版,第76页。

（二）京津冀大气污染中个体利益与生态利益的矛盾

在京津冀协同发展的大背景之下，个体利益与整体利益的划分随处可见，只是划分标准不同而已。如果以省份作为划分标准，那么个体利益指的是京津冀三地每一地都有自己的利益，而生态利益指的则是京津冀区域之内生态环境整体的利益。在京津冀三地各自发展经济的过程中，每一地区都有各自的比较优势，都有自己的利益取向，因此各自都朝着对自己经济有利的方向发展，这就造成了区域性的大气污染，从而影响了京津冀地区整体的生态环境。于是，京津冀整体的生态利益与京津冀三地的个体利益之间就会存在矛盾。如何平衡个体利益与生态整体利益之间的关系，既发展了地方经济又不至于使生态环境遭受严重损害，是京津冀协同发展过程中应当要实现的目标，也是京津冀大气污染跨区纠纷审判必须注意的问题。

（三）京津冀大气污染跨区纠纷审判中个体利益与生态利益矛盾协调

京津冀大气污染跨区纠纷审判过程中如何协调个体利益与生态利益之间的矛盾，是法官在法律规范选择适用时应当着重考虑的问题。一般而言，法律法规之中有保护个体利益的规范的同时也有保护生态利益的规范，当这些规范性文件之间发生矛盾冲突时，法官在选择法律规范时，应当兼顾个体利益与整体生态利益。例如，《民法典》第 132 条规定："民事主体不得滥用民事权利损害国家利益、社会公共利益或者他人合法权益。"《环境保护法》第 16 条第 1 款规定："国务院环境保护主管部门根据国家环境质量标准和国家经济、技术条件，制定国家污染物排放标准。省、自治区、直辖市人民政府对国家污染物排放标准中未作规定的项目，可以制定地方污染物排放标准；对国家污染物排放标准中已作规定的项目，可以制定严于国家污染物排放标准的地方污染物排放标准。地方污染物排放标准应当报国务院环境保护主管部门备案。”从规定来看，地方法规可以制定严于国家污染物排放标准的地方标准，可以对高排放老旧车限行，此时就会出现个体利益与整体生态利益的冲突，法院在选择规范适用时，应当同时兼顾个体利益与整体生态利益，选择保护生态环境利益的同时注重对个体利益的保护，这样才能够做到实体结果的公正。

三、地方利益与区域利益的协调

（一）京津冀地方利益与区域利益的矛盾

京津冀的地方利益就是京津冀三地各自为了本地方的发展而追求的利益，而区域利益则是京津冀一体化后在京津冀区域之内要实现协同发展而要达到的利益目标。京津冀地方利益与区域利益在很多情况下并不重合，这样就会形成矛盾，多表现为为了获得区域整体利益而不得不对个体利益作出调整。从表现形式上看，京津冀地方利益与区域利益的矛盾是个体利益与整体利益矛盾的一种特殊的表现形式。从京津冀一体化的发展趋势来看，京津冀地方利益应当服从于区域利益，但是这并不意味着对京津冀的地方利益就不予保护，而是应当给予更多的发展空间。

（二）京津冀大气污染跨区纠纷审判地方利益与区域利益的协调

在京津冀大气污染跨区纠纷审判过程中如果地方利益与区域利

益出现矛盾之时,如何选择适用法律规范,就成为审判过程中的一个重要问题。例如,京津冀地区各地都有自己的地方法规,而有的时候地方法规的规定与国家法律法规之间会发生冲突,最为典型的就是地方环境标准的适用,可以严于国家标准。对于京津冀地区而言,应当适用国家规范的标准,还是适用地方法规中关于环境标准的规定,法官在审判时是需要认真考虑的。通常情况下,为了实现京津冀一体化的区域整体利益应当适用国家环境标准,但是国家标准又没有地方环境标准高,基于对地方利益与区域利益的协调,法院在审判京津冀大气污染跨区纠纷案件时,应当在保障京津冀区域整体利益的同时尽量保护京津冀三地的地方利益。从这一角度来看,适用地方标准对京津冀区域整体利益的实现最为有利。

第三节　大气污染跨区纠纷审判法律选择的基本原则

京津冀大气污染跨区纠纷审判当前并没有具体程序性规则加以规范,实践中,要使法律规范选择实现程序上的正义,就应当遵循以下基本原则。

一、定向性指引原则

(一)定向性指引原则的概念

定向性指引原则也可以说是确定性指引原则,是指在法院审理京津冀大气污染跨区纠纷过程中，当发生法律规范选择适用冲突时，由法律法规或者是地方性法规明确指定应当选择何种规范作为法律适用的依据。定向性指引原则在国际私法中是解决法律冲突的一个基本原则。例如，《合同法》第 126 条第 2 款规定："在中华人民共和国境内履行的中外合资经营企业合同、中外合作经营企业合同、中外合作勘探开发自然资源合同，适用中华人民共和国法律。"法律指定三种合同适用中国的法律规范作为判决的依据，就是一种定向选择。而这种定向选择在目前京津冀大气污染跨区纠纷审判过程中实际上并不存在，因此，可以由京津冀三地立法机关联合在一起制定相应的联合性地方法规，或者由京津冀三地最高司法机关联合在一起制定相应的联合性审判规范文件。在规范性文件中指定京津冀大气污染跨区纠纷适用何种规范性文件，这样就可以解决法律规范选择的矛盾冲突问题，当然这也是比较简单的一种做法。

（二）定向性指引原则的特征

从法律属性上看，法律规范选择的定向性指引原则具有如下特征：一是指引结果的确定性。定性指引原则最终由法律选择性规范将法律选择的结果确定指向某一个具体法律规范，这样的指引大大避免了矛盾的发生。二是法律适用的直接性。在法律规范选择适用过程中，经过定向性指引，法官就可以直接适用被指定的规范性文件，免除了法律规范选择的烦琐，也提升了法律适用的效率。三是法律适用缺乏灵活性。法律规范选择适用中的确定性指引虽然指定固定的规范性文件作为法院判决的依据具有效率高的优点，但是也有缺乏灵活性的缺点，因为大气污染跨区纠纷不仅在专业性方面非常强，而且还会涉及各地规范之间的冲突关系，加之大气污染法律关系的复杂性，就导致了个别情况下确定性指引不一定能够很好地解决问题,因而具有机械性的特点。

(三)定向性指引原则的适用

定向性指引原则在适用的时候需要有两个条件:一是存在相互冲突的规范性文件。这一点非常常见,因为京津冀三地都有各自的地方法规和地方环境标准,三地的规范在很多时候不可能完全一样,因而发生冲突非常有可能。二是要有规范性文件确定性的指引。这一点目前在京津冀地区尚不存在,需要京津冀三地立法机关或者最高司法机关联合在一起制定规范性文件,明确制定纠纷应当适用哪里的规范,这样就可以解决法律选择适用问题。当然,京津冀联合制定相应的规范性文件时应当注意的是,定向性指引原则一般对于具有保护性的领域或者法律关系比较适用。

二、就高不就低原则

(一)京津冀地区环境标准的冲突

在京津冀区域之内,京津冀都会有自己的地方法规和地方规章,其中京津冀地区在环境标准方面也会各有区别,尤其是空气质量的标准,并不一致,相比之下北京的环境质量标准较为严格,而河北地区的环境质量标准则较宽松。如果京津冀大气污染跨区纠纷实际损害涉及三地,京津冀三地的民众就同一损害同时起诉,或者只有河北的民众来北京的法院起诉,此时法院在审判过程中就会发生环境标准适用的冲突:是按照河北的环境标准来解决问题还是按照北京的环境标准来解决问题,就需要认真研究。因为京津冀三地的环境标准并不一样,选择何地的环境标准作为审判的参考依据,这对于一个案件的最终审判结果而言,有很大差异性。

(二)环境标准的选择适用

在京津冀大气污染跨区纠纷审判过程中,面临环境标准的差异,可以采用就高不就低的原则来解决环境标准适用的问题。一般情况之下,当地方环境标准与国家环境标准不一致发生冲突之时,应当适用地方环境标准作为依据,因为根据法律的规定,地方可以制定严于国家标准的环境标准。从这一角度看,法院审判过程中对环境标准的适用应当遵循严格标准,即就高不就低,因为地方标准高于国家标准,因而适用地方标准。根据这一道理,在两个地方环境标准发生冲突或者是多个地方环境标准发生冲突之时,法律应当选择较为严格的环境标准作为审判依据。这样的做法符合环境法的基本理论,对于环境治理非常有益,因而可以采用这样的方式来处理。

三、最密切联系原则

(一)京津冀大气污染跨区纠纷的合同冲突

京津冀地区大气污染跨区纠纷有的时候所涉及的内容并不一定是侵权纠纷,还有可能是合同纠纷,在这种时候法院在审判过程中所涉及的规范性文件有可能就不是环境标准,很可能是地方性法规中的规范。由于京津冀三地地方性法规也存在一些差异,因此会出现法律选择适用上的冲突。

(二)最密切联系原则的适用

最密切原则在国际私法中常被用来解决合同纠纷法律选择的适用问题,在京津冀区域大气污染跨区纠纷的诉讼中,其实也会涉及跨区的合同纠纷问题。当然,解决合同纠纷的最主要依据是合同法,但是在一些情况之下对法律关系事实的认定,有可能会涉及适用地方性法规的问题。因此,可以适用与案件法律关系最为密切的法律规范作为审判的依据。

四、自由裁量权原则

自由裁量权原则或叫自由裁量原则,是指在审判过程中对于法律限度之内的或者是法律并没有明确直接规定的事项,法官可以根据法律实体正义的要求自由决定法律的适用。而对于京津冀大气污染跨区纠纷而言,如果在法律选择适用的时候没有定向性指引、就高不就低、最密切联系等原则可以参照时,法官则可以根据自己对法律的理解选择法律规范的适用。当然,自由裁量原则的适用是有条件的,即须是在穷尽了其他原则之后,在没有其他原则可以参照的情况之下,才可以适用自由裁量权,因而自由裁量原则在顺序上看应当是最后被启动的原则。自由裁量的适用范围也应当具有有限性,仅限于法律规范出现平行冲突的情况之下,也就是相互冲突的法律规范性文件之间不存在优劣关系,也无法根据法理推导出应当优先适用哪一法律规范,此时就可以根据自由裁量原则由法官来决定应当适用哪一部法律规范。

第十二章　京津冀大气污染跨区公益诉讼协调机制

第一节　京津冀大气污染检察公益诉讼之协调机制

一、大气污染领域是环境检察公益诉讼重要调整对象

（一）环境公益诉讼的概念特征

环境公益诉讼是指针对生态环境被破坏的现象，由法律规定具有诉讼权利的主体向人民法院提起公益诉讼，要求环境污染者承担相应法律责任的一种诉讼制度。[①] 环境公益诉讼具有如下特征：

一是原告的不特定性。所谓原告的不特定性是指在公益诉讼中，原告并非环境损害的受害主体，这与普通民事诉讼有很大区别，普通民事诉讼中原告必须是与案件法律事实有直接关系，而环境公益诉讼的原告却并不要求与案件事实有直接的关系，因而原告是不特定的主体。

① 陈阳：《检察机关环境公益诉讼原告资格及其限制》，山东人民出版社2009年版，第26页。

二是原告资格的法定性。虽然环境公益诉讼的主体是不特定的主体,但这并不意味着任何主体都可以提起环境公益诉讼,必须是法律规范中规定的主体才可以提起环境公益诉讼。例如,《环境保护法》第58条规定:“对污染环境、破坏生态,损害社会公共利益的行为,符合下列条件的社会组织可以向人民法院提起诉讼:(一)依法在设区的市级以上人民政府民政部门登记;(二)专门从事环境保护公益活动连续五年以上且无违法记录……”由此可以看出,只有符合法律规定条件的主体才可以提起环境公益诉讼,并非任何主体都可以提起环境公益诉讼。

三是公益性。环境公益诉讼的目标是为了环境利益的恢复,弥补环境损失,因而是为公共利益而进行起诉,并非为了私人利益而起诉,因此具有公益性。

四是弥补公权不足。现阶段我国环境治理主要依靠的是行政力量,但是行政力量是有限的,因而很多情况之下对于环境损害活动,不可能做到完全百分之百的监控,此时环境公益诉讼恰好可以弥补公权力在解决环境污染问题上出现的漏洞,具有补漏性。

五是免收诉讼费。由于环境公益诉讼为的是公共利益而提起诉讼,并非为了私人利益,赔偿金所得也用于治理环境,因而不应当向提起环境公益诉讼的原告收取诉讼费用,否则由于成本负担过重,将大大阻碍提起环境公益诉讼的数量。

(二)环境检察公益诉讼的发展历程

环境公益诉讼经历了从萌芽到发展阶段,主要是在实践中由公益组织或者个人向法院提起诉讼。但是长久以来由于法律制度并没有对公益诉讼作出规定,而按照民事诉讼法的规定要求原告须与案件事实有直接的利害关系,所以绝大多数的环境公益诉讼都以不符合起诉条件为由而被驳回起诉。有的起诉虽然进入到诉讼阶段,但绝大多数案件也都被驳回了诉讼请求,取得胜诉的案件并不多。而在 2015 年 1 月 1 日实施的《环境保护法》中虽然规定了环境公益诉讼制度,但对于可以提起环境公益诉讼的主体限定较为严格,符合条件的主体数量极其有限,而且检察机关不具有提起环境公益诉讼的资格。直到 2015 年 7 月 1 日,第十二届全国人大常委会第十五次会议作出《关于授权最高人民检察院在部分地区开展公益诉讼试点工作的决定》,授权最高人民检察院以生态环境和资源保护、国有资产保护、国有土地使用权出让、食品药品安全等领域为重点,在北京、内蒙古、吉林、江苏、安徽、福建、山东、湖北、广东、贵州、云南、陕西、甘肃 13 个省、自治区、直辖市的检察机关开展为期 2 年的提起公益诉讼试点。这标志着检察机关提起环境公益诉讼正式被确立。在试点工作完成之后,2017 年 6 月 27 日,全国人大常委会修订《民事诉讼法》,其中明确增加了检察公益诉讼的内容,在第 55 条中明确规定:“对污染环境、侵害众多消费者合法权益等损害社会公共利益的行为,法律规定的机关和有关组织可以向人民法院提起诉讼。人民检察院在履行职责中发现破坏生态环境和资源保护、食品药品安全领域侵害众多消费者合法权益等损害社会公共利益的行为,在没有前款规定的机关和组织或者前款规定的机关和组织不提起诉讼的情况下,可以向人民法院提起诉讼。前款规定的机关或者组织提起诉讼的,人民检察院可以支持起诉。”这标志着检察公益诉讼制度正式被确立为一项法定制度。而在 2018 年 1 月检察机关自侦部门转隶,并入国家监察委员会,检察机关就面临着“干什么、如何干”的问题,于是公益诉讼就成为检察机关的一项重要业务。而后,随着检察机关自身建设的不断完善,当前检察机关已经形成以刑事、民事、行政、公益诉讼为核心的"四大检察"法律监督总体布局，公益诉讼作为检察机关的一项新职能对于公共利益保护以及检察权的重新界定都具有重要意义。

(三)大气污染是环境检察公益诉讼的重要内容

从内容来看，大气污染是环境侵权纠纷的一个组成部分，因而检察机关针对大气污染所提起的公益诉讼也可以纳入环境检察公益诉讼的范畴之内。换言之，大气污染是检察机关提起环境公益诉讼的重要组成部分。而从民事诉讼的基本概念来看，环境检察公益诉讼是民事诉讼的一种特殊类型，大气污染又是环境检察公益诉讼的一种重要类型，所以本书仅以环境检察公益诉讼为切入点来进行论述。

二、京津冀建立环境检察公益诉讼协调机制的迫切性

(一)宏观指导

2014 年 12 月 9 日至 11 日中央经济会议在京举行，会议就 2015 年经济工作提出了总体要求并部署了主要任务，其中京津冀协同发展被列为优化经济发展空间格局的重点工作。党中央将京津冀协同发展这一区域性问题作为 2015 年度全国经济工作的一项重要任务来抓，充分彰显了党中央对京津冀协同发展的重视。京津冀协同发展的内容非常丰富，主要包含了在顶层设计、交通一体化、产业承接、生态环保四大方面实现协同发展。早在 2014 年 2 月 26 日，习近平在听取京津冀协同发展专题汇报时作出了七点重要指示，其中之一是要着力扩大环境容量生态空间、加强生态环境保护合作。由此可见，如何处

理好生态环境保护问题是京津冀协同发展的一项重要内容,该问题能否得到有效解决,直接关系到京津冀协同发展的最终成效。

(二)政策指向

近年来,在生态环境方面,京津冀地区大气环境受雾霾污染严重。这种京津冀“同步污染”的现状,对京津冀生态环境保护提出了新的要求,只有“协同治理”才能够应对“同步污染”。京津冀对雾霾污染协同治理尚处于起步阶段,有很多工作需要进一步完善,需要在立法、司法、执法乃至法律实施评估等方面建立协调机制。党的十八届四中全会《决定》提出要“探索建立检察机关提起公益诉讼制度”,为探索以司法的方式保护生态环境提供了政策支持,同时也给京津冀探索协同治理雾霾提供了一条法制路径。与此同时,《决定》确立了“依法治国”的基本精神,“依法治霾”成为京津冀协同保护生态环境的主题,因此检察机关提起环境公益诉讼是在法治的框架下实现“依法治霾”的一个合理路径。在这样的生态背景、政策背景之下,建立京津冀检察机关提起环境公益诉讼协调机制,既是京津冀生态环境协同保护的现实需求,同时也是“依法治霾”的法治要求。

(三)实践可行

自从最高人民检察院出台《检察机关提起公益诉讼试点方案》确立了可以提起环境公益诉讼的试点院以来,现实中有很多地方开展了检察机关提起环境公益诉讼的实践。例如,2016 年 11 月 3 日,江苏省无锡市检察机关对江阴华美热电有限公司等污染环境案向无锡市中级人民法院提起环境公益诉讼。① 类似的实践还可以举出很多。在2017年修改后的《民事诉讼法》正式实施之后，检察公益诉讼正式作为一项制度被确立起来，2018年全国检察机关共计立案办理民事公益诉讼案件4393件，②2019年全国检察机关共计立案办理民事公益诉讼7125件，③由此可以看出，目前实践中检察机关提起的环境公益诉讼已经非常普遍，并不是偶然现象。而在京津冀区域之内，京津冀三地也都针对环境问题各自办理了一些环境检察公益诉讼案件，所以，在京津冀区域建立检察机关提起环境公益诉讼协调机制从实践方面来看完全具有现实基础。

第二节 京津冀环境检察公益诉讼协调机制的目标

生态环境污染具有跨界性的特征，仅在一地加大治理力度很难取得区域性生态环境整体提升的效果。京津冀要通过司法途径实现“依法治污”、协同保护区域生态环境，就应当突破制度性壁垒，建立区域性检察机关提起环境公益诉讼协调机制。该项机制包含了京津

---

① 戴佳：《江苏省无锡市检察院对江阴华美热电有限公司等污染环境案提起民事公益诉讼》，载《检察日报》2016年11月6日，第3版。

② 张军：《最高人民检察院工作报告——2019年3月12日在第十三届全国人民代表大会第二次会议上》，载《中华人民共和国最高人民检察院公报》2019年第2期。

③ 张军：《最高人民检察院工作报告——2020年5月25日在第十三届全国人民代表大会第三次会议上》，载《检察日报》2020年6月2日，第1版。

冀各地区检察机关独立提起环境公益诉讼的协调平衡，也包括两地或者三地的检察机关联合提起环境公益诉讼，其理想状态即总体目标应当实现“三个三”。

一、实现“三个统一”

京津冀区域性生态环境协同治理是一个系统性的工程，司法途径治理环境污染是法治框架下最为坚实的手段。十八届四中全会《决定》已经提出了探索建立检察机关提起公益诉讼制度的主张，京津冀应当在区域协调机制的基础之上进一步细化检察机关提起环境公益诉讼的具体操作程序，建立协调机制，达到京津冀通过司法途径协同治理环境污染的效果。为了保障司法程序能够实施顺畅，具体而言，要做到三个统一：

（一）受案范围统一

由于现行立法中并未直接确立检察机关提起环境公益诉讼制度，但是《决定》却给予了肯定性的回答，具体怎样提起环境公益诉讼尚须检察机关在实践中结合以往的经验进行探索。就京津冀三地而言，在协同保护生态环境、治理污染的大背景下，应当赋予检察机关统一的受案范围，要防止因受案范围不一致而产生的一地可诉而另一地不可诉的现象。

（二）立案标准统一

立案标准是衡量某一环境污染事件能否被司法处理的标尺。就检察机关提起环境公益诉讼而言，检察机关能否将某一环境污染事件作为公益诉讼案件处理，需要京津冀三地建立统一的立案标准，如数量标准和情节标准。即达到什么样的污染程度、达到多大的损失数额、达到怎样的情节检察机关就可以按照公益诉讼案件立案办理，这需要京津冀三地统一标准，才能避免在一地能够立案而在另一地不能立案的现象。

(三)认识标准统一

司法处理的核心环节是对案件实体的审查，在审查之后根据现行法律规定得出结论，由于法律的规定不甚详尽，容易使司法人员在对案件的实体认识上形成差异，实践中同样类型的案件在不同地区司法机关内会有不同处理结果甚至是截然相反的结果的现象不在少数。京津冀要建立检察机关提起环境公益诉讼协调机制，其中一个重要任务便是统一检察机关对案件实体的认识标准，即是否构成环境污染的标准、损失程度的计算标准、损失的赔偿标准，要坚决避免“同案不同赔”等现象的出现。

二、实现“三个同步”

京津冀通过检察机关提起环境公益诉讼方式协同治理生态环境，要在宏观方面做到“三个同步”：

(一)违法治理同步

实践中地方为了追求经济效益先期对于排污单位往往采取放任、默许态度，等酿成污染事件才加以处置，此时生态环境往往遭到了不可逆转的破坏。京津冀建立检察机关提起环境公益诉讼协调机制，应当为环境公益诉讼建立快速反应绿色通道，确保在违法行为出现之后检察机关可以在第一时间内提起环境公益诉讼，纠正违法行为，防止环境污染的进一步扩大。

（二）信息更新同步

信息更新同步，是指京津冀三地检察机关应当建立信息共享平台，其中一地提起环境公益诉讼后，应当及时将诉讼的相关信息予以公布，以避免司法重复投入导致效率低下。京津冀三地生态环境污染不受行政区划的限制，同一污染源很可能会导致三地环境共同污染，此时检察机关若在其中一地就同一污染已经提起环境公益诉讼，其他地区检察机关若不掌握该信息而就同一污染同时提起环境公益诉讼，这种司法重复投入不仅没有效率，有时可能还会产生相互矛盾的处理结果，从而危害司法的严肃性。

（三）队伍发展同步

从检察机关的实际发展情况来看，京津地区属于直辖市，检察机关人才云集发展潜力巨大，相对而言河北省下辖 11 个地级市，发展较不均衡，总体落后于京津地区。京津冀三地检察机关在队伍建设方面发展的不均衡状态极大地制约了生态司法保护的协同性。如果京津地区检察机关力量充足开展环境公益诉讼活动效果显著而河北地区由于力量薄弱开展环境公益诉讼效果不明显，势必会影响京津冀三地生态环境司法保护的整体效果。因此，建立检察机关提起环境公益诉讼机制应当将检察队伍同步发展作为一个整体的宏观目标加以设计，如京津冀分别设立独立的检察机关专司负责环境公益诉讼，或者在指定的检察机关内部设立独立的公益诉讼部门专职负责环境公益诉讼，这样便可以使京津冀三地检察机关在办理环境公益诉讼案件时取得均衡发展。

三、实现“三个跨越”

京津冀通过检察机关提起环境公益诉讼方式协同治理生态环境，在微观方面主要应当打破司法行政区划的制度性壁垒，解决跨区环境污染的司法治理，最终目标是要做到“三个跨越”：

（一）污染跨区起诉

污染跨区起诉，是指环境污染往往具有跨越行政区的特点，尤以雾霾污染为甚，环境公益诉讼若仅限定于一个特定的行政区内，生态环境往往无法得到彻底解决。十八届四中全会《决定》要求“探索设立跨行政区划的人民法院和人民检察院，办理跨地区案件”。不久，便在上海和北京相继成立了跨行政区人民法院和检察院，成为司法体制改革中的一次重要尝试。就京津冀生态环境协同治理而言，应当在跨区司法诉讼方面作出有益的探索，在京津冀三地建立综合性的跨区人民检察院和人民法院，专门负责办理跨区环境污染公益诉讼案件，使环境公益诉讼突破行政区划的限制。

（二）文书跨区承认

文书跨区承认，是指以往的司法实践中司法文书仅在本行政区内适用，司法文书的跨行政区的承认虽然有相应的制度保障，但在实践中往往需要履行相对较为繁琐的程序，大大降低了司法效率。京津冀要协同保护生态环境，在司法方面要做到法律文书直接相互承认效力，简化承认程序，节约司法资源投入，为公益诉讼判决的相互承认创造条件。如京津冀一地检察机关就同一雾霾污染源提起环境公益诉讼，在该地法院判决后，另外两地的法院应当直接认可该地法院的判决效力，此两地的民众有权依据该判决要求源头地污染单位实施恢复生态环境。

（三）裁判跨区执行

执行难是困扰司法界的一大难题，至今未得到全面破解。生态环境破坏往往具有跨行政区的特点，这就决定了环境公益诉讼很有可能会涉及判决的跨区承认适用和执行的问题。传统《民事诉讼法》中虽然对判决的跨区执行设置了协助执行机制，但是程序相对较为繁琐且受地方保护等要素的影响司法效果往往并不明显。京津冀对生态环境以司法方式协同保护最终应当达到优化执行程序、去除异地执行壁垒，为裁判的跨区异地执行提供绿色通道，从而提升执行的效率。

第三节　京津冀环境检察公益诉讼协调机制的困难

京津冀三地从行政区划上看属于三个不同的直辖市、省，但是北京和天津面积并不大且与河北紧密相接，京津冀这种区位特点在“一荣俱荣”时便表现为优势，能够为经济发展提供便利，交通一体化、产业转移可以迅速展开；“一损俱损”时便表现为劣势，重点体现为京津冀三地频繁发生的雾霾现象。但在治理环境污染时充分利用区位特点处置得当的话，依然可以化劣势为优势实现协同共治、生态共保。

京津冀三地要建立检察机关提起环境公益诉讼协调机制所面临的实际困难主要是立法统一难、司法同步难、执行到位难、协调发展难、实施阻力大的“四难一大”问题。

一、立法统一难

京津冀检察机关提起环境公益诉讼协调机制面临的首要难题即如何协调统一立法的问题。从法律适用的角度看,只有法律、行政法规、地方法规可以作为司法机关办理案件的依据,部门规章和地方行政规章只能作为参考,因此作为外部规范而言,京津冀若想在检察机关提起环境公益诉讼方面取得协同发展,需要三地立法机关即人民代表大会联合出台地方性法规,才能使三地检察机关提起公益诉讼的基本思路和准用规范得到统一。现实中三地各自都有自身的地方法规体系,想使三地得到统一确实不易。而作为内部规范而言,则需要京津冀三地省级检察机关相互配合达成内部一致规范,才能够实现检察机关协同发展。相形之下,后者相对容易,而前者涉及的立法程序较为复杂,所以京津冀三地人大机关联合立法尚存在一定困难。

二、司法同步难

虽然2017年修改后的《民事诉讼法》以及2018年修改后的《人民检察院组织法》中对检察机关提起公益诉讼有明确的授权性规定,但是,毕竟检察机关提起公益诉讼在实践中的发展尚处于起步阶段,很多地方的检察机关在提起环境公益诉讼时的做法也是在尝试中逐步推进,成体系性的实践经验较少,甚至很多地区的检察机关对于环境公益诉讼并没有总结出多少实践经验。就京津冀地区而言,京津冀三地检察机关对于开展环境公益诉讼的认识往往难以做到统一一致,如何开展检察机关提起环境公益诉讼、进行到什么程度,包括京津冀三地检察机关是否可以联合提起环境公益诉讼等,这些问题目前在京津冀三地之中并没有形成统一的意见。要解决这些问题,都需要创新意识和创新勇气。加之京津冀三地经济结构各有差异,每一地区的检察机关很有可能会先入为主从本地区的经济发展状况出发来研究如何通过司法途径保障生态环境问题,这就增添了京津冀检察机关提起环境公益诉讼法律协调的困难。

三、执行到位难

执行难问题是长期困扰司法实践的一大顽疾。从以往的司法实践来看,环境公益诉讼的执行问题依然面临着执行困难的囧境。环境公益诉讼本来胜诉率就偏低,这和原告主体资格、证据收集难度以及诉讼主体的专业性程度等诸多因素有关,纵然胜诉,到了执行环节污染企业很多会采取"磨""拖"等办法应对执行,大大降低了执行成功率。京津冀三地建立检察机关提起环境公益诉讼协调机制落实在司法效果层面,需要面对的一大难题依然是执行难的问题。其中既包含了同一地区内法院的执行问题,也包括了跨行政区的协助执行问题。这些问题是需要在建立检察机关提起环境公益诉讼协调机制时重点明确的问题。

四、均衡发展难

由于京津冀三地在环境容量以及污染源产生的数量和浓度等方面存在差异，若使京津冀三地在生态环境保护方面取得协同发展的效果，需要京津冀三地根据本区域的生态环境污染状况投入不同的力量，这样才能够达到“因地制宜”的效果。因此，生态环境保护宏观上协同发展的效果依赖于微观上均衡发展的支持，这种均衡投入是力量上“因地制宜”的均衡，而非总体力量上的平均。京津冀三地生态环境保护的具体要求不同，因而建立检察机关提起环境公益诉讼协调机制面临的客观难题便是京津冀三地在检察机关如何配置环境公益诉讼工作的力量投入，仅仅一地加强力量投入势必会影响京津冀生态环境保护的整体效果。

五、实施阻力大

生态环境的保护与经济发展之间的矛盾如何平衡一直以来都是实践中需要直接面对的难题。现实中为了发展地方经济利益而忽略生态环境保护的事例不在少数，甚至对生态环境保护给予不当干预的案例也时有发生。从以往的司法实践来看，环境公益诉讼受不当干预的情况非常普遍。所以，京津冀建立检察机关提起环境公益诉讼协调机制需要面对的实际困难是如何摆脱和排除不当阻力的干预，尤其是京津冀三地每个地方都有各自的产业结构和经济发展重点，如何破除地方保护以“大生态”的观念来对待检察机关提起的环境公益诉讼，是检察机关提起公益诉讼协调机制必须要认真考虑的问题。

第四节　京津冀环境检察公益诉讼协调机制的完善

京津冀建立环境检察公益诉讼协调机制面临的实际困难主要是“四难一大”问题，而总目标要实现“三个三”，为此可以用“五个三”破解“四难一大”。

一、确立“三个规则”破解立法统一难问题

建立京津冀检察机关提起环境公益诉讼协调机制首先要解决的便是该项协调机制的运行基础问题，即立法依据。目前，负责京津冀协同发展事务的机构是国务院京津冀协同发展领导小组办公室，主要职责是协调京津冀政府之间的重大事务。京津冀协同发展领导小组办公室可以通过全国人大常委会协调京津冀三地人大常委会，进行沟通协商，出台相应的地方性立法规范、确立一定的规则。主要确立三个规则：

（一）联合立法规则

京津冀检察机关提起环境公益诉讼协调机制中的重大程序性问题，需要京津冀三地人大机关联合立法出台相应的规范，以使检察机关提起环境公益诉讼的行为有章可循。主要包括了确立检察机关提起环境公益诉讼的主体资格、具体诉讼程序、跨区诉讼以及地区间司法协助等问题。

（二）密切联系规则

除重大问题需要取得协调一致联合制定地方立法之外，其他非重大事项无须联合立法。京津冀三地原有的地方性法规依然可以适用，但是在适用时无论是从规范文本的选择还是从具体的规则适用上，都应当适用与所涉案件相关度最为密切的规范和规定。

（三）选择适用规则

在跨区域环境污染以及多地检察机关联合提起环境公益诉讼的情况下，对于已有的不同地区已经生效且独立存在的地方法规，如何选择适用哪一具体地区的地方法规就成为问题。协调机制应当确立法规选择的具体规则加以应对。一般应当以对生态环境保护有利原则来决定地方法规的适用。

二、建立“三个制度”破解司法同步难问题

建立京津冀检察机关提起环境公益诉讼协调机制需要面对的实际问题便是如何使京津冀三地的司法机关实现同步化，为此要建立三项制度：

（一）办案标准制度

京津冀三地应当建立统一的检察机关提起环境公益诉讼办案标准，如受案范围、立案标准、认识标准都应当实现统一，才能够使不同地区检察机关在提起环境公益诉讼时做到标准一致、司法同步，彻底避免审判结果迥异的现象。

（二）联合诉讼制度

由于生态环境破坏多具有跨越行政区的特点，所以京津冀检察机关提起环境公益诉讼协调机制的建立应当完善跨区诉讼制度，尤其是多区域检察机关联合提起环境公益诉讼的操作程序，应当作为跨区诉讼制度的重点来加以规范，这样才能够实现对“同步污染”给予司法的“同步治理”。

（三）信息平台制度

京津冀三地检察机关应当建立完善的信息交流平台。一地检察机关提起环境公益诉讼后应当将立案信息、办案进度、审判过程、裁判结果等重要的结点信息公布于信息平台之上，以避免重复起诉、效率低下等现象的发生。

三、完善“三项措施”破解执行到位难问题

京津冀三地须建立完善的协同执行体系，才能够使检察机关提起环境公益诉讼协调机制的司法最终效果得以最终体现。针对当下执行难的普遍现象，在建立京津冀检察机关提起环境公益诉讼之时应当对这些问题进行整体设计，主要应当完善以下三项措施：

（一）执行协助措施

异地协助执行的措施在《民事诉讼法》中虽然有所涉及，但在司法实践中受司法的地域性以及地方保护等多种因素的影响，协助执行的效果往往收效甚微。针对这一现象，京津冀应当完善异地协助执行

措施，要站在生态保护无地域的高度来规划设计协助执行体系，最重要的是要在联合执行，协助查封、冻结被执行人财产以及执行措施及时反馈等方面求得突破，以缓解目前协助执行效率低下的矛盾。

（二）执行保障措施

执行难的关键问题在于被执行人的财产状况难以摸清。目前法院系统已经与金融系统建立了查询平台，可以在法院的执行系统内查到个人身份证信息下的各家银行机构的存款，但企业的查询尚存在一定困难。京津冀三地应当完善企业注册信息的登记备案，对关联企业要通过账务往来进行严格监控，并完善征信平台，将失信企业中负有主要责任的负责人的个人信用信息记入征信平台。多措并举为执行提供保障，异地执行难问题才能够从根本上得到缓解。

（三）执行监督措施

执行监督是修改后《民事诉讼法》的一个新制度，是检察机关的一项新职权，但是对于执行监督的措施、监督的效果、异地执行监督等问题该法没有涉及。京津冀三地检察机关协同保护生态必然会涉及异地提起环境公益诉讼、联合提起公益诉讼等问题，在执行环节也必然要面对检察机关能不能对法院执行活动给予监督、采取什么样的措施予以监督、监督的后果是什么、能否异地监督、联合监督等一系列法律问题。这些问题都需要在检察机关提起环境公益诉讼协调机制建立之始予以明确。

四、提供"三项保障"破解均衡发展难问题

京津冀检察机关提起环境公益诉讼协调机制的建立面临的实际问题是如何使三地检察机关在队伍建设上得到均衡发展,这需要建立制度给予保障,主要应当注重三个层次的保障:

(一)人力资源保障

人力资源的储备是科学发展的战略基础,因而京津冀在建立检察机关提起环境公益诉讼协调机制时,应当对京津冀三地检察机关负责公益诉讼的机构队伍建设进行制度性的规范,保障人员最基本的力量的同时还要为人才的可持续发展留出必要的空间。

(二)物力资源保障

京津冀协同保护生态环境必然要涉及如何对三地保护生态环境的物力和财力进行分配的问题。京津冀检察机关提起环境公益诉讼协调机制亦需要根据三地环境公益诉讼的客观需求状况以及财政收入的基本状况,来确定京津冀三地检察机关在物力投入上的基本数额,以保障京津冀检察机关提起环境公益诉讼协调机制不会因为物力、财力的短缺而出现运行困难。

(三)持续运行保障

可持续发展是对京津冀检察机关提起环境公益诉讼协调机制的基本要求。除了人力和物力的基本保障之外,还应当建立有效的持续运行保障措施,最为典型的便是在京津冀三地的检察机关建立一体化

培训轮训机制、人员交流锻炼机制等规范制度,以保障检察机关提起环境公益诉讼协调机制能够得到可持续性的发展。

五、把握"三个方向"破解实施阻力大问题

环境公益诉讼的客观阻力主要来自纵、横以及多元三个维度,因而检察机关提起环境公益诉讼协调机制的建设要着力化解来自这三个方向的阻力。

(一)破除纵向压力

来自纵向的压力主要体现为上级对下极执法活动的干扰,十八届四中全会《决定》指出要"建立领导干部干预司法活动、插手具体案件处理的记录、通报和责任追究制度",这被视为司法改革的一大亮点。京津冀检察机关提起环境公益诉讼协调机制的建立应当同时落实并完善十八大提出的领导干部不当干预司法的责任追究机制,才能够使环境公益诉讼顺畅进行。

(二)挡住横向斥力

从以往的环境公益诉讼实践经验来看,来自不同部门的阻力仍然是不可忽视的,说情、设置障碍、不提供支持等行为都直接或间接拉大了公益诉讼获得成功的距离。所以,检察机关提起环境公益诉讼协调机制的建设应当赋予其他相关部门以配合义务,检察机关为提起环境公益诉讼所需有权要求相关部门予以配合,而这些相关机关也有义务配合,不得设置各种障碍或者以各种理由推诿。

(三)拒斥多元引力

来自外界的各种吸引力是造成执法效力低下甚至是腐败的原因之一。京津冀检察机关提起环境公益诉讼协调机制的建设应当通过制度建设抵御外在的诱惑,加大执法力度,同时也要为检察机关设置一道自我保护的红线,防止自身腐败行为的产生。

第十三章　京津冀大气污染跨区诉讼的支持起诉协调机制

第一节　检察机关支持起诉制度与大气污染诉讼的结合运用

一、检察机关支持起诉制度渊源

（一）检察机关支持起诉的理论渊源

检察机关支持起诉，是指当起诉者诉讼能力较弱，不能独立完成诉讼或者独立完成诉讼有困难，而此时若原告独立参加诉讼必然会使诉讼力量对比失衡，从而有可能影响实体公正，此时检察机关作为支持起诉人支持原告完成诉讼的活动。支持起诉理论源于苏联民事诉讼中的社会干预理论，①认为检察机关是社会公共利益的代表者，如果社会利益将会出现不公正的发展趋势或者结果，那么检察机关有责任挺身而出来维护社会公正，实现社会正义。由于民事诉讼属于当事

① 参见陈昊博：《简述检察机关支持起诉的基本原则》，载《法制与社会》2011 年第 34 期。

人意思自治的范畴,检察机关的干预属于公权干预私权的表现,因而可以称之为社会对私权的干预。换言之,私权的行使也应当以尊重社会公共利益、公平正义和公序良俗等基本原则为前提,在民事诉讼中当被告方过于强大而原告方过于弱小,那么原告很可能无力独自完成诉讼。因此,检察机关有必要支持原告提起民事诉讼。

(二)检察机关支持起诉的制度渊源

在我国,检察机关支持起诉并非仅仅停留在理论之上,而是有明确法律依据的制度。该项制度源于 1982 年,在 1982 年《民事诉讼法(试行)》之中,第 13 条规定:"机关、团体、企业事业单位对损害国家、集体或者个人民事权益的行为,可以支持受损害的单位或者个人向人民法院起诉。"正是确立了支持起诉制度,而从《宪法》的规定来看,检察机关也属于国家机关,因此支持起诉制度自然涵盖了检察机关支持起诉。此后,1991 年《民事诉讼法》第 15 条规定:"机关、社会团体、企业事业单位对损害国家、集体或者个人民事权益的行为,可以支持受损害的单位或者个人向人民法院起诉。"关于支持起诉制度,1991 年的版本仅比 1982 年版本多了"社会"二字,将"团体"表述为"社会团体",可以说并没有实质性的变化。在 2007 年的《民事诉讼法》中,第 15 条规定:"机关、社会团体、企业事业单位对损害国家、集体或者个人民事权益的行为,可以支持受损害的单位或者个人向人民法院起诉。"此一表述与 1991 年一致,并未做修改。2013 年实施的《民事诉讼法》第 15 条规定:"机关、社会团体、企业事业单位对损害国家、集体或者个人民事权益的行为,可以支持受损害的单位或者个人向人民法院起诉。"该表述依然与 1991 年的表述相同,并没有任何变化。2017 年修改实施的《民事诉讼法》第 15 条关于支持起诉的表述与

2013 年《民事诉讼法》中的表述一字不差。由此可以看出,从《民事诉讼法》1982 年确立以来,历次修改始终没有对支持起诉制度进行大修,说明立法者对于该项制度是认可的。从我国法律发展史来看,一项制度或者一个法律条文,能够历经近 40 年而不做任何修改,这非常罕见,从侧面也说明支持起诉制度非常有生命力。此后,2014 年最高人民法院出台《关于审理环境民事公益诉讼案件适用法律若干问题的解释》,第 11 条规定:“检察机关、负有环境保护监督管理职责的部门及其他机关、社会组织、企业事业单位依据民事诉讼法第十五条的规定,可以通过提供法律咨询、提交书面意见、协助调查取证等方式支持社会组织依法提起环境民事公益诉讼。”其中也明确地肯定了检察机关支持起诉制度,并且还对检察机关支持起诉的具体方式做了规范。特别是司法解释明确说明了检察机关可以支持环境公益诉讼,这就为环境问题乃至大气污染纠纷的解决拓宽了思路。综上,检察机关支持起诉制度是一项具有法定性的制度,并非仅仅停留在理论阶段,更不是像有些学者认为的“检察机关支持起诉是‘无源之水、无本之木’”。

(三)检察机关支持起诉的实践渊源

从司法实践来看,全国检察机关每年支持起诉的案件数量相当庞大。以 2010 年为例,全年办理支持起诉案件 21,382 件,[①]2013 年全

---

① 曹建明:《最高人民检察院工作报告——2011 年 3 月 11 日在第十一届全国人民代表大会第四次会议上》,载《人民日报》2011 年 3 月 20 日,第 2 版。

年办理支持起诉案件 19,021 件,①其余年份没有统计数据。但是仅从这两年的数据就可以看出,目前全国检察机关每年办理的支持起诉案件在 20,000 件左右。如此大的办案数量,足以说明检察机关支持起诉经得起实践的检验,在司法实践中也具有可行性。

二、检察机关支持起诉制度目的

(一)宏观目的

从宏观层面来讲,检察机关支持起诉的目的是要实现检察机关对社会公平正义的维护。检察机关的职责之一就是保护社会公共利益。而在民事诉讼中,有很多案件会涉及公共利益,检察机关支持起诉等于是对公共利益的一种保护,如检察机关支持环境公益诉讼,就体现了检察机关对环境公共利益的保护。而社会公共利益与社会公平正义息息相关,公共利益被侵害之后,社会公平正义也会丧失,检察机关支持起诉则是为社会公共利益提供了一种救济途径,从宏观的层面来看,检察机关支持起诉的目的是实现法律上的公平正义。

(二)微观目的

从微观层面来讲,检察机关支持起诉的目的是通过检察机关对诉讼的介入来帮助起诉人完成诉讼,以达到使诉讼目的能够最大化实现

---

① 曹建明:《最高人民检察院工作报告——2014 年 3 月 10 日在第十二届全国人民代表大会第二次会议上》,载《人民日报》2014 年 3 月 18 日,第 2 版。

的效果。在很多情况之下，由于起诉人的力量单薄，无论是从财力还是能力方面都不足以单独完成诉讼，此时诉讼力量的对比将发生失衡，因为诉讼的过程是对法律事实的审理，而并不是追求或还原历史真相，这时起诉人很有可能会因诉讼力量对比失衡而在实体结果上处于劣势，这种结果往往与实体正义的法律价值相互背离。因而，在这种情况之下，检察机关支持起诉实际上就是对诉讼力量对比的失衡状态给予纠正的过程，目标当然是指向具体案件结果，即帮助起诉人完成诉讼获得法律认可的诉讼利益。

三、检察机关支持大气污染诉讼

大气污染诉讼纠纷有可能是公益诉讼，也有可能是环境民事诉讼。无论是公益诉讼还是普通的民事诉讼，其最终的目标都是要解决环境利益受损的问题。而公认的观点认为其属于一种公共利益的表现形式，检察机关支持环境诉讼就等于是保护了社会公共利益。最高人民法院出台的《关于审理环境民事公益诉讼案件适用法律若干问题的解释》也明确地提出了检察机关可以支持环境公益诉讼。因而，检察机关支持起诉与环境诉讼联系在一起有理论与法律依据。大气污染作为一种特殊的环境纠纷，其本质仍然是一种环境诉讼。从这一角度来理解，检察机关支持大气污染诉讼可以找到理论和实践依据，就京津冀地区而言，大气污染跨区诉讼纠纷是一种特殊的环境纠纷，检察机关支持大气污染跨区诉讼也是可以尝试的一种实践做法。

第二节　京津冀检察机关支持大气污染跨区诉讼的基本价值

一、京津冀检察机关支持大气污染跨区诉讼的应然价值体系

（一）京津冀检察机关支持大气污染跨区诉讼的目的价值

从哲学层面来看，价值是指一切对人们有用的东西。而从法理学上看，一项法律制度的目的价值是指该项法律制度设立的法律目的。① 从法律价值的基本属性来分析，目的价值是属于法律应然价值的一种表现形式，即法律制度理想状态之下应当达到或者实现的目的。应然价值或者进一步讲是目的价值，有两方面基本特性：一是系统性。即目的价值实际上是由法律制度创制和实施过程中若干相关法律期待或者是预期所组成的系统。具体到京津冀检察机关支持大气污染跨区诉讼，其目的价值也是由检察机关支持起诉的目标期待与大气污染跨区诉讼纠纷的目标期待所组成的集合体。二是主体性。即目的价值实际上是由法律上具有支配地位或者统治地位的主体所持有的目标集合。具体到京津冀检察机关支持大气污染跨区诉讼，是国家或者立法者对于解决京津冀大气污染环境问题所希望达到的目标期待。

① 张文显主编：《法理学》（第3版），高等教育出版社、北京大学出版社2007年版，第298页。

（二）京津冀检察机关支持大气污染跨区诉讼目的价值的多元性

目的价值本身就具有多元性的特点，一项法律制度的创制与实施，其目标不仅只有一个，而是多个，因为社会需求具有多样化特点，所以法律制度在创制之初也不可能是仅满足一种社会需求。作为京津冀检察机关支持大气污染跨区诉讼而言，其目标期待也不止一个，从不同的角度来理解，会有多种目标期待。首先，从诉讼法角度来理解。京津冀检察机关支持大气污染跨区诉讼目的是要实现诉讼中的公平正义，即通过检察机关介入大气污染纠纷的环境诉讼，来平衡双方当事人的诉讼地位对比，最终实现诉讼正义的价值目标。其次，从环境法角度来理解。京津冀检察机关支持大气污染跨区诉讼，其实是将检察机关支持起诉制度与环境诉讼相互嫁接的产物，目的是调动社会中一切有生力量，积极地投入到京津冀环境治理当中来，从而使京津冀地区生态环境有所改善，因而其目标价值是保护京津冀地区的生态环境。最后，从实体法角度来理解。京津冀检察机关支持大气污染跨区诉讼，最终的目标是要获得实体法上的正义结果，因而尽可能地获得胜诉是京津冀检察机关支持大气污染跨区诉讼在实体法上的终极目标。综上，从上述分析来看，站在不同的角度来理解，京津冀检察机关支持大气污染跨区诉讼的目的价值具有多元化特征，关键是角度选取的问题。

（三）京津冀检察机关支持大气污染跨区诉讼目的价值的时代性

法律制度的目的价值不仅具有多元化的特点，而且也具有时代性的特征，即随着时代的变化和社会的发展，即便是同一项法律制度，其目标期待也有可能会发生转变。例如，民事诉讼中的禁止权利滥用原则，在以往的实践中往往作为约束诉讼中权利义务关系的一个准则出现。而随着社会经济的发展，通过炒作房地产可以实现资产的迅速积累，有的城市为了抑制房地产炒作现象而实施强限购政策，于是实践中就涌现了很多假结婚、假离婚以及伪造虚假债权债务等权利滥用现象，恶意诉讼在民事诉讼中已非常普遍。因此，禁止权利滥用原则更多的是要约束当事人的诉前行为，这体现出禁止权利滥用原则目标价值的变化。具体到京津冀检察机关支持大气污染跨区诉讼的目标预期，也会有时代性特征。在当前，京津冀地区区域性大气污染较为严重、雾霾天气频频出现，社会对治理大气污染的要求极为迫切，因而京津冀检察机关支持大气污染跨区诉讼目的价值应当主要定义为解决环境问题。当然，随着时代的变化，若京津冀地区的大气污染现象得到治理之后，京津冀检察机关支持大气污染跨区诉讼目的价值有可能会发生变化。

二、京津冀检察机关支持大气污染跨区诉讼的实然价值体系

（一）京津冀检察机关支持大气污染跨区诉讼的形式价值

法律的形式价值是指从形式上看，法律制度应当具有的优良品质，尽管这些品质并不直接反映法的理想和目的，但是，却构成了良法和善法在形式上所必须具备的特殊品质。① 法律的形式实际上属于法律的实然价值的一个组成部分，即法律制度在实际状态之下所表现

① 参见张文显主编：《法理学》（第3版），高等教育出版社、北京大学出版社2007年版，第299页。

出的形式上的优良品质。具体到京津冀检察机关支持大气污染跨区诉讼,其形式价值就是通过司法介入环境诉讼纠纷,从形式上就实现了诉讼力量对比的均衡。因而从形式上看,检察机关支持大气污染跨区诉讼纠纷具有形式上的善良品质。

(二)京津冀检察机关支持大气污染跨区诉讼的稳定性

从法理学的角度来讲,所谓的稳定性价值就是法律制度不能朝令夕改,要具有延续性,同时也不应当变化过大,否则社会将很难在短期内适应这种变化。京津冀检察机关支持大气污染跨区诉讼的稳定性是指在京津冀区域之内,检察机关支持大气污染跨区诉讼应当建立一种法定的机制,并纳入检察机关办案和法院审判的过程中去,此时就要求该项法律机制在一定时期之内保持稳定性,不能变化过快。而从现实来看,京津冀地区由省级司法机关联合制定规范性文件来解决京津冀检察机关支持大气污染跨区诉讼的具体实际问题。这样的规范性文件由于要在三地共同来实施,因而具有稳定性的特征。

(三)京津冀检察机关支持大气污染跨区诉讼的实用性

所谓实用性就是法律制度是实践中所能够发挥出的实际效用,如果效用高,就会被认为具有实用性或者是实用价值较高。从实践来看,全国检察机关每年办理的支持起诉案件平均在20,000件左右。如此大的办案数量,足以说明支持起诉制度是有实践市场的。从另一个角度来说,检察机关支持起诉在实践中具有实用价值,若没有实用价值,全国检察机关也不可能每年办理数量巨大的支持起诉案件。在京津冀地区之内,区域大气污染比较严重,发生诉讼纠纷也非常有可能,而跨区诉讼的难度要远远大于普通的民事诉讼,因而检察机关作为专业的法律监督机关支持此类诉讼,可以在实践中取得良好的效果。因此可以预见的是,京津冀地区之内检察机关支持大气污染跨区诉讼的实用价值非常高,可以作为可推广的经验来对待。

三、京津冀检察机关支持大气污染跨区诉讼的价值冲突表现

(一)京津冀检察机关支持大气污染跨区诉讼价值冲突的原因

价值冲突的基本原因在于价值的取向各有差异,而这种差异在短时间内又得不到处理或者解决,就会形成价值冲突。京津冀检察机关支持大气污染跨区诉讼价值冲突的原因有以下几个方面:一是目的价值的多元属性。由于京津冀检察机关支持大气污染跨区诉讼目的价值具有多元性的特征,具体而言,就是私法有限自治、诉讼程序正义、诉讼结果的实体正义、保护环境利益等预期价值追求都可以成为京津冀检察机关支持大气污染跨区诉讼的目的价值。这些价值在特定的环境之下就会发生价值冲突。例如,检察机关支持大气污染环境诉讼实际上就是私法自治与环境利益保护之间的冲突,因为私法自治强调的是当事人的意志不受干涉,而环境利益保护则强调的是可以调动社会一切有生力量投入到环境保护的事业中来。在民事诉讼这样的特定环境之下,这两个目的价值就会发生冲突。二是社会经济关系日趋复杂。由于社会经济的不断发展,社会分工越来越细致,人们所追求的价值目标也会越来越具有针对性,尤其是京津冀地区社会经济的发展更加具有复杂性,要治理区域大气污染,涉及的利益关系可能会非常广泛,这样就会形成多种价值主张。从这一角度来理解,京津冀检察机关支持大气污染跨区诉讼,在具有复杂化的经济社会之中,发生

价值冲突将会具有必然性。而且这种价值冲突很有可能会向着矛盾化的方向发展,如果处理不好,很有可能会影响诉讼的结果。

(二)京津冀检察机关支持大气污染跨区诉讼价值冲突的类型

京津冀检察机关支持大气污染跨区诉讼价值冲突的类型可以包括三种状态:一是相离状况。当检察机关支持大气污染跨区诉讼纠纷的两种价值发生冲突,而这两种价值又是互不干扰的状态,那么就会出现价值相离的情况。此种情况的价值冲突不需要解决两方价值的具体内容,仅需要合理排序就可以解决价值冲突。例如,保障环境利益与诉讼效率的提升,并没有直接关系,当然在一定层面上这两种价值也会发生冲突,但是只要合理排序,就可以处理好这种价值冲突。二是相交状态。当检察机关支持大气污染跨区诉讼的价值发生了部分重合,但又并非包含关系时,就会出现相交状态。此种价值冲突是检察机关支持大气污染跨区诉讼价值冲突最为常见的类型。三是包含状态。当检察机关支持大气污染跨区诉讼的两种价值处于彼此包含关系时,也会在一定层面上发生冲突。而这种价值冲突则体现为一种此消彼长的价值冲突,如京津冀区域的环境利益与京津冀一地的环境利益。

四、京津冀检察机关支持大气污染跨区诉讼价值冲突的整合

京津冀检察机关支持大气污染跨区诉讼出现价值冲突是比较正常的事情,关键是如何解决这些价值冲突。通常情况之下,可以采用以下原则来整合利益冲突:

（一）和谐发展原则

和谐发展就是要求法律状态与现实状态都能够达到和谐可持续性发展的目标。具体而言，就是法律制度实现安定性，现实状态能够可持续。具体到京津冀检察机关支持大气污染跨区诉讼，当发生价值冲突之时，首先应当看哪一价值更能促进法律和现实的和谐可持续发展，那么就应当优先保护哪一个价值。例如，检察机关在支持大气污染跨区诉讼时，会出现环境公力保护与环境私力保护的冲突。而在京津冀区域之内，大气污染严重，公力保护更加有利于诉讼的安定性以及环境利益的实现，此时就应当由检察机关提起环境公益诉讼。

（二）协调兼顾原则

协调兼顾原则是指当法律价值发生冲突之后，根据现实状态来协调兼顾价值冲突各方的利益关系，最终找出解决路径。具体到京津冀检察机关支持大气污染跨区诉讼，需要结合京津冀地区的现状，来协调平衡价值冲突各方的利益关系。例如，当检察机关支持起诉时，在京津冀地区要处理好区域利益与地方利益之间的关系。换言之，是由个别起诉、个别支持还是整体起诉、整体支持，这时会发生价值冲突，此时可以协调地方利益与区域利益之间的关系，最终选择支持起诉的方式。

（三）法益权衡原则

法益是法律所保护的利益，而法益在法理之上会有大小、优劣之分。换言之，当两个价值相互冲突时，哪一价值的法益价值大，就应当优先保护哪一价值。例如，京津冀检察机关支持大气污染跨区诉讼，有可能会出现是否支持起诉与环境保护之间的冲突,是否支持起诉是意思自治的体现,而环境保护是环境利益的体现。相比之下,环境利益与生存权息息相关,而意思自治仅仅是当事人的意思表达,因而,环境利益与意思自治相提并论的话,环境利益要优于意思自治,所以检察机关可以支持大气污染跨区纠纷起诉。

(四)法律安定原则

法律安定性是法律秩序的体现,法律制度不能朝令夕改,一旦形成标准,就应当很好地执行该项标准,只有形成稳定的法律秩序,那么法律的权威才能够得到体现。从这一角度来看,当京津冀检察机关支持大气污染跨区诉讼发生价值冲突之时,则应当看哪一价值能够维护法律的安定性,有利于法律秩序的形成,那么就应当优先保护哪一价值。例如,检察机关支持大气污染跨区诉讼最为重要的问题就是采取何种方式支持起诉的问题。支持的方式有很多,如提供物质帮助、提供法律咨询、提供书面意见、出庭支持起诉等,如果提供书面意见与出庭支持起诉二者发生价值冲突,可以看哪一方更加有利于法律稳定秩序的实现,那就应当优先选择哪一价值。相比之下,出庭支持起诉更加有利于使支持起诉制度形成一种经验性和持久性的做法,而仅提供书面意见不足以使支持起诉制度在发展过程中走得更远。因此,应当优先选择出庭支持起诉的方式。

第三节　京津冀检察机关支持大气污染跨区诉讼的基本原则

由于目前支持起诉制度仅有一个原则性的规定，并没有具体的操作规范，所以检察机关支持起诉的具体程序目前在实践中也都处于摸索状态，因而京津冀检察机关支持大气污染跨区诉讼时，也需要坚持一些基本原则，这样才能够使检察机关的支持行为更加规范。具体而言，检察机关应当遵循以下基本原则：

一、有限自治原则①

（一）意思自治原则在京津冀检察机关支持大气污染跨区诉讼中的体现

意思自治是民事法律规范的一个基本原则，在民事诉讼中，诉讼主体亦需遵守意思自治原则。所谓的意思自治，就是当事人的意志由自己自由支配，不受任何人的干涉，无论是放弃还是行使诉讼权利，都是自身诉讼权利的表现。在京津冀检察机关支持大气污染跨区诉讼中，诉讼各方当事人也都应当遵循意思自治，表现为对诉讼权利的行使要体现当事人自己的意思。具体而言，就是在起诉准备阶段，当事

---

① 有限自治原则也可以称为意思有限自治原则，是在意思自治原则的基础之上对意思自治的约束。

人有权自己准备证据材料、制订诉讼计划、提出诉讼请求等,检察机关不宜干涉。而在诉讼过程中,作为被支持的原告当事人,也可以自由表达自己的思想,检察机关也不宜过多干涉。

(二)京津冀检察机关支持大气污染跨区诉讼中的意思有限自治

检察机关支持起诉过程中被支持起诉的当事人可以自由表达自己的意志,但是这并不意味着在任何时候检察机关都不可以干涉原告的意思表达。因为环境诉讼涉及公共利益,而京津冀大气污染跨区诉讼有可能是公益诉讼,也有可能是群体性诉讼。此时检察机关支持原告起诉,若原告与被告之间达成和解协议,而此项和解协议有可能会对环境利益造成损害,那就等于是检察机关在变相鼓励或者承认企业的污染行为。从这一角度来理解,必须对当事人的诉讼行为加以限制,换言之,就是当事人的意思自治应当具有有限性,而并非是无限的,要受公共利益因素的影响,只要当事人的意思自治有损公共利益,那么检察机关应当及时予以制止。

(三)意思有限自治原则在检察机关支持大气污染跨区诉讼中的价值

检察机关支持大气污染跨区诉讼中应当遵循意思有限自治原则,原因在于检察机关具有保护公共利益的职责,如果在支持起诉过程中眼睁睁地看着原告的处分行为损害公共利益而不管,显然是不合适的,因此,检察机关有必要及时发表意见。从这一角度来讲,意思有限自治原则的价值就在于能够及时制止当事人不恰当的诉讼行为。但是,值得一提的是,意思有限自治原则也会有适用条件,只有检察机关在支持起诉过程中发现当事人的意思表达有可能会侵害社会公共利益时,才可以适用,而作为被支持的当事人而言,也应当主动约束自身的诉讼行为,尽量不能侵害社会公共利益。换言之,意思自治仍然是民事诉讼的基本原则,检察机关支持起诉时应当以意思自治为原则,而意思有限自治则为例外情形来对待,这样检察机关支持大气污染跨区诉讼才会更加规范。

二、有限介入原则

(一)检察机关支持起诉中有限介入原则的基本理念

有限介入原则是指检察机关在支持起诉时,要合理地平衡司法权与私权的冲突,以尽量较少干预私权的方式介入当事人的私权之争,以尽量少的诉讼成本帮助当事人完成诉讼,从而达到提高诉讼效率、节约司法成本、维护公益之目的。[①] 具体到检察机关支持京津冀大气污染跨区纠纷诉讼,在诉讼的前期以及诉讼的整个过程中,都要坚持有限介入原则,具体而言就是要求检察机关遵守以下基本理念:一是正确理解社会干预理念。社会干预是检察机关以公权干预私法诉讼的一种形式。[②] 因而检察机关必须注意干预的尺度,既不能不干预,又不得过度干预,当然这个尺度应当以必要性为限度,即只有具有必要性时,检察机关才可以进行干预。换言之,检察机关应当以最小化

---

① 高桂林、陈昊博:《中国农村金融法制创新研究》,中国法制出版社2015年版,第221页。

② 陈昊博:《简述检察机关支持起诉的基本原则》,载《法制与社会》2011年第34期。

的干预力度来介入京津冀大气污染跨区纠纷诉讼，当事人能够自己解决的问题，检察机关就没有必要大包大揽什么事都替当事人做主。二是遵守法定程序理念。由于检察机关支持起诉在限行法律之中并没有具体程序化的规定，这样在实践中检察机关就会面临如何支持起诉的问题。从司法实践来看，一般认为，检察机关应当遵循诉讼程序的基本要求，不得超越诉讼法的基本规范来行使自己的职权。因此，从上述认识不难看出，检察机关支持起诉中的意思有限自治主要是用来约束当事人的，该原则反映的是检察机关是否有必要支持起诉的问题，而有限介入解决的是检察机关支持起诉之后介入程度的问题，可以说在阶段性上这两个原则具有一定的差异性。

（二）京津冀检察机关支持大气污染跨区纠纷诉讼有限介入的方式

由于京津冀大气污染跨区纠纷诉讼不仅会涉及跨区诉讼主体如何确定的问题，而且还会涉及跨区证据收集的问题，如果检察机关支持起诉，也避免不了跨区收集证据的问题。由于跨区收集证据不仅仅会突破行政地域管辖的观念，而且还会存在各种各样的难度，因而，检察机关在支持起诉时遵循有限介入的原则，主要由当事人自己来完成收集证据的工作非常有必要。从理论上讲，检察机关支持起诉的方式可以包含精神支持、物质支持、法律帮助三大类。① 而2015年实施的最高人民法院《关于审理环境民事公益诉讼案件适用法律若干问题的解释》第11条规定："检察机关、负有环境保护监督管理职责的部门及其他机关、社会组织、企业事业单位依据民事诉讼法第十五条的

① 常怡主编：《民事诉讼法学》，中国政法大学出版社1999年版，第79页。

规定,可以通过提供法律咨询、提交书面意见、协助调查取证等方式支持社会组织依法提起环境民事公益诉讼。”其中仅列举了三种支持方式,但是也做了兜底性的规定。“等方式”说明了法院并不排斥检察机关采取其他有利于诉讼纠纷解决的方式,都是可以采取的方式,但是根据效率规则,检察机关能够用较为简单的方式解决问题的,就不应当用复杂的方式解决,因此,能够提供法律咨询解决的就不应当提交书面意见,能够提交书面意见的就不应当协助调查取证。这一方面体现了检察机关的司法效率,即将司法资源用到最该用的地方;另一方面也体现了公权对私权的最小干预。

三、穷尽救济原则

(一)穷尽救济原则在京津冀检察机关支持大气污染跨区诉讼中的概念特征

京津冀检察机关支持大气污染跨区诉讼中的穷尽救济原则,是指在京津冀地区,对于原告提起的大气污染跨区诉讼,当事人只有向其他机关、部门或者组织申请提供帮助、救济均未获得效果后,向检察机关申请支持起诉,检察机关依据法律程序受理审查后,方可支持起诉。穷尽救济原则是检察机关支持起诉的一项基本原则。① 该原则在运用于京津冀检察机关支持大气污染跨区诉讼中时,具有如下特征:一是前置性。所谓前置性,就是检察机关支持京津冀大气污染跨区诉讼

① 陈昊博:《简述检察机关支持起诉的基本原则》,载《法制与社会》2011年第34期。

必须是以当事人先向其他机关、机构、部门或者组织申请救济为前提，若不向其他机关、机构、部门或者组织申请救济而是直接向检察机关申请支持起诉的，检察机关一般不应当受理。二是唯一性。检察机关支持京津冀大气污染跨区诉讼必须是帮助当事人解决纠纷的唯一方式，即不存在其他可以帮助当事人解决纠纷的方式。三是复位性。检察机关支持京津冀大气污染跨区诉讼的目的就是使被破坏的诉讼秩序均衡复位，通过帮助当事人均衡诉讼力量对比来获得诉讼秩序的恢复。

(二)穷尽救济原则与社会干预的价值融合

检察机关支持京津冀大气污染跨区诉讼实际上是社会干预价值理念的体现，而社会干预就是以公权干预私法的一种表现，从形式上看是检察机关对私权诉讼的干预，而穷尽救济原则要求检察机关在对私权纠纷的干预要在向其他机关、机构、部门或者组织申请救济无果后才可以向检察机关申请支持起诉，这两个价值看似存在矛盾，但其实是一个问题的两个方面。社会干预说的是检察机关支持起诉的基础，而穷尽救济讲的是检察机关支持起诉的条件，这两项原则的共同点都在于检察机关可以支持起诉。因此，检察机关支持京津冀大气污染跨区诉讼是社会干预原则与穷尽救济原则的结合。

(三)穷尽救济原则在京津冀检察机关支持大气污染跨区诉讼中的价值

京津冀检察机关支持大气污染跨区诉讼中的穷尽救济原则具有以下价值：一是避免权力滥用。由于京津冀大气污染跨区诉讼会遇到跨区收集证据等一系列困难，此时检察机关支持起诉权力运行可发挥的空间也较大，于是权力被滥用的概率也大，设置穷尽救济原则的目的就是限制检察机关支持起诉的启动条件。只有在特定情况之下,检察机关才可以启动支持京津冀大气污染跨区诉讼,这样就可以很好地避免权力滥用现象。二是提升司法效率。提升司法效率是司法改革所追求的目标,从法律经济学的角度来讲,司法效率与司法成本与司法收益息息相关,假设司法收益一定的情况之下,司法成本越低,那么司法效率相应地也越高。① 在检察机关支持京津冀大气污染跨区诉讼时,如果用穷尽救济原则加以限制,那么就会使检察机关支持起诉的活动变得更加审慎,检察机关的司法成本就会更加节省,用更少的成本干更多的事,因而可以提升司法的效率。三是获得理想结果。从实体角度来看,检察机关支持京津冀大气污染跨区诉讼坚持穷尽救济原则,必然会迫使当事人先去寻求其他途径救济,如果其他途径解决不了问题的,检察机关再支持起诉无疑会使当事人获得更加专业的法律帮助,因而有益于良好预期的实现。

四、出庭支持原则

(一)检察机关支持京津冀大气污染跨区诉讼是否可以出庭参与诉讼

检察机关支持京津冀大气污染跨区诉讼是否可以出庭支持起诉的问题实际上是检察机关的公权介入私权诉讼的程度问题。传统的观点认为,检察机关若出庭参与诉讼与传统的诉讼法理论不相符合,

① [德]汉斯-贝恩德·舍费尔、克劳斯·奥特:《民法的经济分析》(第4版),江清云、杜涛译,法律出版社2009年版,第79页。

检察机关的诉讼地位无法界定,故检察机关不宜参加诉讼。由于目前《民事诉讼法》中对检察机关支持起诉的具体程序没有做规定,因而检察机关是否可以出庭支持起诉的问题,就成为学界和司法实践广为关注的一个问题。从司法实践来看,由于法律规定的缺位,实践中检察机关支持起诉的做法也并不一致。以全国为例,每年办理的支持起诉案件大约为2万件,其中不乏出庭支持起诉的案件。例如,2014年中华环保联合会向广州市白云区人民法院提起环境公益诉讼,检察机关就作为支持起诉人出庭参与了诉讼,并取得了胜诉的结果。[①] 这也就说明了实践中检察机关出庭支持起诉的案件在实践中也不是没有。而按照2014年最高人民法院出台的《关于审理环境民事公益诉讼案件适用法律若干问题的解释》第11条规定:“检察机关、负有环境保护监督管理职责的部门及其他机关、社会组织、企业事业单位依据民事诉讼法第十五条的规定,可以通过提供法律咨询、提交书面意见、协助调查取证等方式支持社会组织依法提起环境民事公益诉讼。”其中用了“等方式”这样的表述,从文义上理解,如果仅仅是三个表述项目,从语言习惯上讲可以直接表述清楚,一般不会多此一举加个“等”字,因而此处的“等”字应当理解为“等外等”而非“等内等”。因此,至少可以说明法院并没有反对检察机关出庭支持起诉,从这一角度来理解,检察机关也可以出庭支持起诉。

(二)检察机关支持京津冀大气污染跨区诉讼出庭支持的意义

检察机关出庭支持京津冀大气污染跨区诉讼的意义非常重大,主

---

① 刘冠南:《检察机关首次出庭支持环境公益诉讼》,载《南方日报》2014年12月26日,第3版。

要包含了以下意思:一是程序意义。检察机关出庭支持京津冀大气污染跨区诉讼从程序上看,可以均衡当事人双方的力量对比,使诉讼程序能够更加顺畅地完成,有利于诉讼程序正义的实现。二是实体意义。从实体层面来看,由于环境诉讼具有专业性较强的特点,检察机关出庭支持京津冀大气污染跨区诉讼,有利于发挥检察机关法律方面的专业性,使当事人的法庭辩论更加有针对性,并且能够提高法院查明案件事实、理顺法律关系的效率,最终能够使被支持的当事人获得一个较为满意的诉讼结果。

(三)检察机关支持京津冀大气污染跨区诉讼出庭支持的要求

检察机关出庭支持起诉在法律上并没有限制,而且在司法实践中也有类似的实践,并且实践也证明了检察机关出庭支持起诉可以获得良好的诉讼效果。因而,检察机关支持京津冀大气污染跨区诉讼应当将出庭支持诉讼作为一项基本原则来对待。我们知道,检察机关支持京津冀大气污染跨区诉讼时,要坚持有限介入原则,即能够较少介入的情况下,检察机关就不宜过多介入,但是这应当以能够解决实际问题为前提。若检察机关不出庭参与诉讼,很有可能会使检察机关的支持行为变成一种“走过场”式的支持,那么这种情况之下坚持有限介入并没有意义。从这一角度来理解,检察机关如果不出庭能够解决问题的,当然检察机关没有必要出庭,比如庭前达成和解协议等,但是如果涉及出庭问题,那么一定是说明检察机关在前期的支持并没有起到能够终结案件的实际效果。因而检察机关出庭支持起诉是必然的选择,不存在与有限介入发生矛盾的问题。考虑到绝大多数案件都会进入到审判环节,因此,检察机关出庭支持京津冀大气污染跨区诉讼,应当以出庭支持为原则,以不出庭支持为例外。

五、支持和解原则

(一)检察机关支持京津冀大气污染跨区诉讼中支持和解原则的概念

检察机关支持京津冀大气污染跨区诉讼中的支持和解原则,是指在检察机关支持起诉的前期以及参与诉讼的过程中,都应当本着实际解决问题的思想来帮助原告,能够支持原告与被告之间达成和解协议的,就应当大力支持。这一点比较容易理解,从理论上讲,“和为贵”的思想在诉讼中一直占据重要地位,和解可以使社会矛盾得到迅速解决,有利于社会稳定局面的实现。从实践来看,法院的民事审判的调解率非常高,一般都在八成左右,因而和解的思想在司法实践中对于纠纷最终解决而言是一种主流的思想观念。作为检察机关支持京津冀大气污染跨区诉讼当然也应当将和解作为一种解决纠纷的重要渠道来对待。

(二)检察机关支持京津冀大气污染跨区诉讼中支持和解的定位

检察机关支持京津冀大气污染跨区诉讼中的支持和解如何定位在实践中需要给予清晰的界定,主要可以分为两个阶段:一是诉前阶段的支持和解。这一点其实并不存在异议,因为在起诉前若原告能够与被告达成和解协议,一方面可以节省诉讼成本,另一方面可以实现社会的稳定和生态环境的修复。因此,检察机关可以支持双方当事人和解。二是诉讼阶段的支持和解。在诉讼阶段,检察机关能否参与和解,实践中的看法也并不一致,不过有一种认识,认为检察机关可以参与当事人的和解，但不应当过度介入当事人的权利处分，但是若当事人的处分行为对公共利益有损时，检察机关可以提出检察建议。[①] 笔者认为，这样的观点对于司法实践而言具有积极意义，检察机关在诉讼过程中支持和解的定位应当是协助人或者是帮助人，即协助或者帮助原告完成诉讼，而不应当作为调停人来参与诉讼。但是需要注意的是，检察机关支持和解也应当坚持有限介入原则，即只要原告能够通过自己的力量与被告达成和解协议，检察机关不应当过多参与，只有原告参与和解有困难或者原告的参与不足以与被告达成和解协议时，检察机关才可以支持和解。

---

① 参见陈昊博：《简述检察机关支持起诉中的支持和解原则》，载《魅力中国》2014 年第 25 期。

第四编

京津冀大气污染防治联合行政管理与执法机制

第十四章　京津冀推进绿色发展转型与大气污染联合防治

第一节　绿色发展与供给侧结构性改革之间的关系

中央提出供给侧改革的五大任务，即“去产能、去库存、去杠杆、降成本、补短板”，从2016年起进入了实质性推进阶段，主要是通过改革制度、优化结构、升级要素的方式来增强优质供给、提升供给效率、减少无效供给，最终提升全要素生产率。无论是哪一方面的提升，最终均依赖于制度的变革，因此，制度改革是供给侧结构性改革的核心。具体而言，就是要以制度的形式提升供给管理的效率，消除供给抑制，提高经济增长潜力。而生态经济、绿色发展、美丽中国等目标又是“十三五”所确立的发展目标，因而供给侧改革也应当在绿色发展的前提下进行。

一、绿色发展为供给侧改革提供思想基础

供给侧改革的主战场是要素市场的改革。改革的指导思想有很多，其中绿色发展可以成为指导思想之一，主要体现在以下几个方面：

（一）绿色发展是提供新鲜动力的先决条件

投资、消费、出口是促进经济发展的需求端动力，供给侧改革的先决条件是改变社会需求的方向，从而引导供给方向的转型。“十三五”期间，如何处理经济发展与环境保护之间的关系将成为社会经济发展的主题。因此，发展生态经济将为社会经济提供新动力，这就需要在投资、消费、出口等方面以绿色发展为主导，提升生态产品的社会需求总量，大力释放低碳经济和循环经济的资源供给，为社会经济发展提供新鲜动力。

（二）绿色发展是优化供给效率的有效方法

增强优质供给、提升供给效率是供给侧管理的有效路径，而绿色发展的核心就是要求在经济发展过程中大力发展清洁能源减少能源供给对生态环境的损害，从而使社会总资产和社会总福利水平有所提升，这种思想为供给侧改革提供了有效方法。供给侧改革提升供给质量和供给效率应当以绿色发展为指导，着力加强清洁能源的供给改革，将由于供给造成的环境污染、社会负资产的总量降至最低，从而提升资源供给效率。

（三）绿色发展是化解过剩产能的必由之路

行业进入老化阶段后导致的供给老化必然带来产能过剩，单位供给量将严重超越单位需求数量，供给侧改革就是要进行产业更新、结构优化，提高新型供给的数量，从而摆脱“产能过剩陷阱”。而绿色发展的思想要求经济发展实现由农业经济到工业经济再到生态经济的最终转型，将生态经济作为社会经济发展的新增长点。基于这样的要求,供给侧改革应当逐步消减高消耗、低产能的数量,调整产业布局,着重提供生态产业的产能供给,从而化解高能耗产能过剩的供给。

(四)绿色发展是减少资源浪费的必然选择

供给侧改革的方向之一就是要减少无效供给的数量,具体措施就是要深化改革大力挖掘供给的潜力,减少资源浪费,从而增加社会财富总量。绿色发展为供给侧改革的这一方向提供了思想指引。根据绿色发展的要求,要发挥市场在资源配置中的决定作用,将资源纳入市场化管理之中,大力发展循环经济,使有限的资源得到充分利用,杜绝资源浪费,发挥资源配置的最佳效率,从而提升社会福利总量。这样的思想为供给侧改革中挖掘供给潜力、减少资源浪费提供了鲜明的思想指引。

二、供给侧改革为绿色发展提供制度保障

供给侧改革的目标是通过制度改革提升全要素生产率,目标则是促进社会经济的绿色发展,因此,供给侧改革可以为绿色发展提供制度保障。

(一)配额交易制度是绿色发展的前提条件

去产能是供给侧改革的核心任务,可以由国家政策层面出台制度,将现有产能总量分配到各地,然后建立配额交易市场,允许各地将剩余产能通过交易市场实现流转,这样可以通过市场来淘汰劣势企业产能而保存优势企业产能,并且还可以实现经济发展的生态化,降低产能过剩对经济发展带来的负外部性。因此,建立过剩产能配额交易

制度是实现经济绿色发展的一个前提条件。

(二)行政垄断改革是绿色发展的基础条件

供给侧改革的一个重点方向就是要明确政府在市场中的作用,即要简政放权、精简机构、简化审批程序,减少行政垄断的数量,放宽垄断性行业的市场准入条件,从而降低社会总成本,提升资源配置效率。因此,行政垄断的改革是关系到提供供给效率的一项重要内容。“十三五”期间,绿色发展将成为经济发展的主旋律,要实现这一目标,就要在资源配置领域实施改革,建立公平的市场竞争法律制度,消减行政垄断的力量,鼓励竞争,并为清洁能源、环保项目提供更多的优惠,使之能够公平地参与市场竞争,推动经济向着绿色方向发展。

(三)区域经济网络是绿色发展的必要条件

补短板是供给侧改革的又一大任务,目的是要实现资源供给的优势互补,从而提升资源配置的效率。当然,补短板既可以是资源上的互补,也可以是行业上的互补,同时也可以是空间地域上的互补。在经济发展模式上,区域经济以其相似度高、可以实现优势互补等优点,成为经济发展过程中的一个亮点,如京津冀协同发展、长三角经济带、珠三角经济带等。因此,应当建立区域经济协同发展制度,将地域相邻且经济上具有相似性的地方划分为不同经济带,实现经济互补、资源共享、司法共治,这样就可以实现区域经济的可持续发展。

(四)产业优化政策是绿色发展的路径条件

要实现绿色发展,其中一个重要路径就是要进行产业结构调整。因此,供给侧改革应当以此为契机,调整产业结构,并对产业结构重新布局，推动产业升级，将粗放式经营转变为精细式生产，从而提升企业的优质供给能力。国家可以出台产业政策，鼓励企业升级换代，并且将不适宜城市生态发展的产业逐渐疏解。当然，产业转移要避免企业换个地方继续污染的现象，要建立分散承接机制，即将高能耗、高污染的产业拆分后，向不同地区转移，这样就可以在保证企业生产能力的前提下，提升企业的供给能力同时还不损害生态环境，进而推动经济向生态化方向发展。

（五）区域环境保护是绿色发展的保障条件

投资环境是经济发展的一个动因，当然投资环境的影响因素有很多，如人文环境、经济环境、社会环境等，这些要素均以生态环境为基础，只有打造一个生态宜居的城市生态环境，资本投资才会持久，才会具有可持续性。因此，区域生态环境保护是保障经济可持续发展的一个基础条件。从这一点看，供给侧改革应当着力推进区域生态经济的发展，建立区域环境污染联合防治制度，保障区域之内生态环境的健康发展，为区域经济持续发展提供良好环境。

三、供给侧改革须切实突出绿色发展主题

供给侧改革的目的是提升长期经济增长的潜力，因此，在改革中应当突出绿色发展的主题，要贯彻“四个可持续”，经济发展才会更有潜力。

（一）资源供给可持续

资源作为社会财富的最大来源，其表现形式众多，如土地、矿产、

石油等,这些产业由于运营成本过高,最终这些成本又会被均摊到销售价格之中,从而形成供给抑制,影响经济的可持续发展。因此,供给侧改革要建立完善的产权制度,进一步完善《物权法》与《合同法》,培育房地产交易市场、矿产资源交易市场、污染物排放交易市场,从法律制度方面优化资源供给的效率,从而提升资源供给的可持续性,要坚决杜绝"竭泽而渔""焚林而猎"式的资源开发利用方式。同时,要制定相应的政策,拓宽地方的财政来源渠道,避免"资源诅咒"现象的发生。

(二)资本投入可持续

在资本投入方面,供给侧改革要侧重于货币政策的改革,完善金融制度和金融风险防控体系,不断健全征信法律体系,将金融投资的重点方向转向小微企业、环保企业、生态项目,降低生态环保企业的融资成本,给生态经济的发展提供充足空间。与此同时,对技术创新企业、大学生创业企业给予相应的金融政策支持,降低创业成本,以提升技术创新和全民创业的积极性,尤其是对于环保无污染的技术项目,金融政策要给予重点倾斜,鼓励生态技术创新,从而降低金融供给抑制,提升金融供给效率,使金融供给实现可持续发展。

(三)技术创新可持续

供给侧改革要建立技术创新激励的法律制度,要在培育创新型人才、科研创新、技术创新、业态创新、商业模式创新等方面给予制度支撑,如奖励制度、税收优惠制度、贷款优惠制度、投资优惠制度等。用制度的形式引导和鼓励低碳技术、资源循环利用技术等生态技术的创新,对于高能耗、低产能的技术创新要加大其实施成本,为技术创新指引准确方向,从而提高资源产出效率。这种制度上的改革,能够促使技术创新向生态化方向发展,从而实现技术创新的绿色化和可持续化。

(四)管理制度可持续

管理制度的改革与技术创新相比同样具有重要性,管理制度本身也是财富源之一,对效率低下的管理制度进行改革,可以提升社会经济发展的潜力,最为成功的例证就是农业生产由人民公社制向家庭联产承包责任制的改革。对于供给侧改革而言,要重视行业性管理制度的改革,作出正确引导,尤其是人口、资源、能源、农业等领域之内管理制度的改革对于挖掘经济运行潜力起着至关重要的作用。例如,二胎的全面放开,释放相对人口红利;京津冀协同发展,实现资源互补等。这些管理制度的改革,都会持续释放经济发展动能,推动社会财富的可持续性积累。因此,在国家顶层设计层面,对经济生态化和可持续化的政策要大力推广实施。

第二节　京津冀区域产业结构升级与大气污染治理

一、去产能解决京津冀地区产能过剩消减大气污染

(一)去产能与京津冀协同发展的目标

京津冀协同发展的目标之一就是要在京津冀地区实现绿色协同

发展。相应地,去产能不仅仅是北京、天津、河北某一地的事情,而是京津冀三地的共同任务、共同目标。当然产能过剩问题在京津冀地区的表现是不尽相同的,以 2014 年为例,北京地区第二产业生产总值 4544.8 亿元,占比 21.4%;[①]天津地区第二产业生产总值 7766.08 亿元,占比 49.4%;[②]河北地区第二产业生产总值 15,012.85 亿元,占比 51%。[③] 由此可以看出,京津冀地区工业总产值在三次产业中占比过高,尤其是天津与河北,都达到了一半左右,工业产能过剩是京津冀地区的整体特征,这与绿色发展的目标相背离。由此,京津冀地区的去产能主要是去除天津与河北地区过剩的工业产能,只有天津与河北地区的产能过剩问题得到消减,京津冀地区整体产能过剩的问题才能够得以解决。由此,去除天津与河北的过剩产能也关系到京津冀绿色协同发展目标的实现。

(二)京津冀地区产业结构升级与去产能

京津冀地区要去除过剩产能,就必须在供给侧结构性改革的框架之下,对区域经济结构进行调整,具体而言可以分为两个层次来实施:一是部门产业结构的调整。京津冀地区,北京的第二产业占比为 21.4%,约为 1/5,这样的比例对于首都发展而言是不利的,可以说工业生产属于不符合首都功能的产业,应当逐渐引导第二产业分流、疏

---

① 北京市统计局、国家统计局北京调查总队编:《北京统计年鉴·2015》,中国统计出版社 2016 年版,第 37~40 页。

② 天津市统计局、国家统计局天津调查总队编:《天津统计年鉴·2015》,中国统计出版社 2015 年版,第 23 页。

③ 吴晓华等主编:《河北经济年鉴·2015》,中国统计出版社 2015 年版,第 83 页。

解,而天津与河北地区工业生产比重都占到了一半,化解过剩产能的任务就是要将工业产能逐渐向服务业引导,使京津冀三地的工业产能比重总体呈现下降的趋势,这样才能够完成产业结构升级。二是空间产业结构的调整。京津冀三地各有比较优势,因而在配置京津冀三地产业发展空间地域结构时,应当将北京设定为服务功能区,将天津设定为出口产业功能区,将河北设定为人才输送和新能源产业生产功能区。这样的空间产业结构分布,可以解决区域之内产业重复建设、资源分配效率低下的问题。工业产能降低之后,大气污染的程度自然会有所降低。

(三)京津冀区域性去产能的协调

在京津冀地区,工业生产对大气污染的贡献率是最高的,也是雾霾的最主要来源,因而京津冀地区要治理大气污染,就应当联合在一起建立相应的行政管理制度来实现区域内的去产能问题。当然,京津冀区域性去产能需要的是京津冀三地共同来实施,单独一地去产能对于京津冀区域整体而言,效果并不明显。从现实情况来看,北京地区去除工业产能力度较大,目前第二产业占比仅 1/5,但是单独北京去产能对京津冀整体的产业结构升级起到的作用并不明显,因而从现在京津冀大气污染治理的效果上看,也并不明显。所以,京津冀地区要实现绿色发展目标,就应当采取协调治理的原则,共同实施去产能的措施,当然要使这一措施得以实现,就应当由京津冀三地政府共同达成协议,来实施去产能。

二、去库存消减京津冀地区库存总量消解大气污染

(一)去库存与京津冀协同发展的目标

库存过高问题是困扰经济发展的一大问题,库存过高不仅导致了有限资源的浪费,同时在库存产品被生产出来之时生产的过程还会造成各类环境污染。由于我国进入21世纪后,房地产经济成为社会发展的支柱性产业,国民经济中GDP几乎一半来源于房地产及其周边产业,而房地产开发建设过程中会产生扬尘污染,房地产所需建筑材料如钢筋、水泥、砖在生产过程中也会造成大量空气污染,因而房地产及其周边产业与大气污染的形成有着不可分割的关系。从这个角度上讲,京津冀地区去除房地产库存,有利于大气污染治理目标的实现。

(二)京津冀地区产业结构升级与去库存

京津冀地区有两个直辖市北京和天津,而这两个直辖市的经济结构并不一致,北京率先完成了产业结构的升级转换,将近八成的国民收入来源于第三产业,说明北京地区的经济发展对于能源、资源的依存度已非常有限,而天津地区工业生产的产值则占到了国民收入的一半,说明天津地区对能源和资源消耗的依存度相当高。由于是直辖市的原因,北京与天津两地的房地产产业相对发达,尤其是北京地区作为一线房地产产业的领头羊,房地产产业发展热度非常高,由此也带动了京津周边河北地区的房价上涨。在一轮又一轮上涨攻势下,京津冀地区的房地产供应总量早已超出了当地实际的购买能力,库存比例

相当大。因而,京津冀地区要想完成产业结构升级,就要从房地产经济中跳出来,大力发展第三产业,这样才能够实现绿色发展,大气污染才能够从本质上得到遏制。当然要实现这一目标,首当其冲的就是要去除京津冀地区房地产的库存,这样京津冀的区域经济才能够摆脱被房地产经济所裹挟的局面。

(三)京津冀区域性去库存的协同实施

京津冀要实现房地产去库存,就应当是京津冀三地联合在一起去库存,不应当仅仅一地去库存。现实中,由于北京与天津两地地理位置与政治经济属性特殊,导致了北京与天津地区房地产非理性上涨,从而带动了周边河北地区的房价过快上涨。如果去库存仅仅是北京与天津两地去库存而河北地区不去库存,那么依然改变不了房地产建设消耗钢铁、水泥、砖材的现实。河北地区作为全国第一的钢材生产大省,对河北的房地产建设可谓“功不可没”,如果继续加大房地产建设,那么钢铁的产能就降不下来,大气污染物总量也就降不下来。因此,京津冀地区房地产去库存,应当是京津冀三地共同实施去库存的措施,而具体方式除了限购和限贷之外,最为重要的是京津冀三地要联手限制新建商品房,否则老的库存还未去除干净,新的库存又将形成,去库存的任务永远难以实现。

三、去杠杆优化京津冀地区金融结构消融大气污染

(一)去杠杆与京津冀协同发展的目标

随着我国房地产经济的不断深入发展,房地产本身已经脱离了自

身的商品属性,房地产所发挥的功能已经逐渐从居住功能剥离,逐渐转化为投资品属性。正是由于房地产的投资价值巨大,所以带动了大量投资者投入房地产,从而拉动了房地产价格上涨。其中房地产投资最主要的手段就是金融杠杆,即很少的投入就能够获得巨大的经济收入,实现这一目标的方法就是金融贷款。金融贷款的杠杆率也随着房地产的不断升值而被逐级放大,随之而来的就是金融产业蕴藏着大量的风险,这些风险将随着房地产流动性的下降而逐渐爆发。因此,要使京津冀地区从房地产经济中解套,就应当实施去杠杆的任务来解决房地产行业催生的金融风险,而这一任务仍然不能由某一地单独进行,应当由京津冀三地共同实施才能够收到效果。

(二)京津冀地区产业结构升级与去杠杆

京津冀三地产业结构转型的目标是实现区域经济绿色发展,向高科技、低能耗方向运行。要实现这一目标,就应当摆脱房地产经济的束缚。由于房地产经济的发展催生了房地产买卖交易的价格非理性上涨,由此也带动了租房价格、土地价格的过快上涨,从而企业生产的成本大量增加,这就导致了大量企业由于成本过高而破产倒闭,这对实体经济的长远发展具有摧毁作用。因此,要使经济恢复到可持续发展的程度,必须要遏制房地产行业的过快发展,其中最有效的措施就是要从投资资本入手,即要限制投资人的投资杠杆,以增加其投资房地产的难度。只有去除投资人投资房地产的杠杆,京津冀房地产行业才能够逐渐降温,京津冀地区的产业结构升级才能够有实现的可能性。

(三)京津冀区域性去杠杆的协同实施

杠杆率过高会使金融风险成倍增加,京津冀三地由于房地产发展过热,金融产业的风险增长迅速,为化解金融风险,应当将金融行业的风险逐步降低。而金融风险主要来自贷款审核不严,向不具备资质的贷款人发放贷款,主要表现为收入与贷款比例审核不严,贷款人通常会采取伪造收入证明的方式贷款,银行对此视而不见,甚至还帮着贷款人造假,银行的初衷是将有限责任的开发贷转化为无限责任的房屋贷。初衷虽好,但是手段过度使用则大大增加了贷款人不能还款的风险,酝酿出巨大的金融风险,当然客观上也推动了京津冀地区房地产过快上涨。可以说这种金融风险在京津冀地区是普遍存在的,因此,去杠杆不是一地之事,应当同时进行,若其中一地审核不严必然会导致大量违规资金涌入房地产,从而拉升整个区域内房地产的销售价格,去杠杆也就成为一句空话。由于资金具有流动性的特征,故京津冀三地应当同时实施去杠杆的措施,同时严查违规资金的发放,严防违规资金进入房地产行业炒作,这样才能够使京津冀区域内的房地产行业降温,金融风险也才能够逐渐消减。

四、降成本促进京津冀地区绿色发展降低大气污染

(一)降成本与京津冀协同发展的目标

在京津冀地区,天津与河北的经济发展以第二产业为主。在这两地之内,第二产业主要是依靠高能耗、高污染、低附加值的劳动力密集型企业所构成,加之房地产经济拉升了地方房地产的价格,使得企业的运营成本增加,因而企业只能靠加大生产来弥补成本的损失,于是就形成了恶性循环,越是成本增加,就越要加大生产,越是加大生产最终越是污染,库存产量也就越多,产品也就越过剩。因此,京津冀地区

要实现绿色发展的目标,就应当降低企业的生产成本,使企业在不增加产量或者减少投入的前提下就可以实现利润的回归,此时大气污染也就会相应地降低。

(二)京津冀地区产业结构升级与降成本

京津冀区域产业结构处于较低端的状态,天津与河北两地仍然以第二产业作为拉动经济的主要支柱,尤其是房地产产业已经成为京津冀三地经济的主要增长点,这种发展模式必然会产生大量工业废气排放。尤其是由于房地产产业的发展,带动了区域房价和地价的上升,使得京津冀地区企业的生产成本增加,企业无力继续经营只能破产,房地产产业不仅催生了大量污染排放,同时也压制了实体产业的发展,这对于经济的可持续发展是不利的,同时也对环境治理不利。因此,京津冀地区产业结构转型升级,就应当降低企业的成本,要降成本关键要从房地产行业入手,遏制房地产价格过快上长,加大土地供应,使企业的生产运营成本有所降低,有能力从事清洁生产或者转向发展生态经济,这样才能够实现产业结构的转型。

(三)京津冀区域性降成本的协同实施

降低企业的生产成本可以促进区域产业结构升级,但是降成本不仅仅是一地的政策,应当是京津冀区域之内所有地区都降成本,因为单一地区的降成本,不足以将京津冀地区内所有企业引向生态经济发展的路径之上。基于这样的认识,京津冀地区应当三地联合在一起对生产企业实施降成本的政策。由于企业的主要成本来源于房地产价格过高,所以企业降成本的实质就是京津冀三地政府联合在一起对房地产价格进行限制和调控。只有房地产价格调控成功,企业才能够摆脱成本过高的困扰，企业的转型升级才能够完成，京津冀区域经济结构才能够逐渐实现转型升级，区域大气污染才能够有所降低。

五、补短板配置京津冀地区创新能力攻克大气污染

（一）补短板与京津冀协同发展的目标

在供给侧结构性改革的任务中，补短板实际上是要弥补经济发展过程中的弱项。在京津冀地区，经济发展极为不均衡，北京地区第三产业非常发达，天津与河北主要依靠第二产业，尤其是河北地区，工业生产主要还是以高能耗、低效能的资源密集、劳动力密集的生产结构为主，尤其是产业工人基本上还维持着依靠劳动力为主的简单低端劳动来从事工作的现状。由此可见，创新能力与科技力量投入不足是河北地区的主要短板，也是制约河北经济发展的一大因素。所以，河北地区要弥补经济发展的短板，大力发展高新产业，走绿色低碳化道路，这样才能够实现京津冀绿色生态协同发展。

（二）京津冀地区产业结构升级与补短板

京津冀协同发展进行产业结构升级改造，重点要改变天津与河北以第二产业为经济发展重点的状态，尤其是要改变以房地产业为增长点的现实状态。当社会经济主要依靠房地产业作为社会发展推动力量时，技术创新会受到抑制，这对经济的可持续发展极为不利。因此，京津冀地区要进行产业结构升级改造，就应当改变京津冀地区以房地产为经济拉动的现状，大力加强技术革新，将技术创新引入到社会发展的各个领域之内，尤其是工业生产，要大力鼓励绿色环保技术运用

于生产领域,这样才能够降低工业生产造成的大气污染总量。

(三)京津冀区域性补短板的协同实施

京津冀地区工业生产的普遍性短板就是企业生产技术含量较低,资源消耗较大,大气污染排放严重,因此补短板的目标就是要改变京津冀产业发展的这种现状,当然补短板仍然不是一个地方的事情。北京地区在高科技方面具有优势,可以向河北与天津输送技术,而河北地区具有人力资源输出的优势,这对于京津冀三地进行产业结构升级改造是一个有利的条件,京津冀三地应当充分发挥各自的比较优势,联合在一起,共同弥补各自的短板,这样才能够使京津冀的区域经济连为一体,京津冀才能够真正实现产业结构的升级,大气污染现象最终才能够得到攻克。

第三节　京津冀大气污染联合防治与产业转型安置

一、产业升级及产业人口的安置

(一)产业的转型安置

京津冀地区要治理大气污染就应当有京津冀三地政府联合在一起对本地区之内产业进行结构升级和改造,具体而言就是要淘汰高能耗、低效率的产能,这也是供给侧结构性改革的具体要求。① 当然,重点在于如何解决天津与河北两地的产业转型问题。天津与河北以第二产业为经济发展的主要动力,其中以钢铁、重工业、房地产行业为天津与河北两地的重点经济发展产业。要进行产业结构升级改造,一方面要限制这些高能耗产业的扩张和过快发展,另一方面还要解决相关产业的疏导和安置问题,两者不能偏废其一。一般而言,京津冀三地的产业各有特色,北京以第三产业为主,北京在将不适合首都功能的产业向外疏解的过程中应当注重区域的协调发展,要避免换个地方继续污染的现象。天津与河北在产业结构升级的过程中,要引导原有产业向生态产业发展,对于原有污染产业的上下游产业要加强引导和分流,引导这些企业共同实现转型。

(二)产业工人的安置

京津冀地区产业结构转型的过程实际上也是去产能的过程,主要是要去除天津与河北两地过剩的工业产能,但是去产能并不是简单的"关、停、并、转",更为重要的是做好淘汰企业的产业工人安置。也正是由于天津与河北尤其是河北地区的产业工人规模较大,因而去产能的负担较重,而河北地区在全国来讲经济发展属于较落后的地区,产业工人的安置解决会给政府带来很大的负担,这也是河北地区对于去产能表现出畏难情绪的一个原因。从实际情况来看,河北地区的产业工人多来自本地农村,而且已经形成规模,因而在产业结构升级过程中,可以采取对产业工人集中培训、集体转岗的措施,引导产业工人学

---

① 参见国家行政学院经济学教研部编著:《中国供给侧结构性改革》,人民出版社 2016 年版,第 72 页。

习技术、学习专业，为北京与天津地区输送人才，或者在本地转岗从事其他产业的服务。只要产业工人能够实现再就业，社会就可以实现在产业结构升级过程中的稳定发展。

(三)人力资源的流动

京津冀地区北京的第三产业较为发达，需要大量的技术人才，京津冀地区产业结构升级，可以引导天津与河北尤其是河北的人才向北京流动，为北京输送专业技术人员，可以使京津冀充分发挥自己的比较优势，以解决产业结构升级过程中带来的人力资源再利用问题。因为河北地区人口众多，人力资源流动可以使河北地区的人才得到充分发挥，可以使河北地区的人力资源摆脱依靠出卖体力来获得劳动报酬的束缚，因此京津冀三地应当签订协议，为人才的横向流动尤其是产业结构升级后人力资源的输出和输入提供更多的保障。只有这样，才能够使京津冀地区的产业结构升级得到真正的落实。

二、京津冀美丽乡村一体化建设

(一)美丽乡村建设与大气污染治理的关系

京津冀地区大气污染的主要原因有所不同，北京主要是机动车尾气污染，天津与河北地区主要是工业污染。从大气污染治理的实际状况来看，北京地区对机动车尾气的治理已经采取了一系列的治理手段，如限购与限行，而天津与河北在工业污染方面治理的力度却行动缓慢，主要原因在于解决工业产业转移以及上下游产业的安置问题，尤其是要解决工业企业转型升级后产业工人的安置问题，可以说该问题的解决是关系到京津冀地区产业是否能够完成升级换代和大气污染治理的关键问题。当然,在京津冀地区除了采取直接针对产业升级的措施之外,间接性的辅助措施也非常有必要,其中比较重要的就是美丽乡村建设。由于工业企业的产业工人大多来自农村与城乡结合部地带,打工收入远大于从事农业生产以及相关劳动的收入,因而广大农村地区为工业产业输送了大量的产业工人。近些年来,京津冀地区美丽乡村建设在北京率先展开,随后在2016年年初河北也开始实施美丽乡村建设,目的是要改造农村生存环境、优化农村经济发展结构,使农村更加宜居。可以说,农村建设美丽了,就可以吸纳更多的农业剩余劳动力,并且为他们创造更多的就业机会,这样就可以吸引工业产业工人回到农村就业,就业和居住问题得到解决之后,工业的去产能工作才能够得到顺利实施,因工业生产导致的大气污染也就可以得到削减,因此美丽乡村建设是大气污染治理必要的辅助手段。

(二)美丽乡村建设的具体实施

美丽乡村建设包含的范围非常广泛,具体内容主要包含了以下几大类:一是基础设施建设。基础设施建设是美丽乡村建设的主体工程,也是农村的"门面",农村漂亮与否,最直观的就是农村的基础设施建设。二是经济建设。就是农村企业以及农村经营的基本状况,美丽乡村建设应当大力开发农村市场,鼓励城镇资金到农村市场中进行投资,要建立农村资源与城市资本相互流通的机制,消除投资壁垒,为美丽乡村建设提供更多投融资平台,使美丽乡村成为地方经济发展的新平台。三是医疗保障建设。美丽乡村不仅要建设硬件设施,还要对保险、医疗、社保进行全面建设,使农村真正来得了、住得住、养得好。四是文化教育建设。除了物质文明建设之外,美丽乡村建设还应当就教育建设、文化建设实施投入,不仅要做到物质“美丽”,精神同样要“美丽”。当然,美丽乡村所包含的内容不仅包含了上述内容,随着美丽乡村建设的实施,其内容还将不断被丰富。

(三)京津冀美丽乡村建设的协同发展

从现实情况来看,美丽乡村建设是由京津冀三地根据行政地域管辖各自实施,并没有统一的规划与统一的实施进度。当然,仅就美丽乡村改善人居环境而言是可以的,但若要站在京津冀协同发展的角度来看,有可能不能充分发挥美丽乡村的“虹吸效应”,对于区域生态经济的发展而言没有将效用发挥到最大。因此,京津冀地区应当对美丽乡村建设进行统一的规划,并且同步实施,对于吸纳产业工人回到农村创业要站在京津冀协同发展的高度给予统一的政策支持,这样才能够很好地解决京津冀地区产业结构优化后产业工人的安置问题,京津冀地区的大气污染最终才能够得到全方位的治理。

第十五章　京津冀能源消费转型与大气污染联合治理

第一节　京津冀能源消费结构与大气污染的关系

近年来，大气污染治理成为社会广为关注的话题。随着京津冀协同发展上升为国家战略，京津冀地区如何实现大气污染治理效果，更加成为中央政府高度关注的热点话题。从总体情况来看，京津冀地区大气污染非常严重。虽然京津冀三地的大气污染源有所不同，但是深层根源均可以归于对能源的过度消费而导致经济结构失衡。因此，京津冀地区实施能源消费转型非常有必要，其意义就在于可以降低区域大气污染、优化区域经济结构和促进区域生态经济的发展。然而，京津冀地区由于能源消费总量巨大，因而在全国来讲，大气污染程度最高。以 2016 年 11 月生态环境部公布的 74 个重点城市空气质量数据为例，排名空气质量最差的 10 个城市中，京津冀地区占 8 个。① 当然，京津冀三地大

① 王昆婷：《三区域 $PM_{2.5}$ 浓度同比降幅均达 14% 以上》，载《中国环境报》2016 年 11 月 15 日，第 1 版。

气污染源虽各有差异，污染表现形式也各有特点，但是总体而言都来源于能源的过度消费，而从京津冀大气污染形成原因来看，主要来源于“三种力量”：

一、数量：总量庞大

（一）京津冀地区能源消费统计

从能源消费总量来看，2014 年全国共计消费 425, 806 万吨标准煤，其中北京 6831 万吨，天津 8145 万吨，河北 29, 320 万吨，京津冀地区合计消费 44, 296 万吨标准煤，[①]占全国总量的 10.4%。京津冀及周边地区国土面积占全国的 7.2%，却消耗了全国 33% 的煤炭，主要大气污染物排放量占全国排放总量的 30% 左右，单位国土面积排放强度是全国平均水平的 4 倍左右。高污染、高能耗产业大量聚集，燃煤、燃油集中排放是造成该区域大气污染的直接原因。[②]如图 15－1 所示：

① 国家统计局编：《中国统计摘要·2016》，中国统计出版社 2016 年版，第 78 页。

② 别凡：《高强度燃煤集中排放导致京津冀大气污染 散煤治理需理顺管理机制》，载《中国能源报》2017 年 1 月 16 日，第 15 页。

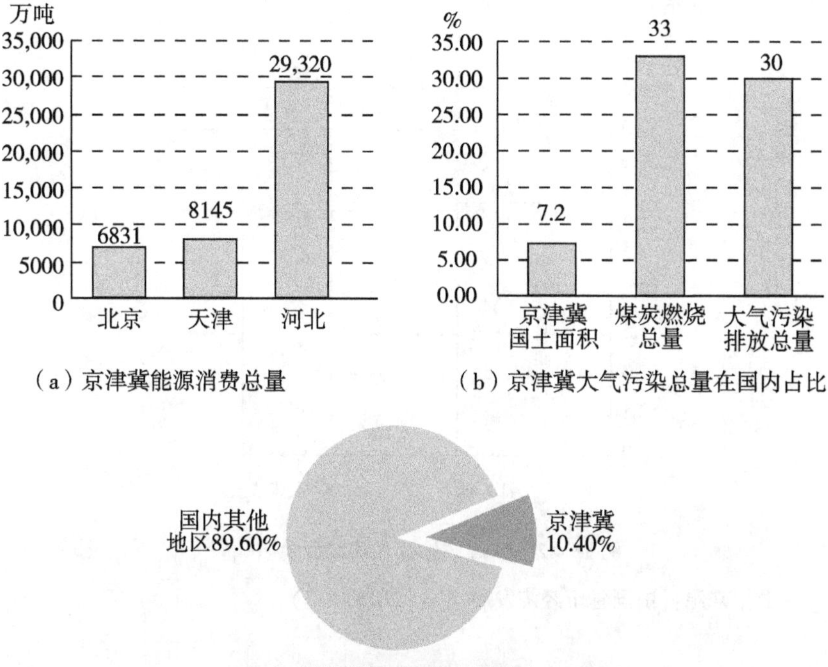

（a）京津冀能源消费总量

（b）京津冀大气污染总量在国内占比

（c）京津冀能源消费在国内占比

图 15－1 京津冀地区国土面积与能源消费总量在国内占比与大气污染物排放总量之间的关系

数据来源：《中国统计摘要·2016》，载《中国能源报》2017 年 1 月 16 日。

京津冀地区国土面积占全国的 2.3%，截至 2014 年年底常住人口 11,053 万人，占全国的 8.1%。① 2014 年，全国年内常住人口共计 136,782 万人，人均能源消费总量为 3.1 吨，京津冀地区人均能源消耗总量为 4 吨，人均能源消费总量比全国平均水平要高出 29%。如

① 参见中国省市经济发展年鉴编委会编：《中国省市经济发展年鉴·2015》（上），中国财政经济出版社 2016 年版，第 6 页。

图 15－2 所示：

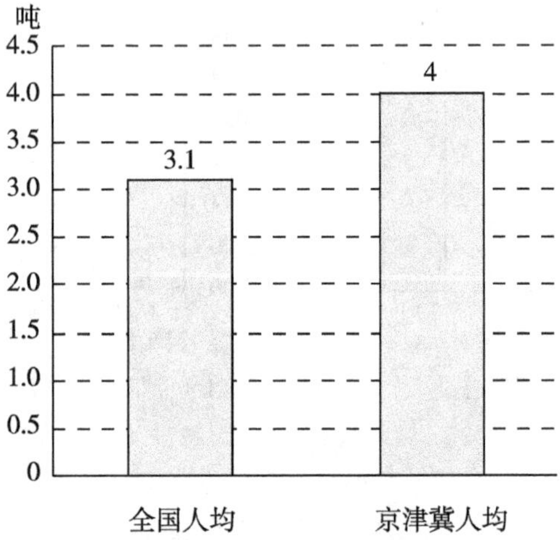

图 15－2　京津冀地区人均能源消费比重

数据来源：《中国省市经济发展年鉴·2015》（上）。

（二）京津冀地区能源消费与大气污染的关系

从上述数据不难看出，京津冀地区人均能源消费总量相当高，与其国土面积的比例不相符合。而从能源消费的类型来看，京津冀地区的燃煤消耗的比重最高。在京津冀地区，天津与河北两地的工业生产在当地都是经济的重要增长点，工业生产所产生的燃煤消耗占了京津冀地区燃煤消耗的绝大部分。不仅如此，从居民生活习惯来看，京津冀地区除北京市与天津市的城区实现了热力管网全覆盖之外，京津地区的郊区以及河北广大地区的居民冬季取暖基本上都是以燃烧燃煤为主，居民燃烧燃煤并不会加装过滤装置，都是向大气环境中直排，这也加剧了京津冀地区的大气污染程度。也正是由于能源消费总量巨大,致使京津冀地区产生了超越其他地区的大气污染。

二、分量:结构失衡

(一)京津冀经济结构对比

分量也就是份额,即京津冀地区能源消费在国民经济中所占的份额。从2014年国民生产总值三次产业结构占比来看,北京地区第一产业158.99亿元,第二产业4544.80亿元,第三产业16,627.04亿元,三次产业占比分别为0.7%、21.3%、77.9%;天津地区第一产业199.90亿元,第二产业7731.85亿元,第三产业7795.18亿元,三次产业占比分别为1.3%、49.2%、49.6%;河北地区第一产业3447.46亿元,第二产业15,012.85亿元,第三产业10,960.84亿元,三次产业占比分别为11.7%、51%、37.3%。① 具体份额如图15-3所示:

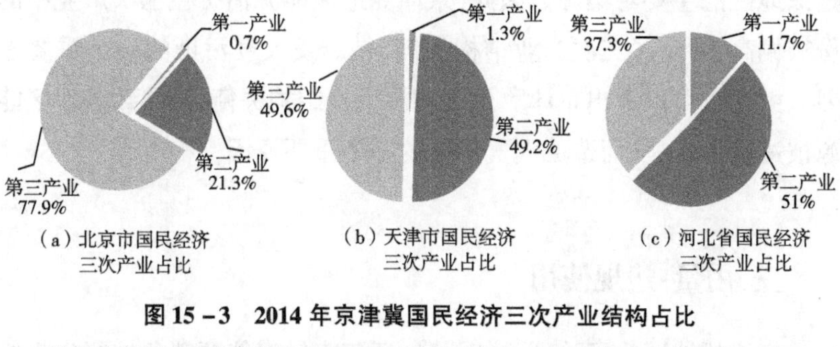

图15-3　2014年京津冀国民经济三次产业结构占比

数据来源:《北京统计年鉴·2015》《天津统计年鉴·2015》《河北经济年鉴·2015》。

---

① 参见中国省市经济发展年鉴编委会编:《中国省市经济发展年鉴·2015》(上),中国财政经济出版社2016年版,第60~63页。

2014 年北京市第三产业接近八成,第二产业尚有可优化空间,第一产业基本以休闲农业为主,农业对于北京地区而言,功能已经发生转化。2014 年天津市第二产业占比接近一半,说明天津市个生产较为发达,第一产业功能也发生了转变。2014 年河北省第二产业占比一半以上,第三产业占比不足,第一产业功能基本正常发挥。工业成为河北地区的支柱性产业。

(二)京津冀地区产业结构分析

从图 15 -3 不难看出,京津冀地区产业结构分布并不均衡,北京地区第三产业占据八成,说明能源消耗主要集中于第三产业,而第三产业又是相对较为绿色环保的产业,唯有交通运输业能够产生大量污染,因而可以断定北京地区由于能源消耗导致的大气污染主要来自机动车消耗燃油产生的汽车尾气排放。天津与河北第二产业占一半份额,而第二产业的工业产业以及上下游产业所直接和间接消耗的能源是该地区的主要污染源。因此,京津冀地区能源消费在三次产业中的份额偏高,导致了三次产业结构失衡,是诱发大气污染的一个重要原因。由此也可以看出京津冀地区能源消费结构失衡,是导致该地区能源被过度消费,从而造成大气污染的一个重要原因。

三、用量:违规使用

京津冀地区为了治理大气污染,近年来针对能源消费的行为都给予了不同程度的限制和约束。例如,北京地区对机动车限购和限行;2016 年 11 月,石家庄采取史上最严厉治霾措施,对机动车采取单双号限行,对全市所有钢铁、水泥、焦化、铸造、玻璃、陶瓷、钙镁等行业采取全部停产措施；①要求饭店加装过滤装置……这些举措都是限制能源使用的具体措施。换言之，对于能源的使用，不能因享有所有权而任意处分。然而“上有政策、下有对策”“你有张良计、我有过墙梯”的现象似乎已经成为能源消费利用领域之内的一种普遍现象，违规使用行为屡禁不绝，最为典型的就是夜间违法使用、超标使用能源。例如，到了夜间加大生产力度，对过滤装置采取停电处理直接排放等，都属于违规消费能源的现象，最终必然导致大气污染总量上升。

第二节　京津冀能源消费结构转型的现实必要性

京津冀地区要治理大气污染，就应当从产业结构优化入手，降低能源过度消耗的比率，使能源消费结构由高耗能、低效率、高污染向高科技、高效率方向转变，逐渐加大清洁能源使用的比例，这样京津冀地区的大气污染才能够从本质上得到治理。因此，京津冀实现能源消费转型具有“三大意义”：

一、微观意义：降低区域大气污染

从微观层面来看，京津冀地区如何解决区域性大气污染是摆在京津冀三地面前的一大课题，也是一个难题。京津冀区域大气污染形成

---

① 马维辉：《石家庄全城治霾45天》，载《华夏时报》2016年12月5日，第5版。

的类型主要包含了三类：一是原发型污染，即本地污染源所造成的大气污染。北京地区大气污染源主要来源于机动车尾气排放，仅此一项污染源就为北京贡献了31.1%的大气污染物。① 天津与河北地区大气污染物主要来源于工业生产。二是输入型污染，即一地产生大气污染之后，随着空气流动将污染物输送到另外一地，造成输入地空气污染的现象。既包含了京津冀内部城市间的输入，也包含了外部周边省份向京津冀地区输入大气污染。三是混合型污染，即由于大气污染物的输入，与本地污染物结合在光化学反应的作用之下形成新的污染物。现实中，京津冀地区上述三类大气污染类型均与能源过度消费有着密不可分的关系。因此，京津冀地区实现能源消费转型，以清洁能源代替消耗性能源，可以直接降低京津冀区域性大气污染的程度。

二、中观意义：优化区域经济结构

从中观层面来看，京津冀地区的大气污染问题实际上是京津冀区域部门产业结构和区域空间结构布局不合理的问题。这两类问题最终将一并转化为能源过度消费，进而形成大气污染。具体而言，就是京津冀地区部门产业分布相对集中，在国民经济三次产业结构中第二产业基本以钢铁、水泥、重工业等重污染部门为部门产业的主要构成，几乎也是全部内容，其他产业部门相对较少，因而京津冀部门产业结构不均衡，偏重发展高污染的产业，必然会形成大量污染。而从空间产业结构来看，京津冀地区空间产业重复布局现象非常明显，没有充

---

① 参见王硕：《北京晒2015治霾成绩单　空气达标天超五成》，载《京华时报》2016年1月5日，第8版。

分发挥京津冀三地的比较优势。与此同时,也没有将北京的第三产业优势、天津的出口优势、河北的人力资源供给优势站在区域协调构建的高度来考虑,产业重复建设、重复投资、重复生产等现象是京津冀地区的生动写照。不仅没有高效利用能源,同时产能过剩也带来了区域大气污染的问题。因此,京津冀能源消费转型实际上是要求在京津冀地区合理规划部门产业结构和空间产业结构,控制不可再生资源的消费总量,大力发展清洁生产和循环经济,逐步将再生能源利用作为产业结构优化的重点,通过优化产业结构配置来消减京津冀大气污染的程度。

三、宏观意义:发展区域生态经济

从宏观层面来看,京津冀协同发展已经上升为重大国家战略,京津冀地区实现生态经济可持续发展是京津冀协同发展的目标。为了实现这一远景目标,在发展理念上,京津冀地区应当以首都经济圈为核心,发挥科技与地理优势,大力发展清洁能源,使京津冀地区逐步完成能源使用的清洁化转型。在发展道路上,京津冀地区还要坚持以生态科技为先导,以区位优势为动力的发展模式,使京津冀地区摆脱依靠能源、资源创造价值的发展路径,在区域之内实现生态经济发展的全覆盖,在区域之外,实现环渤海生态经济发展的辐射。从这两方面来看,能源消费转型是发展区域生态经济的必然选择,也是必经之路。京津冀地区生态经济成为经济发展的支柱性产业之后,大气污染问题才能够从本质上得以消除。

第三节　京津冀生态一体化与大气污染联合治理

京津冀协同发展的任务之一就是要在京津冀地区内实现生态建设协同发展,即京津冀生态一体化。从这一角度来讲,京津冀地区大气污染的治理路径应当是先通过能源消费转型来调整和优化区域产业结构,大力发展区域生态经济,最终治理区域大气污染。而这一目标不能是由区域之内的单一行政主体来完成,应当是由京津冀三地联合在一起,共同发力、共同完成,要达到这种状态,就要在京津冀区域之内实现“三个统一”。

一、发展理念统一

发展理念问题是制约发展模式与发展路径的核心问题,发展理念不同,发展路径以及最终的发展结果必然不同。从这一角度来看,京津冀地区在经济发展以及大气污染的治理理念方面并不一致。北京地区政治敏感度较高,对于中央制定的各项政策贯彻得比较到位,因而北京地区对于能源消费转型以及大气污染治理都表现出积极的态度,而且手段也较为强硬,比较典型的就是北京地区城六区已经实现了天然气以及热力管网输送的全覆盖,解决了冬季依靠烧煤取暖造成污染的问题，①在能源转型方面率先取得成绩。相形之下，天津与河北受经济利益的制约程度较高，尤其是河北地区，一方面有治理大气污染的决心和动力，另一方面也在为治理大气污染之后产业工人的安置和吃饭问题发愁。在双重压力作用之下，河北地区表现为对能源消费转型有畏难情绪，治理大气污染的节奏表现得较为缓慢。从深层原因上看，这种现象还是经济发展理念的问题，河北地区受经济压力的影响，在治理大气污染方面，还是选择基于能源过度消费基础之上的“堵漏”式治理，即“头痛医头、脚痛医脚”式的治理模式，这仍然是能源过度消费的老路，并非能源转型的新路。因此，京津冀地区应当统一发展理念，用共同的理念来规划发展模式，指导发展路径。当然，统一理念就意味着发展理念的同步化，京津冀三地都必须以生态发展的理念来完成能源消费转型，调整经济结构，共同治理大气污染，而且还必须是同步进行，不能出现快慢不一的现象。

二、生态规划统一

从京津冀三地治理大气污染的实践来看，主要特点是各自为政、分头治理，当然实际效果是“按下葫芦起了瓢”，始终难以取得突破性的进展。原因就在于京津冀三地缺乏统一的生态发展规划，京津冀三地每一地对于生态建设、能源开发利用都有各自的制度安排，而且每一地区也都有各自的发展重点，这也就使京津冀三地在生态发展、能源消费转型升级、治理大气污染等环节并不能做到同步。因此，京津

① 参见安栋平：《规划“十三五”“气”贯北京城》，载《中国电力报》2016年5月21日，第6版。

冀三地要同步治理大气污染,就应当在京津冀区域之内实现能源消费的同步转型,而这一目标的实现,必须由京津冀三地联合在一起制定统一的生态发展规划,将能源消费转型的目标、实施步骤、具体时间、操作措施、补偿政策等问题加以明确规定。京津冀三地有了统一的生态规划,在生态经济发展、能源消费转型、大气污染治理等方面才能够实现同步实施。

三、项目建设统一

以往京津冀地区在治理大气污染的过程中,都认识到了通过能源消费转型来实现经济的生态化发展可以达到治理大气污染的效果。而在实践中,在北京的北部,环京津地带也都建设了一些生态能源项目,如风能、太阳能的利用,这些建设项目对于减少一次性能源消费总量、能源消费转型以及消减大气污染总量,具有积极意义。但不可否认的是,以往的这些措施都是以行政地域管辖为范围开展的,每个一地方都是根据本地的自然和经济条件开发建设,很少站在京津冀一体化的高度来进行整体性规划建设,因为生态建设项目的资金来源是本地资本,一般不会考虑其他地方的利益,所以各地生态建设项目重复建设、重复投入的现象比较严重。基于这种现状,京津冀地区要实现能源消费的协同转型,就应当在生态建设项目上实施统一规划、统一建设,并且在财政支持、税收减免、生态补偿方面实行统一规划。这样才能够使京津冀地区的生态项目建设发挥最大效用,能源消费转型才能在京津冀地区之内整体实现,区域大气污染最终才能够整体性消除。

第四节　通过京津冀能源消费转型治理大气污染

京津冀地区能源过度消费是造成区域大气污染的主要原因,因此,通过实施能源消费转型可以实现区域性大气污染整体性消减的目的。目前我国各行各业都在实施供给侧结构性改革,目的是提升供给质量和供给效率,因而在京津冀地区实施能源消费转型应当以京津冀生态一体化为目标,在供给侧结构性改革的思路下展开。具体而言,通过京津冀能源消费转型治理大气污染有"五个基点"。

一、去产能:优化能源消费结构

供给侧结构性改革的五大任务之首就是去产能,意思是去除过剩产能。京津冀地区工业产能巨大,河北省是全国最大的钢铁产量大省,占据了全国的1/4。以2016年为例,河北省冶金行业协会公布的上半年钢铁产量,粗钢9989.64万吨,同比增长2.05%,高出全国水平3.15%;钢材13,051.08万吨,同比增长5.14%,高出全国水平4.04%;生铁9306.41万吨,同比增长2.24%,高出全国水平4.34%;铁矿石同比增长5.86%,高出全国8.06%。[①] 从数据可以看出,河北地区去产能的结果是钢铁产量不降反升,能源消费总量有所增加。原

---

① 李正豪:《河北钢铁集团去产能不力多人被处分》,载《中国经营报》2016年11月21日,第B15版。

因就在于我国的去产能行政化色彩较为浓厚,没有充分利用市场调节机制的作用,由于行政力量在各产钢省份的干预力度有所不同,也就导致了其他地区限产后钢铁产量降低,需求都涌入河北市场,拉动了河北的钢铁产量,因而河北地区虽然生产能力在限缩,但是产量却在增加,增产必然导致污染。从这一角度来看,京津冀地区去产能要充分运用市场化手段,要尽量减少行政化干预,用价格机制引导能源消费结构自我调整,使能源消费逐渐向第三产业分流。能源消费结构得到了优化,京津冀地区的区域性大气污染自然会得到消减。

二、去库存:减少能源消费陷阱

以往我国的能源生产基本上都表现为"一窝蜂""大干快上",等到产能建成之后,却发现要么所生产的能源产品由于同类产品的竞争销路不好,要么就是老库存还未清空新库存又有所增加,这两种现象最终都会陷入能源消费的陷阱。① 我们实施供给侧结构性改革,对能源消费实施转型,其最终目的是要提升生态经济在经济结构中的比例,使经济运行向着可持续、低能耗、低污染的方向发展。因而,实施去库存也要避免"一窝蜂"现象,"一窝蜂"地去库存,最终的结果就是旧的库存还未清空又产生了新的库存。对于京津冀一体化的发展而言,能源消费方面的去库存应当是京津冀三地联合在一起对高能耗的产业进行有步骤、有计划的逐步消减,要渐进式改变能源消费结构,避免能源消费陷阱,最终才能够完成能源消费结构转型,区域性大气污染才能够得到控制。

---

① 滕泰、范必等:《供给侧改革》,东方出版社 2016 年版,第 35 页。

三、去杠杆:疏导能源消费方向

受功利主义思潮影响,长久以来京津冀地区能源消费的方向基本上是只重短期利益不重长期效益,工业生产成为天津与河北地区国民财政收入中的支柱性产业,而工业生产的产能最终都汇聚到了房地产产业。京津冀地区既有首都北京这样的一线房地产发展领头城市,又有天津直辖市房地产业高速发展城市。同时在环京津地带还被拉动了一大批卫星城市,于是河北与天津的工业产能供给过剩也就不可避免了。京津冀地区对房地产经济的依赖程度非常高。京津冀地区要实现能源消费结构转型,限制房地产经济的发展速度非常有必要,当然,这种限制仍然应当采取疏导方式。京津冀地区房地产行业、工业能够发展,最重要的原因是金融贷款审查不严,银行放款轻松,从而使这些行业的金融杠杆率大大增加,也带来了巨大的金融风险。[①] 因此,要实现能源消费结构的转型,就应当加强金融贷款的审查力度,对于高污染、高能耗、高杠杆的行业采取不放款、暂缓放款、提高放款门槛等措施来降低金融杠杆率,而对于生态产业则加大资金扶持力度,这样就能够促进京津冀地区能源消费结构的转型,疏导能源消费向生态化方向转移,区域大气污染现象也就自然能够得到消减。

---

①　参见朱怡:《撬动绿色金融杠杆　建设低碳一带一路》,载《中国电力报》2016年1月19日,第2版。

四、降成本:引导能源消费转型

降成本是要降低能源转型的实施成本,通过市场机制的作用,引导能源消费结构发生转变,向生态化方向发展。具体而言,就是京津冀地区要实施能源消费结构转型,京津冀三地政府应当做好财政支持工作,对于生态环保能源项目要加大补贴力度,降低企业的实施成本,这样就会引导更多的企业实施能源消费转型。当然,成本补贴也应当是建立在京津冀统一生态规划、统一项目建设的基础之上的,要避免在新能源领域之内出现“大干快上”的现象。否则过度的补贴,一方面,会使一些不够资质的资本进入这一领域之内,侵占补贴资金;另一方面还会使某些企业打着新能源的旗号依靠补贴混日子,最终演变成为“扶不起的阿斗”。① 因此,京津冀地区对生态产业实施补贴降低产业运营成本应当要有选择、有限度,这样财政补贴的效用才能够得到充分发挥,通过发展生态产业而降低区域大气污染的目标才能够得以实现。

五、补短板:改造能源消费结构

京津冀协同发展的中心思想是要使京津冀地区实现同步发展,共享发展收益。而在京津冀区域之内,京津冀三地经济发展各有比较优势,从另一个角度来理解就是京津冀三地的经济发展也各有不足,尤

① 参见郭杰等:《供给侧结构性改革的理论逻辑及实施路径》,中国社会科学出版社 2016 年版,第 76 页。

其是在能源消费结构方面,表现得极为不平衡,北京地区机动车能源消费造成的污染最大,天津与河北工业对能源消费所造成的污染最多,这些都是京津冀三地的短板。在供给侧结构性改革的大背景之下,京津冀地区要实现能源消费结构转型,就应当弥补各自在能源消费领域内的不足。例如,北京地区财政加大对电动汽车的补贴力度;天津与河北地区加大对生态产业的补贴力度,限制高污染工业的产能等。当然这些措施必须站在京津冀协同发展的高度来设计,不能是京津冀内部某一地单独采取措施,应当是京津冀三地有针对性地共同采取措施,保持同步行动,并且区域内财政要相互支持,这样才能够使京津冀地区的能源消费结构得到整体性的改变,京津冀区域大气污染才能够得到整体性的消减。

综上所述,京津冀协同发展上升为国家重大战略之后,京津冀一体化在诸多领域之内开始实践。我们可以看到,在京津冀区域之内,北京地区机动车尾气排放对大气污染物的贡献率最高,天津与河北的工业生产造成的大气污染物最多,虽然污染源不同,但是其深层原因都是能源过度消费导致了经济结构不合理,最终形成了大气污染。因此,京津冀地区要治理区域大气污染,就应当从能源消费结构入手,引导能源消费结构转型,促进京津冀经济向着生态化方向发展,实现了京津冀生态一体化,大气污染自然得到消减。要实现这一目标,就要在京津冀区域之内实现发展理念、生态规划、建设项目“三个统一”,从供给侧结构性改革角度出发,对能源消费结构进行疏导、引导和改造,最终才能够通过能源消费转型来消除区域大气污染的目的。

第十六章　京津冀生态统一规划与大气污染联合防治

第一节　京津冀生态规划与大气污染的关系

一、生态规划的目标和基本原则

(一)生态规划的基本含义

生态规划的概念在学术界的定义并不相同。管理学领域认为,生态规划即运用生态学理论研究人与自然的关系,科学分析人类社会经济活动引发的环境影响,通过科学的规划设计来有效防范或减少人类社会发展对自然环境的影响,达到可持续发展目标的一种规划设计思想方法,这为协调人与自然关系,实现对自然资源的保护和可持续利用,满足人类发展需求提出了新思路和新方法。① 环境学领域认为,生态规划是从人类生态学的观点出发,把不同地域和不同空间尺度的自然资源系统、社会经济系统和自然生态系统作为一个相互依存、彼此作用的复合大系统

---

① 王光军、项文化主编:《城乡生态规划学》,中国林业出版社 2015 年版,第 1 页。

来对待，在此基础上编制与社会经济发展相协调的环境规划，使社会经济发展适应当地的自然资源条件和环境的承载能力，从而能够保持较优的生态平衡。这类规划属于高层次的环境总体规划。① 生态学领域认为，生态规划是在自然综合体的天然平衡情况不做重大变化、自然环境不遭受破坏和一个部门的经济活动不给另一个部门造成损害的情况下，应用生态学原理，计算并合理安排天然资源的利用及组织地域的利用。② 这些概念对于生态规划的描述都各有特点，但仅是所站的角度不同。从法律经济学的角度来看，生态规划是基于对人与自然关系的平衡，用法律制度来调整和设计环境经济制度，使生态利益可以实现可持续发展的一种制度。生态规划具有明确的整体性、协调性、区域性、层次性和动态性等特点，并有明确的经济、社会、生态目标。③ 我国为了加大节能减排力度于2016年12月5日印发了《"十三五"生态环境保护规划》，这对于贯彻"创新、协调、绿色、开放、共享"五大发展理念，实施生态环保战略，实现生态文明、补齐全面小康环境短板，具有重要意义。

（二）生态规划的目标

生态规划的目标可以分为以下几类：

1. 生态环境战略目标

生态环境战略目标是通过生态规划，实现生态绿地面积增加，环

---

① 方如康主编：《环境学词典》，科学出版社2007年版，第530页。

② 《环境科学大辞典》编委会主编：《环境科学大辞典》（修订版），中国环境科学出版社2008年版，第672页。

③ 王光军、项文化主编：《城乡生态规划学》，中国林业出版社2015年版，第5页。

境指标有所改善,如空气质量、饮水质量、噪音标准等都能够有一个本质性的改善,环境质量有所提升,生态环境的自净能力大幅度提升,生态环境的自净周期内能够很好地实现生态环境的自我净化,使人们的生存环境得到本质性的改善。

2. 生态经济战略目标

人类社会的发展历史,是社会经济从低端向高端发展的历史。与此同时伴随着社会经济的发展,也带来了严重的生态环境破坏问题,当然生态环境的破坏是“冰冻三尺非一日之寒”,那么对生态环境的治理也属于“冰融三尺非一日之功”,是一个长期工程,因而需要有长期的规划战略来治理生态环境。因此,通过生态规划发展生态经济,可以达到使社会经济向生态化的方向转型,从而实现生态环境转好的目的。从这一角度来看,发展生态经济是生态规划的一个战略性目标。

3. 生态社会战略目标

一直以来,“地大物博、物产丰富”这种思想在我国社会各界的影响力非常大,这与我们从小所受的教育有关。长久以来,我国社会生产一直围绕着高能耗、低效率的方向发展,当然社会经济在改革开放之后也经历了 30 多年的高速发展,这都是牺牲能源资源与环境资源带来的。近些年来,我们逐渐开始认识到过度利用资源会遭受到自然生态环境的报复,因而也就要求我们的社会经济发展必须向低碳化、生态化方向转型,合理配置资源,将资源的使用效率发挥到最大,尽量减少人均资源的消耗总量,改善能源消费结构,提升社会的保障水平。而要实现生态社会的这一战略目标,生态规划是必经之路。

4. 生态文化战略目标

生态文化是社会的一种精神力量,生态文化的形成是社会中长期积累的对生态环境、生态资源利用的一种文化性理念。如企业在生产过程中采取高耗能、高污染、低附加值的生产方式，是比较广泛的企业文化，同时也是一种生态文化。生态文化形成之后，要将该文化的方向向生态化、低碳化、绿色化方向引领，就需要制定长期的生态规划，对生态文化的发展目标给予阶段性的发展规划，这样才能够实现生态文化的生态化。

（三）生态规划的基本原则①

1. 整体规划原则

生态规划应当坚持整体性原则。所谓的整体性有两个层次的含义：一是地域的整体。即在拟进行生态规划的区域之内，不同的地方要进行整体谋划和规划，不能仅仅对个别地域进行规划，应当作为一个整体来考虑。二是领域的整体。即生态规划不仅涉及生态环境方面的问题，还涉及经济、社会、文化发展、资源配置、城市建设等多方面的领域。而在这些领域之内，很多与生态环境有关的内容应当进行综合性的考量并进行全方位的谋划，这样的生态规划才具有可实施性。因此，生态规划应当具有地域性和领域性的基本属性，必须在所在地域和所在领域共同实施规划，这样生态规划的总体目标才能够得以实现。

2. 协调共生原则

在生态系统中，人与自然构成一个具有整体性的生态复合系统。在这一系统中，既体现了生态系统的整体性，又体现了生态系统的多

① 参见王让会主编：《生态规划导论》，气象出版社 2012 年版，第 35 ~ 36 页。

元性。每一子系统之内是一种和谐的循环关系,而子系统之间则是均衡关系,相互制约、相互平衡,发挥着协调功能。由于生态系统是一个复合系统,因而在生态规划的过程中要对规划区内人类活动与生态自然的气候变化进行整体性的规划,使自然界内的生态要素能够充分发挥其自净能力,最终达到人与自然协调共生的目的。这既是科学发展观的要求,同时也是生态规划的基本要求。

3. 区域分异原则

在生态规划区域之内,生态结构特征以及生态环境既有类似之处,也有不同之处,这是由于这些地区之内存在着社会、经济、气候、历史、文化等多方面细微的差别,这些差别很有可能就是该地区的个性所在。因此,在进行生态规划之时,对于规划区域之类的不同地区,要注意这些差异性,对于这些区域内的个性特征,要给予特殊的规划,这样才能够使区域内的生态系统达到稳定的状态,系统在运行的过程中才不会因为规划不得当而导致区域内生态系统承载力被破坏现象的发生。从这一角度来看,在区域内进行生态规划,既要有整体规划、整体发展的内容,同时也要有体现规划区内被规划主题个性的内容,这样的规划才更加具备实用性。

4. 功能高效原则

生态规划包含了自然、社会、经济等三大组成要素,其目的是构建一个功能高效的复合生态系统,使生态系统的服务功能最大限度地发挥出来。要实现这一目的,在进行生态规划的过程中,就应当对规划区域内的自然状况、社会人口发展及居住状况、经济结构的基本特征等要素进行综合性的分析,并进行整体性的规划,以最大限度地提升生态环境的服务功能,使生态环境的服务效率得到最大限度的释放,这样才能够使规划区域内的社会经济发展彻底摆脱资源依赖的困境。从这一角度来讲，功能高效原则是生态规划的一个基本原则。

5. 多元保护原则

生态系统是一个复合型的系统，既包含了人类社会的活动范围，也包含了动物的活动范围，同时还有植物与微生物的生存空间，生态系统就是由这样一个多元化、多要素组成的开放性的系统，每一要素在系统中都起着极为重要的作用。在这种情况之下，生态规划应当充分考虑生态系统中每一要素的功能以及能量流转所发挥的作用，合理开发利用资源，使生态系统中的每一要素的功能得到最高效的发挥。因此，在进行规划时要对生态实施多元化的保护，使生态系统中的每一要素都能够得到充分的保障，这样才能够使生态系统得到整体协调的发展，不会因为偏重于保护某一方面而与其他方面失之交臂。从这一角度来看，多元保护原则是生态规划所必须遵守的一个基本准则。

二、京津冀生态规划与大气污染

(一) 京津冀区域生态发展规划设计目标的不合理性

2015 年 12 月，发改委颁布了《京津冀协同发展生态环境保护规划》，其中对京津冀地区 $PM_{2.5}$ 的防控做了顶层设计。规划中显示，到 2017 年年底京津冀地区的 $PM_{2.5}$ 的浓度要控制在每立方米 73 微克，到 2020 年年底 $PM_{2.5}$ 的浓度要控制在每立方米 64 微克，规划确定京津冀地区主要从推进节能减排、促进循环经济、加强环境保护、完善经济政策、加强节能环保执法监管等几个方面来取得进展。实践中，北京市有《北京市“十二五”时期环境保护和建设规划》,天津市有《天津市环境保护“十二五”规划》,河北省有《河北省生态环境保护“十二五”规划》,京津冀三地都有各自的生态规划,对生态发展都有各自的安排。而从《京津冀协同发展生态环境保护规划》来看,进步意义是对京津冀地区的生态规划有了整体性的观念,而不合理之处是并没有将京津冀三地的生态规划做到很好的协调,所确定的目标完成起来较为困难。仅 $PM_{2.5}$浓度一项,2015 年京津冀三地中北京地区平均浓度为每立方米 80.6 微克,①天津地区平均浓度为每立方米 70 微克,②河北地区平均浓度为每立方米 77 微克,③京津冀三地 $PM_{2.5}$平均浓度为每立方米 75.9 微克。从规划所公布的数据来看,2017 年年底到 2020 年的 3 年间 $PM_{2.5}$平均浓度要从每立方米 73 微克降低到每立方米 64 微克,平均每年降低每立方米 3 微克。按照这样的降幅,京津冀地区 $PM_{2.5}$平均浓度要从 2015 年年底的每立方米 75.9 微克降低到 2017 年的每立方米 73 微克,也正好是每年降低每立方米 3 微克,这样的降幅速度与 2015 年年底至 2020 年年底的整体设计方案相适宜。但是从实际情况来看,京津冀治理大气污染需要付出的努力过程艰辛。尤其是京津冀地区生态环境规划对 $PM_{2.5}$浓度采用平均浓度的计算方法来统计也并不科学,因为河北地区张家口和承德两地空气质量非常好,都可以达到空气质量一级标准。京津冀地区依靠这两个地方来拉

---

① 王尔德:《2015 年北京 $PM_{2.5}$年均浓度下降 6.2% 重污染天数 42 天》,载《21 世纪经济报道》2016 年 1 月 6 日,第 6 页。

② 天津市环境保护局:《2015 年天津市环境状况公报》,天津市环境保护局 2016 年版,第 2 页。

③ 河北省环境保护厅:《2015 年河北省环境状况公报》,河北省环境保护厅 2016 年版,第 6 页。

动平均值达到规划设计标准的做法，即便真的实现规划目标，而现实情况下除张家口和承德两地外，其他城市空气质量整体情况达不到规划设计标准。因此，京津冀区域生态发展规划设计目标并不具备合理性。

（二）京津冀区域大气污染治理与区域生态规划

京津冀区域大气污染的形成原因是多方面的，既有本地污染源导致的污染，又有输入型污染源导致的污染，同时还有混合型的污染。为了治理区域性大气污染，必须对京津冀区域之内的生态环境保护进行整体性的规划。生态环境规划的主要内容应当包含以下几点：一是区域协调的内容。即京津冀三地对于大气污染治理应当采取的协调措施和方案，主要包含了京津冀三地生态发展综合性的具体目标以及京津冀三地生态发展的协同解决机制。二是区域差异化的内容。京津冀生态规划的内容尤其是对大气污染的治理，应当包含差异化的要素，即具体问题具体分析，不应当仅制定总体化的目标。例如，京津冀三地大气污染情势有所不同，仅河北地区又可以分为北部与南部两种截然相反的发展态势，因而具体的发展规划也应当有所差异，要具有针对性。三是区域生态发展的具体制度。对于生态经济以及生态经济下京津冀三地的各种补偿方案，都应当加以明确。然而《京津冀协同发展生态环境保护规划》对于上述问题的描述尚处于初级阶段。由此可见，目前对于京津冀生态协同发展在顶层设计层面尚处于起步阶段，接下来生态规划要走的路还很长。

第二节　京津冀生态环境存在的不协调问题

京津冀协同发展上升为国家重大战略之后,京津冀地区在交通互通、电信互联、产业结构优化等方面都开展了一系列的合作,也取得了一定的成绩。但是在生态环境保护与建设方面的合作进展却比较缓慢,集中表现为京津冀地区生态环境建设和保护方面缺乏整体的生态规划顶层设计。这就导致了京津冀地区出现了"五种不协调"现象,具体如下:

一、环境优化不协调

(一)生态规划不协调

近年来,京津冀地区大气污染现象是困扰京津冀环境建设的一大社会问题,京津冀地区分别针对高耗能产业开展了一系列"去产能"措施,本地产业结构得到不同程度的优化,大气环境有所改善。但可以看出,这种改善是局域性的,如北京地区"去产能"、机动车限购限行力度较大,因而蓝天白云天数增加较多,但相比之下,河北南部地区依然是雾霾笼罩,大气环境治理效果并不显著。原因就在于当前对大气污染的治理,是京津冀三地分地治理,并没有在真正意义上实现京津冀三地统一规划、统一实施、统一治理,因而在治理效果上有所差异,也就表现出了不协调现象。

(二)具体措施不理想

京津冀地区三地都有各自的生态规划,在全国都在实施供给侧结构性改革的前提之下,“去产能”成为各地生态规划以及生态环境建设的具体目标,京津冀三地也都在开展“去产能”。但是在京津冀地区通过“去产能”的方式降低能源消耗、降低大气污染的具体措施实施得并不理想,最为典型的就是河北地区。河北地区钢铁产量占全国的1/10。以2016年为例,全国都在“去产能”,河北也在去除钢铁产能,炸了烟囱,拆除生产线,从形式上看生产能力有所降低,符合中央制定的“去产能”政策目标。但是依据河北钢铁业协会公布的2016年全省上半年钢铁产量数据来看,河北地区的钢铁产量却远高于2015年同期的产量。① 这种“去产能”却“增产量”的做法很显然不仅没有起到消除污染的目标,反而增加了污染。原因在于其他地区都是钢铁生产小省,“去产能”之后本省钢铁产量降低,所以都将需求转向了河北。河北虽然产能降低,但是单一生产线的生产时间加长,有的是利用晚上时间生产,这样就增加了钢铁产量,同时也增加了大气污染的程度。由此可见,目前京津冀地区环境优化的具体措施并不理想。

① 李正豪:《河北钢铁集团去产能不力多人被处分》,载《中国经营报》2016年11月21日,第B15版。

二、整体共生不协调

(一)生态规划不统一

京津冀一体化其中的含义之一就是要实现区域生态环境的协调共生。因为京津冀地区在地理区位和自然环境方面并无太大差异,因而必须采取整体性的生态环境建设和治理措施,才符合自然规律。然而现实情况是京津冀三地按照行政地域管辖,分别进行生态建设和环境治理,这既不符合自然规律,同时也不符合京津冀生态协同发展的社会要求,原因就在于京津冀地区统一的生态发展规划尚在起步阶段。

(二)生态共生难以体现

现实中京津冀三地虽然自然结构和生态系统的差异较小,但是由于人文环境不同以及经济结构不同,导致了京津冀三地生态结构的发展也出现了相应的变化。而以往以行政地域管辖作为治理生态结构的措施,很难对京津冀地区的生态结构做到共生性调整。例如,京津冀三地由于社会活动的加剧生态结构出现了不同程度的变化,此时京津冀三地都针对本地生态环境的变化出台了一定的保护环境的政策,如发展生态能源、恢复绿地等。而这些政策由于是京津冀三地单独制定的,因而不具有共生性,没有照顾到彼此间的联系,故生态难以得到共生性的发展。

三、功能效率不协调

(一)生态服务功能的效率低下

在当前,京津冀地区对生态、能源、资源的利用也都是按照行政地域管辖而实施的,并没有使京津冀区域之内的物质和能量得到多层次、多途径的充分利用,废弃物回收利用率不高,物质循环利用率也较低,经济效益的提升与区域环境质量的改善不成比例,显然京津冀的发展并没有真正纳入"自然—经济—社会"的一体化复合生态系统之中。从长期的实践来看,京津冀地区的经济发展主要是依靠高能耗、高污染、低效率的生产方式来实现的,逐渐形成了资源消耗型的社会发展模式,随即带来了大量环境问题,而解决这些问题的措施就是发展生态经济使生态经济的服务功能能够释放出经济发展的红利。然而现实情况下,京津冀地区三地也都在不同程度上发展了生态经济,但是总体状况并不理想。

(二)生态服务功能缺乏统一规划

在以往,京津冀三地发展生态经济都是各自为政地建设生态、发展经济,这种状态打破了京津冀区域生态功能的内部能量流动规律,生态功能的利用效率并没有得到充分体现。原因就在于,京津冀三地以自然为背景、以经济发展为目标、以区域社会和谐为出发点的生态统一规划尚未完全建立起来,因而会出现京津冀三地在生态建设方面步调不一致、生态功能没有得到充分发挥的现象。

四、区域优势不协调

（一）京津冀三地经济发展的比较优势

京津冀三地各自都有在经济发展方面的比较优势，主要体现在：北京地区是首都，是全国的政治文化经济中心，聚集着大量高校和科研院所，科技研究能力在全国来说最强，而大中型科技企业绝大多数在北京都有落户。在这种情况下北京发展高新产业具有相当大的优势，尤其是技术和科技优势，其他地区并不具备。天津地区靠近渤海，是港口城市，发展进出口贸易是天津地区的比较优势，而这一优势在北京与河北地区并不具备。河北地区对于北京与天津而言，地域面积广阔，省内常驻人口较多，而河北省的经济发展相对落后，人均国民收入也较低，因而河北地区的人力成本也相应较低，所以河北的人力资源输出在京津冀地区之内具有较强的优势。京津冀三地发展生态经济各有比较优势，在发展生态经济的过程中，应当从空间产业结构方面合理地配置京津冀三地的优势资源，充分调动京津冀三地的发展活力，这样才能够使京津冀地区的生态产业得到协同发展，生态环境才能够得到改善。

（二）京津冀比较优势没有得到充分发挥

京津冀区域之内三地经济结构差异较大，比较优势各不相同。在以往京津冀三地发展的过程中，比较看重在经济、文化、自然条件、生态环境方面的个性差异，而较少关注三地在这些方面的相似之处，这就导致了三地都重点发展自己的优势产业而忽略了区域整体的协同发展,最终形成“马太效应”,优势的产业越来越优,劣势产业越来越弱,环境污染也就越来越严重。这种以经济增长为核心片面强调区域内部比较优势、缺乏整体生态规划的发展模式,必然会破坏京津冀区域内的生态系统结构,导致发展不均衡,并带来一系列环境问题。

五、持续发展不协调

可持续发展不仅仅是科学发展观的要求,同时也是京津冀区域生态建设的目标。然而由于京津冀地区缺乏统一的生态规划,使得京津冀区域之内自然资源承载能力、环境容量被过度放大,在现有的发展模式下,并没有真正做到人与自然环境、社会经济与资源环境的协调发展,生态系统结构功能处于紊乱状态。这不仅与可持续发展的目标相背离,也与京津冀协同发展的国家战略相背离。

第三节　完善京津冀生态统一规划的必要性

京津冀区域之内生态建设不协调的主要原因就是缺乏生态统一规划,因而在京津冀区域之内实施生态统一规划具有必要性,主要表现为“三升一降”:

一、提升均衡发展程度

京津冀协同发展目标是要充分调配区域资源,优化区域空间布局,逐渐解决北京与天津的“大城市病”带来的一系列问题。从实现方法上看,要措施一体、优势互补、互利共赢,而从发展途径上看,要步调一致、共同发展,这并不是绝对意义上的“齐头并进”但是必须均衡发展。因此,实施生态统一规划有利于京津冀地区实现共同发展的目标,提升均衡发展程度。

二、提升低碳生态质量

京津冀一体化的发展方向之一就是要在京津冀区域之内建立生态城市群,构建低碳城市,提升城市生态环境质量。要通过对产业、交通、建筑、绿化、资源、环境等涉及生态环境领域内的问题进行统一规划,并形成发展容量、低碳产业、用地布局、绿色交通、生态建设、资源利用、节能减排等规划方案,使城市生态向低碳化方向发展。因此,统一生态规划是提升城市生态质量的必经之路。

三、提升生态安全指数

京津冀地区生态安全的目标是使京津冀地区人们的生活、健康、游憩、基本权利、生活保障来源、必要资源、社会秩序和人们适应环境变化的能力等方面达到不受威胁的状态,要实现生态系统自然的安全和生态系统对社会服务功能的安全双提升。因此,只有京津冀区域生态统一规划,才能够在京津冀地区构建一个包括自然生态、经济生态和社会生态所组成“三位一体”的复合人工生态系统。这样的系统才是完整、健康、安全的生态系统。

四、降低工业过剩产能

去除过剩产能是供给侧结构性改革的五大任务之一。京津冀地区“去产能”所面临的问题主要是银行体系的金融风险、失业的社会风险、产业“断档”和“空心化”“泡沫化”风险，因而并不能搞冒险式的“一刀切”，也不能搞冒进式的“大跃进”，要通过生态统一规划，平衡政府和市场的功能边界以及“去产能”和“建产能”之间的关系，逐步消解“去产能”之后带来的产业人口安置的社会风险。因此，京津冀生态统一规划有利于从根本上降低工业过剩产能。

第四节　京津冀生态统一规划的方向性领域

京津冀实施生态统一规划有利于京津冀协同发展总目标的实现。现阶段，结合京津冀区域要素禀赋的基本点，应当注重从以下领域入手，实现“五个统一”：

一、生态系统保护规划统一

京津冀地区地理区位和自然气候都有着极高的相似度，在水资源保护、土地资源保护、生物资源保护、生物多样性保护、水土流失治理、大气污染治理等方面都具有天然的相似性，这也为京津冀区域生态一体化治理带来了便利。因此，京津冀地区应当首先将生态系统保护实施统一的生态规划，制定保护目标和保护措施，这样有利于区域生态环境平衡、可持续发展。

二、生态建设项目规划统一

生态项目建设对于保障区域环境具有非常重要的意义,“功在当下,利在千秋”,然而现实中很多生态项目在京津冀区域之内都是各自建设,沟通较少,这在一定程度上浪费了社会资源。因此,对于京津冀区域内的生态建设项目,应当实施统一规划,并在财政转移支付、生态税收、生态补偿等方面作出统一的顶层设计,这样就可以充分发挥生态建设项目的生态服务功能,还能够节省建设成本,避免重复建设的浪费。

三、景观生态建设规划统一

京津冀地区要使生态协同发展,还应当在景观生态方面进行统一规划、整体布局。要根据京津冀特殊的地理区位优势,规划出景观绿色网络格局,体现出景观的自然性、生态性、观赏性、文化性、亲民性,使得京津冀地区的生态景观更加怡人。与此同时,为了进一步实现京津冀交通网络的互联互通,还应当加强道路两端的生态景观建设,不仅美化环境,还能够消解机动车尾气带来的空气污染。因此,京津冀对景观生态建设实施统一规划,有利于京津冀协同发展目标的实现。

四、休闲生态旅游规划统一

京津冀地区生态建设促进经济发展的一个重要的增长点就是休

闲生态旅游项目。但是现实中京津冀三地对于生态旅游项目缺乏统一规划，既没有充分利用京津冀三地的自然、人文、社会资源，又衍生出不少旅游产业的违规现象。因此，京津冀三地在发展生态经济方面，应当将休闲生态旅游作为区域经济的主要拉动力量，对北京的历史文化、天津的滨海文化、河北的红色文化进行统一规划设计，打造出京津冀一体化式的旅游产业。

五、城乡生态建设规划统一

京津冀生态统一规划还应当包含京津冀城市群生态建设和京津冀美丽乡村建设。京津冀城市群生态建设的统一规划主要是在低碳发展、低碳生态方面作出规划，统一规划城市群内的绿地系统和城市垃圾消纳系统，打造环京津地区绿色生态城市。京津冀美丽乡村建设的统一规划目的是打破在美丽乡村建设过程中单打独斗、缺乏联系的局面，需以战略式的眼光来对待。只有京津冀美丽乡村建设融为一体、协同发展，才能够实现城乡经济协同发展的目标。因此，城乡生态建设统一规划，也是京津冀生态统一规划中的一个重要方向。

第十七章　京津冀联席会议制度与大气污染联合防治

第一节　京津冀区域大气污染治理的外在特征基本表现

近年来,京津冀区域大气污染治理力度不断增强,也在局部取得了一定成绩。但从总体情况来看,大气污染治理呈现以下特征:

一、一地污染区域扩散

(一)京津冀大气污染的基本特征

京津冀地区面积较小且相对集中,地域面积仅为12万平方公里,在京津冀地区之内的城市群共计有13个。由于地理纬度相对集中,跨度不大,因而在自然环境、自然气候、自然光照、风力风向、空气温度和湿度等都相差无几。夏冬季节受季风影响较为明显,夏季以东南季风为主,冬季受来自西伯利亚的寒流影响,大陆季风以西北风为主。在京津冀地区除张家口与承德两地之外,其他地区地势较为平坦,以平原为主,这种自然地理现状有利于大气污染在区域之内进行扩散,因而一地出现严重空气污染后,在空气气压的作用之下,会自然流动扩散到其他地区,从而形成区域性大气污染。这就决定了京津冀地区治理区域大气污染必须是京津冀三地合力治理,而不能是单独治理。

(二)京津冀区域大气污染治理的基本表现

从实践来看,京津冀地区对大气污染的治理是以行政地域管辖为基础,各自为战。这种治理措施对于本地大气污染的治理而言,短期内能够产生一定的成效,但是从长期来看,由于大气污染具有流动性的特征,而京津冀地区除张家口与承德两地之外,其余 11 个城市群均处于平原地带,且整体地势相对平坦,很少有山脉的阻挡,这样的地形有利于雾霾的扩散,因而以行政地域管辖作为大气污染治理的依据,很难产生长久的实效。具体而言,就是局部的大气污染治理效果并不能阻挡或者拉低京津冀区域大气污染整体的污染水平,很快的时间内,大气污染就会扩散到整个区域之内。以 2016 年 12 月 20 日和 21 日两天京津冀红色雾霾预警事件为例,京津冀地区的 $PM_{2.5}$ 污染水平整体都在每立方米 400 微克以上,属于重度污染水平。这种区域性的大气污染现象,说明了只有京津冀三地采取联合防治的措施,共同治理大气污染,才能够起到实效,仅一地的治霾并没有效果。而且在京津冀地区大气污染的治理力度也应当保持一致,不能宽严不一。但现实是京津冀三地城市对大气污染的治理力度并不一致,从而就会导致一地大气污染之后影响其他地区的现象。

二、差异治理同步污染

(一)京津冀区域大气污染的同步性

空气的流动是在空气动力以及温差和大气压差的综合作用之下形成的。在京津冀地区,由于地理环境具有相似性,除张家口与承德两地之外其余各地都属于平原地带。地处华北平原,在地理纬度上跨度也并不大,所处的纬度带为北纬36度至42度,纬度相对集中。这一地理位置环境温度、空气湿度以及风向与风力有很大的相似性,差别并不大,加之在京津冀地区之内的部门产业布局也具有相似性,河北与天津地区都是以工业为经济发展的支柱性产业。因而,大气污染一旦形成就不仅是一地的污染,而是污染物随着空气的流动迅速向京津冀三地其他地区扩散,而且这种扩散的趋势是同步性的,几乎并没有多少时间差。这就使京津冀地区形成了一种现象,往往雾霾一旦在一地数值爆表,就不止是这个城市爆表,京津冀区域之内的其他城市会同时爆表。当然,雾霾爆表的原因是多方面的:一方面污染物来源于本地大气污染物的排放,如工业排放和机动车尾气排放;另一方面也来源于相互的输入、混合,即大气污染物随着空气的流动输入到其他城市,而且这种输入往往是相互的、同步的。因此,京津冀区域大气污染具有同步性的特征。

(二)京津冀区域大气污染治理的非同步性

从京津冀大气污染的现状来看,当京津冀区域之内的城市群发生大气污染之后,往往是京津冀区域之内绝大多数城市都发生大气污染,这种污染具有同步性的特征。正是由于京津冀地区的大气污染状况非常严峻,从每月生态环境部公布的全国 74 个空气质量重点监控的城市空气质量数据来看,京津冀地区可以被认为是全国污染最为严重的地区,而且同时污染、大面积区域性污染,这在全国来讲也非常少见。针对大气污染的严重现状,京津冀地区也开展了一系列的治霾行动,然而由于现实中京津冀地区治理大气污染是按照行政辖区分区治理,每一城市、地区在经济发展方面各有比较优势也各有发展短板,国民经济的收入主要来源有所不同,因而经济结构也各有差异。在这种情况之下,京津冀三地在治理大气污染的过程中也都是基于本地经济发展的特点而实施治理措施,具体治理重点也各不相同。例如,北京地区经济发展主要以第三产业为主,而北京地区的机动车数量非常庞大,截止到 2014 年年底,北京市机动车保有数量为 559.1 万辆。① 这些机动车对大气环境贡献的污染物比例最高,因而北京地区对机动车尾气排放的治理力度也最强,诸如限购、限行等措施都已经成为常态化的措施。而河北地区由于钢铁产量巨大,占到全国总产量的1/4,因而河北地区治理大气污染主要是通过调整产业结构、去除工业产能等措施来进行。京津冀地区大气污染的形成原因各有差异,治理措施当然也各有针对性,都是针对本地特点而制定的有针对性的措施,但是治理措施在时间上不可能做到“齐步走”,在治理力度之上也不可能做到“共同发力”“齐头并进”,而是采取具有差异化的治理手段来进行分别治理。由于空气具有流动性特征,治理效果较好的地区必然会受到治理效果较差的地区干扰,而形成同步污染现象。因此,京津冀

① 参见北京市统计局、国家统计局北京调查总队编:《北京统计年鉴·2015》,中国统计出版社 2016 年版,第 340 页。

地区对大气污染治理必须采用同步治理的措施。

三、局部消减整体不变

(一)京津冀大气污染的局部与整体之间的关系

京津冀地区从地理环境来看,可以分为南北两个部分。北部主要以张家口和承德为主,这两个地区地处八达岭之外和燕山山脉之外,一方面,张家口地区海拔较高,平均海拔为1000米以上,承德地区的平均海拔为350米左右,而北京地区的平均海拔仅有50米,张家口与承德的海拔较高,加之有山脉的阻挡,来自京津冀其他地区的大气污染物不容易逆向而上再跨越山脉污染到这两个地区;另一方面,张家口与承德两地几乎没有工业生产,因此这两个地区的空气质量非常优秀,即便其他地区是重度雾霾,这两个地区的大气污染数值也并不是十分高。从这一点来看,京津冀北部局部地区受大气污染的影响相对较小。而在京津冀的中部与南部地区,大气污染则非常严重。因此京津冀地区大气污染的现状可谓是“冰火两重天”,京津冀大气污染存在局部与整体之间的博弈,即局部大气污染程度较低对于京津冀整体区域的大气污染而言,除了在平均数值上能够形成拉动作用之外,在客观实质上影响并不大,这是由地理环境造成的。

(二)京津冀大气污染局部治理成果的有限性

京津冀的大气污染除了有地理环境原因造成的局部与整体之间的关系外,在大气污染治理方面,也存在局部治理与整体治理之间的关系。在京津冀地区各城市大气污染治理遇到的实际困难不同,治理力度也并不均衡，局部地区治理效果较有成效，如北京地区；而多数地区治理效果并不理想，如石家庄以及邢台等城市。治理效果有好有差，但是在对平均值的对冲拉动下，虽然总体的平均数看起来并不算太高，但是总体污染水平并没有本质性的降低，基本上还维持在原有水平之上。这种部分地区治理力度较大而多数地区治理力度一般的现状，致使其中的一地治理也并不会带来大气污染整体性降低的结果。相较之下，在大气污染流动性的作用之下，局部治理的效果很容易被整体性的污染所吞噬，这就决定了京津冀大气污染治理必须是联合治理、共同消减，才能够取得实效。

第二节　京津冀区域大气污染治理旷日持久的基本原因

大气污染属于“冰冻三尺非一日之寒”，那么京津冀对大气污染的治理则是“冰融三尺非一日之功”，是一个长期工程。从实践来看，大气污染久治不愈的根本原因是“分区治理”“各自为政”，没有形成协同治理的法律机制。具体表现在以下几个方面：

一、理念方面的原因

（一）北京地区的发展理念

京津冀三地的发展理念各不相同，北京地区是首都，是国家的政治中心和文化中心，对国家的政策执行得较为果断，并且态度非常坚决,只要不符合政策、法规规定,就一律予以取缔,环境行政执法的力度较大。例如,北京地区为了治理大气污染,对机动车实施限购和限行措施,这种措施在北京实施得非常严格,摇号限购以来,数年难以摇到号的人不在少数,这说明了北京对于相关政策的执行力度非常大。再如,为了提升北京地区的空气质量,北京市将不适合首都功能的产业向外疏解,虽然这对于北京而言会损失部分收入来源,但是北京市依然严格贯彻这一政策。由此可见,北京市的发展理念是政治意识大于经济意识。

(二)天津地区的发展理念

天津既是直辖市,又是北方重要的港口,进出口贸易是天津的主要贸易形式,而天津也是工业非常发达的城市,这些特点决定了天津在经济发展方面具有较大的优势和可选择性,因而天津在国民总收入方面也非常多。这说明天津地区对于经济的发展相对而言比较看重,社会发展、各种建设,都围绕经济建设展开,尤其是工业生产。从这一角度来看,天津地区由于重视发展经济,尤其是发展工业,所造成的大气污染比较严重。

(三)河北地区的发展理念

河北地区地域面积相对于北京与天津而言比较大,自然资源也比北京和天津丰富,人口也较多,当然贫困人口也比较多。在这种客观状态之下,河北必须着力解决城乡人口基本生活保障问题。仅以最低保障这一项指标来看,到 2014 年年底,城市低保平均标准北京为每人每月 650 元,天津每人每月 640 元,河北每人每月 432 元;农村低保平均标准北京为每人每月 632 元,天津每人每月 513 元,河北每人每月

212 元,具体如图 17－1 所示:

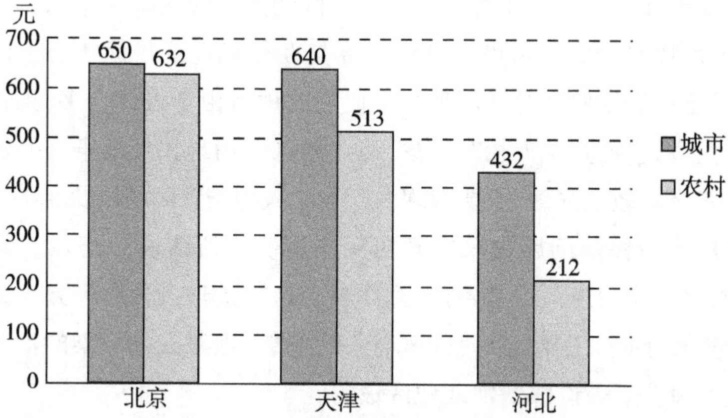

图 17－1　2014 年度京津冀低保状况对比

数据来源:《北京统计年鉴》《天津统计年鉴》《河北经济年鉴》。

不难看出,河北地区城乡基本保障情况相对于北京与天津而言并不乐观,而河北地区的人口众多,因而河北地区解决城乡人口生活保障问题是首要问题。因此,河北地区为农村劳动力、产业工人解决基本生活保障,就必然会发展钢铁、工业等具有高污染的产业。

(四)发展理念决定治理力度

在发展方面,北京地区重政治,天津地区重经济,河北地区重稳定,所以京津冀三地的发展理念有所不同,发展理念的差异也就导致了京津冀三地对治理大气污染的心态各不相同。北京在治理大气污染方面,不惜一切代价治理大气污染。现实情况是北京地区的财政收入也能够支撑其对不适合首都功能的产业进行疏解和淘汰,因为仅以服务产业收入就足以支撑北京地区的整个财政体系,因此北京地区对于大气污染治理的决心非常大。天津地区进出口产业较为发达,因而带动了天津地区的工业发展。天津地区的国民收入有一半来自工业生产,所以对于大气污染治理的态度是在保障经济指标状态下的治理,其手段和措施相对并不严厉。而河北地区由于人口众多,钢铁产业较为发达,产业工人相对密集,河北地区在治理大气污染的心态方面畏难情绪较为显著,主要表现为产业工人的安置问题以及相关产业人口的生活保障问题很难在短时间内解决。俗话说,“态度决定高度,高度决定力度”,心态不同,京津冀三地在治理大气污染方面的力度自然就不同。因此,从时间来看,京津冀三地对大气污染的治理力度北京最强,天津次之,河北地区最弱。

二、政策方面的原因

(一)北京地区的政策较为严厉

京津冀三地在治理大气污染的政策方面不仅措施不同,而且力度不同。例如,北京地区大气污染源主要来自机动车尾气排放,机动车数量庞大不仅会造成城市拥堵现象,而且还为北京贡献了最大比例的 $PM_{2.5}$,为了治理城市拥堵以及大气污染,北京市政府对机动车实施限行、限购政策。就拿限购政策而言,实施得非常严厉,自 2011 年实施机动车摇号限购以来,参与摇号多年均未中签的人大有人在,而且比例相当庞大,这一政策的严厉程度前所未有。再拿机动车限行政策来讲,每天会有两组数字尾号的机动车限行在北京已经成为常态化的措施。不仅如此,如遇重污染天气或者重要会议、活动期间还实施单双号限行措施,这种机动车限行措施在北京实施的效果非常显著。为了配合机动车限行的措施,进一步降低机动车尾气排放造成的大气污染程度,北京市于2017年元旦开始实施机动车油品"京六"标准。京六标准比国五标准污染物排放更加清洁,京六标准的实施领先于全国各个省市,率先进入了机动车油品新时代。北京市机动车保有量已达565万辆,每年排放污染物总量约为50万吨,排放的一氧化碳、氮氧化物、挥发性有机物,分别占到该类污染物全市排放总量的86%、56%、32%。在使用"京六"油品后,汽油车颗粒物排放降幅达10%,非甲烷有机气体和氮氧化物总体上能够达到8%~12%的排放削减率;在用柴油车氮氧化物下降4.6%,颗粒物下降9.1%,总碳氢化合物下降8.3%,一氧化碳下降2.2%。[①] 由此可见,北京地区在治理大气污染方面政策实施力度较大。

(二)天津地区的政策相对温和

天津地区对大气污染的治理相对于北京而言力度较为温和,而且从具体实施时间来看,天津地区对大气污染治理的时间也明显滞后于北京地区。具体实施措施也并不像北京那么严厉,就拿机动车限购这一措施来讲,天津市的限购措施于2014年正式实施,晚于北京3年,限购的具体方法也并不像北京所采取的摇号政策那样严厉,而是采取号牌竞拍的方式。这种限购的方式虽然可以在一定程度上控制机动车的总量,但是效果并不如北京那么显著。

---

① 杜兰:《本市车用燃油明年实施"京六"标准》,载《首都建设报》2016年11月2日,第3版。

(三)河北地区的政策相对短期

在河北地区由于人口众多,地域面积相对于北京和天津而言较大,且贫困人口也较多,对于河北而言更多的是考虑如何解决城乡劳动力人口的基本生活保障问题。而在钢铁、水泥、工业制造等重污染的行业之内聚集着大量产业工人,以及上下游的产业服务人员,这些产业人员的基础保障问题是河北政府需要着力解决的问题,为此河北的地方政府也花了不少力气来解决这一问题,如美丽乡村建设、精准扶贫项目等。由于河北地区的工业产业规模较大,因而在治理大气污染的政策方面相对较为迟缓,很多情况下是在未解决产业人员安置问题之时不敢贸然对工业产业“出重拳”“下狠手”。而 2016 年供给侧结构性改革的实施,虽然河北地区也在花大力气来实施这一改革,取缔了一些钢铁产业的生产线,生产能力有所降低,但是 2016 年上半年河北的钢铁产量却比 2015 年同期有所上升,这说明河北地区在基本利益驱动之下对于治理大气污染的决心不够坚决果断。在应对大气污染的政策方面,虽然河北也相应出台了一些政策,但是短期性的特点较强,并不具备可持续性。例如,2016 年 11 月石家庄政府出台了一系列治理大气污染的措施,规定治霾决战 45 天,并力争完成 $PM_{2.5}$ 年均浓度下降 10% 的目标,确保到年底前不出现 AQI 日均数值 500 以上的“爆表”天气,并相应地采取了对污染性企业停产、停工,对机动车单双号限行,公交免费等一系列措施。① 很显然这些措施仅仅是短期措施,拉动全年雾霾浓度平均值的目的性较强,而真正的治理效

① 王峻峰:《决战 45 天　石家庄超常措施治雾霾》,载《河北日报》2016 年 11 月 18 日,第 3 版。

果并不佳，当治理期限过后，大气污染并不会得到本质性改善。由此可见，河北地区在治理大气污染的政策制定方面，羁绊较多，力度并不强。

（四）京津冀三地政策差异导致治理效果不佳

从政策强度方面看，京津冀三地在治理大气污染方面政策力度各有差异，而且具体措施方面也并没有做到相互衔接。例如，机动车限购措施，北京和天津均有这一措施，但是河北地区却无此政策。这就导致一些不良机构或者商家利用政策差异、政策漏洞赚取不当利益，如将北京淘汰的老旧机动车销售到河北农村地区，而在河北农村地区那些淘汰的老旧机动车被作为农业生产工具在乡村的道路上经常可以看到。虽然这部分老旧机动车的数量有限，但是却贡献了大量大气污染物，最终增加了河北的污染程度，也间接影响了北京。这种现象的出现，就是由于京津冀三地的政策不具有同步性和衔接性所导致的。

三、经济方面的原因

（一）各地的经济增长点不同

京津冀三地的经济结构差异较大，部门产业发展重点不同。北京地区第三产业在 GDP 中占比达到七成以上，天津与河北的工业产值在 GDP 中占比一半。经济结构的差异使得京津冀地区面临治理大气污染的主要任务也并不相同，北京地区目前主要是以服务业和高科技产业为经济发展的增长点，对于治理大气污染可以说是不计成本，力度非常大。相形之下,天津发展的主要目的是保经济增长,因而对大气污染治理的任务是在不影响经济发展的前提下实施“去产能”。而河北地区由于经济发展相对落后,经济增长点主要以发展工业为主,其主要目标是解决基本生存保障问题。在这种情况之下,河北省对于大气污染治理的态度实际上并不坚决,从各类媒体新闻中我们也可以经常看到被曝光的偷排现象。因此,经济增长点不同,决定了京津冀三地在治理大气污染的问题上态度和手段运用都有所差别。

(二)经济改革措施有所不同

供给侧结构性改革实施以来,全国各地乃至各行各业都在实施供给侧结构性改革,京津冀地区也不例外,但是对供给侧结构性改革的实施措施在各地却有着不同的表现,供给侧结构性改革的五大任务中的实施重点也有所区别。以北京为例,2016 年对供给侧结构性改革的实施主要集中于“去库存”这一任务之上,而目前最大的商品库存就是房地产库存。针对去库存政策,金融系统出台了一系列贷款放款政策,从而在去库存的背景之下引发了房地产新一轮的火爆销售。在这种情况之下,房地产库存是去除了,但是由于销售火爆,房地产销售价格出现了新一轮疯长,在新一轮房地产热的带动之下,北京周边河北地区的钢铁、水泥、玻璃制造等产业迅速升温,出现了形势一片大好的景象。天津地区践行供给侧结构性改革的主要任务是降成本和补短板,从天津市公布的天津市人民政府《关于推进供给侧结构性改革加快建设全国先进制造研发基地的实施意见》可以看出,天津市供给侧结构性改革主要围绕科技创新、高新产业拉动来实现。河北地区的供给侧结构性改革则主要围绕去产能进行,因为河北地区是国家最大的钢铁生产大省,去除钢铁剩余产能对于提升经济供给能力带动区域经济发展非常有利。然而在京津冀践行供给侧结构性改革的过程中侧重点不同,具体措施也不同,在链式反应的作用之下,客观上却促使了河北地区钢铁产量的增加。对于大气污染的治理,京津冀三地各自为政的政策措施,效果当然不会同步,混合型污染、同步污染等现象必然会发生。

四、法律方面的原因

(一)法律制度建设滞后

在大气污染的治理措施方面,《大气污染防治法》对联合防治进行了专门性的规定,但是对于联合方式的具体程序以及实施步骤并没有具体的规定,区域联合防治大气污染仅仅停留在《大气污染防治法》的原则性规定上,没有具体的操作规则,可操作性较差。而在京津冀地区,目前尚没有制定"京津冀大气污染联合治理条例",对于京津冀三地采取什么样的方式进行合作治理,目前仍然在探索阶段,因此京津冀三地联合治理大气污染至今依然步履蹒跚,并没有实质性的进展。可以说,法律制度建设的滞后性,是目前京津冀地区大气污染联合治理行动缓慢、效果不佳的主要原因。

(二)区域性联合立法规则有待出台

京津冀协同发展虽然已经上升为国家重大战略,但是相应地在立法方面的协同发展却尚在探索之中,京津冀三地如何进行联合立法也仅停留在理论探讨层面,对于这种现状目前京津冀三地的立法机关以及政府往往通过协商的方式加以解决,并没有建立正式的区域性协同立法的程序性规则。因此,对于大气污染联合防治而言,京津冀三地该适用怎样的区域性标准和地方规范,这些问题都处于未定状态,这也是目前京津冀区域大气污染久治不愈的一个基本原因。

第三节 京津冀区域大气污染治理联席会议制度的构建

基于京津冀区域大气污染治理的现状,联合治理是必然选择。由于目前尚不存在正式的立法规范,因此建议由中央进行顶层设计,建立京津冀区域大气污染治理联席会议制度,来解决京津冀地区大气污染联合治理的问题。

一、联席会议制度的设计

京津冀区域大气污染治理联席会议的制度设计,可以分为两个层次:

(一)核心层次

目前,国务院已经成立京津冀协同发展领导小组办公室,负责协调京津冀协同发展过程中的重大事项,然而京津冀地区在治理大气污染过程中的具体事项,领导小组办公室却并没有精力顾及。因此,在京津冀地区需要建立京津冀区域大气污染治理联席会议,下设秘书处,受京津冀协同发展领导小组办公室的管理,主要通过召开联席会议的方式解决京津冀地区在治理大气污染过程中面临的具体实际问题,此为核心层次的区域联席会议。

(二)外围层次

由于京津冀地区大气污染状况南北差异较大,因而可以采取分区召开联席会议、分区治理的形式,北京负责与周边张家口、承德、廊坊、保定联合治理,天津负责与唐山、秦皇岛、沧州联合治理,其余河北南部地区交由石家庄与其余各市联合治理。这种分区联席会议、分区治理的模式,有利于具体问题的解决。核心层次与外围层次两种联席会议并不冲突,可以同时存在,为论述便利,仅表述核心层次的联席会议。

二、联席会议制度的目标

京津冀区域大气污染治理联席会议所要实现的目标有两个层次:

(一)宏观目标

京津冀区域大气污染治理联席会议的宏观目标,主要是通过召开京津冀区域大气污染治理联席会议,协调和调整京津冀三地的空间产业布局,优化区域产业结构,使京津冀区域经济结构更加合理,区域优势更加突出,最终通过调整经济结构来实现区域大气污染的治理。

(二)微观目标

京津冀区域大气污染治理联席会议的微观目标,主要是解决具体实际问题,即通过联席会议,将京津冀三地政府聚合在一起,充分整合区域政府职能与地方行政资源,实现京津冀地区对大气污染的同步治理和问题的同步解决。换言之,就是要通过联席会议,解决京津冀地区在治理大气污染过程中执法权较为分散、不集中的问题。

三、联席会议制度的形式

京津冀区域大气污染治理联席会议的形式主要体现在五个方面:

(一)法定化

法定化就是要求要将京津冀区域大气污染治理联席会议以法律制度的形式确定下来,具体而言就是京津冀区域大气污染治理联席会议制度的建立应当由京津冀协同发展领导小组负责,并且可以由全国人大常委会进行授权,这样就使联席会议具备了法定性,联席会议所作出的决议也就具有了法律效力,可以作为地方政府的执法依据。类似的经验在公益诉讼领域之内有成功的尝试。2015 年 5 月 5 日,中央全面深化改革领导小组第十二次会议审议通过了《检察机关提起公益诉讼试点方案》。随后 2015 年 7 月 1 日,第十二届全国人民代表大会常务委员会第十五次会议通过了全国人民代表大会常务委员会《关于授权最高人民检察院在部分地区开展公益诉讼试点工作的决定》,这就使得最高人民检察院制定的《检察机关提起公益诉讼试点方案》具备了法定性,在司法审判中可以当成具有法律效力的文件使用。

(二)制度化

在以往的实践中,联席会议往往都是作为一种特事特办的应急性措施存在的,而现实中这种会议形式也解决了很多实际问题,取得了很多积极的效果。但是由于其具有特事特办的基本属性,因而一般情况之下组织形式松散,而且将所涉及的机关召集在一起也较为困难,通常情况之下要依靠各单位领导的权威性协商来解决召开联席会议的问题,这大大地影响了联席会议的效率。因此,京津冀区域大气污染治理联席会议,应当以制度的形式确定下来,而不应当以特事特办的形式实施。用制度代替领导干部的决策,一方面可以体现法治的进步,另一方面可以起到促进京津冀三地联合治理大气污染的目的。

(三)定期化

定期化就是要求联席会议要定期召开。由于以往联席会议制度主要是针对特事特办的一项制度,在没有特殊事件之时并不会召开联席会议。因而联席会议的运用一般情况之下是不定期地召开,这就导致了实践中联席会议在很大程度上仅仅是个解决特殊问题的制度。而大气污染治理具有特殊性,可以说京津冀地区每个月都会遇到重雾霾天气,也都会产生大量与雾霾治理相关的信息。在这种情况下,定期召开联席会议,进行确保互换、交流执法信息和经验、探讨应对措施等就显得十分有必要了。因此,京津冀区域大气污染治理联席会议应当每两个月或者三个月召开一次,解决京津冀地区治理大气污染过程中的实际问题,化解具体矛盾,这样就会使京津冀三地的大气污染治理合作变得更加理性和高效。

(四)程序化

以往行政机关举办联席会议一般情况之下都比较随意,并没有具体的操作程序和步骤,通常情况下就是相关领导单位对所涉及的问题在一起举行座谈会,不存在正规的议题讨论和会议程序。这种状态虽然较为便捷,但是并不正规,程序上瑕疵众多。因此,京津冀区域大气污染治理联席会议应当由京津冀三地政府机关负责环保的主管领导及其相关人员参加,每次参会前由秘书处负责收集和公布讨论议题,会议期间正式讨论议题,提出解决措施,这样就会使京津冀区域大气污染治理联席会议的程序变得严谨。

(五)常态化

常态化是指要将联席会议变成一种日常化、持续化的行政管理措施,而不能成为应对具体事件的特殊手段。从以往的实践来看,由于联席会议所解决的问题是特定问题,因而联席会议都是以一种非常态的形式存在的,并不具有可持续性,这种状态并不适合于解决常态化的问题。由于大气污染治理属于一种常态化的问题,并非特事特办就可以解决的问题,因此京津冀区域大气污染治理联席会议应当常态化持续召开。因为大气生态具有系统性,治理大气污染是一个长期工程,不能只看短期成效而忽略了生态恢复。从这一角度来讲,京津冀区域大气污染治理联席会议应当建成一种常态化的会议形态。

四、联席会议制度的职能

京津冀区域大气污染治理联席会议所发挥的职能主要有以下三项职权:

(一)协调权

大气污染治理所涉及的部门众多,环保、气象、交通、工商等部门都对大气污染的治理工作负有一定的职责,要是再算上京津冀三地,那么所涉及的管理部门会更多。通常情况下，实践中管理部门众多必然会导致多头管理、权力相互交织的现象，管理效率得不到提升。而针对大气污染这种特殊的环境污染现象，尤其是重污染天气的应对，具有紧急性，若不及时采取应对措施，那么治理大气污染的效果并不能得到体现。基于这样的现状，京津冀三地应当建立联席会议，主要负责协调京津冀三地政府间联合治理大气污染过程中所遇到的矛盾冲突和利益冲突，消除区域大气污染联合治理的现实困难，这样才能够使京津冀三地治理大气污染的效率有所提升。

（二）指导权

京津冀地区所辖区县众多，每一区县之内的经济状况以及执法情况又各有差异。以省为单位，京津冀三地之内的区县在治理大气污染方面所采取的措施并不一致的，因此需要有较为权威的部门或者机构来指导下级机关和部门具体负责大气污染治理的工作。而通过京津冀区域大气污染防治联席会议则可以解决上述实际问题。具体而言，就是由京津冀区域大气污染防治联席会议为京津冀区域之内各市、县级政府治理大气污染树立榜样，总结典型经验做法，并提供相应的指导方案，这样基层行政管理单位就可以高效地采取大气污染治理的行动。

（三）发布权

京津冀区域大气污染治理联席会议的存在必须赋予其权威性，否则其存在将难以发挥作用，当然这种权威性需要依靠立法或者协商的方式最终以制度的形式固定下来。在以往的实践中，联席会议的运用都是针对特定事件召开的会议，目的是解决具体的实际问题，与会各方对会议最终确立的结果都予以认可，并且能够很好地执行，在一定程度上处理结果也能够体现出权威性，这种权威性是以口头协议、共同认可的方式来实现的。在京津冀地区要建立大气污染治理联席会议应当借助京津冀协同发展的有利契机，提升联席会议的档次，将口头协商的认可效力变为制度性的法定效力，这样就可以大大提升联席会议的法律效力和实施效率。具体而言，需要赋予京津冀区域大气污染治理联席会议文件制定和发布权，所发布的决议或者文件对京津冀三地都具有法律约束力，都必须遵守，这样京津冀三地在联合治理大气污染的过程中就可以统一步调、协同实施。

五、联席会议制度的内容

京津冀区域大气污染治理联席会议的主要内容包含了四个方面：

（一）情报互换

在京津冀三地发展的过程中每一地都形成了自己的发展特色和发展重点，在产业结构布局、大气污染治理、行政执法措施使用等方面各自都有自己的特点，因而也就会形成不同的信息。这些信息大多数都是本地发展过程中所产生的信息，具有地方化特色，对于本地的经济发展和行政管理都具有非常重要的意义。在京津冀三地联合治理大气污染的过程中，对于这些各自持有的、具有地方化属性的信息若不能做到很好的沟通，必然会降低联合治理大气污染的效率。因而，京津冀区域大气污染治理联席会议的任务之一就是要将这些具有地方属性的信息变为具有区域公共属性的信息，实现区域之内信息情报的相互沟通、资源共享，这是实现京津冀区域大气污染联合治理、共同发力的基础。

（二）原因分析

京津冀三地的大气污染源各有特点，大气污染的形成原因也不完全相同，即使在同一地方，不同时期大气污染的原因也会有所差异。针对这种现实情况，如果京津冀三地总是按照套路化的治理方案来治理大气污染，必然不能满足大气污染治理的现实需要，此时只有通过联席会议探讨并找出开会时间段区域大气污染的形成原因，才能够实现精准治霾的效果。

（三）措施采取

京津冀大气污染治理通常情况下是由京津冀三地在各自行政管辖区域之内分别采取应对措施，从以往的大气污染治理行动经验来看，比较显著的一个特征就是京津冀三地在治理行动上难以保持协同一致。要破解这一难题，通过联席会议则可以实现。具体而言，就是通过京津冀区域大气污染治理联席会议讨论和研究一些具体治理大气污染的措施和手段，必要时可以采取联合执法、共同出击的手段，这样才能够使京津冀区域大气污染得到同步化的治理。

（四）制定政策

京津冀区域大气污染治理问题是广受社会关注的问题，需要京津冀三地联合出台政策、协同治理才能够完成，但是这一过程必然会是一个持久化的过程。从现实来看，京津冀地区治理区域大气污染的进程整体偏慢，导致京津冀地区大气污染治理整体进度较为缓慢的一个重要原因在于京津冀三地经济发展的不均衡性，经济政策也各不相同,因而京津冀三地实际上很难通过协同一致的措施治理大气污染。所以可以通过京津冀区域大气污染治理联席会议制定相应的经济政策,来均衡京津冀三地治理大气污染的力量。例如,生态补偿机制的建立,可以由北京与天津对河北地区因治理大气污染而丧失的生态成本补偿一部分,这样就可以使河北地区在治理大气污染方面态度更加积极,当然具体政策方案可以由联席会议讨论。

第十八章　京津冀区域执法监督与大气污染联合防治

第一节　环境执法监督的基本特征及对环境治理的作用

一、执法监督与环保督察

（一）环境执法监督的概念范围

“执法监督”一词，在不同的部门法中会有不同的含义，在行政法、诉讼法以及监察法中都有相关的表述，但是其表述内容会略有差距。

在行政法中，通常认为行政执法监督是只针对行政执法机关的执法活动，如果出现违法或者不合理的现象，由相关国家机关按照法定程序予以纠正的法律制度。比较常见的制度就是行政复议制度。

在诉讼法中，通常认为执法监督是检察机关对行政执法机关具体行政行为的违法性所实施的法律监督，如行政公益诉讼制度。

在监察法中，则会认为行政执法监督是监察机关对行政执法机关在执法活动中的不作为、慢作为、懒政怠政现象所实施的监督,如监察委员会所实施的监督活动。

无论是哪种表述,其实就是所处的位置、所站的角度不同而已,因而就形成了不同领域的行政执法监督的制度。具体到环境执法领域之内,三种行政执法监督的形态都是存在的。而本书仅将环境执法监督界定为行政法领域之内的监督,而在该领域之内,环保督察又是一项新兴制度。因此,本书所指的环境执法监督,其范围仅仅界定为环保督察这一种形态。

(二)环保督察的实践

环保督察是一项新兴的法律制度。2016 年 1 月,中央成立环保督察组,由生态环境部牵头,由中纪委、中组部相关领导为成员,对全国环境执法工作展开了巡视。中央环保督察组巡视期间,就各地环境管理、环境执法过程中出现的问题通过约谈地方主管环保的领导干部,督促地方加大环境治理力度,从而促进地方环境水平提升。截至 2018 年年初,首轮环保督察实现了对全国 31 个省份的督察全覆盖。在第一轮环保督察过程中,共受理群众信访举报 13.5 万余件,累计立案处罚 2.9 万家,罚款约 14.3 亿元;立案侦查 1518 件,拘留 1527 人;约谈党政领导干部 18,448 人,问责 18,199 人。在问责的 18,199 人中,处级以上领导干部 875 人,科级 6386 人,其他人员 10,938 人。第一轮督察共与 768 名省级及以上领导干部、677 名厅级领导干部开展个别谈话,对 689 个省级部门和单位进行走访问询,使地方领导普遍受到教育,特别是通过督察问责,一批领导干部受到警醒,环保压力得到有效传导。① 从实际效果来看，中央首轮环保督察的效果十分显著。

从实践来看，中央环保督察所涉及的领域非常全面，包括大气污染、水污染、土壤污染、固体废弃物的处置等与环境保护职能相关的各个领域。在立法方面，中央深化改革领导小组第十四次会议于2015年7月1日召开，并通过了《环境保护督察方案（试行）》，然而在第一轮环保督察结束之后，“环境保护督察条例”依然正在酝酿，尚未见草案出台。而在地方，重庆、广西等地相继出台了本省的《环境保护督察办法（试行）》，对于环保督察的职能以及工作内容都进行了细化。由此也可以看出，在立法层面环保督察也在积极地探索。

二、环保督察的基本特点

（一）督察目的指向性强

环保督察的目的是环保督察组通过实地走访调查，了解地方党委政府落实生态环保责任情况，从而督促地方政府加大环境治理力度，切实保护辖区内生态环境安全。基于这样的目标指向，中央环保督察组开展了首轮环保督察，在环保督察过程中，积极贯彻党中央关于落实生态责任的部署，以解决实际环境问题为导向，大力推进生态文明建设，推动绿色发展方式的构建，取得了良好的成效。

---

①　张尼：《首轮中央环保督察：开14.3亿“罚单”问责超1.8万人》，载网易新闻：http://news.163.com/18/0104/00/D791KF0Q00018AOQ.html，最后访问日期：2018年5月28日。

（二）监督层级高

从层级来看，中央环保督察组的人员构成级别非常高，主要由生态环境部牵头，并由中纪委（包括国家监察委员会）和中组部的领导干部参与，组成巡视组，对目标地区的环境治理状况开展巡视、督察工作。而从领导干部的级别来看，多以部级干部和厅级干部为主，这样的人事结构安排大大提升了环保督察的实际效果。从职能方面来看，中央环保督察组由中纪委和中组部的成员参与，发现领导干部在环境治理方面存在违纪问题的，可以给予处分；若领导干部在治理环境过程中主动担当、积极作为、成绩突出，则由组织部门出具意见日后作为提拔、升迁的参考依据。从这些特征来看，中央环保督察组的监督层级非常高，当然从实际运行的效果来看，也非常显著。

（三）实行党政同责

从中央环保督察组的实际运行情况来看，环保督察以党政同责、一岗双责为指导思想，即在地方环境治理领域之内，党政干部必须主抓环境保护。治理环境既是行政责任同时又是考核党员干部的基础，是将行政责任与党政责任相结合的产物。将党政同责、一岗双责作为环保督察的指导思想，最终取得了良好的实施效果。

（四）约谈机制作用显著

从环保督察的实践来看，环保督察组在巡视、督察过程中发现地方党委政府在治理环境过程中存在问题的，通常会以约谈党政负责人的方式来对地方党政负责人进行谈话，被约谈的领导干部在接受约谈后，通常会针对督察组提出的限期整改意见进行实际整改，从而能够起到督促地方党委政府加大环境治理力度的目的。从实践效果看,由于约谈机制的大量运用,解决了环境治理领域之内非常多的实际问题,可以说约谈机制是环保督察组最常用的手段之一。

(五)督察成果运用力度高

环保督察的目的并不是督察本身,而是要通过对地方党委政府治理环境的活动进行督导检查,从而发现问题,并督促地方党委政府加大力度加快解决环境问题。从环保督察的实践来看,环保督察组对督察成果的运用主要体现在两个层面:一是督察经验的积累。在第一轮环保督察过程中,环保督察组实现了对全国31个省份的督察全覆盖,也总结了大量的督察经验,为接下来的环保督察“回头看”工作的开展奠定了基础。二是环境问题的解决。正是由于环保督察的实施,在实践中解决了地方很多环境问题,尤其是地方没有勇气解决甚至是包庇污染者的问题,这些问题往往都是长期以来地方环境治理的老大难问题,而这些问题的解决,也正体现了环保督察在实践中所起到的作用非常积极。

三、环保督察的实践作用

(一)环保督察具有权威性

中央环保督察组对地方实施环保督察以来,牢牢抓住党政同责、一岗双责这一主线,积极对地方环境治理情况开展督察,而所到之处,通过对党政干部谈话、约谈、诫勉等形式来督促地方党委制度真正履行环境治理责任。由于中央环保督察组级别高,组成人员的行政级别也高,因而对地方党委和政府的约束力就非常强,在督察过程中能够体现出督察的权威性,对于环保督察组提出的整改意见,地方党委和政府基本上都能够积极予以整改,因而在实践中环保督察组的实际效果非常显著。

(二)督察范围具有全面性

从中央环保督察的范围来看,涉及的领域非常广泛,不仅包含了水污染、大气污染、土地污染等传统环境治理领域内出现的问题,同时还包含了党委政府的环境责任、固体危险废物处置、生态修复等新兴领域,可以说做到了与环境治理相关领域的全覆盖,这种监督力度和监督的范围在以往环境治理的实践中并不多见。由此也可以看出,环保督察的范围具有全面性,对地方环境治理所起到的督促作用非常大。

(三)督察重点具有突出性

从中央环保督察组的实践来看,不仅包含了对一般常见领域之内的环境问题开展环保督察工作,同时更为重要的是会对以往治理较为困难的领域、行业进行巡视、督察。经过环保督察后,中央环保督察组通过约谈、诫勉谈话等方式督促地方党委政府解决了一些环境治理过程中的“老大难”问题。当然,这些问题有的是客观上难以管、治理困难,有的是主观上不愿意管或者放纵、包庇、纵容,类似的问题往往就成为环保督察所要着重解决的问题。由此可见,环保督察对于治理环境而言,不仅决心之大是前所未有的,而且对于治理环境领域之内的“老大难”问题非常有利,基本做到了重点突出、目标明确,有效地打击了环境污染行为。

（四）督察过程具有严格性

自从中央环保督察组对全国各地展开环保督察以来，督察组对实施环保督察的过程把握非常严格。不仅有严格的程序，同时对于督察结果的处理也毫不留情，坚决贯彻了党中央治理生态环境的要求，做到了不走过场、不留死角，环保督察过程的严谨性对各地的党政一把手的影响相当大，因此地方党委政府多数都能够做到狠抓落实、大力治理环境问题，并且地方的生态环境治理较以往多数都能够有所改观，这与环保督察过程的严谨性分不开。

四、环保督察的实施方法

（一）听取汇报

环保督察最常用的实施方法就是听取汇报。听取汇报可以是环保督察组听取地方党委政府对环境治理情况的汇报，同时也可以是环保督察组听取污染企业对排污以及治理情况的汇报。通过听取汇报，环保督察组可以迅速了解地方党委和政府在环境治理方面的总体进展情况，但是听取汇报也存在一定不足，就是地方在汇报的过程中会出现“报喜不报忧”的现象，对于这方面的不足，可以通过实地调查等措施予以补足。

（二）调阅资料

调阅资料是指环保督察组通过调阅地方党委政府以及政府生态环境部门治理环境过程中的相关资料，通过查阅资料来了解地方党委政府以及生态环境部门对环境的治理进度以及实际效果。调阅资料的优点是能够比较直观地了解地方治理环境的实际情况,而缺点则是有些地方会存在数据造假的情况,从而使得查阅资料的结果失真。

(三)走访问询

走访问询是指环保督察组通过对污染源附近的居民、群众进行走访、询问等方式来了解地方污染企业的排污情况、污染情况以及企业和政府对污染的治理情况。走访问询是最直接接触污染地区群众的一种方式,优点是了解相关情况比较直观,能够比较客观地了解环境污染以及污染治理的总体效果等。但是缺点也比较明显,就是有的时候会遇到一些阻力,而且群众是否愿意配合询问也是个问题。

(四)个别谈话

个别谈话是指环保督察组在对目标地区的生态环境进行巡视和督察之后,对于生态环境治理不力的地方党委政府的主要官员进行约谈,实施单独谈话,督促地方党委政府的负责人担负起环保责任,有效实施环境治理行为的一种督察手段。个别谈话的优点是能够对地方具有环境治理责任的负责人形成压力,督促其尽快履行环境治理义务。而缺点则是实施的周期较慢,因而难以保障运行效率,若多地、多人均需要个别谈话的,实践周期比较长,所以效率并不是很高。

(五)受理举报

受理举报是环保督察组最常见的一种解决巡视过程中环境问题的一种方法。通常情况下,环保督察组可以通过网络和普通信函途径接受群众对地方环境问题的举报,环保督察组对于举报材料进行甄别之后,对于有价值的信息,按照不同的程序给予处理。受理举报在环保督察过程中运用非常广泛,其优点是可以较快地掌握目标地区的环境状况,缺点则是随机性比较强,规律性也较弱,而且有的时候举报信息的准确性和可查性都不会很高,在阅读举报信息的过程中本身就需要投入一定的时间精力,会在一定程度上需要投入较大的人力和物力。

(六)现场抽查

现场抽查就是实地调查,即对目标地区生态环境状况以及环境治理的状况进行实地调查,从中发现问题,找出问题的根源,从而为下一步实施环保督察打下坚实的基础。毛泽东同志曾经说过:“不调查就没有发言权。”这句话是对实地调查的深刻阐述。实地调查是获取第一手材料的重要手段,是掌握决策信息的重要根据。而环保督察组对目标地区实施现场抽查,其目的就是要迅速掌握该地区的环境问题以及环境治理的实际情况。因此,现场抽查的优点非常突出,就是直观性强,能够迅速掌握被巡视地区的环境状况以及环境治理的总体状态,并能够迅速分析出实际原因。其缺点也比较明显,就是被调查地区有可能会设计一些假象来蒙蔽调查组,因而会存在“眼见未必如实”的情况。

(七)下沉督察

下沉督察是督察进驻的重要环节,主要任务是对重点环境违法违规问题进行现场调查取证,对群众举报突出问题查处情况进行抽查核实，对地市党委、政府推进环境保护工作情况进行督察督办。① 对环保不作为、乱作为的，应付督察，甚至弄虚作假的，则会视情节给予相应的处罚。因此，下沉督察具有较强的执行力，对于地方党委和政府所形成的压力比较大，能够督促地方党委和政府认真履行环境治理职责。而下沉督察的不足之处就在于督察进驻会受人员的限制，需要参与环保督察的人员较多。

第二节　京津冀大气污染联合防治环保督察的基本内容

一、京津冀大气污染联合防治环保督察的概念范围

（一）京津冀大气污染联合防治执法监督与环保督察

京津冀大气污染联合防治执法监督，就是在京津冀大气污染联合治理过程中，监督主体对执法机构的执法活动所实施的监督。由于环保督察是对环保执法活动的监督，相应地，京津冀大气污染联合防治的环保督察，就是巡视组对京津冀地区大气污染治理执法活动所进行的监督，即通过实施环保督察，对京津冀地区大气污染联合防治状况进行监督。

① 参见张航：《中央环保督察组开始下沉督察》，载《北京晚报》2016 年 12 月 8 日，第 2 版。

(二)京津冀大气污染联合防治环保督察的含义

环保督察是对目标地区的环境治理情况所实施的督察,而京津冀大气污染联合防治环保督察具有两层基本含义:

一是目标地区的确定性。从地域性来看,京津冀大气污染联合防治环保督察所针对的目标地区是京津冀地区,而非其他地区,这是由京津冀大气污染的自然属性决定的,因为在京津冀地区往往大气污染具有区域性特征,因而对于京津冀地区大气污染治理状况进行督察,也应当是针对京津冀地区而实施环保督察。

二是督察范围的特殊性。从范围来看,京津冀大气污染治理包括的范围较为广泛,既包含了京津冀地区对每一单独行政区独立治理大气污染,同时还包含了京津冀三地联合在一起治理大气污染,因为京津冀大气污染的治理效果并不是一个单独的个体,而是一个整体。从2017年"2+26"城市群治理大气污染的实践来看,京津冀地区一地对大气污染的治理效果,仅反映出京津冀大气污染联合治理的一个侧面。因此,对京津冀大气污染联合治理的环保督察,其实还有另外一层含义,就是对京津冀三地联合治理大气污染效果所实施的环保督察。

二、京津冀大气污染联合防治环保督察实施必要性

(一)自然特征的必要性

从大气污染的自然特性来看,空气具有流动性的特征,大气污染在一地形成之后随着空气的流动会影响相邻地区,而在京津冀地区范

围之内,除张家口与承德空气质量较好之外,其他各地由于是地处华北平原,因而经常是一地雾霾必然影响另外一地,从表象上看京津冀大气污染基本是同时、同步发生的。从这一点来看,治理大气污染应当是京津冀地区整体治理。基于这一特点,在实施环保督察的过程中也应当对京津冀整体治理大气污染的实际情况实施督察。而在现实中,京津冀大气污染治理通常情况下是京津冀三地共同施策、共同施治的结果,因此有必要对京津冀大气污染联合治理的成果实施环保督察,督促京津冀三地共同治理好大气环境。

(二)治理方式的必要性

从治理方式来看,京津冀大气污染治理必须实施联合防治的策略,才能够使京津冀地区的大气污染状况有所缓解,因而京津冀大气污染必须联合防治。既然是联合防治,在实践中就会存在个别地方对于大气污染治理有所懈怠的情况,这是共同治理所面临的实际情况。根据这种状况,对于大气污染联合防治而言,有必要通过实施环保督察的方法来督促怠于履行治理大气污染义务的行政区更好地履行大气污染治理义务,在这种情况下对京津冀大气污染联合防治实施环保督察非常有必要。

(三)治理效果的必要性

从结果上看,京津冀大气污染联合防治的目标是降低京津冀区域之内的大气污染水平,使京津冀地区的空气质量变好,人居环境更加舒适,更加适宜于区域之内的群众居住。因而联合防治所要解决的是区域性大气污染在治理过程中单方难以实现的难题,治理效果如何,会有具体数据来显示。而要使治理效果更加显著,就必须对联合防治的过程实施监督，督促相关地方党委和政府尽到环境治理职责、尽到配合义务，共同治理京津冀大气污染，这样就可以提升京津冀大气污染治理的整体效果。因此，京津冀大气污染联合防治实施环保督察就治理结果而言，具有必要性。

三、京津冀大气污染联合防治环保督察现实可行性

（一）京津冀大气污染联合防治环保督察具有良好的基础

从基础来看，京津冀大气污染联合防治已经成为京津冀地区治理大气污染的一个共同认识。而对大气污染联合防治实施环保督察目前尚处于起步阶段，虽然是起步阶段，但是具有良好的基础，主要表现在以下几点：一是现实基础。京津冀大气污染联合治理在实践中已经开展了多年，尤其是在 2017 年京津冀及其周边地区“2 + 26”城市群共同努力使北京市完成了大气污染治理的任务，将 $PM_{2.5}$ 控制在年均浓度每立方米 58 微克的程度，这是对大气污染联合治理最好的诠释，充分地说明了京津冀地区大气污染联合治理可以收到实际成果。因此，对京津冀大气污染联合治理实施环保督察也具有现实基础。二是制度基础。从大气污染治理的实践来看，京津冀三地就大气污染联合防治也出台过一系列相关的文件，有一定的制度基础，因此对京津冀地区大气污染联合防治实施环保督察，也就有了制度基础。从这两个方面来看，京津冀地区大气污染联合治理有现实基础与制度基础，因而可以对大气污染联合防治实施环保督察。

(二)京津冀大气污染联合防治环保督察的实施具有便利性

京津冀地区在行政区划上属于三个不同的行政区。但是从地理位置上看,物理距离并不远,大气污染的形成通常都会是区域性的,京津冀三地有一地大气污染,必然会在区域之内发生大气污染的现象,这是京津冀大气污染联合治理的现实基础。而从实践来看,京津冀三地已经开展了大气污染联合治理的实践,并且已经取得了实际效果。由于地理位置相对集中,要对京津冀三地大气污染联合治理的效果进行监管比较方便,并不用劳师袭远便可对大气污染联合治理的实际情况实施监管,不仅可以获得某一地的大气污染治理的现实材料,而且还可以获得京津冀三地联合治理大气污染的整体情况,属于一举两得。因而对京津冀大气污染联合防治环保督察具有便利性,可实施性较强。

(三)京津冀大气污染联合防治环保督察具有实效性

从中央环保督察组对各类环境问题实施的巡视督察来看,其效果相当显著,力度之大也是前所未有。而京津冀地区近年来对大气污染的治理力度也有所提升,治理效果也非常显著,尤其是京津冀三地联合防治大气污染的实践也有深度开展。例如,2017 年京津冀及其周边地区秋冬季对清洁能源使用所开展的联合行动,就产生了积极的效果。从实践来看,京津冀三地对大气污染联合防治的重视程度非常高,因此对京津冀大气污染联合防治实施环保督察必然也会产生实际效果。

四、京津冀大气污染联合防治环保督察的基本特点

(一)督察对象的特定性

京津冀大气污染联合防治环保督察所针对的对象并不具有普遍性,而是针对京津冀地区联合治理大气污染的成果。具体而言,也就是京津冀地区与大气污染治理相关的环境状况,不涉及其他地区,因而督察的对象具有特定性。

(二)督察目的的特定性

环保督察的最终目的是督促被督察地区生态环境治理机关履行职责,认真治理生态环境,这一点非常容易理解。但是京津冀大气污染联合防治环保督察的目的不仅仅是要督促京津冀地区相关机关认真履行职责治理生态环境,同时还具有督促京津冀三地政府合作治理大气污染之意,也就是说,京津冀大气污染联合防治环保督察不仅要监督京津冀地区的生态环境,同时要监督京津冀地区政府间的合作行为。因此,京津冀大气污染联合防治环保督察具有特定性。

(三)督察内容的特定性

通常情况下,环保督察的内容非常丰富,一般而言是通过下沉督察来收集被督察地区环境治理以及环境污染的具体证据,并形成证据链,从而完成督察活动。而在京津冀大气污染联合防治环保督察的过程中,下沉督察的目的不仅是要收集环境治理的情况,更为重要的是要收集京津冀地区在联合防治大气污染方面的具体情况,从而起到督

促京津冀地区联合治理大气污染的作用。

五、京津冀大气污染联合防治环保督察的表现形态

京津冀大气污染联合防治环保督察的表现形态主要有以下两类：

（一）单独督察

所谓单独督察，就是由中央环保督察组对北京、天津或者河北其中一个地方的大气污染治理状况所实施的督察。例如，在2016年年初中央环保督察组进驻河北，对河北开展的环保督察，就属于对本地单独开展的环保督察活动。显而易见，单独督察所针对的对象是单独一个省份的大气污染治理现状。

（二）整体督察

所谓整体督察，就是由中央环保督察组对京津冀地区大气污染治理的整体状况所实施的督察。2017年，为了完成《大气污染防治行动计划》所确定的各项目标任务，2月由环境保护部牵头，会同发展改革委、财政部、能源局与京津冀、山西、山东、河南等6个省的省级政府印发文件《京津冀及周边地区2017年大气污染防治工作方案》，其中确定了“2+26”城市群在2017年大气污染治理的工作任务目标，此后在2017年8月生态环境部又会同9部6省印发《京津冀及周边地区2017-2018年秋冬季大气污染综合治理攻坚行动方案》，对打赢“蓝天保卫战”作出了更加详细的部署。从2017年9月15日至2018年1月4日，生态环境部共计派出102个环保巡查组，进驻京津冀及周边“2+26”城市群，开展环境巡查工作，此种类型的督察工作就属于对

京津冀地区大气污染治理实施的整体性督察，其所针对的目标对象也是京津冀地区大气污染治理的整体性效果。

第三节　京津冀大气污染联合防治环保督察的基本原则

一、监督对象的党政同责原则

（一）京津冀大气污染治理过程中的党政同责

党政同责是指地方党委与政府在治理大气污染的过程中要建立起责任的关联，都对大气环境具有治理责任，同时要实施一岗双责，一个岗位既要承担党政责任同时还要承担大气污染治理的责任。在京津冀大气污染联合防治过程中，京津冀三地政府机关不仅要在本地实施治理措施，同时还要相互配合共同实施治理措施，这就离不开三地党委和政府的相互沟通和联系，只有在党的统一领导之下，三地党委和政府的沟通才会更加顺畅。

（二）党政同责在环保督察中的重要性

京津冀大气污染联合防治过程中京津冀三地党委和政府要实施党政同责，这是对三地党委和政府的要求，在具体治理大气污染过程中，要实施一岗双责，这也是对地方大气污染治理机关的要求。因此，中央环保督察巡视组对京津冀大气污染联合防治实施环保督察过程中也要坚持党政同责原则。因为，从实体来看，党政同责是对京津冀地方政府的要求，只有坚持党政同责，才能够在环境治理中体现效果。从程序来看，党政同责在政府部门治理大气污染的过程中起到了重要作用。凡是政府部门在实施治理措施过程中有所不足时，地方党委就可以通过约谈部门领导的方式来督促其正确履行职责，从而能够使问题得到快速解决，因而党政同责在解决实际问题的过程中具有程序便捷高效的作用。因此，在京津冀大气污染联合防治环保督察过程中，巡视组应当对地方党委政府是否能够认真实施党政同责进行监管，这样就可以督促地方党委和政府尽到监管职责。

（三）环保督察对党政同责的监管

既然党政同责、一岗双责是大气污染治理过程中非常重要的一个基本原则，那么在环保督察过程中就应当对京津冀地区大气污染联合防治过程中的党政同责实施情况进行监督，这应当成为环保督察的一个基本原则。在治理环境的过程中，环保巡视组在进行环保督察时，对被督察地区实施下沉督察其目的就是要收集地方生态环境保护以及环境治理的相关证据。而在收集完相关证据之后，会通过约谈等方式来与地方政府进行沟通联系。但是针对京津冀大气污染联合治理实施环保督察，不仅仅要督察环境治理情况，同时还要督察京津冀三地政府是否尽到了联合治理的责任，是否能够很好地践行党政同责，履行大气污染治理责任。因此，党政同责也是京津冀大气污染联合防治环保督察的一个基本原则。

二、监督范围的区域监督原则

（一）环保督察的区域

中央环保督察组开展环保督察并不受地域性的限制，因为从级别管辖的层面来理解中央级别的环保督察组管辖范围应当是全国。而从实践来看，中央环保督察组对全国已经实现了督察全覆盖，而各地方在省内也组织了针对本省的环保督察，督察范围是本省范围之内的环境治理状况，从这一点来看环保督察具有地域性。然而，对于具体督察区域而言，又具有随机性，被督察地区事先并不掌握本地区是否会被实施环保督察，这样才能够体现出环保督察的效果。

（二）京津冀大气污染联合治理环保督察的区域监管

中央环保督察组对被督察地区实施环保督察往往是随机的，通常情况下并不固定，原因在于中央环保督察组人员有限，路途往往遥远，并不能做到对每个地方都实施适时督察。但是在京津冀地区，地理位置相对集中，空气环境较为相似，而且对京津冀地区实施环保督察也具有便利性，便于开展督察工作，因此，京津冀大气污染联合防治环保督察的区域应当限定在京津冀地区范围之内。当然，如果因工作需要也可以对京津冀周边地区实施环保督察，如 2017 年“2 + 26”城市群联合治理大气污染的活动，中央环保督察组就分批次对 28 个大气污染传输城市实施了环保督察，这也是京津冀大气污染联合防治环保督察的一种特殊形态，目的就是为了保障京津冀地区的空气环境质量。

三、监督时间的长期监督原则

(一)环保督察的效果类型

环保督察的目的就是要督促地方政府大力开展环境治理,当然从实际效果来看,环保督察也会体现出短期效果和长期效果两种类型。由于环保督察的力度比较大,而且很多情况下还会对地方官员给予问责,因而大部分地区对于环保督察比较重视。但是在实践中,一些地方政府并不是把主要的心思用在治理环境上,而是用在应付环保督察组的督察之上,如篡改环境数据,修改环境监测结果,干扰环境监测仪器周边环境等。因此,有的时候环保督察组到来之时地方环境状况较为正常,而环保督察组走之后,环境状况就会有所下降,这种现象就是环保督察的短期效果。如果环保督察的效果能够持续较长时间,就必须不定期对被督察地区实施环保督察,这样才会产生长期效果。在实践中还有一种常见的做法被称为环保督察的"回马枪",也取得了不错的效果。

(二)京津冀大气污染联合治理需要坚持长期环保督察

对于京津冀大气污染治理而言,是一个长期工程,因此,对于京津冀大气污染联合治理实施的环保督察也要长期实施。主要包括不定期对京津冀地区大气污染联合治理的状况实施环保督察,也包括在实施环保督察之后再杀"回马枪",这样就可以使环保督察的效果长久保持,同时京津冀大气污染治理的效果也会长久保持。因而,长期监督也应当成为京津冀大气污染联合治理环保督察的一个基本原则。

四、监督过程的程序法定原则

（一）环保督察程序的重要性

虽然至今为止，针对环保督察程序的顶层设计《环保督察条例》尚未出台，但是这并不意味着环保督察没有一定之规，而一些政府规范性文件和地方性文件中也对环保督察的程序有着相应的规定，如重庆市印发《环境保护督察办法（试行）》。而在实践中，环保督察的运行程序比较规范，从准备阶段到进驻督察、形成报告、反馈意见阶段，再到移送和整改阶段，都有着严格的程序限制，①因此环保督察的程序对于环保督察的实施而言至关重要。我国司法领域长期以来就有着重实体、轻程序的习惯，这一做法随着司法改革的不断加深被逐渐抛弃，因而在环境治理领域，实施环保督察，也要遵守督察程序的限制，这样督察成果的有效性才不会受到质疑。

（二）京津冀大气污染联合治理环保督察

京津冀大气污染联合治理环保督察是环保督察组对京津冀地区大气污染联合治理的实际效果进行环保督察的一个具体措施。既然属于环保督察的一种特定的形态，那么对京津冀大气污染联合治理实施环保督察的过程也应当遵守程序法定原则，必须按照法定程序来实施督察。具体而言，一是环保督察的过程要遵循规范性文件规定的步

---

① 参见葛察忠等：《环境保护督察巡视：党政同责的顶层制度》，载《中国环境管理》2016 年第 1 期。

骤和程序。二是环保督察获取的证据材料和数据要采用合法手段,不能采用非法手段。只有坚持程序法定,京津冀大气污染联合治理环保督察的实施效果才不会受到质疑。

五、监督结果的责任法定原则

没有责任,就不可能很好地履行义务。对京津冀大气污染联合治理实施环保督察应当遵守责任法定原则。具体而言,应当遵循以下两个方面的法定:

(一)督察者责任法定

监督者法定就是对于环保督察的实施者而言,如果环保督察组没有尽到监管职责,或者在巡视过程中有纵容环境违法、收集环境违法证据不客观等现象,依然应当承担相应的法律责任。因为从法理学的角度来分析,有权力就应当有义务,而义务行使不到位,就应当承担相应的法律责任。因此,环保督察组在对京津冀大气污染联合治理进行环保督察时,如果存在失职渎职行为的,也应当承担失职渎职的法律责任。

(二)被督察对象的责任法定

环保督察组对京津冀大气污染联合实施环保督察时,对于查出的问题,就会向被督察地区的党委政府反馈情况,并约谈相关主管领导,并且会要求被督察的地区提出整改方案、落实措施。而对于情况较为严重的地区,还会对相关领导给予处分,因此被督察的地区、负有治理义务的领导都要承担相应责任。从这一点来看,环保督察组对京津冀大气污染联合实施环保督察时，在坚持党政同责的前提下依然要依据责任法定原则来处理问题，被督察对象应当承担相应的法律责任，这样京津冀大气污染联合治理才能够真正体现出效果。

第四节　京津冀大气污染联合防治环保督察的方法路径

京津冀大气污染联合防治的环保督察的目的是要督促京津冀地区联合起来治理大气污染，因而实施环保督察的主要措施不仅要对生态环境治理状况巡视督察，而且还要对京津冀地区大气污染联合防治的总体状况实施环保督察。具体而言，可以采取以下措施：

一、出台京津冀大气污染联合防治环保督察规范性文件

（一）中央出台专门的环保督察规范文件

中央环保督察组自 2016 年成立以来，第一个督察的地区就是河北地区，至今为止已经对全国各个省份实现了环保督察全覆盖。虽然环保督察相关的文件也有一定的规定，但迄今为止《环保督察条例》尚未正式出台。而针对京津冀区域大气污染联合防治的环保督察而言，目前为止相关直接性的文件规定并不多，因此要对京津冀区域大气污染联合防治的总体状况实施环保督察，就必须制定立法，才能够使环保督察活动更加规范，从而更好地促使京津冀大气污染联合防治的实施。当然，为了提高环保督察的实施效果，应当由中共中央和国

务院共同出台规范性文件。

(二)设置中央专职区域环保督察巡视组

当前中央环保督察工作是由中央派出不同的环保督察组,进驻被巡视地区,对目标地区的生态环境状况实施环保督察。通常情况下,为了获得环保督察的效果,中央巡视组实施环保督察之前会对相关信息保密处理,尤其是对督察组的组成人员以及督察区域事先都不会公开相关信息。为了增强环保督察组实施环保巡视的针对性和效果,建议由中央设置专门针对区域环境实施督察的环保督察巡视组。例如,针对京津冀地区大气污染联合防治的专职区域环保督察巡视组,专门巡视京津冀地区的大气污染治理状况,并开展有针对性的环保督察,这样就可以提升京津冀大气污染联合治理环保督察的专业性和实效性。

(三)京津冀地方细化大气污染联合防治环保督察规范

京津冀大气污染联合防治的环保督察不仅可以对京津冀地区大气污染联合防治实施环保督察,同时也可以对京津冀单一地区实施环保督察。因此,为了强化对京津冀地区大气污染治理实施环保督察,还可以由京津冀地区制定省级规范,或者京津冀三地联合在一起制定关于环保督察的实施规范,来规范京津冀地区大气污染联合治理环保督察的具体实施程序,使京津冀大气污染联合治理的环保督察真正做到有据可依,这样就可以提升环保督察的规范性。

(四)设置地方专职环保督察巡视组

京津冀地区大气污染联合治理实施环保督察除了可以由中央环

保巡视组实施之外，还可以由京津冀各地设置省级的环保督察巡视组，专门配合中央环保巡视组对本地大气污染治理情况实施环保督察巡视，督促本地政府履行环保治理职责，使京津冀地区本地大气污染治理的力度有所提升。

二、明确京津冀大气污染联合防治环保督察巡视组权力

要使京津冀大气污染联合防治环保督察的效果得以实现，就要对环保督察巡视组的权力范围予以规定。具体而言，可以从以下几个层次加以规定：

（一）对京津冀一地实施环保督察

中央环保督察对京津冀大气污染联合防治实施督察时，可以规定环保督察巡视组针对京津冀一地实施环保督察。环保督察巡视组一是可以针对京津冀某一地的企业排污和环境保护的现状开展不定期巡视工作；二是要赋予巡视组在实施环保督察过程中具有调查取证、收集数据、获取相关信息的权力，如果有政府机关或者企事业单位、个人予以阻挠的，要承担相应的法律责任。京津冀地区地理环境差异不大，大气污染的状况整体而言也较为相似，对一地实施督察可以了解到京津冀大气污染治理的整体状况，因而要加大对京津冀某一地大气污染治理状况的督察力度。

（二）对京津冀联合防治实施环保督察

中央环保督察对京津冀大气污染联合防治实施督察，还应当对京津冀三地联合治理大气污染的实施情况进行督察，即要对京津冀三地

相互配合、相互支持、共同治理大气污染的具体状况实施环保督察。具体而言,一是要由规范性文件赋予环保督察巡视组召集会议权,即环保巡视组有权召集京津冀三地地方党委和政府对大气污染联合治理的情况进行说明,并听取其意见。二是要由规范性文件赋予环保督察巡视组协调权,来协调京津冀三地地方政府治理大气污染过程中所需要解决的权力对接问题。三是要由规范性文件赋予环保督察巡视组处理问题的权限,即京津冀三地党委和政府在联合防治大气污染的过程中如果遇到具体问题,环保督察巡视组可以在权限范围之内予以处理和解决。赋予环保督察巡视组对京津冀大气污染联合防治实施环保督察时的具体权限,就可以使环保督察工作变得更加规范。

三、规定京津冀大气污染联合防治环保督察的实施程序

(一)简化程序提高效率原则

近年来,简政放权是政府机构改革的一项重头戏,目的就是要简化办事程序提高政府的行政效率,使所要办理的事项能够在短时间内完成。在这种思想的指导之下,京津冀大气污染联合防治环保督察的实施程序应当按照简化程序提高效率的原则进行设计,仅规定好核心程序以及对权力运行的约束步骤即可。

(二)明确环保督察的实施程序

根据简化程序提高效率的基本原则,京津冀大气污染联合防治环保督察的顶层设计在规范实施程序时,主要应当规范以下程序:一是

调查程序。环保督察巡视过程中第一个环节就是调查程序，顶层设计中要明确调查程序应当遵守的基本规则，即环保督察巡视组在对京津冀大气污染联合治理状况实施环保督察过程中，在调查环节必须是依据法律规定的权限和程序实施调查，不能采取“钓鱼执法”等有悖于取证基本规则的方法实施调查。与此同时，为了保证调查程序的公正性，还应当规定调查程序应当实施全程同步录音录像，以达到固定证据，证明取证过程合法性的目的。二是约谈程序。顶层设计应当规定环保督察巡视组在对京津冀大气污染联合防治实施环保督察后，如果发现问题如何约谈地方党委政府，约谈哪一级的党委政府，哪些主体参加约谈等，这些问题都是约谈程序要加以明确的。三是整改程序。在地方政府接受环保巡视组约谈之后，京津冀三地应当如何实施配合，如何实施整改，这些问题也应当由顶层设计加以明确。四是追责程序。如果地方党委政府对环保巡视组的约谈无动于衷，整改不利，致使京津冀大气污染联合防治工作进展缓慢难以取得实效的，应当给予相应的责任人法律处罚，当然追责程序应当由顶层设计予以规定。五是评估程序。环保督察巡视组在对京津冀大气污染联合防治工作实施环保督察之后，并不意味着万事大吉、一劳永逸，还应当对督察的效果给予评估，以促进将来的环保督察工作以及京津冀大气污染联合防治工作的展开，因此顶层设计还应当对评估程序加以规定。具体而言，就是评估的主体，数据的采集、评估过程、评估成果的运用等，都应当加以规定，这样评估就可以产生实效。

四、强化京津冀大气污染联合防治环保督察的责任承担

（一）提升京津冀大气污染联合防治环保督察后的整改力度

当前从中央环保督察巡视过程中反映出的问题来看，出现的实际问题比较多，但是基本可以分为两大类：一是应付督察。就是地方党委政府、排污企业并没有把真正的心思放在如何治理生态环境之上，而是放在如何应对环保督察巡视组的巡视之上，最典型的做法就是打“游击战”，地方政府或者企业通过各种手段对环保督察巡视组的行踪予以跟踪，一旦发现环保督察巡视组在某一地区出现，该地区的其他区县都会得到消息，从而展开应对行动。这种做法很显然是懒政怠政的表现。二是应付整改。当环保督察巡视组与地方党委政府约谈之后，针对提出的问题会要求地方整改，但是有的地方对中央环保督察巡视工作却阳奉阴违不认真整改或者采取不整改、不完全整改等态度来消极对待环保督察巡视工作。这种现象也是一种非常严重的腐败现象，而在现实中却经常发生。因此，京津冀大气污染联合防治环保督察的顶层设计应当着重规范地方京津冀接受环保督察的义务以及责任，并且对环保督察巡视组提出的整改意见也要给予认真完成，并提出相应的整改要求，这样才能够提升京津冀大气污染联合防治环保督察后的整改力度。

（二）加大对敷衍整改的处罚力度

实践中环保督察巡视后，地方政府“表面整改”“假装整改”“敷衍整改”“纸上整改”等现象非常普遍，京津冀大气污染联合防治环保督

察必须在规范性文件中增加处罚力度,对环保督察巡视工作中发现有上述问题的,必须给予严肃处理,才能够使京津冀地方更加重视大气污染联合防治工作。具体而言,可以通过建立完善政府官员考核机制、领导干部一票否决机制等法律机制来强化对负有环境监管职责的领导干部的监督,这样就可以督促京津冀地区大气污染联合防治工作高效落实。

五、构建京津冀大气污染联合防治环保督察的长效机制

(一)积极运用环保督察过程的"回马枪"

环保督察过程中的"回马枪"是环保督察巡视组经常采用的措施,目的就是使那些应付环保督察、应付整改的地方管理者"原形毕露",从而收集到其在环境治理方面的真实状态,而在实践中环保督察"回马枪"越频繁,环保督察的效果也就越好,地方治理环境的力度也就越大。因此,对京津冀大气污染联合防治实施环保督察的过程中,应当强化"回马枪"的运用,而在京津冀区域之内实施"回马枪"从地理交通方面来考虑较为方便。所以通过大量使用环保督察"回马枪"则可以提升京津冀大气污染联合防治的实施效果。

(二)着力开展京津冀大气污染联合防治环保督察"回头看"

环保督察"回头看"是环保督察巡视组对被巡视地区实施环保督察后,经过约谈和整改,在一定期限后,环保督察巡视组对前期环保督察工作进行总结,然后继续对该地区针对"表面整改""假装整改""敷衍整改"等生态环保领域形式主义、官僚主义问题实施有针对性环保

督察的一种制度。① "回头看"与"回马枪"是有所不同的,前者是新的一轮环保督察,而后者则属于一次环保督察。因此,在对京津冀大气污染联合防治实施环保督察时,要着力开展环保督察"回头看",这就要求用规范性文件将环保督察"回头看"作为一项必要制度来实施,这样就可以加大对京津冀大气污染联合防治实施环保督察的力度,从而起到最大限度督促京津冀地区联合治理大气污染。

六、规范京津冀大气污染联合防治环保督察的效果评估

(一)评估程序要具有规范性

对京津冀大气污染联合防治实施环保督察不能督察完了就万事大吉,毕竟环保督察的目的是督促京津冀地方政府联合起来治理大气污染。因此,有必要对环保督察的过程和效果实施评估,以便下一步更好地开展工作。从这一角度来看,规范性文件对京津冀大气污染联合防治环保督察给予规定时,要注重评估程序的规范性,要完善评估的指标体系,着重从合理性、合法性、操作性、适应性、时效性等几个方面来设计评估指标,以使环保督察的效果能够得以真实的体现。

(二)要注重评估成果的运用

实施评估的目的并不仅在于获得评估结果本身,而是在于通过实施评估,获得评估结果之后改进工作做法,使工作能够更加顺利地实

① 参见胡巍:《中央环保督察首次"回头看"——南昌、北海、泰州等地虚假应对、敷衍整改被"抓现行"》,载《中国经济周刊》2018 年第 25 期。

施。从这个角度来讲,评估的意义就非常重要了。因此,顶层设计应当规定京津冀大气污染联合防治环保督察实施之后必须对环保督察的效果开展评估,并根据评估成果有针对性开展下一步大气污染治理工作,这样评估的意义就得以显现。

第五节　京津冀大气污染联合防治督察与监察制度衔接

一、懒政怠政案件线索的移送

在环保巡视组对被巡视地区实施环保督察过程中,会遇到一些地方政府在治理环境过程中不够尽心尽力的问题。在某种程度上这些问题属于治理环境的懒政怠政问题,而这一类问题如果没有达到一定程度,则达不到违纪违法标准,对于这样的现象在环保督察过程中经常会遇到,当然对京津冀大气污染联合防治实施环保督察也会遇到类似现象。通常的做法是由环保督察巡视组与地方党委政府约谈,通过约谈的方式来解决地方党委政府在治理环境问题中的懒政怠政问题。但实际效果并不是很理想,因为一些地方很有可能会认为自己已经尽了职责,只是尚存在一些问题,但问题并不严重,所以很多时候整改的动力并不强。但是,随着监察委员会在全国范围的成立以及《监察法》的出台,对政府官员懒政怠政的查处实现了全覆盖,处理力度也达到了前所未有的高度。因此,环保巡视组对京津冀大气污染联合防治实施环保督察时要与监察委员会做到程序上的衔接,对于发现京津冀地区政府组织联合防治大气污染不得力、懒政怠政的,可以将相关案件线索材料移交监察委员会,由监察委员会与政府主管环境保护的官员谈话,采取“咬耳扯袖”“红红脸、出出汗”的方式来督促政府官员履行职责,认真治理大气污染,这样就可以大大提升京津冀地区政府联合治理大气污染的整改力度。

二、违纪违法腐败问题的移送

环保督察巡视组在对京津冀大气污染联合防治实施环保督察时,如果发现地方政府官员在联合治理大气污染过程中存在渎职或者贪腐受贿等违法现象时,此类现象已经不仅仅是违纪问题,同时还有可能构成犯罪,这时环保督察巡视组可以将这些违法问题的线索移交监察委员会,由监察委员会的职务犯罪侦查部门对涉嫌犯罪的人员实施侦查,并启动相应的刑事诉讼程序来追究腐败官员的刑事法律责任。通过引入刑事责任的追究,可以最大限度地避免京津冀大气污染联合防治工作中出现腐败现象。

三、构建线索处理的反馈机制

环保督察巡视组在对京津冀大气污染联合防治实施环保督察过程中,发现了地方政府负责人员懒政怠政或者存在违纪违法问题时,将问题的线索移送给监察委员会之后,监察委员会进行全方位综合分析后,根据问题的严重程度属于执纪监督问题范畴的,按照违纪程序处理;如果属于违法程序的,按照刑事诉讼程序处理。但是在处理完毕之后,应当及时将处理情况通知环保督察巡视组,以使环保督察巡视组可以及时采取应对措施。通常情况下,处理反馈机制应当包含以下内容：一是要建立健全信息沟通机制。即监察委员会接受移送材料、给予立案以及处理或者不处理的决定，移送检察机关批准逮捕等环节，监察委员会应当将重要环节点下的处理结果及时告知环保督察巡视组，使环保巡视组能够及时掌握监察委员会的处理信息。二是完善处理建议机制。监察委员会对环保督察组移送的材料给予处理，不仅是为了处理而处理，而且要最大限度地督促责任者完成治理大气污染的任务，因此处理并不是重点，重点是要督促整改。从这一角度来看，环保督察组将材料移送监察委员会后对于监察委员会的处理过程，应当具有一定的建议权，监察委员会应当积极听取环保督察巡视组的意见和建议，这样就可以使监察委员会对负有责任的领导干部的处理更加具有合理性，从而能够达到最大限度督促京津冀地方政府整改、促进京津冀大气污染治理的目的。

参考文献

一、国外著作

1. [澳]大卫·希尔曼、约瑟夫·韦恩·史密斯:《气候变化的挑战与民主的失灵》,武锡申、李楠译,社会科学文献出版社2009年版。

2. [德]弗里德黑姆·施瓦茨:《气候经济学:影响全球80%经济活动的决定性因素》,郭晗聃译,气象出版社2012年版。

3. [德]保罗·维尔芬斯、贝恩德·迈耶、沃尔夫冈·普法芬伯格、皮奥特·雅辛斯基、安德烈·琼格迈泰:《欧盟能源政策:以德国生态税改革为例》,吴剑峰、邱永辉译,经济管理出版社2014年版。

4. [德]弗里德里希·克拉默:《混沌与秩序——生物系统的复杂结构》,柯志阳、吴彤译,上海科技教育出版社2015年版。

5. [德]汉斯-贝恩德·舍费尔、克劳斯·奥特:《民法的经济分析》(第4版),江清云、杜涛译,法律出版社2009年版。

6. [德]赫尔曼·哈肯:《协同学:大自然构成的奥秘》,凌复华译,上海译文出版社2015年版。

7. [德]康德:《法的形而上学原理:权利的科学》,沈叔平译,商务印书馆2015年版。

8. [德]鲁道夫·冯·耶林:《为权利而斗争》,郑永流译,法律出版社2012年版。

9. [德]罗伯特·阿列克西:《法:作为理性的制度化》,雷磊编译,中国法制出版社 2012 年版。

10. [德]罗伯特·阿列克西:《法 理性 商谈:法哲学研究》,朱光、雷磊译,中国法制出版社 2011 年版。

11. [德]罗尔夫·施托贝尔:《经济宪法与经济行政法》,谢立斌译,商务印书馆 2008 年版。

12. [德]马克斯·韦伯:《法律社会学:非正当性的支配》,康乐、简惠美译,广西师范大学出版社 2011 年版。

13. [德]尼克拉斯·卢曼:《法社会学》,宾凯、赵春燕译,上海人民出版社 2013 年版。

14. [德]齐佩利乌斯:《法学方法论》,金振豹译,法律出版社 2009 年版。

15. [德]施塔姆勒:《正义法的理论》,夏彦才译,商务印书馆 2012 年版。

16. [德]乌尔弗里德·诺伊曼:《法律论证学》,张青波译,法律出版社 2014 年版。

17. [法]贝尔纳·夏旺斯:《制度经济学》,朱乃肖、周泳宏译,暨南大学出版社 2013 年版。

18. [法]大卫·吕埃勒:《机遇与混沌》,刘式达、梁爽、李滇林译,上海科技教育出版社 2007 年版。

19. [法]费雷德里克·巴斯夏:《和谐经济论》,王家宝等译,中国社会科学出版社 2013 年版。

20. [法]克洛德·热叙阿、克里斯蒂昂·拉布鲁斯、达尼埃尔·维特里、达米安·戈蒙主编:《经济学词典》,李玉平、郭庆岚等译,社会科学文献出版社 2016 年版。

21. [法]让-克洛德·乐伟:《循环经济——迫在眉睫的生态问题》,王吉会、范晓虹译,上海科技教育出版社 2012 年版。

22. [芬]约·瑟帕玛:《环境之美》,武小西、张宜译,湖南科学技术出版社2006年版。

23. [韩]全京秀:《环境人类学》,崔海洋、杨洋译,科学出版社2015年版。

24. [荷兰]迈克尔·福尔、冈特·海因主编:《欧盟为保护生态动刑:欧盟各国环境刑事执法报告》,徐平、张浩、何茂桥译,中央编译出版社2009年版。

25. [美]E.博登海默:《法理学:法律哲学与法律方法》,邓正来译,中国政法大学出版社2004年版。

26. [美]阿兰·V.尼斯、詹姆斯·L.斯威尼主编:《自然资源与能源经济学手册》,李晓西、史培军等译,经济科学出版社2007年版。

27. [美]阿尼尔·马康德雅、雷纳特·帕利特、帕梅拉·梅森、蒂姆·泰勒:《环境经济学辞典》,朱启贵译,上海财经大学出版社2006年版。

28. [美]阿维纳什·迪克西特:《法律缺失与经济学:可供选择的经济治理方式》,郑江淮等译,中国人民大学出版社2007年版。

29. [美]埃里克·波斯纳、戴维·韦斯巴赫:《气候变化的正义》,李智、张键译,社会科学文献出版社2011年版。

30. [美]埃里克·弗鲁博顿、鲁道夫·芮切特:《新制度经济学——一个交易费用分析范式》,姜建强、罗长远译,格致出版社2015年版。

31. [美]巴里·菲尔德、玛莎·菲尔德:《环境经济学》,原毅军、陈艳莹译,中国财政经济出版社2006年版。

32. [美]巴利·C.菲尔德、玛莎·K.菲尔德:《环境经济学》(第5版),原毅军、陈艳莹译,东北财经大学出版社2010年版。

33. [美]保罗·R.伯特尼、罗伯特·N.史蒂文斯主编:《环境保护的公共政策》(第2版),穆贤清、方志伟译,上海三联书店、上海人民出版社2004年版。

34.[美]保罗·克鲁格曼、罗宾·韦尔斯、凯瑟琳·格雷迪:《克鲁格曼经济学原理》(第2版),黄卫平、赵英军、丁凯、沈可艇、侯锦慎等译,中国人民大学出版社2015年版。

35.[美]保罗·萨缪尔森、威廉·诺德豪斯:《经济学》(第19版),萧琛主译,商务印书馆2013年版。

36.[美]彼得·伯克、格洛丽亚·赫尔方:《环境经济学》,吴江、贾蕾译,中国人民大学出版社2013年版。

37.[美]查尔斯·D.科尔斯塔德:《环境经济学》,彭超、王秀芳译,中国人民大学出版社2016年版。

38.[美]大卫·D.弗里德曼:《经济学语境下的法律规则》,杨欣欣译,法律出版社2004年版。

39.[美]戴维·M.德瑞森:《法律的动态经济分析》,王颖译,复旦大学出版社2015年版。

40.[美]赫尔曼·E.达利、小约翰·B.柯布:《21世纪生态经济学》,王俊、韩冬筠译,中央编译出版社2015年版。

41.[美]赫尔曼·E.戴利、乔舒亚·法利:《生态经济学:原理和应用》(第2版),金志农、陈美球、蔡海生译,中国人民大学出版社2014年版。

42.[美]理查德·A.波斯纳:《法理学问题》,苏力译,中国政法大学出版社2002年版。

43.[美]理查德·A.波斯纳:《法律的经济分析》(第7版),蒋兆康译,法律出版社2012年版。

44.[美]理查德·A.波斯纳:《法律理论的前沿》,武欣、凌斌译,中国政法大学出版社2003年版。

45. [美]理查德·A. 波斯纳:《正义/司法的经济学》,苏力译,中国政法大学出版社2002年版。

46. [美]理查德·A. 波斯纳:《证据法的经济分析》,徐昕、徐昀译,中国法制出版社2004年版。

47. [美]罗宾·保罗·马洛伊:《法律和市场经济——法律经济学价值的重新诠释》,钱弘道、朱素梅译,法律出版社2006年版。

48. [美]罗伯特·考特、托马斯·尤伦:《法和经济学》(第6版),史晋川、董雪兵等译,格致出版社、上海人民出版社2012年版。

49. [美]罗杰·B. 迈尔森:《博弈论:矛盾冲突分析》,于寅、费剑平译,中国人民大学出版社2015年版。

50. [美]罗纳德·H. 科斯:《企业、市场与法律》,盛洪、陈郁译校,格致出版社、上海三联书店、上海人民出版社2014年版。

51. [美]马特洛克、摩根:《生态工程设计:恢复和保护生态系统服务》,吴巍译,电子工业出版社2013年版。

52. [美]迈克尔·C. 纽曼、迈克尔·A. 昂格尔:《生态毒理学原理》,赵园、王太平译,化学工业出版社2007年版。

53. [美]尼尔·K. 考默萨:《法律的限度——法治、权利的供给与需求》,申卫星、王琦译,商务印书馆2007年版。

54. [美]尼古拉斯·L. 吉奥加卡波罗斯:《法律经济学的原理与方法:规范推理的基础工具》,许峰、翟新辉译,复旦大学出版社2014年版。

55. [美]尼古拉斯·麦考罗、斯蒂文·G. 曼德姆:《经济学与法律——从波斯纳到后现代主义》,朱慧、吴晓露、潘晓松译,法律出版社2005年版。

56. [美]皮特·纽曼主编:《新帕尔格雷夫法经济学大辞典》,许月明译,法律出版社2003年版。

57.[美]齐亚乌丁、萨达尔:《混沌学》,梅静译,当代中国出版社2013年版。

58.[美]乔尔·沃森:《策略——博弈论导论》,费方域、赖丹馨等译,格致出版社、上海三联书店、上海人民出版社2010年版。

59.[美]乔治·F.汤普森、弗雷德里克·R.斯坦纳主编:《生态规划设计》,何平等译,中国林业出版社2007年版。

60.[美]斯蒂文·G.米德玛编:《科斯经济学——法与经济学和新制度经济学》,罗君丽、李井奎、茹玉骢译,格致出版社、上海三联书店、上海人民出版社2010年版。

61.[美]斯蒂文·萨维尔:《法律的经济分析》,柯华庆译,中国政法大学出版社2009年版。

62.[美]斯蒂文·沙维尔:《法律经济分析的基础理论》,赵海怡、史册、宁静波译,中国人民大学出版社2013年版。

63.[美]汤姆·蒂滕伯格:《环境与自然资源经济学》(第7版),金志农、余发新等译,中国人民大学出版社2011年版。

64.[美]汤姆·齐格弗里德:《纳什均衡与博弈论》,洪雷、陈玮、彭工译,化学工业出版社2015年版。

65.[美]汤姆·泰坦伯格:《环境经济学与政策》(第5版),高岚、李怡、谢忆等译,人民邮电出版社2011年版。

66.[美]特里·塔米宁:《破解碳密码:实现低碳经济和可持续赢利的5个步骤》,张艺译,新华出版社2012年版。

67.[美]沃伊诺夫:《生态经济学中的系统分析与模拟》,张力小译,高等教育出版社2014年版。

68.[美]小约瑟夫·哈林顿:《哈林顿博弈论》,韩玲、李强译,中国人民大学出版社2012年版。

69.[美]伊恩·艾瑞斯:《期权视阈下的法律权益结构》,朱莺、顾健译,复旦大学出版社 2014 年版。

70. [美]尤兰维奇:《上升性的生态视角》,邓晓红、黄茄莉译,黄河水利出版社 2013 年版。

71. [美]约翰·C. 伯格斯特罗姆、阿兰·兰多尔:《资源经济学:自然资源与环境政策的经济分析》(第 3 版),谢关平、朱方明译,中国人民大学出版社 2015 年版。

72. [美]约翰·F. 纳什、[美]劳埃德·S. 沙普利、[美]约翰·C. 海萨尼、[德]莱因哈德·泽尔腾、[以]罗伯特·J. 奥曼:《博弈论经典》,韩松、刘世军、张倩伟、宋宏业等译,中国人民大学出版社 2012 年版。

73. [美]詹姆斯·汉森:《环境风暴——气候灾变与人类的机会》,张邱宝慧、罗海智、杨妍译,人民邮电出版社 2011 年版。

74. [日]奥野翔编著:《森林都市 EGEC》,姜忠莲、李贺谦译,中国环境科学出版社 2009 年版。

75. [日]滨川圭弘、西川祎一、辻毅一郎编:《能源环境学》,郭成言译,科学出版社 2003 年版。

76. [日]川岛武宜:《现代化与法》,申政武、渠涛、李旺、王志安译,中国政法大学出版社 2004 年版。

77. [日]宫本宪一:《环境经济学》,朴玉译,生活·读书·新知三联书店 2004 年版。

78. [日]吉田文和:《环境经济学新论》,张坤民译,人民邮电出版社 2011 年版。

79. [日]吉田文和:《日本的循环经济》,温宗国等译,中国环境科学出版社 2008 年版。

80. [日]鸟越皓之:《环境社会学——站在生活者的角度思考》,宋金文译,中国环境科学出版社 2009 年版。

81.［日］青木昌彦:《比较制度分析》,周黎安译,上海远东出版社2001年版。

82.［日］日本律师协会主编:《日本环境纠纷典型案例与评析》,皇甫景山翻译,中国政法大学出版社2011年版。

83.［日］山寺喜成:《自然生态环境修复的理念与实践技术》,魏天兴、赵廷宁、杨喜田、顾卫译,中国建筑工业出版社2014年版。

84.［日］穗积陈重:《法典论》,李求轶译,商务印书馆2014年版。

85.［日］藤田昌久、［美］保罗·R.克鲁格曼、［英］安东尼·J.维纳布尔斯:《空间经济学——城市、区域与国际贸易》,梁琦主译,中国人民大学出版社2013年版。

86.［日］藤田昌久、［比］雅克－弗朗斯瓦·蒂斯:《集聚经济学——城市、产业区位与全球化》(第2版),石敏俊等译,格致出版社2016年版。

87.［瑞典］托马斯·思德纳:《环境与自然资源管理的政策工具》,张蔚文、黄祖辉译,上海人民出版社2005年版。

88.［斯］莫汉·穆纳辛哈、［美］罗布·斯沃特:《气候变化与可持续发展入门教程——事实、政策分析及应用》,徐影、马世铭、郭彩丽等译,气象出版社2013年版。

89.［西］布拉沃等编著:《气候变化挑战下的森林生态系统经营管理》,王小平等译,高等教育出版社2013年版。

90.［以］艾雅尔·扎米尔、巴拉克·梅迪纳:《法律、经济学与伦理》,徐大丰译,复旦大学出版社2014年版。

91.［意］罗伯塔·卡佩罗:《区域经济学》,赵文、陈飞等译,经济管理出版社2014年版。

92.［意］尼古拉·阿克塞拉:《经济政策原理:价值与技术》,郭庆旺、刘茜译,中国人民大学出版社2001年版。

93. [印度]阿马蒂亚·森:《伦理学与经济学》,王宇、王文玉译,商务印书馆2014年版。

94. [英]E. 库拉:《环境经济学思想史》,谢扬举译,上海人民出版社2007年版。

95. [英]G. L. 克拉克、[美]M. P. 费尔德曼、[加]M. S. 格特勒主编:《牛津经济地理学手册》,刘卫东、王缉慈等译,商务印书馆2010年版。

96. [英]阿尔弗雷德·马歇尔、玛丽·佩利·马歇尔:《产业经济学》,肖卫东译,商务印书馆2015年版。

97. [英]安东尼·奥格斯:《规制:法律形式与经济学理论》,骆梅英译,中国人民大学出版社2008年版。

98. [英]保罗·奥默罗德:《蝴蝶效应:经济和社会中那些不可忽略的小事件》,刘娟、李萌译,人民邮电出版社2016年版。

99. [英]保罗·奥默罗德:《蝴蝶效应经济学》,李华夏译,中信出版社2006年版。

100. [英]布莱恩·杰克:《农业与欧盟环境法》,姜双林译,中国政法大学出版社2012年版。

101. [英]肯·格林、萨莉·兰德尔斯主编:《产业生态学与创新研究》,鞠美庭、楚春礼、张琳等译,化学工业出版社2010年版。

102. [英]哈耶克:《通往奴役之路》,王明毅、冯兴元等译,中国社会科学出版社2015年版。

103. [英]康芒、斯塔格尔:《生态经济学引论》,金志农、余发新、吴伟萍等译,高等教育出版社2012年版。

104. [英]库玛:《生态系统和生物多样性经济学生态和经济基础》,李俊生、翟生强、胡理乐译,中国环境科学出版社2015年版。

105. [英]尼古拉斯·斯特恩:《地球安全愿景:治理气候变化、创造繁荣进步新时代》,武锡申译,社会科学文献出版社 2011 年版。

106. [英]萨布海斯 · C. 巴塔查亚:《能源经济学——概念、观点、市场与治理》,冯永晟、周亚敏译,经济管理出版社 2015 年版。

107. [英]约瑟夫 · 拉兹:《法律体系的概念》,吴玉章译,中国法制出版社 2003 年版。

二、国内文献

1. 熊秉元:《正义的成本:当法律遇上经济学》,东方出版社 2014 年版。

2. 熊秉元:《正义的效益:一场法学与经济学的思辨之旅》,东方出版社 2016 年版。

3. 安俊岭等:《突发性大气污染监测预报及应急预案》,科学出版社 2015 年版。

4. 白贵秀:《环境行政许可制度研究》,知识产权出版社 2012 年版。

5. 柏益尧、孙平、华新、左玉辉等:《五律协同原理》,科学出版社 2010 年版。

6. 蔡守秋:《基于生态文明的法理学》,中国法制出版社 2014 年版。

7. 蔡晓明、蔡博峰主编:《生态系统的理论和实践》,化学工业出版社 2012 年版。

8. 曹国志、赵学涛、李万新、杨威杉编著:《环境绩效评估理论与方法》,中国环境出版社 2015 年版。

9. 曹军骥等编著:《$PM_{2.5}$与环境》,科学出版社 2014 年版。

10. 柴发合、支国瑞等编著:《空气污染和气候变化:同源与协同》,中国环境出版社 2015 年版。

11. 常纪文:《生态文明体制改革与法治建设的理论和实践》,中国法制出版社 2019 年版。

12. 常毅军主编:《新生态与新能源——碳环境推动下的生物质产业革命》,煤炭工业出版社 2014 年版。

13. 陈德湖:《总量控制下排污权拍卖理论与政策研究》,经济科学出版社 2014 年版。

14. 陈冬:《美国环境公民诉讼研究》,中国人民大学出版社 2014 年版。

15. 陈海嵩:《解释论视角下的环境法研究》,法律出版社 2016 年版。

16. 陈亢利:《区域循环经济发展理论与苏州实践》,科学出版社 2011 年版。

17. 陈亮:《美国环境公益诉讼原告适格规则研究》,中国检察出版社 2010 年版。

18. 陈美球、蔡海生主编:《低碳经济学》,清华大学出版社 2015 年版。

19. 陈泉生等:《环境法哲学》,中国法制出版社 2012 年版。

20. 陈世清编著:《再生型经济》,中国时代经济出版社 2005 年版。

21. 陈喜红主编:《环境经济学》,化学工业出版社 2013 年版。

22. 陈晓秋、陈进生、吴水平、林长城等:《海峡西岸城市群大气复合污染成因与调控机制》,科学出版社 2014 年版。

23. 陈廷辉:《环境政策型立法研究——基于对中国环境基本法立法模式的思考》,中国政法大学出版社 2012 年版。

24. 陈阳:《检察机关环境公益诉讼原告资格及其限制》,山东人民出版社 2009 年版。

25. 陈贻健:《气候正义论——气候变化法律中的正义原理和制度构建》,中国政法大学出版社 2014 年版。

26. 陈昭玖、翁贞林主编:《新能源经济学》,清华大学出版社 2015 年版。

27. 陈志凡、耿文才编著:《环境经济学:价值评估与政策设计》,河南大学出版社 2014 年版。

28. 陈宗兴、刘燕华主编:《循环经济面面观》,辽宁科学技术出版社 2007 年版。

29. 程水源、陈东升:《大气重污染过程预测技术研究》,中国环境出版社 2014 年版。

30. 慈福义:《循环经济与区域发展的理论与实证》,经济科学出版社 2008 年版。

31. 崔浩等:《环境保护公众参与研究》,光明日报出版社 2013 年版。

32. 崔伟、李强:《检察机关民事行政公诉论》,中国检察出版社 2010 年版。

33. 戴天兴、戴靓华编著:《城市环境生态学》,中国水利水电出版社 2013 年版。

34. 戴彦德、康艳兵、熊小平等:《碳交易制度研究》,中国发展出版社 2014 年版。

35. 邓玉华:《雾霾天气治理中的企业社会责任:理论与案例研究》,中国工商出版社 2013 年版。

36. 丁社教:《法治博弈分析导论》,西北工业大学出版社 2007 年版。

37. 丁四保、王昱、卢艳丽、尹国庆:《主体功能区划与区域生态补偿问题研究》,科学出版社 2012 年版。

38. 丁玉海、朱成全:《法经济学理性主义的逻辑与历史研究》,东北财经大学出版社 2014 年版。

39. 董世魁、刘世梁、邵新庆、黄晓霞主编:《恢复生态学》,高等教育出版社 2015 年版。

40. 董险峰、丛丽、张嘉伟等编著:《环境与生态安全》,中国环境科学出版社 2010 年版。

41. 董小林主编:《环境经济学》,人民交通出版社 2014 年版。

42. 杜放、于海峰:《生态税 · 循环经济 · 可持续发展》,中国财政经济出版社 2007 年版。

43. 段茂盛、周胜主编:《能源与气候变化》,化学工业出版社 2014 年版。

44. 多克辛编著:《大气灰霾追因与防治对策:河南省大气灰霾污染专项研究成果》,中国环境出版社 2016 年版。

45. 法丽娜:《当代中国多元利益矛盾的法经济学分析》,上海社会科学院出版社 2014 年版。

46. 樊良树:《霾城:北京 $PM_{2.5}$ 解析》,中共中央党校出版社 2013 年版。

47. 樊万选:《生态经济与可持续性》(第 2 版),中国环境出版社 2013 年版。

48. 方如康主编:《环境学词典》,科学出版社 2007 年版。

49. 方时姣:《生态文明创新经济》,中国环境出版社 2015 年版。

50. 杨武刚等:《经济、法律与公共政策的规则》,秋风等译,重庆大学出版社 2013 年版。

51. 冯玉军主编:《法经济学》,中国人民大学出版社 2013 年版。

52. 冯玉军:《法经济学范式》,清华大学出版社 2009 年版。

53. 冯玉军:《法律与经济推理:寻求中国问题的解决》,经济科学出版社 2008 年版。

54. 冯玉军主编:《中国法经济学应用研究》,法律出版社 2006 年版。

55. 冯圆:《环境经营与排污成本管理》,清华大学出版社 2016 年版。

56. 傅泽强、高吉喜、姚卫华、张保生、智静、黄哲等:《环境优化经济区域战略框架及其操作途径》,中国环境科学出版社 2012 年版。

57. 高广阔、张永庆:《环境产业经济学》,上海财经大学出版社 2010 年版。

58. 高国荣:《美国环境史学研究》,中国社会科学出版社 2014 年版。

59. 高吉喜等:《区域生态学》,科学出版社 2015 年版。

60. 高晋康、郁光华等:《法律运行过程的经济分析》,法律出版社 2008 年版。

61. 高尚宾、周其文、王夏晖、罗良国主编:《农村水污染控制机制与政策研究》,中国环境出版社 2015 年版。

62. 高小升:《欧盟气候政策研究》,社会科学文献出版社 2015 年版。

63. 高占义、王少丽、胡亚琼、杨建青等编著:《气候变化对地下水影响研究》,中国水利水电出版社 2013 年版。

64. 龚臣:《资源均衡假说》,江西美术出版社 2015 年版。

65. 顾朝林主编:《气候变化与低碳城市规划》(第 2 版),东南大学出版社 2013 年版。

66. 关大博、刘竹:《雾霾真相:京津冀地区 $PM_{2.5}$ 污染解析及减排策略研究》,中国环境出版社 2014 年版。

67. 郭冬梅:《中国碳排放权交易制度构建的法律问题研究》,群众出版社 2015 年版。

68. 郭杰、于泽、张杰:《供给侧结构性改革的理论逻辑及实施路径》,中国社会科学出版社 2016 年版。

69. 郭位:《核电 雾霾 你:从福岛核事故细说能源、环保与工业安全》,北京大学出版社 2015 年版。

70. 郭武:《环境习惯法现代价值研究——以西部民族地区为主要“场景”的展开》,中国社会科学出版社 2016 年版。

71. 国家行政学院经济学教研部编著:《中国供给侧结构性改革》,人民出版社 2016 年版。

72. 国家节能中心编著:《中国节能报告》(2014),经济科学出版社 2014 年版。

73. 韩永伟、高吉喜、刘成程:《重要生态功能区及其生态服务研究》,中国环境科学出版社 2012 年版。

74. 郝海青:《欧美碳排放权交易法律制度研究》,中国海洋大学出版社 2014 年版。

75. 郝吉明、马广大、王书肖主编:《大气污染控制工程》(第 3 版),高等教育出版社 2014 年版。

76. 贺克斌、杨复沫、段凤魁、马永亮:《大气颗粒物与区域复合污染》,科学出版社 2015 年版。

77. 洪开荣:《经济博弈论》,经济科学出版社 2014 年版。

78. 胡佳:《区域环境治理中的地方政府协作研究》,人民出版社 2015 年版。

79. 胡嘉骢、魏信、陈声海:《北京城市热场时空分布及景观生态因子研究》,北京师范大学出版社 2014 年版。

80. 胡蓉:《最优违约救济:法和经济学的视角》,东北财经大学出版社 2008 年版。

81. 胡炜:《法哲学视角下的碳排放权交易制度》,人民出版社 2013 年版。

82. 胡霞主编:《现代农业经济学》,中国人民大学出版社 2015 年版。

83. 胡元聪:《外部性问题解决的经济法进路研究》,法律出版社 2010 年版。

84. 胡跃龙:《资源博弈:工业化与城市化经济发展资源支撑研究》,中国发展出版社 2015 年版。

85. 华启和:《气候博弈的伦理共识与中国选择》,社会科学文献出版社 2014 年版。

86. 华新、柏益尧、孙平、左玉辉等:《规律规则原理》,科学出版社 2010 年版。

87.《环保公众参与的实践与探索》编写组编著:《环保公众参与的实践与探索》,中国环境出版社 2015 年版。

88. 黄寰:《区际生态补偿论》,中国人民大学出版社 2012 年版。

89. 黄丽坤、王广智:《城市大气颗粒物组分及污染》,化学工业出版社 2015 年版。

90. 黄美元、徐华英、王庚辰编著:《大气环境学》,气象出版社 2009 年版。

91. 黄震、吕田、李新令:《机动车可吸入颗粒物排放与城市大气污染》,上海交通大学出版社 2014 年版。

92. 姬振海主编:《环境权益论》,人民出版社 2009 年版。

93. 贾康、苏京春:《供给侧改革:新供给简明读本》,中信出版社 2016 年版。

94. 贾康、苏京春等:《新供给经济学:理论创新与建言》,中国经济出版社 2015 年版。

95. 贾引狮、宋志国:《环境资源法学的法经济学研究》,知识产权出版社2008年版。

96. 姜彤主编:《气候变化影响评估方法应用》,气象出版社2013年版。

97. 蒋冬梅:《经济立法的生态化理念研究》,中国法制出版社2013年版。

98. 蒋维楣、孙鉴泞、曹文俊、蒋瑞宾编著:《空气污染气象学教程》,气象出版社2012年版。

99. 金适主编:《清洁生产与循环经济》,气象出版社2010年版。

100. 金钟范、曹俐、赵敏编著:《循环经济论》,上海财经大学出版社2011年版。

101. 经济合作与发展组织:《城市与气候变化》,蔡博峰等译,化学工业出版社2012年版。

102. 郎铁柱主编:《雾霾、空气污染与人体健康》,天津大学出版社2015年版。

103. 李崇银、刘式适、陈嘉滨等编著:《动力气象学导论》,气象出版社2005年版。

104. 李传轩:《中国环境税法律制度之构建研究》,法律出版社2011年版。

105. 李典友、胡宏祥主编:《环境地理学》,合肥工业大学出版社2013年版。

106. 李惠民、刘蕊、赵思琪、童晶晶、张明顺等编著:《低碳城市发展技术与实践》,化学工业出版社2016年版。

107. 李建珊主编:《循环经济的哲学思考》,中国环境科学出版社2008年版。

108. 李静云:《土壤污染防治立法国际经验与中国探索》,中国环境出版社 2013 年版。

109. 李珂、叶竹梅编著:《法经济学基础理论研究》,中国政法大学出版社 2013 年版。

110. 李克国、魏国印、张宝安主编:《环境经济学》(修订版),中国环境科学出版社 2011 年版。

111. 李克国主编:《环境经济学》(第 3 版),中国环境出版社 2014 年版。

112. 李善杰主编:《生态经济:污染与灾害管理及经济控制》,吉林大学出版社 2013 年版。

113. 李淑文:《环境哲学:哲学视阈中的环境问题研究》,中国传媒大学出版社 2010 年版。

114. 李淑文:《环境正义视角下农民环境权研究》,知识产权出版社 2014 年版。

115. 李文华、阂庆文、张强等编著:《生态气象灾害》,气象出版社 2013 年版。

116. 李霞:《波斯纳:法律的经济分析》,黑龙江大学出版社 2009 年版。

117. 李晓西主编:《现代经济学大典 · 资源与环境经济学分册》,经济科学出版社 2016 年版。

118. 李欣鞠:《大气与天气》,广东世界图书出版公司 2010 年版。

119. 李永峰、梁乾伟、李传哲主编:《环境经济学》,机械工业出版社 2016 年版。

120. 李正希、靳国良:《低碳生态观:低碳发展与生态文明的中国梦》,中国经济出版社 2015 年版。

121. 李植斌等:《低碳能源论》,中国环境出版社 2015 年版。

122. 李周主编:《生态经济学》,中国社会科学出版社 2015 年版。

123. 连玉明主编:《京津冀协同发展的共赢之路》,当代中国出版社 2015 年版。

124. 梁上上:《利益衡量论》,法律出版社 2013 年版。

125. 梁双陆:《次区域国际经济一体化理论与实践》,人民出版社 2013 年版。

126. 梁英、倪天华、张毅敏、左玉辉等:《环境多样性原理》,科学出版社 2010 年版。

127. 林伯强编著:《发达国家雾霾治理的经验和启示》,科学出版社 2015 年版。

128. 林道海:《超越法律的经济分析——一种以自由为基础和核心的法律(权利)哲学》,中国检察出版社 2008 年版。

129. 凌斌:《法治的代价:法律经济学原理批判》,法律出版社 2012 年版。

130. 刘超:《环境侵权救济诉求下的环保法庭研究》,武汉大学出版社 2013 年版。

131. 刘春兰、裴厦、王海华等:《京津冀之间生态环境关系与生态补偿机制研究》,中国水利水电出版社 2015 年版。

132. 刘聪、卞光辉、黎健、包左军主编:《交通气象灾害》,气象出版社 2009 年版。

133. 刘华杰:《浑沌之旅》,湖北科学技术出版社 2016 年版。

134. 刘建翠:《循环经济的协同效应研究》,经济管理出版社 2014 年版。

135. 刘景良主编:《大气污染控制工程》(第 2 版),中国轻工业出版社 2012 年版。

136. 刘静暖、孙媛媛、杨扬:《易经与生态经济——国学生态文明思想探源》,中国农业出版社2013年版。

137. 刘利:《产业空间演化的环境效应研究》,化学工业出版社2014年版。

138. 刘利源:《越境污染的经济学理论》,立信会计出版社2014年版。

139. 刘培杰主编:《博弈论精粹》,哈尔滨工业大学出版社2015年版。

140. 刘清、招国栋、赵由才主编:《大气污染防治:共事一片蓝天》,冶金工业出版社2012年版。

141. 刘秋妹:《循环经济法律政策研究——基于政策系统的视角》,法律出版社2013年版。

142. 刘文仲、吕力编著:《环境哲学杂谈》,中国环境科学出版社2007年版。

143. 刘新艳:《区域环境对新兴产业集群创新绩效的影响研究》,经济管理出版社2014年版。

144. 刘悦秋、刘克锋主编:《城市生态学》,气象出版社2010年版。

145. 刘长灏、马春元、张凯:《循环经济输入输出问题研究》,科学出版社2012年版。

146. 刘志彪、吴福象主编:《现代经济学大典·区域经济学分册》,经济科学出版社2016年版。

147. 卢代富:《企业社会责任研究——基于经济学与法学的视野》,法律出版社2014年版。

148. 卢现祥、张翼等:《低碳经济与制度安排》,北京大学出版社2015年版。

149. 陆月星主编:《行政许可标准化管理理论与实践——以上海

市绿化林业行政审批改革为例》,中国政法大学出版社 2016 年版。

150. 罗晓勇等:《现代气象服务的经济学分析》,气象出版社 2015 年版。

151. 落志筠:《矿产资源利益公平分配制度研究》,中国政法大学出版社 2015 年版。

152. 马骏、李治国等:《$PM_{2.5}$减排的经济政策》,中国经济出版社 2014 年版。

153. 马勇主编:《旅游生态经济学》,华中科技大学出版社 2015 年版。

154. 毛明海编著:《自然地理学》,浙江大学出版社 2009 年版。

155. 毛应淮、刘定慧、王仲旭编写:《大气污染源监督管理与风险防范:新〈大气污染防治法〉的新要求、新举措》,中国环境出版社 2016 年版。

156. 梅林海:《资源与环境经济学的理论与实践》,暨南大学出版社 2016 年版。

157. 孟健军:《城镇化过程中的环境政策实践:日本的经验教训》,商务印书馆 2014 年版。

158. 孟祥远:《低碳生活方式论》,东南大学出版社 2012 年版。

159. 孟紫强主编:《生态毒理学》,高等教育出版社 2016 年版。

160. 倪外:《基于低碳经济的区域发展模式研究》,经济科学出版社 2014 年版。

161. 聂力:《中国碳排放权交易博弈分析》,首都经济贸易大学出版社 2014 年版。

162. 牛忠保、刘鸿玉、刘炳琳、牛英洁:《气象哲学概论》,气象出版社 2011 年版。

163. 钮敏主编:《气象法理论与应用问题研究》,气象出版社 2009

年版。

164. 潘家华、庄贵阳、陈迎:《减缓气候变化的经济分析》,气象出版社 2009 年版。

165. 潘小川、刘利群、张思奇、李国星等编著:《大气 $PM_{2.5}$ 对中国城市公众健康效应研究》,科学出版社 2016 年版。

166. 庞建刚:《基于产业链视角的区域循环经济参与主体利益共享机制研究》,电子工业出版社 2015 年版。

167. 齐建国、吴滨主编:《中国循环终溶经展报告(2013－2015)》,社会科学文献出版社 2016 年版。

168. 齐亚伟:《环境约束下的要素集聚与区域经济可持续发展——基于区域创新能力的视角》,社会科学文献出版社 2014 年版。

169. 齐宇:《循环经济产业共生网络研究》,南开大学出版社 2012 年版。

170. 钱翌、张培栋编著:《环境经济学》,化学工业出版社 2015 年版。

171. 邱立新:《能源政策学》,山西经济出版社 2016 年版。

172. 曲向荣、李辉、王俭编著:《循环经济》,机械工业出版社 2012 年版。

173. 曲向荣主编:《产业生态学》,清华大学出版社 2012 年版。

174. 曲向荣编著:《清洁生产与循环经济》(第 2 版),清华大学出版社 2014 年版。

175. 曲振涛、杨恺钧:《法经济学教程》,高等教育出版社 2006 年版。

176. 曲振涛:《法经济学》,中国发展出版社 2005 年版。

177. 全华:《生态旅游区建设的理论与实践》,商务印书馆 2007 年版。

178. 任群罗:《循环经济的生态经济学基础》,石油工业出版社 2009 年版。

179. 任勇、冯东方、俞海等:《中国生态补偿理论与政策框架设计》,中国环境科学出版社 2008 年版。

180. 萨础日娜:《民族地区生态补偿机制研究》,内蒙古大学出版社 2012 年版。

181. 申俊龙、熊季霞主编:《中药资源与环境经济学》,科学出版社 2016 年版。

182. 沈满洪、陈凯旋、魏楚等:《资源节约型社会的经济学分析》,中国环境科学出版社 2007 年版。

183. 沈满洪、魏楚、谢慧明:《完善生态补偿机制研究》,中国环境出版社 2015 年版。

184. 沈满洪、吴文博、池熊伟:《低碳发展论》,中国环境出版社 2014 年版。

185. 沈满洪、魏楚等:《环境经济学:回顾与展望》,中国环境出版社 2015 年版。

186. 沈满洪:《生态经济学》,中国环境出版社 2016 年版。

187. 施锡铨:《合作博弈引论》,北京大学出版社 2012 年版。

188. 史宝娟、阚连合、闫军印:《区域循环经济系统评价及优化》,冶金工业出版社 2011 年版。

189. 史晋川主编:《法经济学》(第 2 版),北京大学出版社 2014 年版。

190. 宋冬林主编:《法经济学热点问题论集》,法律出版社 2010 年版。

191. 宋胜洲、郑春梅、高鹤文编著:《产业经济学原理》,清华大学出版社 2012 年版。

192. 苏东水主编:《产业经济学》(第3版),高等教育出版社2015年版。

193. 孙洪坤:《检察机关参与环境公益诉讼的程序研究》,法律出版社2013年版。

194. 孙华臣主编:《雾霾防治与经济结构优化路径:"鱼"和"熊掌"何以兼得》,社会科学文献出版社2015年版。

195. 孙久文:《区域经济规划》,商务印书馆2010年版。

196. 孙久文主编:《区域经济学》(第3版),首都经济贸易大学出版社2015年版。

197. 孙日华、王冀鲁:《理论法学的经济学视界》,法律出版社2014年版。

198. 孙文营:《循环经济哲学维度研究》,光明日报出版社2013年版。

199. 孙允午、汤宏波:《可持续发展与环境经济政策》,上海财经大学出版社2011年版。

200. 孙振清:《循环经济指标体系——生态累计理论与案例》,中国环境科学出版社2010年版。

201. 唐代兴:《生态化综合:一种新的世界观》,中央编译出版社2015年版。

202. 唐代兴:《生态理性哲学导论》,北京大学出版社2005年版。

203. 唐绍均:《"环境优先"原则的法律确立与制度回应研究》,法律出版社2015年版。

204. 唐彦东:《灾害经济学》,清华大学出版社2011年版。

205. 田丹宇:《国际应对气候变化资金机制研究》,中国政法大学出版社2015年版。

206. 童建主编:《隐形雾霾:氡的健康危害与防护》,苏州大学出版社 2015 年版。

207. 万林、陈海堂主编:《典型区域环境问题及应对策略》,石油工业出版社 2014 年版。

208. 王朝全、李仁方、胡树林等:《机制与对策——循环经济之中国探索》,科学出版社 2015 年版。

209. 王春玲:《我国税收制度的经济学分析——一种法经济学的视角》,经济科学出版社 2007 年版。

210. 廖雷、解庆林、魏建文编:《大气污染控制工程》,中国环境科学出版社 2012 年版。

211. 王馥棠、赵宗慈、王石立、刘文泉编著:《气候变化对农业生态的影响》,气象出版社 2009 年版。

212. 王光军、项文化主编:《城乡生态规划学》,中国林业出版社 2015 年版。

213. 王家骥等编著:《区域生态规划理论、方法与实践》,吉林出版集团股份有限公司 2016 年版。

214. 王金南等:《中国环境税收政策设计与效应研究》,中国环境出版社 2015 年版。

215. 王克强、赵凯、刘红梅主编:《资源与环境经济学》,复旦大学出版社 2015 年版。

216. 王丽娜:《循环经济中外部性控制的相关机制研究》,北京师范大学出版社 2011 年版。

217. 王利:《我国低碳经济发展法律保障问题研究》,中国环境出版社 2015 年版。

218. 王让会主编:《生态规划导论》,气象出版社 2012 年版。

219. 王守荣、朱川海、程磊、毛留喜编著:《全球水循环与水资源》,气象出版社 2009 年版。

220. 王守荣主编:《气候变化对中国经济社会可持续发展的影响与应对》,科学出版社 2011 年版。

221. 王韬洋:《环境正义的双重维度:分配与承认》,华东师范大学出版社 2015 年版。

222. 王天津、赵海云:《环境资源产业经济学原理和应用》,中央民族大学出版社 2007 年版。

223. 王文革等:《环境法经济政策和法律》,中国法制出版社 2015 年版。

224. 王文军:《中国环保产业投融资机制研究》,科学出版社 2014 年版。

225. 王学定主编:《区域经济一体化理论与酒嘉实践》,科学出版社 2011 年版。

226. 王学东:《气候变化问题的国际博弈与各国政策研究》,时事出版社 2014 年版。

227. 王雪臣:《中国极端气候事件的风险分析及保险适应机制研究:以长江中游洪涝灾害为例》,气象出版社 2008 年版。

228. 王妍:《环境伦理生成论的内在逻辑》,北京大学出版社 2012 年版。

229. 王艳辉:《利益侵占外部制衡:一个基于债权人约束和博弈视角的研究》,经济科学出版社 2011 年版。

230. 王艳萍等:《城乡一体化建设中的城乡信息共享机制研究》,经济管理出版社 2013 年版。

231. 王燕、张磊:《碳排放交易市场化法律保障机制的探索》,复旦大学出版社 2015 年版。

232. 王迎春、郑大玮、李青春主编:《城市气象灾害》,气象出版社 2009 年版。

233. 王颖:《混沌状态的清晰思考》,中国青年出版社 2001 年版。

234. 王玉庆主编:《环境经济学》,中国环境科学出版社 2002 年版。

235. 王铮、吴静、朱永彬、乐群等:《气候保护的经济学研究》,科学出版社 2010 年版。

236. 王正平:《环境哲学——环境伦理的跨学科研究》(第 2 版),上海教育出版社 2014 年版。

237. 王志强主编:《气象行政执法典型案例评析》,气象出版社 2014 年版。

238. 王志文:《中国区域生态经济发展战略模式研究》,经济日报出版社 2015 年版。

239. 王志轩:《直面雾霾:中国电力发展与环境保护新思考》,中国电力出版社 2014 年版。

240. 魏建、黄立君、李振宇:《法经济学:基础与比较》,人民出版社 2004 年版。

241. 魏建、周林彬主编:《法经济学》,中国人民大学出版社 2008 年版。

242. 魏建:《法经济学:分析基础与分析范式》,人民出版社 2007 年版。

243. 魏静、于志强:《低碳制度论》,中国环境出版社 2015 年版。

244. 温宗国等:《城市循环经济发展:系统方法、共性技术与应用实践》,中国环境出版社 2015 年版。

245. 文魁、祝尔娟主编:《首席专家论京津冀协同发展的战略重点》,首都经济贸易大学出版社 2015 年版。

246. 乌兰察夫主编:《粤港区域环境合作与低碳发展》,社会科学文献出版社 2015 年版。

247. 吴殿廷主编:《区域经济学》,科学出版社 2015 年版。

248. 吴兑、邓雪娇编著:《环境气象学与特种气象预报》,气象出版社 2001 年版。

249. 吴兑、吴晓京、朱小祥:《雾和霾》,气象出版社 2009 年版。

250. 吴兑:《探秘 $PM_{2.5}$》,气象出版社 2013 年版。

251. 吴兑编著:《温室气体与温室效应》,气象出版社 2003 年版。

252. 吴荻编著:《集成型循环经济模式研究》,大连理工大学出版社 2014 年版。

253. 吴敬琏等:《供给侧改革引领"十三五"》,中信出版集团股份有限公司 2016 年版。

254. 吴宁编著:《生态学马克思主义思想简论》,中国环境出版社 2015 年版。

255. 吴先华等编著:《气象经济学》,气象出版社 2010 年版。

256. 吴悦颖、叶维丽、王东、张炳、王金南:《水污染物排放交易》,中国环境出版社 2013 年版。

257. 吴泽勇:《欧洲群体诉讼研究——以德国法为中心》,北京大学出版社 2015 年版。

258. 吴章文、文首文编著:《生态旅游学》,中国林业出版社 2013 年版。

259. 吴志功主编:《京津冀雾霾治理一体化研究》,科学出版社 2015 年版。

260. 伍光和、王乃昂、胡双熙、田连恕、张建明编著:《自然地理学》(第 4 版),高等教育出版社 2014 年版。

261. 伍世安等:《循环经济的经济学基础探析》,复旦大学出版社 2015 年版。

262. 席涛:《法律经济学——直面中国问题的法律与经济》,中国政法大学出版社 2013 年版。

263. 肖笃宁等编著:《景观生态学》,科学出版社 2010 年版。

264. 肖金成、高国力等:《中国空间结构调整新思路》,经济科学出版社 2008 年版。

265. 肖良武、蔡锦松主编:《生态经济学教程》,西南财经大学出版社 2013 年版。

266. 肖显静:《生态哲学读本》,金城出版社 2014 年版。

267. 谢阳举:《老庄道家与环境哲学会通研究》,科学出版社 2014 年版。

268. 徐惠敏等:《次发达地区雾霾治理与经济结构调整研究》,经济日报出版社 2015 年版。

269. 许东海:《日本近现代环境保护发展史》,中国农业出版社 2013 年版。

270. 薛冰:《区域循环经济发展机制研究》,社会科学文献出版社 2013 年版。

271. 薛占海:《生态环境产业研究》,中国经济出版社 2008 年版。

272. 郇庆治、李宏伟、林震:《生态文明建设十讲》,商务印书馆 2014 年版。

273. 闫军印等:《基于循环经济的矿产资源产业链技术发展路径研究》,经济科学出版社 2015 年版。

274. 闫敏:《循环经济国际比较研究》,吉林出版集团股份有限公司 2016 年版。

275. 严存生:《法的价值问题研究》,法律出版社 2011 年版。

276. 阎兆万:《产业与环境——基于可持续发展的产业环保化研究》,经济科学出版社 2007 年版。

277. 杨保华主编:《环境生态学》,武汉理工大学出版社 2015 年版。

278. 杨朝飞、王金南、葛察忠、任勇等:《环境经济政策:改革与框架》,中国环境科学出版社2010年版。

279. 杨国、李秀枝、侯洁主编:《生态农业与美丽乡村创建》,中国农业科学技术出版社2015年版。

280. 杨继文:《环境、伦理与诉讼——从技术到制度的环境司法学》,中国政法大学出版社2015年版。

281. 杨仕辉、魏守道:《气候政策博弈及其效应分析》,气象出版社2013年版。

282. 杨文进:《生态市场经济论》,中国社会科学出版社2016年版。

283. 杨文培、王建民:《低碳交通论》,中国环境出版社2015年版。

284. 杨晓萌:《生态补偿机制的财政视角研究》,东北财经大学出版社2013年版。

285. 杨雪锋、王军:《循环经济:学理基础与促进机制》,化学工业出版社2011年版。

286. 杨雪锋:《循环经济运行机制研究》,商务印书馆2008年版。

287. 杨志、张欣潮、贾利军等:《生态资本与低碳经济》,中国财政经济出版社2011年版。

288. 叶翠红:《基于经济与生态协同的产业系统演化研究》,华中科技大学出版社2016年版。

289. 叶林:《空气污染治理国际比较研究》,中央编译出版社2014年版。

290. 叶汝求、任勇、[德]厄恩斯特·冯·魏茨察克主编:《中国环境经济政策研究——环境税、绿色信贷与保险》,中国环境科学出版社2011年版。

291. 叶知年等:《环境民法要论》,法律出版社 2014 年版。

292. 尹传红主编:《直面雾霾》,北京出版社 2014 年版。

293. 于宏源:《环境变化和权势转移:制度、博弈和应对》,上海人民出版社 2010 年版。

294. 于文超:《环境规制的影响因素及其经济效应研究》,西南财经大学出版社 2014 年版。

295. 于云江:《环境污染与健康特征识别技术与评估方法》,科学出版社 2014 年版。

296. 俞海山:《低碳消费论》,中国环境出版社 2015 年版。

297. 俞田荣:《中国古代生态哲学的逻辑演进》,中国社会科学出版社 2014 年版。

298. 黄玉源、钟晓青主编:《生态经济学》,中国水利水电出版社 2009 年版。

299. 袁增伟、毕军编著:《产业生态学》,科学出版社 2010 年版。

300. 岳贤平、周飞雪等:《气象衍生灾害预报机制研究》,中国科学技术出版社 2013 年版。

301. 翟盘茂、李茂松、高学杰等编著:《气候变化与灾害》,气象出版社 2009 年版。

302. 詹玲:《发展休闲农业的若干问题研究》,中国农业出版社 2009 年版。

303. 张德昭、李树财:《生态经济学的哲学基础》,科学出版社 2013 年版。

304. 张帆、李东:《环境与自然资源经济学》,上海人民出版社 2007 年版。

305. 张帆、夏凡:《环境与自然资源经济学》(第 3 版),格致出版社 2016 年版。

306. 张海峰编著:《城市适度人口容量:理论、方法与应用》,气象出版社2013年版。

307. 张宏武:《中国经济发展中的低碳转型研究》,厦门大学出版社2015年版。

308. 张宏翔:《环境税理论和实践:基于西方先进国家的成功经验分析》,科学出版社2015年版。

309. 张鸿巍:《美国检察制度研究》(第2版),人民出版社2011年版。

310. 张辉:《美国环境法研究》,中国民主法制出版社2015年版。

311. 张建锋、张德顺、陈光才、郗金标、李秀芬:《人居生态学》,中国林业出版社2014年版。

312. 张军:《法律经济学分析:珠三角生态恢复与环境利益保护》,人民出版社2013年版。

313. 张钧:《积渐所至:生态环境法的理论与实践》,人民出版社2015年版。

314. 张凯、崔兆杰编著:《循环经济研究》,中国环境出版社2013年版。

315. 张可云等:《生态文明的区域经济协调发展战略》,北京大学出版社2014年版。

316. 张立鹏:《京津冀一体化的"三线"建设——中国首都圈区域协同发展之道》,中国书籍出版社2015年版。

317. 张清、贺湘硕、高然:《低碳城市发展研究:基于保定实证分析》,知识产权出版社2016年版。

318. 张瑞:《能源—环境—经济中的"倒逼"理论与实证:环境规制、能源生产力与中国经济增长》,西南交通大学出版社2015年版。

319. 张钛仁等:《气象灾害风险管理》,气象出版社2014年版。

320. 张同功:《能源经济学》,山西经济出版社 2016 年版。

321. 张婉茹等编著:《日本循环经济法规与实践》,人民出版社 2008 年版。

322. 张为付等:《低碳经济与我国国际分工战略的调整》,商务印书馆 2015 年版。

323. 张文山、李莉:《东盟国家检察制度研究》,人民出版社 2011 年版。

324. 张小飞、王仰麟、吴健生、宋治清、李卫锋:《城市景观生态功能优化的理论与实践》,科学出版社 2015 年版。

325. 张小曳、周凌晞、丁国安主编:《大气成分与环境气象灾害》,气象出版社 2009 年版。

326. 张一清、刘晓燕:《能源优化配置机制的博弈与投入产出分析》,经济管理出版社 2012 年版。

327. 赵玲主编:《生态经济学》,中国经济出版社 2013 年版。

328. 赵胜才:《论区域环境法律》,光明日报出版社 2009 年版。

329. 赵烨主编:《环境地学》,高等教育出版社 2015 年版。

330. 郑度等:《中国生态地理区域系统研究》,商务印书馆 2008 年版。

331. 郑晶等:《低碳经济与生态文明研究》,中国林业出版社 2014 年版。

332. 郑文堂、华玉武、马宁等:《休闲农业理论创新与实践探索》,中国农业出版社 2014 年版。

333. 中国清洁发展机制基金管理中心编译:《美国加州零排放车积分交易制度》,中国商务出版社 2016 年版。

334. 中国社会科学院经济学部编:《生态环境与经济发展》,经济管理出版社 2008 年版。

335. 刘保平、姜诗明主编:《全球碳博弈》,机械工业出版社 2011 年版。

336. 周诚:《土地经济学原理》,商务印书馆 2007 年版。

337. 周东:《能源经济学》,北京大学出版社 2015 年版。

338. 周广胜编著:《全球碳循环》,气象出版社 2009 年版。

339. 周国梅、曾维华、周军等编著:《区域循环经济》,中国轻工业出版社 2010 年版。

340. 周宏春:《低碳经济学:低碳经济理论与发展路径》,机械工业出版社 2012 年版。

341. 周厚丰:《环境保护的博弈》,中国环境科学出版社 2007 年版。

342. 周启星、魏树和、张倩茹等编著:《生态修复》,中国环境科学出版社 2006 年版。

343. 朱红琼:《基于生态补偿的财政研究》,经济科学出版社 2016 年版。

344. 朱红伟:《经济循环和循环经济》,社会科学文献出版社 2009 年版。

345. 朱群芳编著:《人口、资源与环境经济学概论》,清华大学出版社 2013 年版。

346. 朱述斌、朱红根主编:《气候变迁经济学》,清华大学出版社 2015 年版。

347. 朱英明:《产业集聚、资源环境与区域发展研究》,经济管理出版社 2012 年版。

348. 朱颖心主编:《建筑环境学》(第 4 版),中国建筑工业出版社 2016 年版。

349. 竹涛、徐东耀、于妍编著:《大气颗粒物控制》,化学工业出版社 2013 年版。

350. 庄贵阳:《低碳经济:气候变化背景下中国的发展之路》,气象出版社 2010 年版。

351. 左玉辉、华新、柏益尧、孙平等:《环境学原理》,科学出版社 2010 年版。

352. 左玉辉、徐曼、张亚平、柏益尧:《农村环境调控》,科学出版社 2008 年版。

353. 左玉辉等:《环境调控总论》,科学出版社 2008 年版。

三、数据资料

1.《中国环境年鉴》编辑委员会编:《中国环境年鉴 · 2015》,中国环境年鉴社 2015 年版。

2. 北京市统计局、国家统计局北京调查总队编:《北京统计年鉴 · 2015》,中国统计出版社 2016 年版。

3. 国家统计局、环境保护部编:《中国环境统计年鉴 · 2015》,中国统计出版社 2015 年版。

4. 国家统计局编:《国际统计年鉴 · 2015》,中国统计出版社 2015 年版。

5. 国家统计局编:《国外资源、能源和环境统计资料汇编 · 2013》,中国统计出版社 2014 年版。

6. 国家统计局编:《中国第三产业统计年鉴 · 2015》,中国统计出版社 2015 年版。

7. 国家统计局编:《中国统计年鉴 · 2015》,中国统计出版社 2015 年版。

8. 国家统计局编:《中国统计摘要 · 2016》,中国统计出版社 2016

年版。

9.国家统计局城市社会经济调查司编:《中国城市统计年鉴·2015》,中国统计出版社2015年版。

10.国家统计局工业统计司编:《中国工业统计年鉴·2015》,中国统计出版社2015年版。

11.国家统计局能源统计司编:《中国能源统计年鉴·2015》,中国统计出版社2015年版。

12.国家统计局农村社会经济调查司编:《中国农村统计年鉴·2015》,中国统计出版社2015年版。

13.吴晓华、孟祥云、彭建强主编:《河北经济年鉴·2015》,中国统计出版社2015年版。

14.环境保护部编:《中国环境统计年报·2014年》,中国环境出版社2015年版。

15.环境保护部污染物排放总量控制司、中国环境监测总站:《环境数据手册·2015》,环境保护部2015年版。

16.天津市统计局、国家统计局天津调查总队编:《天津统计年鉴·2015》,中国统计出版社2015年版。

17.《新能源和可再生能源年鉴》编辑部编:《中国新能源与可再生能源年鉴·2015》,中国可再生能源学会2016年版。

18.张勇主编:《中国循环经济年鉴·2015》,冶金工业出版社2016年版。

19.中国城市发展研究会编:《中国城市年鉴·2015》,中国城市年鉴社2015年版。

20.中国城市轨道交通年度报告课题组编写:《中国城市轨道交通年度报告·2014》,北京交通大学出版社2015年版。

21.《中国低碳年鉴》编辑委员会编:《中国低碳年鉴·2015》,冶金工业出版社 2016 年版。

22.《中国法律年鉴》编辑部编:《中国法律年鉴·2015》,中国法律年鉴社 2015 年版。

23.《2014 年生态环境地面监测报告》,中国环境监测总站 2015 年版。

24.《中国环境年鉴》编辑委员会编:《中国环境年鉴·2015》,中国环境年鉴社 2015 年版。

25. 中国交通运输协会:《中国交通年鉴·2014》,中国交通年鉴社 2014 年版。

26.《中国经济年鉴》编辑委员会编:《中国经济年鉴·2015》,中国经济年鉴社 2016 年版。

27. 中国科学院可持续发展战略研究组编:《中国可持续发展报告·2015——重塑生态治理体系》,科学出版社 2015 年版。

28. 中国能源研究会编:《中国能源发展报告·2015》,浙江人民出版社 2015 年版。

29. 中国汽车技术研究中心等:《节能与新能源汽车年鉴·2015》,中国经济出版社 2015 年版。

30. 中国汽车流通协会编著:《中国汽车市场年鉴·2015》,中国商业出版社 2015 年版。

31. 中华人民共和国交通运输部编:《中国交通运输统计年鉴·2014》,人民交通出版社 2015 年版。

后　记

本书是国家社科基金年度项目“北京及周边省区市大气污染治理法制协调机制研究”(14BFX107)的最终成果,在从事课题研究期间,为了将研究进行得更加深入透彻,每一阶段如果有了一些研究心得,都会将其作为中期研究成果发表,其中在核心期刊发表论文5篇,在《人民日报》和《检察日报》理论版发表理论文章各1篇,有两篇要报被两任北京市委书记批示,推动了相关立法进程。在课题研究期间,课题组以京津冀大气污染治理的现状为出发点,紧密围绕治理措施这条主线,形成了一条“理论工具——现状梳理——原因分析——实用对策”的研究思路,根据这一思路进行研究,形成了一系列研究成果。

研究方法是研究一项理论问题的基础,对于京津冀大气污染治理而言,在环境法学界是一个新话题,该问题有着自身的特征,主要体现在:一是京津冀三地大气污染治理现状的不均衡性。二是京津冀三地治理措施的不同步性。三是京津冀三地面临的实际困难不同,尤其是在经济发展方面。这些特点就决定了对京津冀大气污染治理尤其是联合治理进行研究要找准问题的核心,运用相应的理论来解决实际难题,法律经济分析的方法就是一个不可忽视的研究方法。本着这样的思路,课题组发表了《大气污染联合防治机制的法律经济分析》(载《中国政法大学学报》2015年第4期)和《大气污染防治公众参与的法经济学分析》(载《广西社会科学》2014年第11期)两篇文章。前者对大气污染联合立法、联合执法、联合司法以及法律评估进行了成本效益分析,提出了构建大气污染联合防治机制体系的意见和建议。这一观点在最终的研究成果中是有所体现的,认为京津冀大气污染联合防治也应当分为联合立法、联合执法、联合司法以及法律监督。后者则对大气污染防治治理过程中公众参与的必要性以及参与的限度进行了成本效益分析,提出了大气污染联合治理过程中公众参与的具体措施。上述这些观点,都运用了法律经济分析的方法,所得出的结论比逻辑分析更加具有可操作性,对于课题最终的研究成果而言,在体系框架和具体应对措施方面都有较大帮助。

京津冀大气污染联合防治在实践中尚处于起步阶段,主要阻力在于法律制度尚未全面构建起来,也就导致京津冀在大气污染联合防治方面的合作并不是特别多。针对这样的现状,《人民日报》2015 年 6 月 3 日刊发对本人的专访《依法治理大气污染需区域联动》,课题组发表了《治理大气污染需要区域间联合立法》(载《检察日报》2015 年 3 月 10 日)一文,文中提出了区域大气污染的治理要在立法、司法、执法、法律评估四个层面达成共识,并在区域之内建立立法协调机制、司法协调机制、执法协调机制、法律评估机制,实现协调一致的共同治理。与此同时,在 2015 年《大气污染防治法》修订后,课题组发表了《评析新〈大气污染防治法〉中的联防联控制度》(载《环境保护》2015 年第 18 期)一文,文中对大气污染联合防治法律制度进行深刻的评析,其中对大气污染联防联控的利益协调提出了统筹协商、公平担责、共享利益的基本原则,通过制度完善,就可以使大气污染联合防治取得实际成效。上述研究成果是对当前我国大气污染联合防治法律制度现实状态的分析,这些研究成果对于京津冀大气污染联合防治的课题成果而言,具有非常明确的借鉴意义,课题最终成果的结构框架就是在这两个研究成果的基础上完成的。

大气污染的形成原因是多方面的,从法律的角度来看,主要可以分为三个层次:一是立法层面的原因。主要是立法上对于宏观经济调整不到位,高耗能、高污染产业在经济结构中的占比比较大。二是执法层面的原因。主要是行政管理、行政执法宽松软、不到位。三是司法层面的原因。主要是由于环境公益诉讼制度不完善。立法方面的原因在课题组前期成果《治理大气污染需要区域间联合立法》一文中已有论述,主要观点是要对区域经济的宏观调控实施联合立法。行政执法方面的原因在《评析新〈大气污染防治法〉中的联防联控制度》一文中也有论述,提出了在区域之内,治理大气污染要加强联合执法的力度。司法层面的原因主要是由于检察机关提起环境公益诉讼制度尚不完善,针对这种情况,本人发表了《环境公益诉讼,检察应当强起来》(载《人民日报》2014 年 11 月 26 日),文中从完善程序立法,扩展诉讼主体资格;明确起诉范围,有效防止权力滥用;赋予调查职权,弥补行政手段不足;厘清权利义务,加强程序运行效率;支持督促并行,配合公益诉讼实施等几个方面来强化检察机关提起环境公益诉讼的能力。这些制度性的措施对于京津冀大气污染联合防治而言,具有很强的借鉴意义。而随着我国监察体制改革的不断深化,检察机关提起公益诉讼逐渐成为了检察机关的一项重要业务。对于法律制度构建而言,检察机关支持起诉、公益调查权等都是检察机关在京津冀大气污染联合防治中常用的法律手段,而这些措施的实施与完善都在最终的课题成果中有所体现。

京津冀大气污染联合防治在实践中的具体措施有很多,除了要加强行政执法之外,还应当运用其他相关手段。对此,课题组针对强化京津冀大气污染联合防治的措施进行了研究,发表了一些研究成果,主要观点:一是要强化市场的作用。《环境污染第三方治理民事合同研究》(载《广西社会科学》2016 年第 3 期)一文,提出通过市场机制的作用,由第三方来治理生态环境,可以实现环境治理的效率化。该观点对于京津冀大气污染联合防治具有很现实的意义，在最终的课题研究成果中也将市场化机制纳入，提出了京津冀大气污染联合防治应当在某些环节引入市场化的机制，如污染企业搬迁之后的后续治理，可以由第三方来完成。二是要强化检察机关环境公益诉讼的运用。检察机关提起环境公益诉讼最常用的手段就是行政公益诉讼，而从实践来看，检察机关环境行政公益诉讼基本上都是在诉前阶段完成，针对这一现象，课题组发表了《我国环境行政公益诉讼前置程序研究》（载《广西社会科学》2018 年第 1 期）一文，提出了针对当前检察机关提起环境公益诉讼诉前程序中存在的问题，提出了强化诉前检察建议的方法，通过这些方法可以提升检察机关在办理环境行政公益诉讼时的办案效率，从而有利于环境污染的快速解决。在最终成果联合司法机制中采纳了本文的观点，即通过强化检察机关诉前检察建议的方式来优化京津冀三地检察机关联合治理大气污染的力度。三是强化个人在大气污染治理过程中所发挥的积极作用。《大气污染防治公众参与的法经济学分析》（载《广西社会科学》2014 年第 11 期）一文，对大气污染治理中的公众参与制度进行全面论述，该观点在课题研究成果中也有所体现，最终成果中认为，京津冀大气污染治理除了要有立法、政府、市场、司法的联合防治之外，充分发挥京津冀三地社会公众的力量，也是京津冀大气污染联合治理的必由之路。因此，本书在完善京津冀大气污染联合防治措施方面吸纳了课题研究中期成果中的内容，从而使京津冀大气污染联合防治措施更加完善。

在本书写作过程中提供帮助的有：翟业虎（首都经济贸易大学法学院教授）、侯佳儒（中国政法大学绿色发展战略研究院院长、教授）、谭柏平（北京工业大学法律系主任、教授）、李玉梅（中国农业大学法律系书记、副教授）、芦建茹（北京市生态环境局督察处处长）、白贵秀（北京市法学会应用法学研究中心主任、研究员）、徐玲（北京石油化工学院经济管理学院副教授)和蒋冬梅(广东第二师范学院政法系副教授)。感谢课题组成员的紧密合作,使课题得以顺利结项。

此外,中国人民大学法学院周珂教授、国务院发展研究中心资源环境研究所副所长常纪文教授、中国政法大学学报主编曹明德教授、天津大学法学院院长孙佑海教授等同仁在本书写作过程中给予大力指导和帮助,民建北京市委常务副主委任学良以及调研部和资源环境委员会的同仁给予了大力支持,首都经济贸易大学法学院和科研处提供了充分的研究便利,在此一并表示深深的谢意。

最后,感谢法律出版社张岩编辑对本书的出版付出的辛勤劳动。

高桂林

2021 年元月于北京

图书在版编目(CIP)数据

京津冀大气污染联合防治法律机制研究 / 高桂林著
. -- 北京 : 法律出版社, 2021
ISBN 978-7-5197-5207-1

Ⅰ. ①京… Ⅱ. ①高… Ⅲ. ①空气污染－污染防治－环境保护法－研究－华北地区 Ⅳ. ①D927.202.684

中国版本图书馆 CIP 数据核字(2020)第 246828 号

京津冀大气污染联合防治法律机制研究
JINGJINJI DAQI WURAN LIANHE FANGZHI FALÜ JIZHI YANJIU

高桂林 著

策划编辑 张 岩
责任编辑 张 岩
装帧设计 贾丹丹

出版 法律出版社
总发行 中国法律图书有限公司
经销 新华书店
印刷 北京虎彩文化传播有限公司
责任校对 王晓萍
责任印制 张建伟
编辑统筹 独立项目策划部
开本 A5
印张 16
字数 382 千
版本 2021 年 1 月第 1 版
印次 2021 年 1 月第 1 次印刷

法律出版社/北京市丰台区莲花池西里 7 号(100073)
网址/www.lawpress.com.cn
投稿邮箱/info@lawpress.com.cn
举报维权邮箱/jbwq@lawpress.com.cn
销售热线/400-660-8393
咨询电话/010-63939796

中国法律图书有限公司/北京市丰台区莲花池西里 7 号(100073)
全国各地中法图分、子公司销售电话:
统一销售客服/400-660-8393/6393
第一法律书店/010-83938432/8433
西安分公司/029-85330678
重庆分公司/023-67453036
上海分公司/021-62071639/1636
深圳分公司/0755-83072995

书号:ISBN 978-7-5197-5207-1
定价:68.00 元